〈증보판〉

최근미국소설 연구방법

주체적 자아, 자유스런 삶 그리고 열린 사회의 창조를 바탕으로

삶의 반려자 차정원
두 딸 원렬 원실에게
사랑하고 감사하는 마음으로

〈증보판〉

최근미국소설 연구방법

주체적 자아, 자유스런 삶 그리고 열린 사회의 창조를 바탕으로

고 지 문 지음

전남대학교출판부

증보판의 머리말

요즈음 인문학의 위기라는 시대 상황 속에서도 최근미국소설과 영문학 연구가 활발하게 이루어지고 있는 것은 매우 고무적인 일이다. 한국영어영문학회가 세계적인 외국 저명학자들을 초빙하여 학술회의를 개최하는 것은 과거에는 상상도 할 수 없었던 일이다. 논문집도 국문과 영문으로 발간한다. 최근미국소설과 영문학 연구자들이 이렇게 외형적으로 활발한 활동을 하면서 큰 성과를 거두고 있음에도 불구하고 서점가와 독자들의 반응은 싸늘한 것 같다. 최근미국소설과 영문학 연구서들은 최근에 서점의 눈에 잘 띄는 서가에서 구석진 장소로 밀려났고, 구석진 서가에 꽂혀 있는 장서들도 과거에 비해 많이 줄었다. 이렇게 연구 성과와 독자들의 반응 사이에는 큰 괴리가 있다. 이 괴리는 하루빨리 극복되어야 한다. 그 극복 방안은 최근미국소설 연구자들이 소설의 사회적 기능과 역할을 더욱더 중요시하는 철학을 바탕으로 연구 목적과 방법을 재검토하는 데에 있다고 저자는 주장하고 싶다. 재검토는 연구자들에 의한 독자들의 의식 개혁과 사회 발전에 기여하는 불가사의한 힘의 극대화를 전제로 해야 한다. 그 힘은 연구자들이 작품 정독을 바탕으로 자신들의 실존 목적과 사회 변화에 대한 깊은 통찰을 꾀함으로써 사회 발전에 대한 영감을 얻게 되고, 이 영감을 바탕으로 우리 사회가 완벽한 소통과 공감을 이룰 수 있을 때만 생겨날 수 있다. 이러한 전제를 바탕으로 위에서 말한 괴리의 극복 방안을 저자의

최근미국소설 연구방법: 주체적 자아, 자유스런 삶 그리고 열린 사회의 창조를 바탕으로 (서울: 글월마로니, 2003)라는 책의 증보판을 마련하여 더욱 구체적으로 모색해본다. 이를 위해, 증보판에 세 편의 논문 — 최근미국소설의 연구 철학, 목적 그리고 방법의 절대적 중요성과 필요성을 강조하려고 새로 쓴 "최근미국소설연구 : 반응과 도전" 그리고 소설의 사회적 기능과 역할을 역설하려고 과거에 발표했던 "억눌린 삶과 자아를 탐구하는 삶 : 최근미국소설의 10대 주인공 연구"(*全南大學校 論文集 : 語文編* 제 32집, 1987)와 "버너드 맬러머드와의 대담" (원문은 "A Talk with Bernard Malamud"로 처음 *美國學* 5집, 1982년에 게재되었고, 후에 *Conversations with Bernard Malamud,* ed. Lawrence Lasher (Jackson : University Press of Mississippi, 1991)에 수록되었다) —을 추가한다. 이 극복 방안 모색이 최근미국소설 연구에 있어서 하나의 새로운 계기 마련에 그리고 하나의 새로운 방향 제시에 일조할 수 있기를 기대한다.

증보판에 추가한 세 편의 논문을 요약하면, "최근미국소설연구: 반응과 도전"은 최근미국소설과 영문학 연구서들에 대한 독자들의 냉담한 반응의 원인을 저자가 개인적 체험을 바탕으로 인지한 사실들을 토대로 하여 규명하고, 그 반응에 도전하는 방안을 모색한다. "억눌린 삶과 자아를 탐구하는 삶"은 윌리엄 워즈워스(William Wordsworth)의 시구 — "어린애는 인간의 아버지" —에 나타나듯이 어렸을 때의 삶이 장차 어떤 인간이 될 것인가에 결정적인 역할을 한다는 철학을 강조한다. 또 이 논문은 부모의 따뜻한 보살핌과 사랑 그리고 자율적인 교육만이 어린애를 주체성, 독립성, 공동체 의식, 그리고 자아탐구와 실현 의지가 강한 인간으로 성장시킬 수 있다고 역설한다. "버너드 맬러머드와의 대담"은 소설은 본질적으로 삶을 긍정하고 예찬하면서, 인간과 사회를 변화시키는 위력을 가지고 있으며, 또 미국 작가들이 정치적인 사고와 행동에서는 의견을 달리하고 있을지라도, 똑같이 민주적인 교육을 받았고 똑같은 책들을 읽었기 때문에 매우 중요한 가치들, 즉 도덕과 자유를 이해하는 데는 의견이 일치하고 있다고 갈파한다.

증보판은 우리말로 잘못 표기되었던 인명과 지명을 1993년과 2004년에 출판된 *Random House Unabridged Dictionary,* Second Edition과 *Webster's Dictionary of American Writers*에 의존하여 고쳤고, 어색한 우리말을 좀 더 매끄럽게 다듬었다. 아울러 저자가 쓴 다른 글들이 이 책에서 인용부호 없이 인용된 경우가 많고, 이제 21세기도 10여년이 경과했으므로, 책명을 "20세기 후기 미국소설 연구방법"으로 하는 것이 더 타당할 거라는 견해를 밝혀둔다.

2011년 10월

고 지 문

머리말

이 책은 이미 저서의 부록으로 실렸던 4편의 논문에 학술지에 발표했던 3편의 논문을 보탰으므로 신작이라고 말할 수는 없다. 4편의 논문은 *최근미국여성소설론과 작품세계: 굴레에서 자유로*(서울: 신아사, 1999)의 부록Ⅰ "최근미국소설의 주제고찰과 그 의의"와 부록Ⅱ "최근미국소설 연구와 강의의 새로운 방법과 그 의의," *최근미국소설론과 작품세계: 삶 예술 자아실현*(서울: 신아사, 2000)의 부록Ⅰ "새로운 형태의(포우스트모던) 소설의 수용과 그 의의," 그리고 *최근미국소설의 핵심주제: 사랑 자유 정의* (서울: 신아사, 2001)의 부록Ⅰ "최근미국소설의 주제수용에 관한 고찰"이다. 3편의 논문은 "영문학의 주제적 연구: 대화로서의 접근"(*새한영어영문학* 2000봄 42권 1호), "최근미국소설의 핵심주제 그리고 그 구현과 확장: 자아실현, 자유, 사랑, 그리고 포우스트모던소설"(*영미문화* 2001 창간호), 그리고 "포우스트모던소설, *歲寒圖*, 그리고 디지털 시대의 삶"(*벨로우 맬라머드 연구* 2002 봄 여름 6권 1호)이다. 2개의 논문은 본래 제목을 약간 바꿨다. 이렇게 신작이라고 말할 수 없는 책을 기어이 출판하려는 이유와 의도는 요즈음 우리나라에서 논의, 수행되고 있는 최근미국소설을 포함한 영문학 연구와 연구자들의 의식의 문제점을 지적하고, 필자의 논문들의 논지가 그 보완과 개선에 다소나마 도움이 되었으면 하는 바람 때문이다.

무엇보다도 먼저 우리는 최근미국소설을 무엇 때문에 읽고, 연구하고, 그리고 강의해야 하는가의 목적을 설정해야 한다. 그 목적은 우리가 최근미국소설을 읽으면서 실존의 새로운 의미와 의의를 깨닫는 자아를 창조하고, 또 그렇게 함으로써 변모되고 성숙해진 자아가 자신의 삶을 자유스럽게 변화시켜, 궁극적으로 이런 자아와 삶이 사회를 개방적으로 개혁하려고 하는 데에 있다. 그 목적을 달성하려면, 우리는 최근미국소설가들이 쏟고 있는 가장 지대한 공동관심사는 무엇이고, 어떤 인간형의 주인공들을 창조하고 있으며, 이것들을 어떻게 표현하고 있는가를 이해하려고 최선을 다해야 한다. 또 우리는 최근미국소설가들이 우리 삶의 가장 중요한 목적이 무엇이고, 어떤 인간형과 인간관계가 가장 바람직하며, 어떤 사고방식이 가장 이상적이고 합리적이며, 어떤 교육제도와 방법이 더 창의적이고, 나아가 사랑, 자유, 정의, 도덕, 인간, 그리고 우주의 가장 참신하고 타당한 개념은 무엇이라고 정의하며, 아울러 이 소설가들이 미국 사람들의 삶과 사회를 어떻게 변화시키고 개혁하려 하고 있는가를 알려고 전력을 다해야 한다. 우리는 이렇게 최선을 다한 후에, 주체적이고도 실리적인 자세로 그들의 소설로부터 무엇을 가장 시급히 배워야 하고, 그 배움을 우리 자신의 삶의 변화와 성숙, 그리고 사회개혁에 어떻게 창의적으로 활용할 수 있을까를 강구해야 한다.

필자의 이해에 따르면, 최근미국소설가들의 최대 관심은 모든 미국 사람들에게 미국인의 꿈을 실현할 수 있다는 강한 의지와 그 실천력을 강화하려는 데에 있다. 그들은 미국 역사상 그 어느 때보다도 그리고 미국소설의 어떤 주제보다도 미국인의 꿈 — 모든 미국사람이 이룰 수 있다고 확신하는 자유와 평등 그리고 기회에 대한 이상 —의 실현을 창작 목적으로 하고 있다. 따라서 그들은 주체적, 자립적, 창조적 자아의 탐구와 실현에, 이 탐구와 실현이 촉발하는 삶의 변화에, 그리고 이런 자아와 삶이 증폭시킬 사회개혁에 전념하고 있다. 그들은 이 탐구와 실현, 변화, 그리고 개혁에서 전통소설 기법보다는 포우스트모던소설기법을 더 선호한다. 왜냐하면 포우스트모던소설은 전통소설 철학과 기법 그리고 거기에 따른 실존의 제약과 한계에 과감하게 도전하면서 개개인의 가능성과 잠재력을 최대한으로 계발하고 확장할 수 있기 때문이다. 일단 우리도 최근미국소설로부터 주체적 자아 창조, 그리고 이런 창조에 따른 삶의 변화와 사회개혁을 우리의 최대 관심사로 수용해 봄이 좋지 않을까?

만약 우리가 그런 창조, 변화, 그리고 개혁을 우리의 최대관심사로 수용하려면, 최근미국소설 연구자는 자아를 주체적, 자립적, 창조적으로 탐구하고 실현하려는 최근미국소설의 주인공이 오늘날 우리나라 사람과 사회에 어떻게 수용될까를 파악해보려 해야 한다. 이런 주인공이 긍정적이고 적극적인 인물로 받아들여질까 아니면 부정적이고 소극적이며 냉소적인 인물로 받아들여질까? 만약 그 주인공이 긍정적이고 적극적인 인물로 받아들여지지 않는다면, 왜 그럴까를 궁리해보아야 한다. 궁리에 앞서, 그 연구자는 최근미국소설을 읽고 자신의 실존에서 새로운 의미와 의의를 창출하여, 그것을 바탕으로 자신을 구체적이며 현실적인 인생 태도를 지닌 인간으로 변화시키고 있음을 다른 사람들이 조금이라도 느끼게 할 수 있다면, 사회의 부정적이고 소극적 의식을 개혁하는 데에 큰 기여를 할 수 있다. 또 이런 연구자는 사회개혁이라는 궁극적 목표를 달성하는 데에 자신의 성숙과 삶의 변화를 그 바탕으로 삼는다. 게다가 이런 연구자는 자신의 성숙과 삶의 변화를 촉발하지 못하는 최근미국소설의 독서와 연구는 추상적이고 관념적이어서 무의미할 뿐 아니라 백해무익할 수 있음을 항시 경고해주는 귀감이 된다. 오늘날 우리 자신과 사회에 이런 연구자가 절실하게 필요하지 않을까? 지금 우리나라 영문학계에 이런 연구자가 많이 있다고 호언할 수 있을까?

이런 연구자가 사회개혁에 크게 기여하려면 먼저 우리나라 역사, 사회, 그리고 현실을 더 잘 그리고 더 정확하게 이해해야 한다. 예를 들면 우리나라 사람과 사회는 모든 인간의 꿈인 자유와 평등 그리고 기회 균등이라는 이상을 실현하기 위해, 다른 사람의 탁월한 능력과 자질을 얼마나 크게 인정하여 평가하고 있으며, 또 교육제도와 방법을 어떻게 개선하고 있고, 그리고 어떤 예술을 창조하고 있을까? 많은 선진국들은 천재교육을 지향하고 있는데 반해, 왜 우리는 평준화교육과 그 정책들을 고수하려 하는가? 우리 사회는 개개인의 주체적이고 창조적인 자아탐구와 실현을, 이에 따른 자신의 변신과 성숙 그리고 삶의 변화를, 그리고 창조적 개인에 의한 사회개혁을 적극적으로 격려하고 지원하는가, 아니면 저지하고 억압하는가? 만약 저지하고 억압한다면, 왜 그럴까? 어떻게 하면 그 저지와 억압 요인들을 하루빨리 제거할 수 있을까? 최근미국소설 연구자가 항시 이런 문제들을 천착하면서 그 해결책을 찾으려 하지 않는다면, 아무리 자신을 성숙시켰고 삶을 변화시켰어도 사회개혁에 크게 기여할 수 없다. 왜냐하면 그가 지향하는 이상과 사회현실 사이에는 너무나 큰 괴리가 있기 때문이다.

연구자가 이런 괴리를 줄이려면 자신과 사회현실 그리고 연구와 강의 사이에 끊임없는 대화가 있어야 하며, 더욱이 그 대화에 가능한 한 많은 사람들을 자발적이며 적극적으로 참여시켜야 하고, 그 괴리를 극복하는 깊은 공감대 — 개개인의 주체적, 창조적 자아 탐구와 실현, 이에 따른 자신의 성숙과 삶의 변화, 그리고 이런 성숙과 변화가 촉발하는 사회개혁에 대한 공감대 —를 형성해야 한다. 이처럼 대화는 가장 어려운 문제와 사태 해결의 첩경이며, 또 공감대를 형성하는 가장 좋은 방법이다. 그런데 그가 유익하고 건설적인 대화를 나누려면, 대화의 기본규칙을 준수해야 한다. 그 규칙은 상대방에 대한 존중과 서로 의사소통이 가능한 언어와 어법의 사용이다.

대화의 기본규칙 준수의 입장에서 볼 때, 매우 유감스럽게도 오늘날 우리나라 영문학자의 논문들 중에는 대화가 없다는 아쉬움이 있다. 왜냐하면 그들이 번역해서 사용하는 용어들 중에는 이해하기가 매우 어렵고, 경우에 따라서는 매우 독선적이라는 비난을 받을 소지가 있는 것들이 있기 때문이다. 예를 들면 “intertextuality”가 “상호텍스트성”으로 번역되어 사용되고 있는데, 이렇게 우리말과 영어를 혼합한 용어로써 그 본래의 의미가 얼마나 정확하게 전달되고 있을까? 또 이런 번역어로 의사소통이 얼마나 잘되고 있을까? 과연 이 용어로 대화가 가능할까? 필자는 “intertextuality”를 “작품들의 상호관련성”으로 번역해본다. 또 하나의 예를 들면 필자가

"식민지 이후"로 번역하고 있는 "postcolony"를 흔히들 "탈식민"으로 번역하는데, "탈식민"의 뜻은 해방 혹은 자유가 아닐까? 그리고 "탈식민주의"는 자유주의가 아닐까? 만약 뜻이 같거나 비슷하다면, 구태여 낯선 "탈식민"을 선호하고 고수하는 이유는 무엇일까? 우리나라도 1945년에 일본의 식민지로부터 해방되었는데, 국문학자들이 해방 후의 문학을 "탈식민문학"이라고 부르는가? 국문학자들로부터 외면당할 수도 있는 용어를 고집하게 되면 다른 분야의 학자와 독자들에게 어떻게 받아들여질까? 영문학자들이 이렇게 이해하기가 어려운 용어들을 사용함으로써 대화가 불가능하다면, 그 원인은 상대방의 무지 때문일까, 아니면 그들의 독선과 오만 때문일까? 대화불능에 대해 누구를 탓하기 전에, 영문학자들이 먼저 깊이 자성해야 하지 않을까? 왜냐하면 이런 대화불능은 영문학이 대중화와 세계화의 길로 나아가는 데 큰 장애물이 되기 때문이다.

앞에서 우리 영문학자들이 다른 사람들과 대화를 나누는데 큰 어려움이 있는 매우 안타까운 현실을 지적하여 보았다. 이 경우도 문제지만 더욱더 심각하고 고질적인 문제는 문학작품과 문학론 그리고 다른 학문들 사이에서 벌어지고 있는 대화 단절이다. 다시 말하면 문학론과 다른 학문들의 주장만 있고 작품에 대한 논의는 없어 문학 연구논문들에서 작품에 대한 연구가 실종되어 가고 있는 현실이다. 가장 바람직하고 이상적인 문학작품 읽기와 이해는 과거의 일방적이고 고답적인 문학연구를 지양하는 데 있다. 문학작품 읽기와 이해는 20세기 중반 너머까지 문학연구의 전형적인 모형이었던 하나의 지배적인 이론을 바탕으로 작품을 접근, 분석, 연구하는 일차원적 방법에 의존하지 않고, 상이하고 다양한 시각과 관점들에 입각해서 작품에 대한 포괄적인 접근과 연구의 태도와 의식에 의존할 때, 그것은 더욱 효과적, 생산적, 창의적이 된다. 필자의 이해로는, 문학작품에 대한 이런 포괄적인 접근, 연구방법의 확장이 문화연구이다. 오늘날 문화연구는 문학작품을 총체적으로 연구하려는 새로운 추세이다. 그래서 문화연구는 우리가 문학을 가능한 한 매우 상이하고 다양한 관점들 — 막스주의, 신역사주의, 여성해방과 여권신장, 성 연구, 인류학, 민족 연구, 대중문화 —에서 더욱더 심오하게 보고, 들으며, 느끼려는 분위기와 여건을 형성하는 데 기여했다. 문화연구 입장에서 보면, 문학작품은 모든 학문의 총체이고, 다문화주의의 결정체이다. 이렇게 문학작품이 모든 학문의 총체임에도 불구하고, 요즈음 우리나라 영문학 연구풍토는 문학작품 자체에 대한 연구는 도외시하고 오로지 하나의 입장과 주장인 막스주의, 프로이드 정신분석학, 혹은 여성해방과 여권신장 등에만 의존하는 발표와 토론을 하는 경향이 강한 것 같다. 이런 연구풍토는 문화연구의 학문적 본질에 역행하면서, 과거의 일차원적 연구방법으로 회귀하여 편협적, 사변적, 맹목적, 독선적, 비생산적, 반역사적인 논문들을 양산하지 않을까 우려된다. 심지어 심리학이나 사회학 학술지에 게재해야 할 것 같은 논문들을 발표하는 영문학자들도 더러 있다. 이처럼 문학작품을 도외시한 글이 영문학에 관심 있는 사람들에게 과연 환영받을 수 있을까와 심리학이나 사회학 전문가들의 관심의 대상이 될 수 있을까에 대한 고려가 반드시 있어야 한다. 왜냐하면 이런 연구는 영문학에 관심 있는 사람들과 다른 학문의 전문가들로부터 외면당할 뿐 아니라 모든 학문들의 경계를 가능한 한 허물고 그것들을 하나로 통합하여 전체적으로 보려는 포우스트모더니즘에도 역행하기 때문이다.

필자가 앞에서 말한 영문학자들의 대화의지 부족과 연구방법과 영역의 축소경향은 그들의 의식의 문제에서 비롯되지 않을까하고 생각해본다. 우리가 유익하고 건설적인 대화를 나누려면, 상대방을 존중하여 그가 쉽게 이해할 수 있는 언어와 어법을 사용해야 함에도 불구하고, 영문학자들은 기꺼이 그렇게 하려 하지 않는 것 같다. 또 문학작품을 가능한 한 상이하고 다양한 관점들에서 전체적으로 이해하려고 해야 함에도 불구하고, 그들은 문학작품 자체에 대한 분석을 도외시하고 하나의 이론이나 철학을 논의하고 주장하려는 경향이 강한 것 같다. 필자는 그들의 이런 바람직하지 않은 의식에 대한 비판에 덧붙여, 우리 모두 재고해보았으면 하는 문제점 몇 가지를 제기해 보고자 한다. 첫 번째 문제는 영어의 우리말 표기이다. 요즈음 우리나라에서는 영문학자들도 세계화의 절대적 중요성과 필요성을 역설한다. 그러면서도 관행적으로 잘못되어온 영어 단어 발음의 한글 표기에는 수수방관하고 있다. 그들은 학생들이 익힌 많은 단어들의 영어 발음으로 미국인들을 상대하게 되었을 때, 그 잘못된 발음이 무용지물이 되고 있음을 잘 알고 있으면서도 어떤 대책을 강구하려고 최선을 다하지 않는 것 같다. 몇 개의 예를 들면 버내너(banana)가 바나나로, 아이온(ion)이 이온으로, 더글라스 머카서(Douglas MacArther)가 다글라스 맥아더로 여전히 한글 표기되고 있다. 또 영문학자들은 교육부가 제정한 외국어 발음 규정에 문제가 있음을 알고서도, 그 획일화에 동조하여 '예외 없는 규칙은 없다'는 진리를 부정하고 있다. 이 규정에 따르면, 유렆(Europe)을 유럽으로 표기해야 한다. "ㅍ" 받침이나 "ㅂ" 받침으로 표기해도 유렆의 소리에는 아무런 차이가 없다. 그러나 "ㅂ" 받침으로 표기했을 때, 이 명사의 형용사 유러피언(Eropean)을 발음할 때, 큰 혼란을 일으킬 수 있다. "ㅍ" 받침으로 표기했을 때가 유러피언을 발음하기가 더 쉽고 자연스럽지 않은가? 또 하나의 예를 들면, 플롵(plot)이 있다. 단수로만 쓰면 플롵이든 플롯이든 큰 차이가 없다. 그러나 복수가 되었을 때, "ㅌ,ㅅ" 플로츠와 "ㅆ" 플로쓰 중 어느 쪽이 더 정확한 발음일까? 그들이 그 규정에 무조건 획일적으로 따를 때, 영어발음 교육이 이렇게 엉망이 되어버린다. 이러한 현실인데도, 그들은 그 규정을 금과옥조로 여길 것인가? 또 하나 깊이 생각해 볼 문제가 있다. 우리 지명의 영어표기다. 한 예를 들면 광주를 Kwangju로 표기하다가, 그 규정에 따라 Gwangju로 바꿨다. 그런데 미국에서 출판된 영어사전에는 이미 Kwangju로 등재되어 있다. 한 지명에 대한 양국 간의 이런 차이를 그대로 방치할 것인가, 아니면 예외를 인정하여 미국 영어사전에 있는 표기로 통일할 것인가? 영문학자들이 심사숙고해서 어떤 단안을 내려야 할 문제가 아닐까? 필자는 이런 문제가 하루빨리 매듭지어지기를 고대한다.

두 번째 문제는 민족적 자존심과 개인 연구의 편리성 가운데 어느 쪽이 더욱 중요하고 우선시되어야 하느냐의 의식과 각성이다. 필자는 우리나라 영문학자들이 영문학 학술어 번역에서 일본에 크게 의존하고 있다는 사실에 안타까움을 금할 수 없다. 영문학과 그 연구는 일본사람에 의해 우리나라에 처음 소개되었으므로 우리가 처음 영문학을 공부하고 연구할 때 일본의 영향을 받을 수밖에 없었다. 또 일제시대에 우리는 영국이나 미국에 가서 영문학을 공부하기가 어려운 여건이었으므로, 일정기간 영문학 연구에서 일본에 의존할 수밖에 없었다. 그런데 우리가 의존하는 일본의 영문학 연구는 일본 사람의 의식 속에서 한번 굴절된 까닭에 영문학 작품의 본래 의미가 많이 변질된 채 우리에게 전해졌다. 또 우리가 크게 경계해야 할 일본 사람의 의식은 제 2차 세계대전 후에 극명하게 드러나고 있는 자기 과오에 대한 인정과 반성의 기피이다. 일본 사람의 이런 민족적 의식 속에서 여과된 영문학 연구와 번역이 우리에게 어떤 대단한 가치와 의의를 지닐 수 있을지 의심스럽다. 이런데도 우리나라 영문학자들은 우리에게 의사소통이 되는지, 혹은 안 되는지도 생각하지 않고 일본 사람이 번역한 용어들을 그대로 사용하고 있다. 게다가 더욱 개탄스러운 현실은 우리나라 영문학자들이 책명을 표기할 때도 서구식의 이탤릭체를 따르지 않고, 일본식의 겹낫표(『 』)를 고집하고 있음이다. 그들의 이런 무비판적 일본식 표기를 고집하는 저의는 그런 표기가 우리의 지상과제인 세계화에 역행하는 것임을 모르는 소치에 있을까 아니면 그저 무의식적인 관행의 답습에 있을까? 우리는 이 문제에도 하루빨리 어떤 단안을 내려야 한다.

그러나 이제 사정은 크게 달라졌다. 우리는 직접 영국이나 미국에 가서 영문학을 공부할 수 있고, 귀국해서 주체적으로 연구할 수도 있다. 그러므로 우리나라 영문학자들은 영문학 연구에서 일본 영향으로부터 독립을 선언하고, 우리의 독자적, 주체적, 역사적, 사회적, 문화적 의식을 바탕으로 창조적 견지에서 그 목적을 설정하여 우리에게 매우 유익하면서도 실리적이고 실용적인 성과를 거두려고 최선을 다해야 한다. 또 우리나라 영문학자들은 오늘의 한일관계에서 민족적 자존심을 지키기 위해서라도, 영문학의 일본식 연구와 번역에서 얻을 수 있는 개개인의 연구 편의성을 과감히 포기하고, 우리의 주체적, 독자적, 실리적, 실용적 연구와 번역 방식에 전력을 다해야 한다고 필자는 역설한다.

지금까지 논의된 우리나라 영문학 연구풍토와 영문학자들의 의식의 문제점들은 하루빨리 지양되어야 한다. 그 지양의 시작은 나(한국인)는 누구인가의 자아탐구와 실현을 바탕으로 하는 나 자신의 성숙과 삶의 변화 그리고 우리 사회는 어떤 변화와 개혁을 필요로 하는가의 규명에 있어야 한다. 그 시작은 우리 자신의 주체성과 독립성 그리고 사회의 실리성과 실용성의 추구에 있어야 하고, 그 추구는 모든 학문과 사회의 제반 여건들을 감안하고 종합하여 그 성과를 거두려는 의지와 실천 그리고 예지에 바탕을 두어야 한다. 또 그 추구는 대중화와 세계화를 지향하면서 그 결실을 얻으려는 의식 그리고 그것의 부단한 개혁과 확장에 기반을 두어야 한다. 우리나라 영문학자들이 이런 주장에 동조하여 영문학 연구를 수행하면서, 다른 사람들과 유익하고 건설적인 대화를 나누려고 한다면, 그 성과는 영문학의 실리성과 실용성의 입증에 기여할 수 있고, 나아가 대중화와 세계화에 획기적인 기여를 할 수 있다는 필자의 확신이 이 책의 출판 사연이다.

필자는 이 저서를 집필하면서 여러 사람들의 큰 도움을 받았다. 원고를 처음부터 끝까지 읽고 한글 표현을 더욱 매끄럽게 다듬어준 전남대학교 국어국문학과의 양영희 강사, "최근미국소설 연구와 강의의 새로운 방법과 그 의의"를 읽고 표현의 문제점을 지적하고 고쳐준 영어영문학과의 나희경 교수와 철학과의 노양진 교수, 그리고 논문들을 책으로 엮어준 영어영문학과의 장정훈 강사에게 깊이 감사한다. 아울러 이 책이 완성될 때까지 깊은 애정과 인내심을 갖고 필자를 격려하면서 원고를 몇 번이고 읽고 조언해준 삶의 반려자 차정원과 두 딸 원렬, 원실에게 깊은 감사의 마음과 함께 이 책을 증정한다.

2003년 3월

차례

증보판의 머리말 • 5

머리말 • 8

1. 최근미국소설 연구: 반응과 도전 • 19
2. 최근미국소설의 주제 연구: 대화를 통한 접근 • 44
3. 최근미국소설 연구와 강의의 새로운 방법과 그 의의 • 62
4. 최근미국소설의 핵심주제 그리고 그 구현과 확장: 자아실현, 자유, 사랑, 그리고 포우스트모던 소설 • 87
5. 최근미국소설의 주제고찰과 그 의의 • 123
6. 최근미국소설의 주제수용에 관한 고찰 • 151
7. 억눌린 삶과 자아를 탐구하는 삶: 최근미국소설의 10대 주인공 연구 • 204
8. 버너드 맬러머드와의 대담 • 246
9. 포우스트모던 소설의 수용과 그 의의 • 260
10. 포우스트모던 소설, *歲寒圖* 그리고 디지털 시대의 삶 • 289

찾아보기 • 323

1

최근미국소설 연구: 반응과 도전

최근미국소설의 연원인 영문학 연구가 요즈음 매우 활발하게 이루어지고 있는 것은 인문학의 위기라는 지금의 우리 시대 상황에 비추어보면 무척 고무적인 일이다. 한국영어영문학회가 세계적인 외국 저명학자들을 초빙하여 학술회의를 개최하는 것은 과거에는 상상도 할 수 없었던 일이다. 논문집도 국문과 영문으로 발간한다. 또 영문학자들은 전문학회도 많이 창립하여 특정 전공분야의 학술모임에 대거 참가하고 깊이 있는 논문발표와 토론을 하며 전문학술지도 발간한다. 이처럼 영문학자들이 괄목할 만한 학술회의를 개최하고 논문집을 발간하고 있음에도 불구하고, 다시 말하면 외형적으로는 활발한 연구 활동을 하면서 큰 성과를 거두고 있음에도 불구하고, 서점가와 독자들의 반응은 신통치 않은 것 같다. 서점에서 영문학 연구서들은 최근에 눈에 잘 띄는 서가에서 구석진 장소로 밀려났고, 구석진 서가에 꽂혀 있는 장서들도 과거에 비해 많이 줄었다. 영문학 연구서들이 사라진 자리에는 다른 분야의 실용서적들이 꽉 차 있다. 서점에서 영문학 연구서를 찾는 고객이 크게 줄어들어서 이런 현상이 일어난 것 같다. 이처럼 영문학자들의 열정적인 연구 활동과 성과와 서점가와 독자들의 반응 사이에는 큰 괴리가 있다. 이런 괴리는 가능한 한 빨리 극복되어야 한다. 이 글은 이런 괴리가 생긴 원인을 밝히기 위해 필자의 개인적 체험을 바탕으로 인지한 사실들을 기술하고, 그 괴리에 도전하는 방안을 모색한다. 그 모색을 위해 필자는 전공분야인 최근미국소설의 연구 철학과 목적을 우리의 주체적 자아, 자유스런 삶, 그리고 열린 사회의 창조에 두고, "나(한국인)는 누구인가"와 "한국 사회는 무엇인가"를 규명하고자 한다. 또 그 모색은 이 규명을 바탕으로 창조적 의식개혁 그리고 우리 사회의 획기적 변화와 발전을 촉발하는 최선책을 강구하는데 있다고 필자는 주장하고 싶다.

먼저 필자는 개인적 체험을 바탕으로 인지한 사실들을 기술함으로써 서점가와 독자들의 싸늘한 부정적 반응의 필연성을 설명해보려고 한다. 그들의 부정적 반응은 최근미국소설과 영문학 연구서들이 그들의 기대와 욕구에 크게 부응하지 못하기 때문이다. 다시 말하면 이 연구서들이 그들이 독서에서 기대하는 삶의 실리적, 지적, 정서적, 예술적 욕망을 크게 충족시켜주지 못하기 때문인 것이다. 또 이 연구서들은 그들이 실존에서 필요로 하는 정신적 공감과 활력이나 생동감, 상상력의 촉발과 확장, 그리고 영혼의 정화를 힘차게 불러일으키지 못하기 때문이다. 이 연구서들이 이럴 수밖에 없는 까닭은 우리나라의 초기 영문학 연구자들의 의식과 연구 자세 등에서 받아온 나쁜 영향에서 비롯되었다. 우리에게 영문학은 일제시대에 일본 대학에서 그것을 전공한 한국인들을 통해 처음 소개되었는데, 그들은 여러 제약 때문에 대학원에 진학하거나, 또는 독자적으로 더욱 심도 있게 학문을 연마할 수 없었다. 이런 여건 때문에 우리는 영문학 연구를 논리적, 철학적, 실리적 그리고 주체적으로 시도할 엄두조차 낼 수가 없었다. 이윽고 해방이 되어 우리나라에 갑자기 여러 대학들이 설립되면서 영문학과도 개설되었지만 유능한 영문학 교수는 많지 않았다. 게다가 일제시대에 대학에서 영문학을 전공한 한국인이 너무 적다 보니 다른 분야를 전공한 대학 졸업자들이 영문학과의 교수가 되었다. 이들은 영문 번역과 문법 설명을 위주로 영어에 관한 강의를 할 수는 있었지만 영문학에 관한 연구다운 연구를 할 수 없었다. 더욱이 연구를 하려고 해도 참고할 만한 장서도 없었다. 이처럼 영문학 연구는 처음부터 불모의 환경 속에서 태생했다. 이런 여건 속에서는 영문학 교수들이 주체적 혹은 창조적인 연구를 위한 철학, 목적, 그리고 방법을 의논하는 공동의 장을 마련할 생각조차 하기가 어려웠다. 당연히 영문학 교수들은 한국인의 안목으로 영문학을 논리적, 분석적 그리고 창의적으로 연구하기가 어려웠다. 게다가 그들은 글의 주제 문장이 첫 문단에 있는 서구식 논문 집필 방법을 무시하고 논문을 썼다. 그들의 이런 연구물이나 논문은 학생과 독자들의 작품 분석과 이해 능력에 큰 도움이 되지 않는 자신들만의 업적과 성과였다. 그러면서도 그들은 승진에 필요한 논문을 발표해야 하는 시대적, 사회적 조건을 외면할 수가 없었다. 따라서 많은 초기 영문학 논문들은 자발성이나 한국적 주제 접근과 연구를 바탕으로 하는 창의성이 결여된 채 어떤 필요와 강요에 의해 집필되고 발표되었다. 이 논문들은 영문학을 창조적으로 수용하는 연구 철학과 목적을 분명하게 밝히지도 못했고, 또 그 목적 달성을 위한 논리적, 비판적, 분석적, 체계적 방법을 활용하지도 않았다. 이처럼 우리나라에서 발표된 초기 영문학 논문들은 태생적 문제가 있었다. 이런 논문들은 독자들에게 감동이나 공감을 불러일으킬 수도 없었을 뿐 아니라 그들에게 활력과 생동감, 상상력의 촉발과 확장, 그리고 영혼의 정화를 유발할 수도 없었다. 그런데도 이런 논문 집필 방식이 후대에 그대로 답습되었다.

이런 여건과 상황 가운데서도, 제2차 세계대전 후에 출판된 매우 생소하고 난해한 최근미국소설이 미국의 막강한 영향력 때문에 갑자기 영문학 교수와 독자들에게 소개되었다. 모든 영문학과에 이 소설들을 강의하고 연구할 수 있는 교수는 거의 없었음에도 불구하고, 소설들은 우리 사회 속으로 빠르게 들어왔고, 이야기될 수밖에 없었다. 왜냐하면 어떤 소설은 영화로 만들어져서 어느 순간에 우리에게 다가왔기 때문이었다. 따라서 우리나라 교수와 독자들이 소설을 읽기도 전에 소설 제목은 우리말로 번역되어야 했다. 우리는 자연히 일본 번역 제목에 의존할 수밖에 없었다. 그런데 문제는 일본의 잘못된 번역을 그대로 베꼈고, 지금도 그 잘못을 알지 못하고 그대로 사용하고 있는 데 있다. 예를 들면 일본 교수가 노먼 메일러(Norman Mailer)가 직접 태평양에 있는 섬에서 겪었 전쟁 체험을 소설화한 *The Naked and the Dead* (1948)를 *나자(裸者)*와 *사자(死者)*로 번역했는데, 우리 미문학자도 무비판적으로 한자 제목을 그대로 베꼈다. 그런데 문제는 벌거벗은 사람과 죽은 사람 사이에 어떤 타당한 논리적 관계가 성립될 수 있는가를 따져보려고 하지 않는 데에 있다. 만약 그 관계가 성립될 수 없다면, 이 제목은 독자에게 어떤 의미도 전달할 수 없기 때문에 소통될 수 없다. 다시 말하면 이 제목은 독자와 소통 불능한 단어 나열에 불과하다. 그런데도 이 잘못된 번역이 지금도 연구서들에서 그대로 사용되고 있다. 필자 생각에는, 첫 단어를 중요시하는 미국 소설(글)의 성향에 따르면, "The Naked"는 벌거벗은 사람이 아니라 엄청난 희생과 대가를 치르면서도 혁혁한 전공을 세우려고 안달하는 편집병에 걸린 장군과 직업군인이다. 이런 편집병자가 무수한 사병들을 죽음으로 몰아넣는다. 정확한 번역은 *편집병자와 사자*, 또는 *편집병자 때문에 죽은 사람들*이다. 이 번역이 독자들에게 확실한 의미를 전달하면서, 소통을 가능하게 하지 않을까? 또 하나의 실례를 들면 일본교수가 죤 바스(John Barth)의 처녀작, *The Floating Opera*(1956, 개정판 1967)를 *선상악극단(船上樂劇團)*으로 번역했는데, 우리 연구서들은 이 잘못된 번역을 그대로 베껴 쓰고 있다. 오퍼러는 유람선의 이름인 까닭에 필자 생각에 정확한 번역은 *떠도는 오퍼러호*이다. 악극단과 유람선 이름 사이에는 의미와 상징에서 엄청난 차이가 있다.

앞서 말했듯, 해방과 6·25 전쟁 직후에 매우 많은 최근미국소설들이 갑자기 우리에게 소개되었지만 우리 영문학계에는 이 작품들을 강의하고 연구하는 교수는 극소수이고 연구서도 구하기가 어려웠다. 그러므로 우리 영문학계는 불가피하게 일본에서 번역된 소설 제목을 베껴 쓸 수밖에 없었겠지만, 지금은 연구 여건과 사정이 엄청나게 다르다. 요즈음 최근미국소설에 지대한 관심을 갖고 연구하는 학자와 대학원생들이 상당히 많다. 또 이들은 미국에서 출판된 소설과 연구서들을 빨리 쉽게 입수하여 열독하고 있다. 이럼에도 불구하고, 필자가 보기에는 과거와 다름없이 소설 제목들이 잘못 번역되고 있다. 예를 들면 다수의 연구자들이 돈 디릴로우(Don Delillo)의 소설, *White Noise*(1985)를 *백색소음*, 또는 *하얀소음*으로 번역한다. 연구자들은 백색소음이라는 말로써 독자들에게 어떤 의미와 심상을 제대로 전달하고 그들과의 소통이 가능하다고 확신할 수 있을까? 왜냐하면 1993년도 판 *Random House Unabridged Dictionary,* Second Edition을 참고한 연구자와 독자들은 white noise에서 백색소음을 인지할 수 없기 때문이다. 이 사전에 따르면, white noise는 1. A steady, unvarying, unobtrusive sound, as an electronically produced drone or the sound of rain, used to mask or obliterate unwanted sounds. 2. *physics*. random noise with a uniform frequency spectrum over a wide range of frequencies 라고 정의되어 있다. 이 사전의 정의와 백색소음 사이에는 너무나 큰 괴리가 있다. 필자는 이 소설 제목을 *요란한 잡음*으로 번역한다. 또 하나의 실례를 들면 어느 학자가 죤 혹스(John Hawkes)의 소설, *Second Skin*(1964)를 *제2의 피부*로 번역했다. 이 번역으로는 상식적으로 독자와 소통이 불가능하다고 생각하기에, 필자는 *상처가 아문 피부*로 번역한다. 그러면 왜 이런 오역들이 일어나고 있을까? 필자 생각에는 최근미국소설 연구자들이 소설 제목의 의미 파악에서 미국 사전에 의존하려고 하기보다는 오히려 지나치게 자신의 직역에 매달리는 한편 작품의 핵심 주제 파악을 소홀히 하면서 독자들과의 소통을 중요시하지 않고 독선적 견해를 여과 없이 토로하기 때문에 이렇게 오역하는 실수를 저지르는 것 같다. 약간 과격하게 표현하면 그들은 소설 연구와 논문 집필 의도와 그 과정에서 자신과 독자들을 깊이 감동시켜 변화와 성숙을 꾀하려는 각고의 노력 즉 학자로서의 투철한 책임감과 사명감을 절대시하지 않기 때문에 오역을 하고 있지 않을까?

아울러 최근미국소설 연구자들은 초기 영문학자들이 그랬던 것처럼 연구의 철학과 목적이 뚜렷하지 않은 자세를 보이고 있고, 논문 집필의 한 방법론적인 문제 — 즉 글의 주제 문장이 첫 문단에 있지 않고 서론의 마지막 문단에 있는 —를 안이하게 그대로 답습하는 점 등이 서점가와 독자들의 싸늘한 부정적 반응을 유발한 원인들이라고 필자는 생각한다. 그들의 이런 일방적이고 독선적인 학문관 혹은 연구 자세는 자신을 변화시키고 성숙시키는 데나 또 사회를 변화시키고 발전시키는 데에 아무런 쓸모가 없다. 다시 말하면 그들의 최근미국소설에 대한 이런 식의 연구로는 수기치인(修己治人)할 수도, 학행일치(學行一致)할 수도 없다. 왜냐하면 그들은 자신의 학문, 자기 변화와 성숙, 그리고 사회 개혁과 발전을 삼위일체로 융합시킬 수 없기 때문이다. 따라서 그들의 연구와 성과는 자신의 의식 개혁과 사회 변화에 실리적이거나 창조적으로 기여할 수 없기 때문에 독자들에게 외면당할 수밖에 없다. 그들의 생활 의식과 연구가 독자들에게 무시당할 수밖에 없는 또 다른 구체적 실례를 들면, 그들은 잘못된 영어 발음과 그 표기를 고집하고 고수함으로써 정확하게 영어를 배운 학생들을 바보로 만들고 있으면서도 어떤 대책도 강구하려고 하지 않는다. 더욱이 자신의 잘못된 영어 발음과 그 표기를 오히려 당연시한다. 그들은 토머스 핀천(Thomas Pynchon)의 소설, *V.*(1963)를 *브이*로 표기하는 아집을 부리면서, 대다수 사람들이 TV를 티비로 발음하고 있음을 전혀 아랑곳하지 않는다. 그들은 일상생활에서 coffee를 커피로 발음하다가, 외국인과 대화할 때는 의도적으로 신경을 써서 카피나 코피로 발음한다. 이처럼 그들은 한 단어를 두 가지로 다르게 발음하는 고통을 감수하면서도 바르게 고치려고 하지 않는다. 더욱이 학생과 일반인들이 당하고 있는 고통과 어려움을 조금도 고려하지 않는다. 그들이 계속 잘못된 영어 발음과 그 표기를 고집하면서 학행일치하려고 최선을 다하지 않는다면, 어느 누가 그들을 학자로 인정하고 존경할 것인가? 그들이 계속 이런 잘못된 관행을 답습한다면 우리 사회가 지금 지향하는 세계화에 역행하는 백해무익한 사이비 지식인으로 지탄받지 않을까? 따라서 그들은 잘못된 영어 발음과 그 표기 관행을 고수하려는 자아유폐에서 하루빨리 벗어나 정확한 영어 발음과 그 표기로 우리 사회에 실리적으로 기여하려고 최선을 다해야 하지 않을까? 그러려면 최근미국소설 연구자들은 대오각성해서 우리 국어사전과 사회에서 잘못 표기되었거나 발음되고 있는 영어 인명, 지명, 그리고 단어들을 원음 표기와 발음으로 바꾸는 작업을 선도해야 한다.

뿐만 아니라 최근미국소설 연구자들은 자신들의 일방적 학문관과 연구자세 때문에 다른 학문에서 제정한 규정을 비판적으로 검토한 후에 수용하려고 하기보다는 오히려 무조건 맹목적으로 인정하고 따르고 있다. 구체적 실례를 들어보자. 세종대왕이 한글을 창제할 때, 서양에서 영어가 사용되고 있음을 알지 못했을 것이다. 한글에는 무성음 ㅍ과 ㅌ 그리고 유성음 ㅂ과 ㄷ이 있다. 그런데 오늘날 어문정책 기관이 우리에게 편리함과 효율성을 제고하기 위해, 받침 ㅂ·ㅍ을 ㅂ으로, ㄷ·ㅅ·ㅌ을 ㅅ으로 종성화하는 규정을 만들었는데, 그들도 이 규정을 무비판적으로 수용한다. 그러나 이 규정은 영어 교육에 많은 혼란과 불합리를 야기한다. 예를 들면 Europe을 유럽으로 표기할 때는 아무 문제가 없지만 European을 발음할 때는 ㅂ이 ㅍ으로 바뀌는 현상이 일어난다. 유성음 ㅂ과 무성음 ㅍ을 ㅂ으로 획일화하지 않고, 각 음을 그대로 사용하면 이런 혼란은 일어나지 않는다. 또 요즈음 우리 사회에서 문화 콘텐츠(contents)라는 말이 자주 언급된다. ㅌ을 ㅅ으로 발음하면, 콘텐츠가 아니라 콘텐쓰로 발음하고 표기해야 한다. ㅌ을 ㅅ으로 발음하면 이런 불합리가 야기된다. 따라서 개별 발음을 어떤 한 발음으로 대체하기보다는 각 음을 사용하는 방안을 추진할 때, 우리는 세종대왕의 한글창제 정신을 계승할 뿐 아니라 영어교육에도 큰 도움이 된다. 이처럼 그들이 어떤 규정을 맹목적으로 용인하며 거기에 따르려고 하기보다는 오히려 비판적인 자세로 다각적으로 검토하여 수용 여부를 결정할 때, 우리 문화유산도 훼손하지 않고 더욱 합리적이고 효과적인 영어교육도 할 수 있다.

앞서 말한 바와 같이 최근미국소설 연구자들이 학행일치와 수기치인 철학에 투철하지 못하고, 또 자신들의 독선적 학문관과 연구 자세 때문에, 스스로 익힌 지식을 활용하여 사회에 실리적 기여를 하려는 강한 의지를 갖고 그것을 실현하려고 하지 않는 것 같아 필자는 매우 안타깝다. 예를 들면 우리는 도처에서 “좋은 하루가 되세요”라는 인사말을 듣는다. 그런데 연구자들이 “당신은 좋은 하루가 된다”는 문장을 익히 알고 있는 영어 문장의 기본인 5형식 문의 하나에 대입했을 때, 그 문장이 하나의 뜻을 이루고 있다고 확신할 수 있을까? 만약 그들이 확신할 수 없다면 적극적으로 이 문장을 대치할 문장을 제시해야 한다. 그들의 이런 제시도 학자로서 가장 중요한 임무이고 책임이며 동시에 학문적 기여라고 할 수 있다. 왜냐하면 우리가 그런 비합리적 문장을 무비판적으로 사용하면 우리도 모르게 우리의 삶과 정신이 맹목적이고 충동적이며 비논리적인 방향으로 치닫게 되기 때문이다. 우리는 이런 사고 때문에 일상생활에서 직면하는 이해관계, 이념, 그리고 감정으로 대립되는 문제를 대화와 토론으로 합리적이고 평화적으로 해결하려고 하기보다는 오히려 불법과 폭력에 의존하려는 습성을 지니게 된다. 그러므로 이 문장을 하루 빨리 "당신은 좋은 하루를 즐기세요(보내세요)"로 대치하여야 한다. 또 우리는 월드컵과 같은 운동 경기에서 승리를 기원하는 마음으로 "대한민국 파이팅"을 외친다. 그러나 영어를 모르는 남녀노소 모두가 그런 마음으로 뭉치려면 "파이팅"을 대치하는 순수한 우리 말 구호 — "대한민국 이룩하자(전진하자, 달성하자, 실현하자" —를 외쳐야한다. 따라서 연구자들은 우리 모두에게 감동을 주고 우리를 단결케 하는 영어가 아닌 순수한 우리말 구호를 만들려고 최선을 다하는 것도 자신들의 절대적 임무이고 책임이며 학문적 기여라고 생각해야 하지 않을까? 왜냐하면 일상생활 영어를 우리에게 깊은 감동을 일으켜 강한 인상을 남기는 우리말로 표현하는 작업도 학문 연구 못지않은 매우 중요한 과업이기 때문이다. 요컨대 최근미국소설 연구자들은 연구 목적이 학행일치와 수기치인 철학을 바탕으로 실존과 사회에 실리적이며 창조적으로 기여하는 데에 있음을 명심해야 한다고 필자는 재삼 강조하고 싶다.

앞에서 필자는 개인적 체험을 바탕으로 인지한 사실들을 기술하면서, 영문학과 최근미국소설 연구서들이 서점가와 독자들의 싸늘한 부정적 반응을 유발하는 요인들을 설명했다. 그 중에서도 결정적 요인은 해방 후에 갑자기 개설된 영문학과의 교수들이 한국인의 안목으로 영문학을 주체적으로 수용하지 못한 데에 있었을 뿐 아니라 연구 철학과 목적을 우리 삶과 사회에 요긴한 실리성과 창의성의 제고에 두지 않는 데에 있었다. 그들은 자신의 학문, 자아탐구와 실현, 그리고 사회개혁과 발전을 삼위일체로 융합시킬 수 없었고 그러한 시도도 하지 않았다. 그리고 그들은 학행일치와 수기치인 철학을 무시한 일방적이고 독선적인 학문관과 연구 자세에 너무 깊이 빠졌다. 그들은 이런 학문관과 자세 때문에 연구에서 자신과 독자들의 가장 지대한 관심사인 교육, 철학, 예술, 자아성숙, 성취, 그리고 사회 발전과 같은 실존 문제를 매우 깊이 있고도 폭 넓게 논의하지 못했다. 그러면서도 그들은 승진을 위해 연구 철학과 목적을 분명하게 천명하지 않은 채로 글의 주제 문장이 첫 문단에 나타나지 않는 논문을 집필하고 발표할 수밖에 없었다. 안타깝게도 이런 논문 집필 방식이 후대에 그대로 답습되었고, 필자의 눈에는 최근미국소설 연구자들 까지도 그들의 이런 폐쇄적 학문관과 바람직하지 않는 논문 집필 방식에서 완전히 탈피하지 못한 것 같다. 따라서 이들의 연구 성과는 외면당하는 것이 오히려 당연한 일이며, 이들의 잘못된 영어 발음과 그 표기 고수 관행은 지탄받아야 할 일이다. 이들도 이런 자기중심적 학문관과 연구 자세로 인해 연구와 대외 활동에서 창조적 역할을 할 수 없기 때문에 서점가와 독자들의 싸늘한 부정적 반응을 자초하고 있다. 이제 우리는 이런 부정적 반응에 도전하는 방안을 모색해야 한다. 그 방안 모색은 최근미국소설의 연구 철학과 목적을 새롭게 설정하는 데에 있다고 필자는 강조한다.

이런 부정적 반응에 도전하기 위해서, 최근미국소설의 연구 철학과 목적은 최근미국소설의 핵심 주제 — 자아탐구와 실현, 개인의 주체성과 독립성, 인간의 본능적 욕구 충족의 절대적 중요성, 그리고 공동체 의식의 확장 —를 바탕으로 우리의 주체적 자아, 자유스런 삶, 그리고 열린 사회를 창조하는 데에 두어야 한다. 따라서 이를 위해서는 "나(한국인)는 누구인가?"와 "한국사회는 무엇인가?"라는 명제의 규명이 선행되어야 할 것이다. 나아가 최근미국소설 연구자들은 이 목적 달성을 위해 자신들의 학문 연구, 창조적 의식 개혁, 그리고 사회의 획기적 변화와 발전을 삼위일체로 융합시키려고 최선을 다해야 한다. 또 그들은 이런 융합은 스스로 학행일치와 수기치인 철학을 실천하려고 분투노력하면 이루어진다고 확신해야 한다. 덧붙여 그들이 이러한 확신을 바탕으로 지금 고등학교와 대학교에서 제대로 가르치는 글쓰기 방식을 수용한다면, 즉 글의 주제 문장이 첫 문단에 있는 논문 집필 방식을 따른다면, 그들이 내놓은 연구 성과물들은 독자들의 긍정적이고 열광적 반응을 얻게 될 것이다. 왜냐하면 그러한 성과물들은 연구자와 독자로 하여금 자기를 새롭게 알고 성숙하게 해줄 뿐 아니라, 궁극적으로 그들에게 자신들이 사회를 조금이라도 발전시키는 데 이바지할 수 있다는 자신감과 보람을 안겨주기 때문이다.

연구자와 독자가 이런 보람과 자신감을 크게 느끼려면, 함께 한국인으로서 주체적 자아, 자유스런 삶, 그리고 열린 사회를 창조하려고 최선을 다해야 한다. 그 창조는 연구자가 "한국인은 누구인가"와 "한국사회는 무엇인가?"를 역사적 맥락에서 규명하려는 작업에서 비롯된다고 필자는 확신한다. 그러므로 필자는 "한국인은 누구이고, 한국사회는 무엇인가?"를 규명하기 위해, 우리 과거 역사를 임의적으로 이렇게 정의해본다: "우리사회는 지배계층의 일방적이고 과도한 사리사욕의 추구 때문에 우리의 본질적 자아, 즉 인간의 양심에 그 바탕을 둔 자아를 탐구하고 실현하려는 기백을 허용하지 않았다. 이러한 풍토가 우리와 다른 사람들과의 관계를 맹종 관계나 적대 관계로 전락시켜버렸다. 따라서 '나'는 항시 자기중심적으로만 존재하려고 했기 때문에, 다른 사람들의 존재를 있는 그대로 인정하고 존중하려고 하지 않았다. 우리는 조국이 위기에 처했을 때 민족 전체로서는 일체감을 갖기도 했으나, 일상생활에서 개개인으로서는 일체감을 갖지 못했다. 왜냐하면 우리사회의 지향목표는 개개인의 지향목표와 사상적으로 현실적으로도 합치되지 못했기 때문이다."[1] 이 정의에 따르면 우리사회의 대다수 지배계층 인사들은 학행일치와 수기치인 철학을 실천하려고 하지 않았다. 따라서 그들은 피지배계층 사람들을 같은 인간으로 인정하고 존중하지 않고, 탄압과 수탈의 대상으로 간주하여, 그들의 자아탐구와 실현의지, 주체성과 독립성, 그리고 본능적 욕구를 억압했다. 그러나 피지배계층 사람들은 아무리 무시당하고 탄압받더라도 인간으로서 본능적

---

1. 고지문, *최근미국소설의 핵심주제 : 사랑 자유 정의* (서울 : 신아사, 2001), 334-35.

욕구를 충족하고자 했다. 그 욕구는 "다른 사람들이 자기를 보고, 인정하고, 감사하고, 듣고, 좋아하고, 그리고 성적으로 만족시켜주는 것을 필요로 한다. 인간은 자신의 길을 선택하고, 자신의 능력에 맞추어서 성장하고, 자신의 시행착오를 통해서 배우는 자유를 인정받지 않으면 안 된다. 인간은 자신과 다른 사람들을 포용하면서 동시에 그들에 의하여 자기가 포용되는 것을 요구한다. 인간은 '나'일 뿐 아니라 '우리'이기를 희망한다. 인간은 누구나 자기가 있는 그대로의 개성적인 존재로 성장하고"[2] 싶은 갈망이 있다. 그런데 필자의 우리 과거역사에 대한 임의적 해석에 따라 인간의 본능적 욕구 충족의 관점에서 보면, 한국 사람들 모두 정도와 강도의 차이는 있지만 그런 욕구를 충족하지 못했다. 왜냐하면 그들 모두 자아탐구와 실현 그리고 공동체 의식을 바탕으로 "나"에서 "우리"로 변화하고 성숙할 수 없었기 때문이다. 다시 말하면 그들 모두 본능적 욕구를 억압하는 현실 속에서 큰 갈등을 겪었고, 이 갈등이 조성하는 불안정하고 불안한 여건 가운데서, 그들 모두가 자신의 독자적 의견을 충분히 개진하거나 활발하고 허심탄회하게 창조적인 대화와 토론을 할 수가 없었다. 특히 기득권 세력은 양심적이고 능력 있는 경쟁자들을 박해하고, 그들의 본능적 욕구를 가혹하게 억압했다. 그래서 그들은 생명을 보전하기 위해 자기를 기만하고, 초야에 묻혀 자신의 잠재력을 발휘하려고 하지 않았다. 요컨대 우리의 과거 기득권 세력이 권력을 장악해서 사리사욕을 극대화하려고, 사회 구성원들을 분열, 대립시키고 그들의 정신과 영혼을 타락시키는 현실 속에서 개개인이 양심과 주체성을 고수하면서 자신의 잠재력을 계발하여 발휘하고, 공동체 의식을 확장하기는 정말 지난했다. 기득권 세력의 지나친 횡포로 인하여 개인의 주체성 고수와 잠재력 계발과 발휘 그리고 공동체 의식의 확장이 어려웠던 것이 과거 한국사회와 한국인의 특징이었다고 필자는 주장해본다.

이런 횡포와 어려움으로 인하여 우리는 20세기에 우리 역사상 가장

---

2. Leo Buscaglia, *Love* (New York : Fawcett Crest Books, 1972), 176.

큰 비극을 세 번이나 맞이하게 되었다. 20세기 초에 나라를 빼앗기는 수모를 당했으며, 스스로 잘못 인식한 이념의 노예가 되어 동족끼리 살육행위를 자행하는 6·25전쟁을 겪었고, 4·19혁명 덕택에 간신히 수립했던 민주정부를 고수하지 못하고 마침내 독재정권 아래서 암흑생활의 고초를 겪었다. 우리는 권력, 돈, 그리고 이념의 노예가 되어 대립과 반목을 조장하는 부정부패한 지도층 인사들 때문에 극심한 고통에 시달리면서 인간의 본능적 욕구를 충족시킬 수 없었다. 그러나 최근미국소설 연구를 바탕으로 우리의 역사적 비극과 부정적 현실을 극복할 수 있을 뿐 아니라 훌륭한 문화유산을 새로운 시각으로 조명할 수 있다고 필자는 확신한다. 왜냐하면 소설(예술)은 우리 자신과 우리 사회를 변화시킬 수 있는 힘을 가지고 있기 때문이다. 버너드 맬러머드(Bernard Malamud)는, "예술의 기능 가운데 아름다운 것 중의 하나는 예술이 우리에게 삶과 삶의 가치가 무엇인지, 다른 사람의 가치가 무엇인지, 예술 자체의 가치가 무엇인지, 그리고 상상의 가치가 무엇인지 가르쳐주고 있다는 사실입니다. 나는 예술이 금방 알아볼 수 있는 어떤 방식으로 세상을 변화시키고 있음을 알지 못하나, 나에게는 예술이 인간을 변화시키고 있으며 궁극적으로는 그런 힘을 가져야만 한다고 믿는데, 예술은 매우 천천히 그리고 보이지 않게 세상을 변화시키고 있는 것처럼 보입니다. 물론 예술을 전혀 이해하지 못하는 사람들은 예술에 의해 변화되지 않지만, 예술을 어느 정도 이해하고 있는 사람들은 어떻게든지 예술에 의해 틀림없이 변화되고 있다"고 천명하였다. 그는 어떤 무엇보다도 삶을 가장 중요시하고 예찬하며, 삶의 존엄성을 깨닫고, 다른 사람의 삶을 존중하는 데서 예술의 이런 위력이 생겨난다고 믿는다. 따라서 그는, "예술은 도덕을 지향한다. 예술은 삶을 중대시한다. [. . .] 도덕은 자기 삶의 존엄성을 깨닫는 것으로부터 시작된다. 따라서 도덕은 다른 사람들의 삶의 존엄성을 — 우선 첫째로 히틀러(Hitler)의 삶의 존엄성마저도 — 깨닫는 것으로부터 시작된다. 예술은 본질적으로 삶을 찬양하면서 우리에게 판단의 척도를 마련해준다"[3]고 부언한다. 우리가 맬러머드의 예술론에 의존하여 우리의 역사적 비극과 부정적 현실을 극복하려면, 최근미국소설 연구자가 소설을 읽고 연구하여 먼저 자신을 변화, 성숙시키고, 이런 변화와 성숙의 성과를 바탕으로 다른 사람들을 자연스럽게 변화시킨 후에 그들과 함께 사회를 개혁하려고 해야 한다. 이렇게 연구자와 다른 사람들이 변화와 성숙을 바탕으로 하여 궁극적으로 사회개혁을 실현하는 최선책은 필자가 이미 주장한 소설 연구 철학과 목적 — 최근미국소설의 핵심주제인 자아탐구와 실현, 개인의 주체성과 독립성, 인간의 본능적 욕구 충족의 절대적 중요성, 그리고 공동체 의식의 확장을 전제로 한 우리의 주체적 자아, 자유스런 삶, 그리고 열린 사회의 창조 —에 있지 않을까? 그래서 소설 연구 철학과 목적 설정이 가장 시급하고 중요한 문제이다.

이제 이런 연구 철학과 목적을 바탕으로 우리의 역사적 비극과 부정적 현실을 극복하기 위해, 우리의 주체적 자아와 자유스런 삶 그리고 열린 사회의 창조를 논의한다. 우리가 최근미국소설에 대한 연구를 바탕으로 하여, 우리를 질식시키는 과거의 비극 그리고 현재의 좌절과 절망을 극복하기 위해 주체적 자아를 창조하려면, 그 소설가들이 인간에 대한 어떤 정의를 바탕으로 하여 어떤 소설론을 가지고 작품을 창작했는가를 알아볼 필요가 있다. 우리 과거의 비극을 극복하고 현재의 좌절과 절망을 딛고 일어서는데 도움이 되는 인간의 정의가 우리에게 절실하다고 필자는 생각한다. 우리 모두에게는 바로 이런 인간의 정의가 필요하다: "인간은 끊임없이 자기 자신을 탐구하는 존재 — 삶의 매순간마다 자기 존재의 조건을 검토하고 천착하지 않으면 안 되는 존재라고 일컬어지고 있다. 인간 생활의 진정한 가치는 이런 천착, 즉 인간생활에 대한 이런 비판적인 태도에 있다."[4] 이 정의는 노먼 메일러의 이런 주장과 일맥상통한다: "인간은 끊임없이 성숙하지 않으면 안 된다. 그렇지 않으면, 그는 엄청난 대가를 치러야만 한다."[5] 우리 모두, 특히 지도층 인사들이 이 정의에 입각해서 이런 질문들

---

3. 고지문, 376, 375.

4. Ernst Cassirer, *An Essay on Man : An Introduction to a Philosophy of Human Culture* (New Haven : Yale University Press, 1974), 5-6.

5. Norman Mailer, *The Deer Park* (New York : Putnam's, 1976), 303.

— 나는 누구이고 무엇인가? 끊임없이 성숙하고 있는가? 과거에 어떤 삶을 살았고, 지금 어떤 삶을 살고 있는가? 자율적, 아니면 타율적 삶을 살고 있는가? 창조적 삶을 살고 있는가? 민감성, 자발성, 그리고 황홀경으로 가득 찬 삶을 살고 있는가? 매사에 양심적이고 정직한가? 인간으로서 도리를 다하는가? 다른 사람을 무시하거나 억압하지 않고 존중하고 사랑하는가? 본래면목(本來面目)을 찾으려고 하는가? 조문석사(朝聞夕死)의 자세로 살고 있는가? 무위자연(無爲自然)의 삶을 살려고 하는가? —을 항시 자신에게 하고 있다면, 우리 자신과 사회는 어떻게 달라질까? 특히 지도층 인사들이 자기를 알고 양심의 소리를 들으면서 자신의 경쟁 상대자와 시민을 인간 동료로 인정하고 존중하여 사랑한다면, 대립과 반목 그리고 부정부패는 있을 수 없기 때문에 비극은 재발하지 않을 것이며 좌절과 절망도 생겨나지 않을 것이다. 이처럼 자기 앎을 강조하는 인간의 정의가 우리의 국가 안위와 실존 그리고 일상생활에 결정적인 역할을 한다.

또 우리가 좌절과 절망을 딛고 일어서는데 큰 도움이 되는 이런 인간의 정의가 있다: "인간은 스스로 자신의 운명을 개척할 수 있는 유일무이한 존재이다. 가장 창조적인 인간은 자신의 미래뿐 아니라 사회의 지향목표까지도 상상하고 설계할 수 있다. 그의 이런 상상과 설계는 [절대적인] 확신의 바탕에서가 아니라 정신의 의식적인 계발을 통해 창조되고 형성된다."[6] 또 이 정의를 뒷받침하는 이런 주장도 있다: "인간은 결코 사회적 동물, 피해자, 피조물만은 아닌 근본적으로 정신적 존재이다"[7] 이 두개의 정의에 따르면 우리는 어떤 극한상황도 극복할 수 있다. 우리는 지배계층 인사들의 횡포, 탐욕, 그리고 권력남용 때문에 이루 말할 수 없는 착취, 탄압, 억압을 당한다. 우리는 이 때문에 엄청난 실의, 좌절, 그리고 절망에 빠져 극심한 고뇌와 고통에 시달린다. 그러나 우리는 이런 와중에서도 그들에 저항해서 우리의 기본적 인권을 옹호하려는 욕구와 기질이 매우 강하다. 따라서 우리는 그들의 어떤 박해를 받더라도 우리의 잠재력과 가능성

6. Joyce Carol Oates, "Unique/Universal in Fiction," *Writers 86* (January 1973), 11.
7. John Clellon Holmes, *Nothing More to Declare* (New York : Dutton, 1967), 121.

을 계발하여 발휘하려고 할 뿐 아니라 영혼에서 우러나오는 예술을 창조하려고 한다. 그렇지만 우리의 이런 강한 의지가 현실적으로 용인되지 않아 실현될 수 없는 경우가 너무나 많다. 그런 경우에 우리는 상상력으로 우리의 뜻을 관철할 수 있다. 우리의 좌절과 절망 그리고 고뇌와 고통에 대한 상상적 초월 의지가 삶의 활력과 생동감의 원천이다. 요컨대 우리의 이런 극복 의지와 자신감이 우리 자신과 사회를 극적으로 변화시키는 원동력이 되기도 한다.

앞에서 논의한 인간 정의가 최근 미국소설가들의 소설론에 결정적인 역할을 한다. 특히 상상적 자아 인식과 극한상황의 극복이 소설 창작기법에 중요한 역할을 한다. 우리의 역사적 비극과 부정적 현실을 극복할 수 있는 원동력인 우리의 주체적 자아 창조에 도움이 되는 그들의 소설론을 몇 개 소개해본다. 최근 미국소설가들 중에는 자기 앎 그리고 삶 그 자체, 다시 말하면 이념, 종교, 그리고 정치에 좌지우지당하지 않는 삶이 소설 창작의 토대라고 주장하는 작가도 있다. 왜냐하면 자기 앎이 주체적 자아 창조의 근원이기 때문이다. 자기 앎이 주체적 삶과 자아 창조에 이렇게 결정적인 역할을 한다: "인간만이 자기 앎을 바탕으로 진실하게 살고 있다. 그러나 자기 앎을 전제하지 않을 때, 인간은 그저 어떤 역할만을 수행한다. 그 인간은 다른 사람들의 일상적인 행위를 답습하기에 급급하여, 한 인간으로서 자신의 창의적인 가능성을 전혀 의식하지 못한 채, 무조건 다른 사람의 권위에 굴복하면서 자신을 비하시킨다."[8] 이처럼 자기 앎은 우리를 독립독행과 가능성의 세계로 이끄는 위력을 발휘한다. 따라서 죤 업다이크(John Updike)는 자기 앎을 바탕으로 창작된 소설(예술)은 삶을 갈등과 대립 그리고 왜곡으로부터 해방시켜줄 뿐 아니라 희열과 충만감으로 가득 채워준다고 이렇게 주장한다: "소설(예술)은 이제는 대립과 갈등을 표현하지 않고, 자아탐구와 실현을 반영한다. [그러므로] 모든 인간은 망상과 혼란에 사로잡히지 않은 채로 자신을 알 것이며, 자기 앎을 바탕으로 건전하

---

8. Alice Walker, *In Search of Our Mothers' Gardens : Womanist Prose* (New York : Harcourt Brace Jovanovich, 1983), 121-22.

고 유익한 생활을 영위할 것이다. [. . .] 오랫동안 인간정신을 왜곡시켰을 뿐 아니라 인간 신체의 성장을 방해했던 요인들은 곧 제거될 것이다. 모든 인간은 들판의 나무처럼 성장할 것이다. 앞으로 삶의 낭비와 황폐는 없을 것이다. 삶의 고통, 더구나 삶의 위축도 없을 것이다. 이런 기적이 이 땅에 일어날 것이다. 곧 일어날 것이다."[9] 이 주장에 따르면 우리는 자기 앎으로 스스로 일신하여, 지금까지 신봉했던 이념, 종교, 정치, 그리고 예술이 삶보다 우위에 있다는 철학을 부정하고, 삶이 가장 우위에 있어야 한다는 새로운 진리를 수용하여, 어떤 절망적이고 비극적인 실존상황에서도 삶을 긍정하고 예찬할 수 있어야 한다.

우리가 자기를 알려고 최선을 다하면서 "불가사의한 힘을 불러일으키는"[10] 소설을 쓰고 읽을 때, 더욱더 적극적으로 삶을 긍정하고 예찬할 수 있다. 토우니 모러선(Toni Morrison)은 소설이 우리 의식을 개혁하여 우리를 새로운 인간으로 재생시킨다고 이렇게 주장한다: "소설 창작은 당신의 [의식을] 확장시켜, 상상불허의 잠재력을 발휘할 수 있도록 해주고, 미워하는 사람들, 단 20여분 동안도 한 장소에 함께 있을 수 없었던 사람들을 이해할 수 있게 해준다. 소설 창작은 당신 스스로를 끊임없이 깨닫게 해준다."[11] 이처럼 소설은 우리를 끊임없이 성숙시켜 깨달음의 경지로 이끌어준다. 이 깨달음이 우리를 아집과 편견 그리고 독선으로부터 해방시켜준다. 또 필맆 로스(Philip Roth)도 소설을 쓰고 읽는 목적은 굴레로부터 해방되는데 있다는 자신의 견해를 이렇게 피력한다: "나는 나를 질식시키고 있는 삶에 대한 편협한 사고로부터 해방되기 위해서 그리고 내가 아닌 다른 사람이 완벽하게 전개하고 확장시켜 놓은 이야기 시점에 상상적 공감을 하기 위해 소설을 읽는다. 이와 똑같은 이유 때문에 나는 소설을 쓴다."[12] 이처

9. John Updike, *The Poorhouse Fair* (New York : Knopf, 1960), 107.

10. Daniel Odier, *The Job : Interviews With William Burroughs* (New York : Grove Press, 1974), 98.

11. Mel Watkins, "Talk with Toni Morrison," in *Conversations with Toni Morrison*, ed. Danille Taylor-Guthrie (Jackson : University Press of Mississippi, 1994), 45.

12. Alain Finkielkraut, "The Ghosts of Roth," *Esquire,* September 1981, 94.

럼 최근미국소설이 유독 우리를 깨우치고 해방시킬 수 있는 위력을 발휘하는 요인은 소설 창작이 상상력에 크게 의존하는데 있다. 왜냐하면 상상력은 우리가 불가능하다고 믿는 일을 가능하게 하며 또 상상할 수 없는 진리를 탐구하게 하는 위력을 내재하고 있기 때문이다.[13]

따라서 상상력은 최근미국소설 창작에서 매우 중요한 역할을 한다. 상상력에 크게 의존하는 최근미국소설은 그 주제로서 고착된 시각으로 바라본 과거사보다는 오히려 열린 마음으로 바라보는 과거의 임의적 해석과 미래의 희망을 더욱더 중요시한다. 그래서 죤 엎다이크는 소설을 "우리의 가능성과 자유의 개념을 확장하려는 시도"[14]라고 정의한다. 이 정의는 이런 주장과 일맥상통한다: "소설 창작에서 존재는 이미 일어났던 사건이 아니고 인간의 가능성의 영역이다. 다시 말하면 인간이 될 수 있는 모든 것 또는 인간이 할 수 있는 모든 것이다. 소설가들은 인간의 이런저런 가능성을 발견함으로써 존재의 자표를 설계한다. 그러나 다시 한 번 말하지만, 존재함은 '사회 속에 있음'을 의미한다. 따라서 [소설의] 주인공과 그의 세계는 하나의 가능성으로 이해되지 않으면 안 된다."[15] 이렇게 창작된 소설은 우리를 일상적 체험과 고착된 사고에서 벗어난 기상천외의 세계로 끌고 간다. 다시 말하면 소설은 우리가 결코 가려고 하지 않았던 곳으로 우리를 데려가서는 결코 목격하지 못했을 사실들을 우리에게 보여주며, 결코 상상할 수 없었을 일들을 성취하게 해준다.[16]

무엇보다도 최근 미국소설가들의 창작 철학의 가장 큰 특징은 지금까지 우리를 지배해 왔던 어떤 신념과 행위의 고정불변함, 확실성 그리고 객관성을 부정하고, 그 반대로 그것들의 변화성, 애매모호성 그리고 주관성을 중요시한다는 점이다. 또한 최근 미국소설가들의 창작 철학은 이 같은

---

13. *Conversations with Toni Morrison*, 166.

14. John Updike, *Odd Jobs* (New York : Knopf, 1991), 87.

15. Milan Kundera, *The Art of Novel*, tr. Linda Asher (New York : Harper & Row, 1988), 42-43.

16. Margaret Atwood, *Second Words* (Boston, Beacon, 1984), 15.

불확실성과 주관성에 더불어 사랑을 전제로 하고 있다. 이. 엘. 닥터로우(E.L. Doctorow)는, "우리가 확신하고 있는 모든 것들 가운데서 우리는 어떤 것 하나도 제대로 파악할 수 없다. 우리는 하나님도, 급진적인 도덕관도, 정의도, 그리고 인간성도 제대로 파악하기가 매우 어렵다"[17]고 불확실성에 관한 견해를 천명하였다. 이 불확실성이 그의 소설, *대녈의 자서전*(*The Book of Daniel,* 1971)의 창작에 결정적인 역할을 했다. 그는 신좌파도 비이성적인 신념과 확신 때문에 스스로 자멸할 것이라는 믿음을 전제로 소설을 창작하기 시작했다. 또 지금은 주관성이 객관성보다도 자연과학과 인문학 이해와 연구에서 더욱더 중요한 역할을 하고 있다. 왜냐하면 인간이 모든 인식과 행위의 주체이기 때문이다. 인간은 "자신에게 절대적 존재이며, 자기 세계의 중심이고, 자기 행위의 책임자이면서, 자기 정체와 목적의 창조자이다. 진리는 자기 안에 있으며, 가치는 그 진리 속에 있다."[18] 무엇보다도 사랑은 "삶에서 가장 중요한 철학"[19]으로 자아와 가장 밀접한 관계가 있다. 왜냐하면 "사랑과 자아는 하나이고, 두 가지 중 하나의 발견은 두 가지 모두의 실현이기" 때문이다. 그러므로 "자아탐구의 확장은 사랑의 성숙을 동반한다."[20] 더욱이 사랑은 공동체 의식을 확장하는 씨앗이고 터전이다. 사랑은 "인간 내부에 있는 활동적인 힘이다. 사랑은 인간을 그 동료들로부터 격리시키는 벽을 파괴하는 힘이며, 그와 그들을 결합시키는 힘이다. 사랑은 그로 하여금 고독과 소외의 감정을 극복하도록 해줌과 동시에 자신의 본질적 자아에 충실한 인간이 되게 함으로써 본래의 자기를 보지하는 것을 가능하게 해준다. 사랑에서 두 사람은 하나가 되면서도 동시에 둘 그대로 있다는 역설이 일어난다."[21] 요컨대 불확실성, 주관성 그리고 사랑이 최근미국소설의 핵심주제 — 자아탐구와 실현, 개인의 주체성

---

17. E. L. Doctorow, *The Book of Daniel* (New York : Random House, 1971), 42.
18. Jerry H. Bryant, *The Open Decision* (New York : Free Press, 1970), 5.
19. Al Aronowitz, "The Year for Zen," *Escapade,* October 1960, 70.
20. Buscaglia, 96, 161.
21. Erich Fromm, *The Art of Loving* (New York : Bantam, 1967), 17.

과 독립성, 인간의 본능적 욕구의 절대적 중요성, 그리고 공동체 의식의 확장 등 ―를 이끌어 가는 중심적인 축의 역할을 한다.

앞에서 최근 미국소설가들이 작품 창작 철학의 근간을 두고 있는 인간의 정의와 소설론, 그리고 그 특징을 간략하게 살펴보았다. 우리가 이 인간의 정의와 소설론 그리고 그 특징을 창의적으로 수용하려고 애를 쓴다면, 우리 의식이 개혁되고 결과적으로 우리는 주체적 자아와 자유스런 삶 그리고 열린 사회를 창조할 수 있다고 필자는 믿는다. 그러므로 그 창조에 일조할 수 있다고 필자가 확신하는 최근미국소설의 몇 주인공들의 결의 그리고 변신과 성숙을 살펴본다. 솔 벨로우(Saul Bellow)의 소설, *오기 마취의 모험*(*The Adventure of Augie March*, 1953)의 소년 주인공, 오기 마취는 자기를 알려고 하지 않으면서 세속적인 욕망과 목적을 달성하려고 안달하는 사람들이 스스로 자신에게 무조건 따를 것을 강요하는 일방적이고도 독선적 생활 철학과 진리관을 단호히 거부한다. 그는 오로지 주체적, 독립적 자아를 고수하겠다는 굳은 결의를 이렇게 천명한다: "내가 원하는 모든 것은 나 자신에 대한 어떤 것이고 나 자신을 생각하는 일이다. 이것이 바로 내가 지금 지껄이고 있고 그처럼 흥분하는 이유이다. 나는 내 자신의 위치를 원한다. 만약 그 곳이 그린런드(Greenland)의 얼음 덮인 산 위에 있더라도, 기꺼이 찾아 갈 것이고, 결코 내 자신을 딴 놈의 계획에다 방치하지는 않겠다." 이처럼 그는 독립독행의 생활 철학을 실천하려고 최선을 다한다. 한편 그는 다른 사람들도 이 철학에 전념하도록 도와주려고 한다. 왜냐하면 그는 다른 사람들이 자발적으로 이 철학을 공감하고 지지할 때, 그들이 더 이상 자신만을 위한 독선적인 철학의 탐구자가 아니라는 사실을 스스로 인정할 만큼 변화될 수 있기 때문이다. 그리하여 마취는 이렇게 말한다: "내가 주장할 수 있는 한 가지 사실은, 나는 독립된 운명을 원하지만 나 자신만을 위해 그런 운명을 원하는 것은 아니었다."[22] 요컨대 마취는 다른 사람들의 존재를 있는 그대로 인정하고 수용하

22. Saul Bellow, *The Adventures of Augie March* (New York : Viking Press, 1953), 456, 424.

면서, “삶의 신조가 사변에 있지 않고 행동하는 데에 있으므로, 이성 있는 삶이 탐구되어야지 결코 어떤 목적성이나 어떤 궁극적인 만족감 혹은 동기가 이런 삶에서 추구되어서는 안 된다”[23]고 확신하는 주체적 삶의 예찬자이고 옹호자이다.

세속적인 욕망과 목적 달성을 추구한 나머지 인격 파산자로 전락했다가 마침내 진정한 자아를 되찾게 되는 또 다른 대표적 인물이 흑인작가 랠프 엘리선(Ralph Ellison)의 소설, *보이지 않는 인간*(*Invisible Man*, 1952)의 이름 없는 흑인 주인공이다. 엘리선은 백인들이 흑인들의 인권을 철저히 유린하는 비극적 실존 상황을 부정하거나 파괴하려고 하기보다는 오히려 일단 수용하면서 그 상황을 개선하려고 최선을 다해야 한다는 자신의 삶의 자세를 이렇게 토로한다: “나는 상상의 세계에서는 모든 사람들이 친구가 될 수 있을 뿐 아니라 그들의 야망과 이해관계도 합치될 수 있다는 사실을 매우 일찍이 깨달았다.”[24] 또 그는 “인간은 자신의 진리의 창조자”[25]라고 확신한다. 그는 이런 확신을 바탕으로 *보이지 않는 인간*을 창작했다. 그 이름 없는 흑인 주인공은 오로지 대학을 졸업하여 입신출세하겠다는 욕망과 그 목적 달성에 매달린 나머지, 자아와 인격 그리고 존엄성을 다 버리고서 백인의 지시와 명령에 무조건 복종하는 역할 수행자로 전락한다. 그래서 그는 다른 흑인의 다음과 같은 비난에도 전혀 아랑곳하지 않는다: “이 친구는 이미 자신의 감정 뿐 아니라 인간성까지도 억압할 줄 아는 방법을 배워버렸습니다. 이 친구는 보이지 않는 인간, 소극성의 살아 있는 화신 . . . 기계인간입니다.” 지금 그는 그의 이런 충고를 받아들일 생각도 전혀 없다: “그러나 제발, 사물의 이면을 보는 법을 배우게. [. . .] 젊은이, 안개 속에서 나오란 말야. 그리고 성공하기 위해 완전한 바보가 될

---

23. Chester E. Eisinger, *Fiction of the Forties* (Chicago : University of Chicago Press, 1965), 355.

24. Ralph Ellison, *Shadow and Act* (New York : Random House, 1964), 12.

25. Robert Bone, "Ralph Ellison and the Uses of the Imagination," in *Ralph Ellison : A Collection of Critical Essays*, ed. John Hersey (Englewood Cliffs : Prentice-Hall, 1974), 104.

필요는 없다는 점을 명심해. [. . .] 승부를 겨루되 자네 방식대로 하란 말야. [. . .] 자네 자신의 아버지가 되도록 하게. 그리고 잊지 말게. 자네가 세상은 가능성의 세계라는 사실을 발견하기만 한다면, 세상은 그런 것이지." 그는 한 흑인으로서 출세하기 위해, 비굴하게 자기를 속이면서 백인들의 지시와 명령에 무조건 복종하면서 열심히 뛰었지만 아무것도 이루지 못한다. 마침내 그는 자신의 무진장한 노력이 무소득으로 귀결되었음을 보고, 자기가 주체적 인간으로 실존하지 못했고, 다른 사람들에게 조종당하고 이용만 당한 도구로서 존재했다는 사실을 깨닫는다. 그는 이 깨달음으로 이런 진리를 터득한다: "삶이란 사람이 스스로 사는 것이라야지 통제당해서는 안 된다. 진실한 자아란 눈앞에 패배가 확실하다 할지라도 계속 승부를 겨룸으로써 획득되는 것이다. 우리의 운명이란 하나가 되면서도 다수가 된다 — 이것은 예언이 아니라 사실의 기술이다." 그리하여 그는 지금까지 자기가 보이지 않는 인간이었지만, 자기에게도 "수행해야 할 사회적 책임과 역할이 있을 수 있다"[26]는 사회의 한 구성원으로서의 사명감을 통감한다. 드디어 그는 진정한 자아를 되찾아, "'문과 창문을 통제받지 않는 가능성의 세계로 활짝 열고서, 미완성의 세계'를 탐구하면서, 그 세계에 대한 확고한 신념을 갖고 있는"[27] 주체적이고 사회적인 인간으로 재생한다.

이제 최근미국소설에 탁월하게 구현된 사랑의 실례를 논의해본다. 레널즈 프라이스(Reynolds Price)의 소설, *고결한 사나이*(*A Generous Man*, 1966)의 열다섯 살의 주인공, 마일로우 머스티언(Milo Mustian)은 독선적이고 세속적인 어머니의 강한 반대에도 불구하고, 부모가 없는 로우이스 프로우보우(Lois Provo)를 사랑하고, 그녀의 사랑을 받는데 성공한다. 그는 그녀와 사랑의 결실을 맺기 위해, "자아탐구의 확장은 사랑의 성숙을 동반한다"는 철학을 실천하려고 최선을 다한다. 그는 독립독행의 삶을 살

26. Ralph Ellison, *Invisible Man* (New York : Random House, 1952), 72, 120, 435-36, 439.

27. Tony Tanner, *City of Words* (New York : Harper & Row, 1971), 438.

겠다고 굳은 결의를 하고, 나의 의식을 우리 의식으로 확장하면서, 자기를 끊임없이 변화시키고 성숙시키려고 노력한다. 이런 노력으로 그는 그녀가 원하고 필요로 하는 남자로 성숙하게 되고, 그녀와 합의하여 설정한 공동 목표를 함께 달성하기로 결심한다. 로우이스는 그의 결심을 알아차리고 자기도 이런 마음으로 그를 더욱 뜨겁게 사랑하려고 한다. 두 사람은 이렇게 서로 진심에서 우러나온 사랑을 하기 때문에, "사랑하는 사람의 생명과 성장에 적극적인 관심"[28]을 쏟는 연인이 된다: "처음에는 마일로우가 앞장서 걸었고, 로우이스는 그의 발 앞에 불빛을 비춰주는 손전등을 들고 있었다. 그러나 그녀는 재빨리 그의 허약함 — 그의 휘청거리는 무릎과 곧 넘어질 것 같은 맨발을 보았다. 그래서 그녀는 그의 옆을 지나 앞으로 나아가, 그 이유를 설명하지 않고, 그 보다 약간 더 앞장서 걸었다. 그는 그녀의 이런 행위를 허용하고, 뒤에서 걸음을 약간 늦추고 천천히 걸어가면서, 그녀의 유연한 다리가 우거진 가시나무 덤불 사이로 비치는 불빛을 받으며 두려움 없이 걸어가다가 잠시 멈추는 것을 볼 수 있었다." 마일로우와 로우이스는 각자의 주체성과 개체성을 고수하면서도 공동 관심사와 목적에 바탕을 둔 사랑에 의해 완전무결하게 일심동체가 된다. "이 세상에서 가장 비극적인 일은 누군가를 사랑하는데 사랑을 돌려받지 못하는 것이라고 들은 적이 있다"[29]는 그의 말을 듣고, 그녀도 그런 말을 들은 적이 있다고 대꾸한다. 이 순간에 두 사람은 둘이면서 하나로 일심동체가 된다.

또 하나의 사랑의 실례를 들면, 메어리 고든(Mary Gordon)의 소설, *남자와 천사들*(*Men and Angels*, 1985)의 서른여덟 살의 여자 주인공, 앤 포스터(Ann Foster)는 여자는 주부로서 가사에만 전념해야 한다는 남성우위 사회의 통념을 깨고, 자아탐구와 실현에 매진하여 탁월한 미술평론 전문가가 된다. 그녀의 성공 비결은 남편과 애들을 위한 봉사와 희생도 자아탐구 못지않게 중요한 책임과 의무라는 자기 철학의 신봉과 실천에 있다. 그녀는 자신의 강한 자아탐구와 실현 의지 그리고 극진히 사랑하는 남편

---

28. Fromm, 22.

29. Reynolds Price, *A Generous Man* (New York : Avon, 1973), 171-72, 214.

의 깊은 이해와 협조가 자신이 탁월한 미술평론 전문가가 될 수 있는 결정적 요인이었음을 잘 알고 있다. 이제 그녀는 자아탐구와 실현, 상호이해와 협조, 그리고 희생정신을 바탕으로 남편과 함께 사랑을 공유하고 더욱더 열정적으로 사랑을 나누고 싶어한다. 또 그녀는 사랑으로 성적 쾌감을 극대화하고 싶어한다. 그녀는 자신의 성숙과 성적 쾌감 극대화에 일조하는 남편의 존재를 자기 실존의 활력과 황홀경의 원천으로 받아들인다: "그의 [정신과 육체의] 아름다움이 그녀에게는 자연스럽게 솟아나오는 즐거움이었다. 그녀는 마치 그 아름다움이 자연현상인 햇빛이나 향기로운 공기인 것처럼 자신을 그 속에 잠기게 했다." 그러면서 그녀는 남편과 성생활을 만끽하기 위해 이렇게 상호 배려했다: "그들은 서로의 욕구를 조화시켰다. 때로는 자기가 남편을 황홀경 속으로 이끌어갔고, 어떤 때는 그가 자기를 그렇게 해주었다."[30] 이처럼 그들의 사랑은 자아탐구와 실현, 그리고 상호이해와 협조 그리고 배려가 극대화하는 실존의 순수성, 솔직성, 생동감, 활력, 그리고 황홀경의 극치이다.

지금까지 요즈음 최근미국소설 연구서들이 서점가와 독자들의 싸늘한 반응을 받고 있는 원인을 필자의 개인적 체험을 바탕으로 인지한 사실들을 토대로 하여 규명하고, 이 반응에 도전하는 방안을 제시해보았다. 해방후에 황급히 설립된 몇 영문학과에는 갑자기 우리에게 소개된 최근미국소설을 강의하고 연구할 수 있는 유능한 교수들이 많지 않았다. 이 교수들은 소설 연구 철학과 목적을 제대로 가지고서 연구다운 연구를 하기가 어려웠고, 따라서 틀 잡힌 논문작성법을 바탕으로 하여 논문다운 논문을 집필하기도 어려웠다. 그런데도 그들의 연구와 논문집필 방식이 후대에 그대로 답습되었다. 이 답습이 싸늘한 반응의 원인이라고 필자는 생각한다. 따라서 그 반응에 도전하는 방안은 이 답습을 멈추는 데에 있다. 그리하여 우리는 최근미국소설 연구 철학과 목적을 주체적 자아, 자유스런 삶, 그리고 열린 사회의 창조에 두고, 그 연구가 삶과 사회에 실리적이고 창조적으로

30. Mary Gordon, *Men and Angels* (New York : Random House, 1985), 133, 138.

기여할 수 있도록 해야 하겠다. 다시 말하면 도전 방안은 최근미국소설 연구자가 학문, 자신의 변신과 성숙, 그리고 사회 변화와 발전을 삼위일체로 융합시키는 최선책의 탐구에 있다. 이 탐구는 연구자가 최근미국소설의 핵심주제 — 자아탐구와 실현, 개인의 주체성과 독립성, 인간의 본능적 욕구 충족의 절대적 중요성, 그리고 공동체 의식의 확장 —와 그 소설가들이 소설을 창작하면서 근간으로 삼고 있는 인간의 정의 그리고 소설론과 그 특징을 천착하면 천착할수록 더욱더 구체화된다. 그 탐구에 따르면 주체적 자아는 자아를 탐구하고 실현하려고 하면서, 자율과 독립독행의 삶을 살려는 진실한 자아이다. 자유스런 삶은 명예, 권력, 탐욕, 아집, 편견, 독선, 그리고 오만으로부터 해방된 자유자재한 실존이다. 그리고 열린 사회는 사회 구성원 모두가 "자유의 목적은 다른 사람들을 위해 자유를 신장하려는 의지와 실천이다"[31]는 철학을 실천하기 위해, 사회의 다른 구성원이 주체적 자아와 자유스런 삶을 창조할 수 있도록 적극 도와주려는 의식이 팽배한 사회이다.

이제 우리는 최근미국소설 연구자의 탐구를 통해 주체적 자아, 자유스런 삶, 그리고 열린 사회가 무엇인가를 알게 되었고, 실제로 몇 소설의 주인공들이 이런 자아와 삶을 어떻게 창조했는가를 살펴보았다. 그러나 우리가 직접 알게 되고 또 살펴보는 것은 창조의 필요조건일 뿐이지 충분조건은 아니다. 다시 말하면 우리가 알게 되고 살펴보는 것으로는 최근미국소설 연구서들에 대한 서점가와 독자들의 좋은 반응을 촉발할 수 없다. 좋은 반응을 불러일으키려면, 무엇보다도 먼저 연구자들이 작품들을 자발적인 감동과 경이감으로 정독하고 연구하여 자신이 우선 변화되고 성숙되어, 독자들을 놀라움과 깨달음 그리고 성취와 희열의 세계로 끌고 가 깜짝 놀랄 만큼 변화시켜, 함께 우리 사회를 새로운 시각으로 인식하고 개혁하는 방향으로 나아가야 한다. 또 연구자들은 주체적 자아, 자유스런 삶, 그리고 열린 사회의 창조의 바탕을 최근미국소설에 의존하면서도, 개방과 도전의

---

31. Bernard Malamud, *The Fixer* (New York : Dell, 1971), 259.

정신으로 자신들의 관심 분야를 더욱 확대하여 과거 우리의 의식, 사회, 그리고 문화유산의 지주였던 본래면목, 조문석사, 무위자연, 그리고 정명(正名) 등을 깊이 재음미하려고 한다면 발전된 사회의 창조에 큰 도움이 될 수 있을 것이다. 덧붙여 연구자들이 *세한도(歲寒圖)*와 같은 우리 문화유산을 새로운 시각으로 재조명하려고 한다면 그 창조에 큰 영감을 얻을 수 있을 것이다. 나아가 연구자들이 최근미국소설 뿐 아니라 우리의 전통사상과 문화유산에서 얻게 된 영감을 바탕으로 하여, 주체적 자아와 자유스런 삶 그리고 열린 사회의 창조에 실리적이며 창의적으로 기여할 수 있는 연구서들을 발간한다면, 서점가와 독자들의 큰 호응과 환영을 받을 것이라고 필자는 믿는다.

2

최근미국소설의 주제 연구 방법: 대화를 통한 접근

이 논문의 목적은 우리나라 최근미국소설 연구자들이 최근미국소설의 주제 연구를 추상적인 개념이나 객체로서가 아니라 연구자 및 독자들의 영혼과 이 주제 사이의 끊임없는 대화로서 간주하면서 연구를 수행해야 할 필요성과 중요성을 강조해보려는 데에 있다. 지금까지 최근미국소설 연구자들은 연구자의 주체적인 견지와 필요에서보다는 오히려 다른 사람들의 견해와 논점을 다분히 답습하는 입장과 자세로 최근미국소설의 주제 연구를 해오지 않았을까? 최근미국소설 연구자들은 다른 사람들이 정립한 개념과 주장들을 아무런 주체적인 여과 없이 그리고 우리의 현실적, 사회적, 교육적, 문화적인 실리성과 필요성에 대한 고려 없이 그대로 받아들이면서 각자의 연구에 전념하고 있지 않을까? 예를 들면 미국교수들이 미국소설의 주제로 논의해왔던 핵심문제들 — 새로운 낙원건설, 애덤과 이브의 신화, 인간의 타락, 순진으로부터 악의 체험, 이런 체험을 통한 청소년의 성숙 —에다 제2차 세계대전 이후에 새롭게 나타난 "반항자-피해자," "사랑과 죽음," "주체적인 결정," "단어들의 도시," 그리고 "미국인의 애덤" 등을 우리 자신의 삶의 조건에 비추어 반성적 사고를 거치지 않은 채 수용하는 경향이 있었다. 또 한국교수들은 미국소설의 이런 주제별 강의계획표

를 제시했다: "예컨대 지역적 문학현상, 악의 문제, 미국적 성공의 꿈, 문학과 사회문제, 여성 이미지, 흑인 존재의 의미, 소수인종 문학 등이 있을 수 있겠다."[1] 그러나 필자는 앞으로 한국의 최근미국소설 연구자들이 이런 추상적이고 현학적이며 공허한 개념을 바탕으로 하는 주제연구를 지양하고, 연구자와 그 주제와의 흥미진진하고 창조적인 대화가 이루어질 수 있는 연구를 수행해야한다고 생각한다. 나아가 이런 대화가 바탕이 되어 연구자와 다른 사람들과의 격의 없는 토론과 의사소통이 가능하며, 그런 토론과 의사소통이 모든 사람들의 자아탐구, 그리고 자기 발전과 성숙을 확장함으로써 사회 발전과 개혁을 가속화시킬 수 있도록 미국소설의 주제연구를 수행해야 하며, 바로 이러한 연구 수행이 우리의 시대적, 현실적 요구이고 의의라고 확신한다.

여기서 대화를 통한 주제 연구라고 함은 연구자의 영혼이 자신이 연구하는 주제와 부단한 대화가 가능하여, 스스로 의식의 확장과 깨달음을 이룰 수 있고, 또 이런 확장과 깨달음이 그 주제를 바탕으로 하여 자신과 다른 사람들과의 건설적이고 창조적인 대화의 장의 확장으로 이끌어 줌으로써, 궁극적으로 이 확장된 대화의 장이 우리 사회의 창조적이고 공동체적인 변화와 개혁의 가속화를 촉발할 수 있는 연구를 의미한다. 필자는 연구자의 존재 의의는 오로지 그런 깨달음, 대화의 장의 확장, 그리고 변화와 개혁의 가속화를 실현하는데 얼마나 이바지할 수 있는가에 달려있을 뿐이라고 역설한다. 그가 이런 의지를 가지고 노력하느냐의 여부에 따라 누구나 공감하고 수용할 수 있는 삶의 절대적 가치, 궁극적인 목적, 그리고 실천철학이 되는 주제들에 대한 탐구의 가능성이 달려있다. 또 그 의지와 노력이야말로 그 연구자를 협동적인 분위기의 학계와 굳건하게 결속된 사회공동체를 건설할 수 있는 출중한 역군으로, 나아가 세계화의 탁월한 기수로 성숙시킬 수 있는 기반이다. 그러므로 대화를 통한 주제 연구라는 표어(標語)로 미국소설 연구에 전념하려는 최근미국소설 연구자들의 가장

1. 이영옥. "영미문학을 어떻게 가르칠 것인가?: 미소설 분야의 경우," *영어영문학* 40. 3 (1994 가을): 586.

막중한 책임과 의무는 모든 사람들이 자발적으로 상호 공감할 수 있는 주제의 탐구와 이 탐구를 통한 자신의 성숙과 그리고 그러한 성숙으로 인한 다른 사람들과 사회에 대한 창조적이고 건설적인 영향력의 확장이다. 무엇보다도 먼저 최근미국소설 연구자들은 이런 탐구와 성숙 그리고 확장을 극대화하기 위해, 스스로를 "영웅적인 순진성과 무한한 잠재력을 가진 인간으로"[2] 변신시킬 수 있는 자기 정의를 내리고, 거기에 따른 자신의 책무를 완수하려고 최선을 다해야 한다.

필자가 좇고 싶은 인간의 정의에 따르면, "영웅적인 순진성"을 가진 인간은 자신에게 가장 정직한 자아의 탐구자로서 이런 정의의 확신자이다: "인간은 끊임없이 자기 자신을 탐구하는 존재 — 삶의 매순간마다 자기 존재의 조건을 검토하고 천착하지 않으면 안 되는 존재라고 일컬어지고 있다. 인간생활의 진정한 가치는 이와 같은 천착, 즉 인간생활에 대한 비판적인 태도에 있다."[3] 또 "무한한 잠재력"을 가진 인간은 어떤 극한상황에서도 자기 운명의 개척자로서 이런 신념의 소유자이다: "인간은 스스로 자신의 운명을 개척할 수 있는 유일무이한 존재이다. 가장 창조적인 인간은 자신의 미래뿐 아니라 사회의 지향목표까지도 상상하고 설계할 수 있다. 그의 이런 상상과 설계는 [절대적인] 확신의 바탕에서가 아니라 정신의 의식적인 계발을 통해 창조되고 형성된다."[4] 그러므로 무엇보다도 먼저 최근미국소설 연구자들은 자아탐구자와 자기 운명의 개척자가 되려고 최선을 다해야 한다.

그렇다면 최근미국소설 연구자들이 부단한 자아탐구자로서 그리고 자기 운명의 강철 같은 개척자로서 탐구해야 할 주제 즉 누구나 공감하고 수용할 수 있는 삶의 절대적 가치나 궁극적인 목적, 그리고 실존철학이 되는

---

[2]. R. W. B. Lewis. *The American Adam* (Chicago: University of Chicago Press, 1955), 1.

[3]. Ernst Cassirer. *An Essay on Man: An Introduction on a Philosophy of Human Culture* (New Haven: Yale University Press, 1974), 5-6.

[4]. Joyce Carol Oates. "Unique / Universal in Fiction," *Writers* 86 (January 1973): 11.

주제는 무엇일까? 필자는 편의상 이런 주제를 미국소설보다는 오히려 주간지 *Time*에 의존하여 정립해보려고 한다. 1999년 12월 31일자 *Time*은 20세기의 인물로 우선 우리의 공간과 시간 그리고 진리의 개념을 혁명적으로 변화시킨 물리학자, 앨버트 아인스타인 (Albert Einstein)을, 그리고 그 다음의 인물로 민주주의의 수호자인 프랭클린 디. 로우저벨트(Franklin D. Roosevelt)와 인권의 옹호자이며 파수꾼인 모우헌다스 간디(Mohandas Gandhi)를 선정했다. 이 세 사람이 선정된 이유는 다음과 같다. 아인스타인은 우주의 신비를 규명하면서 자유정신과 시장경제의 인력을 증폭시킴으로써 자유의 승리를 보장하는 데에 결정적인 역할을 한 과학과 기술의 미증유의 탐구자로서, 로우저벨트는 전체주의와 민주주의와의 거대한 싸움의 혁혁한 승리자로서, 그리고 간디는 용감무쌍한 시민들이 자신들의 민권을 쟁취하기 위해 권력자와 투쟁할 수 있는 능력의 탁월한 발휘자로서 선정되었다.[5] 이 세 사람의 업적은 20세기의 가장 위대한 유산이며, 21세기에도 계승되어야 할 가장 숭고한 정신이다.

특히 간디가 궁극적인 목적으로 삼고 쟁취하여 실현하려 했던 개인의 자유, 정치적 자유, 사회정의, 비폭력적인 항의, 소극적 저항, 그리고 종교적 관용 등은 20세기를 미래의 도덕적 횃불 역할을 하는 실존적 사상과 철학으로 귀착시켰다.[6] 간디의 이런 궁극적인 목적이 미국소설의 주제이며, 그 중에서도 자유는 20세기 후기 미국소설의 핵심주제이다. 또 자유는 미국소설이 탐구하고 실현하려고 하는 "영웅적인 순진성과 무한한 잠재력"의 원동력이다. 대체로 "영웅적인 순진성"을 극대화할 수 있는 자유의 두 가지의 개념이 있다. 그 첫 번째가 디. 에이취. 로런스(D. H. Lawrence)의 이런 주장이다: "지금까지 미국에서 자유는 모든 지배로부터 벗어남을 의미했다. [그러나 앞으로] 진정한 자유는 미국인들이 *그것*을 발견하고, 곧바로 *그것*을 실현하려고 할 때만 싹틀 것이다. *그것*이란 인간의 가장 심

5. Walter Isaacson. "*Time*'s Choice: Who Mattered — and Why," *Time,* 31 December 1999, 10.

6. Johanna Mcgeary, "Mohandas Gandhi," *Time,* 31 December 1999, 66-68.

오하고 완전한 자아, 총체적인 자아, 진심이다."[7] 그리고 다른 하나는, "한 개인이 자신의 내면세계에 있는 모든 것을 알고 표현할 수 있도록 해주며, 그리고 그 정도까지 '자신을 알'뿐 아니라 '있는 그대로의 자신이 되는' 두 가지 목적을 달성하도록 도와주는"[8] 창조적인 역할을 하는 자유의 개념이다. 따라서 이 "무한한 잠재력"에 해당되는 이러한 자유의 개념은 "자유는 가능성이다"[9]라고 할 수 있다.

미국소설이 실현코자 하는 자유의 개념을 통합적으로 정의해보면, "자유는 인간의 창조적이고 정신적인 활력이다. 인간은 자유를 갈망하고 추구하기 때문에 인류의 번영 그리고 사회의 변화와 개혁을 촉발하는 아주 새로운 삶과 생존 여건을 창조할 수 있다."[10] 그러면 최근미국소설 연구자들은 미국소설의 핵심주제인 자유의 이런 개념에 대화로 접근하여 궁극적으로 우리의 새로운 삶과 생존 여건을 창조하기 위해서 무엇을 어떻게 해야 하는가? 또한 그들은 자유의 이런 개념을 바탕으로 자신들과 다른 사람들을 자아탐구자와 자기 운명의 개척자로 변화시키기 위해 무엇을 어떻게 해야 하는가? 한편 그들은 대화와 자아탐구는 어떤 상관관계가 있다고 생각하는가? 이런 문제들에 대한 검토와 논의를 시작하기 전에, 그들은 자유의 그런 개념과의 진지하고 부단한 대화를 통해 스스로 깨닫고 자기를 성숙시키면서 새로운 자아를 창조하려고 최선을 다해야 한다. 그들은 이런 깨달음과 성숙 그리고 창조를 바탕으로 변화된 자신들이 학문적으로 그리고 실용적으로 누구와도 격의 없는 대화를 나눌 수 있는 능력이 얼마나 향상되었는지를, 또 자아탐구와 자기 운명의 개척에 전념하려는 의지와 실천력이 얼마나 확고한지를 언제나 깊이 자성해보아야 한다.

---

7. D. H. Lawrence, *Studies in Classic American Literature* (New York: Viking, 1966) 7, 6.

8. Christian Bay. *The Structure of Freedom* (Stanford: Stanford University Press, 1970), 37.

9. Rollo May. *Freedom and Destiny* (New York: Norton, 1981), 10.

10. Nicolas Berdjaev, *The Realm of Spirit and the Realm of Caesar,* tr. Donald A. Lowrie (New York: Harper & Row, 1952), 105.

필자가 생각하기로는 최근미국소설 연구자들이 이런 뼈아픈 자성의 기회를 갖게 될 때, 우리 사회에서 왜 진실한 자아탐구에 대한 활발한 대화와 토론이 없는지를 쉽게 이해할 수 있을 것이다. 또 그들은 이런 자성을 바탕으로 우리 사회에서는 과연 자아탐구와 자기 운명의 개척정신, 바꿔 말하면 자기 발전과 성숙을 끊임없이 도모하려는 의지와 실천력이 강한지 아니면 미미한지를 정확하게 판단할 수 있을 것이다. 게다가 이런 의지와 실천력이 어떤 격려와 지원을 받아 작은 결실이라도 거두고 있는지의 여부도 잘 알 수 있을 것이다. 진지한 대화와 토론이 없는 곳에 자기 발전과 성숙이 있을 수 없고, 그런 발전과 성숙이 적극적으로 도모되지 않는 풍토에서는 대화와 토론이 활발할 수 없다. 그런데 필자는 불행하게도 우리는 자발적으로 그리고 주체적으로 부단한 자기 발전과 성숙을 도모하려 하지 않기 때문에 진지하고 생산적인 대화와 토론이 거의 이루어지지 못하고 있음을 지적하지 않을 수 없다.

따라서 최근미국소설 연구자들은 우리 사회에서 부단한 자기 발전과 성숙의 강한 의지와 실천이 미미하기 때문에 대화와 토론이 활발할 수 없어서 파생된 많은 고질적인 사회병폐들을 직시해야 한다. 우리 사회는 미래지향적이라기보다는 오히려 지나치게 과거지향적이서, "있을 수 있음"보다는 오히려 "있었음"과 "있음"에 더욱 많은 관심을 쏟고 있는 경향이 강한 편이다. 우리 사회의 이런 경향은 우리 자신으로 하여금 삶에서 그 구체적 가치와 의미를 창출하도록 이끌어주는 것이 아니라 오히려 절대적이고 추상적인 개념 — 사상, 종교, 도덕, 주의, 진리, 그리고 제도 등등 — 에 지나치게 집착하거나 심한 경우에는 압도당하도록 조장하고 있다. 확답, 확실, 신념, 결단, 사수, 그리고 충성 등이 맹위를 떨치고 있어서, 회의, 미결, 유보, 그리고 탐구는 설 자리가 없다. 더욱이 "나 아니면 안 된다" 혹은 "나밖에 없다"는 유아론적 시각은 우리 스스로로 하여금 다른 사람들을 무시하거나 부정하는 오만과 독선에 빠지도록 유혹하고 있다. 이런 집착과 독선은 우리의 대화와 토론 그리고 자기 발전과 성숙의 욕구와 의지를 더욱 위축시키고 있다. 우리의 이런 폐쇄적이고 부정적인 여건 가운데서는 "자유는 가능성이다"는 주장이 우리에게 큰 매력이나 호소력 그리고 영향력을 발휘할 수 없으므로, 우리의 새로운 삶과 생존 여건을 창조하는 데에 큰 역할을 할 수 없다.

그렇다면 우리 최근미국소설 연구자들은 이런 폐쇄적이고 부정적인 여건을 극복할 수 있는 어떤 학문적이고 문학적인 대책을 시급히 세워야 하지 않을까? 우리는 그 대책의 바탕을 인간의 자유정신과 그 위력을 증폭시킨 아인스타인의 상대성원리와 민주주의를 수호한 로우저벨트의 네 가지 자유에 두어야 한다. 특히 우리는 자신들과 다른 사람들을 하루빨리 해방시키는 방법을 영원불변의 절대적 진리는 존재하지 않는다는 아인스타인의 개념으로부터 강구하지 않으면 안 된다. 그 강구는 앞으로 우리의 대화와 토론 그리고 자아탐구와 자기 성숙에서 기본철학이 되어야 하는 상대방에 대한 인정과 존중에서 이루어져야할 것이다. 또한 그것은 상대성이론과 회의론에 바탕을 둔 사고와 의식의 중요성과 필요성을 인정하고 수용하는 데에서, 그리고 이런 사고와 의식을 극대화할 수 있는 소설론과 그런 작품들을 찾는 데에서 이루어져야할 것이다.

그러므로 최근미국소설 연구자들은 사회정의에 대한 확고한 신념을 가지고 있으면서도 그 신념에 회의하고 있는 이. 엘. 닥터로우(E. L. Doctorow)의 삶의 철학과 태도를 배워야 한다. 닥터로우는 플레이토우(Plato)가 '정의란 인간의 가장 진실된 자아의 실현'이라고 했던 주장에 대한 굳은 믿음을 이렇게 표현한다: "정의 — 사회적 정의, 경제적 정의 —에 대한 이상에는 보편성이라는 전제가 있다. 정의는 사회의 부분 또는 한 계층에만 존재할 수 없다. 정의는 모두를 위해 존재해야 한다. 그리고 정의는 또한 플레이토우의 이상이다. 그의 이상에 따르면 모든 사람은 타고난 대로 살 수 있어야 한다. 만약 어떤 사람이 시인의 기질을 가지고 있다면, 그는 자신의 시를 쓸 수 있어야 한다. 플레이토우는 정의란 가장 진실한 자아의 실현이라고 단정했다."[11] 이렇게 단정하면서도 닥터로우는 자신의 확고한 신

---

11. Richard Trenner, "The Politics and the Mode of Fiction," in *E. L. Doctorow: Essays and Conversations.* ed. Richard Trenner (Princeton: Ontario Review Press

념에 대한 이런 회의도 항시 가지고 있다: "우리가 확신하고 있는 모든 것들 가운데서, 우리는 어떤 것 하나도 제대로 파악할 수 없다. 우리는 하나님도, 급진적인 도덕관도, 정의도, 그리고 인간성도 제대로 파악하기가 매우 어렵다."[12]

우리 최근미국소설 연구자들은 닥터로우의 삶에 대한 이러한 이상적인 철학과 태도 — 자신의 확고한 신념과 그 신념에 대한 회의 —를 배워야 한다. 그래야만 우리는 어떤 사상, 종교, 도덕, 주의, 그리고 제도에 얽매여 그 지배와 통제를 받는 타율적인 삶이 아니라 누구나 살고 싶어하는 주체적인 삶을 스스로 살 수 있으며, 나아가 다른 사람들이 그런 삶을 살 수 있도록 도와줄 수 있다. 주체적인 삶이란 외부세계와 요인에 조금도 의존하지 않은 채 스스로 변화하면서 그 자체의 참된 정체를 탐구하고 실현한다. 또 주체적인 삶은 본질적으로 삶 자체에는 완성도, 완벽도, 정체(停滯)도 있을 수 없음을 스스로 알기 때문에, 오로지 변화 속에서 스스로를 성장시키고 성숙시킨다. 따라서 최근미국소설 연구자들은 와일리 사이퍼(Wylie Sypher)의 다음과 같은 주장에 지대한 관심을 가져야 할 뿐 아니라 그 주장을 수용하려고 최선을 다해야한다: "[우리의] 자아는 우리 자신과 사물 인식의 끊임없는 변화이기 때문에, 진정한 자아는 실제로 사는 삶이지 관념적으로 표현, [단정]될 수 없는 것이다. 우리의 진정한 삶은 가장 직접적인 의식의 변화무쌍한 흐름 가운데서 탐구되어야만 한다."[13]

요컨대 최근미국소설 연구자들은 우리 사회의 가장 큰 병폐인 절대개념과 독선으로부터 스스로를 해방시킬 때에만, 미국소설의 핵심주제인 자유의 개념 — "자유는 가능성이다" —과의 대화 의지와 능력을 배가시킬 수 있다. 그들이 이렇게 배가된 대화 의지와 능력을 바탕으로 끊임없이 자아를 탐구하면서 자기 발전과 성숙을 도모할 때, 새로운 자아를 창조할

1983), 55.

12. E. L. Doctorow. *The Book of Daniel* (New York: Random House, 1971), 42.

13. Wylie Sypher. *Loss of the Self: In Modern Literature and Art* (Westport: Greenwood Press, 1979), 42.

수 있다. 그들의 새로운 자아는 자신들과 다른 사람들의 의식을 창조적으로 개혁시킬 수 있다. 이런 의식 개혁이 상호간의 대화 의지와 능력을 향상시킬 수 있기 때문에 모든 사람의 자아탐구, 자기 발전과 성숙, 그리고 사회발전과 제도개선의 원동력이다. 그러므로 최근미국소설 연구자들은 가능한 한 빨리 대화를 가로막는 절대개념과 독선으로부터 우리를 해방시켜줄 수 있는 소설론과 그 작품들을 연구하고, 그 연구로 얻어지는 효과를 제시하여, 그 효과의 영향력을 확산시키려고 최선을 다해야 한다.

우리는 그런 소설론의 타당성을 죤 엎다이크(John Updike)의 예술에 대한 다음과 같은 정의에서 찾을 수 있다: "예술은 이제는 대립과 갈등을 표현하지 않고 자아 탐구와 실현을 반영한다. 모든 인간은 망상과 혼란에 사로잡히지 않은 채 자신을 알 것이며, 그 자기 앎을 바탕으로 건전하고 유익한 생활을 영위할 것이다. [. . .] 오랫동안 인간정신을 왜곡시켰을 뿐 아니라 인간 신체의 성장을 방해했던 요인들은 곧 제거될 것이다. 모든 인간은 들판의 나무처럼 성장할 것이다. 앞으로 삶의 낭비와 황폐는 없을 것이다. 삶의 고통, 더구나 삶의 위축은 없을 것이다. 이런 기적이 이 땅에 일어날 것이다. 곧 일어날 것이다."[14] 아울러 엎다이크는 이런 기적을 상상적으로 뿐 아니라 결국에는 현실적으로 일으킬 수 있는 우리의 개혁적이고 창조적인 의식을 확장하기 위한 하나의 수단으로 소설을 들고 있는데, 그는 소설을 "우리의 가능성과 자유의 개념을 확장하려는 시도"[15]라고 정의한다. 이 정의는 밀란 쿤더러(Milan Kundera)의 다음과 같은 소설철학과도 일맥상통한다: "소설창작에서 존재는 이미 일어났던 사건이 아니고 인간의 가능성의 영역이다. 다시 말하면 인간이 될 수 있는 모든 것 또는 인간이 할 수 있는 모든 것이다. 소설가들은 인간의 이런저런 가능성을 발견함으로써 존재의 좌표를 설계한다. 그러나 다시 한 번 말하지만, 존재함은 '사회 속에 있음'을 의미한다. 따라서 [소설의] 주인공과 그의 세계는 하

---

14. John Updike, *The Poorhouse Fair* (New York: Alfred A. Knopf, 1977), 107.

15. Updike, John. *Odd Jobs: Essays and Criticism* (New York: Alfred A. Knopf, 1991), 87.

나의 가능성으로 이해되지 않으면 안 된다."[16]

또 최근미국소설 연구자들은 "우리의 가능성과 자유의 개념을 확장하는" 최선의 길은 절대개념으로부터의 해방에 있음을 알아야 하는데, 이를 위해 필립 로스(Philip Roth)의 소설 창작 목적과 그 철학을 깊이 음미해 볼 필요가 있다. 로스는 소설을 읽고 쓰는 목적을 이렇게 천명했다: "나는 나를 질식시키고 있는 삶에 대한 편협한 사고로부터 해방되기 위해서, 그리고 내가 아닌 다른 사람이 완벽하게 전개, 확장시켜 놓은 이야기 시점에 상상적 공감을 하기 위해 소설을 읽는다. 이와 똑같은 이유 때문에 소설을 쓴다."[17] 그의 소설 창작 철학에 따르면 진실한 자아를 탐구하려는 인간은 끊임없이 새로운 자아를 창조하려 하기 때문에 삶에 대한 매우 강한 변화 욕구를 가지고 있다. 인간은 항시 자기는 누구인가와 자기는 무엇 때문에 존재하는가를 스스로 묻는 자유인이다. 그러므로 인간은 도저히 단 하나의 고정불변의 정의로 단정되어질 수 없다. 따라서 로스는 헬런 와인버그(Helen Weinberg)가 내린 인간의 다음과 같은 정의에 전적으로 동감한다: "인간은 삶에서 불확실성과 역설을 받아들이지 않으면 안 되는 존재이다. 인간은 어떤 목적을 위해서나 어떤 목적을 실현하기 위한 삶을 살아서는 안 되는 존재이다. 인간은 완성된 존재가 아니고 항상 자아를 탐구하는 존재이다. 인간의 희망과 자유는 이렇게 자아를 탐구하고 있는 바로 그 과정에 있다."[18]

더욱이 로스는 자아를 탐구하려는 인간에게 소설은 필수품이라고 주장한다. 로스는 소설만이 그 불확실성의 기능 때문에 인간을 절대개념의 굴레로부터 해방시킬 수 있을 뿐 아니라 인간의 의식을 획기적으로 개혁시킬 수 있다고 확신하기 때문이다. 소설은 삶에서 모든 문제의 확답을 찾

---

16. Milan Kundera. *The Art of the Novel,* tr. Linda Asher (New York: Harper & Row, 1988), 42-43.

17. Alain Finkielkraut, "*The Ghosts of Roth,*" *Esquire,* September 1981, 94.

18. Helen Weinberg. *The New Novel in America: The Kafkan Mode in Contemporary Fiction* (Ithaca: Cornell University Press, 1970), 27-28.

으려고 하기보다는 삶의 불확실성을 문제로 제기할 뿐이다. 소설의 예지와 진가는 그런 문제의 제기로부터 비롯된다. 따라서 소설가는 독자에게 세계를 확답이 아닌 문제로 파악하라는 교훈을 가르친다. 만약 소설이 삶의 문제에 대한 확답을 바탕으로 쓰인다면, 그 소설은 곧 생명력을 잃어버린다. 그럼에도 불구하고 오늘날 대부분의 소설가들은 삶의 문제를 제기하기보다는 그 해답을 얻으려고 할 뿐 아니라, 세계를 하나의 문제로 파악하려고 하기보다는 어떤 확답으로 단정해버리려고 안달한다. 그러므로 오늘날 소설이 어떤 나라들에서는 삶의 불확실성의 문제를 제기하는 것이 거의 불가능하다. 쿤더러는 이렇게 주장한다: “소설은 어떤 철학도 주장하지 않으며, 삶의 문제들을 탐구, 제기할 뿐이다. [. . .] 인간의 어리석음은 모든 사물에 대한 해답을 얻으려는 마음가짐으로부터 싹튼다. 소설의 예지는 모든 사물에 대해 질문을 가짐에서 솟아오른다. 모험을 찾아 나선 돈 키호우티(Don Quixote)의 눈앞에 세계는 불확실성으로 가득 찬 신비로 돌변했다. 이것이 첫 서구 소설이 소설사에 남긴 유산이다. [. . .] 신성불가침의 확실성을 중요시하는 사회에서 소설의 존재 의의는 상실되고 만다. [. . .] 전체주의 사회는 질문보다는 오히려 대답의 세계이다. 그런 사회에서 소설은 그 역할을 잃는다. 어쨌든 오늘날 세계 도처의 사람들은 이해보다는 판정을 내리기를 질문보다는 대답하기를 선호한다고 여겨지는데, 사람들이 찾고 있는 이 확실성에 대한 요란한 어리석음 때문에 소설의 예지가 파지되지 못한다.”[19]

그러므로 앞으로 최근미국소설 연구자들은 요란하게 확실성을 주장하고 표현하는 삶에 대한 해답을 추구하는 전통적 소설보다는 언어가 스스로 창출하는 의미를 더욱 중요시하는 포우스트모던 소설(metafiction)에 더욱더 큰 관심을 쏟아야 한다. 포우스트모던 소설가들 중 한사람인 윌리엄 개스(William Gass)는 소설은 오로지 잘 갈고 다듬어진 단어들로 창작된다는 철학을 이렇게 주장한다: “문학은 언어이다. 이야기들 그리고 그 안

---

19. Philip Roth. "The Most Original Book of the Season: Interview with Milan Kundera." *New York Times Book Review* 30 November 1980, 80.

에 있는 장소와 인물들은 의자들이 매끄러운 나무 조각들과 가끔은 직물이나 철물로 제작되어지는 것처럼 단지 단어들에 의해서 창작된다." 그가 이런 주장을 하는 이유는 전통소설의 창작 철학과 수법으로는 자신의 예술에 대한 두 가지 지론을 설파할 수 없기 때문이다. 하나의 지론은 소설가의 사명에 대한 이런 신념이다: "예술가의 목적은 지금까지 존재하지 않는 대상들, 그리고 사랑할 가치가 있는 대상들을 창조해야 함에 있다." 또 하나의 지론은 예술의 사회적 중요성은 구호, 선동, 사상, 종교, 그리고 진리의 표현과 확산에 있지 않고, 그 자체의 가치에 있다는 이런 주장이다: "예술작품들은 . . . 무엇보다도 그 자체의 진리를 역설하기 때문에, 그리고 그 작품들이 [있는 그대로] 존재하는 절대적 방식 때문에"[20] 사회적으로 그처럼 중요하다.

개스가 이처럼 포우스트모던 소설이 추구하는 철학적 견지에서 작가의 창작 목적과 소설의 사회적 중요성을 부각시켜 강조하는 이유는, 소설이 "당신의 의식을 참으로 놀랄 만큼 변화시켜" 진정으로 "새로운 의식을 창조할"[21] 수 있다고 확신하기 때문이다. 따라서 그는 소설의 목적은 의식의 변화와 개혁에 있다고 이렇게 설파한다: "문학작품의 목적은 필연적으로 당신의 의식을 개혁시켜 상상력을 바탕으로 [체험하는] 감수성을 창조하는 데에 있다. 그러므로 소설을 읽고 있을 때, 당신은 작가가 창조해낸 개념들이 허용하는 작은 연못이나 큰 폭포 속에 휩싸인다." 이렇게 기적적으로 당신의 의식을 개혁시킬 수 있는 이런 소설의 위력은 단어들로 창작되는 소설주인공들의 삶의 진가에 있다. 그 위력은 이 주인공들이 어떤 전형을 구현시킨 전통소설의 주인공들이나 우리와는 달리 "존재 목적의 굴레로부터 해방되어 [삶의] 정수처럼 밝게 빛나면서 [가장] 순수하게 존재할 수 있기 때문에"[22] 솟아나온다.

---

20. William Gass. *Fiction and the Figures of Life* (New York: Alfred A. Knopf, 1970), 27, 284, 282.

21. Gary Mullinax. "An Interview with William Gass." *Delaware Literary Review* 1 (Spring 1972): 85, 84.

이와 같이 개스는 삶과 소설 철학에서 의식과 상상력을 유달리 강조한다. 이같은 강조는 그의 유년기의 비극적인 삶과 그 비참했던 생활환경에 대한 강한 극복의지와 더불어 불굴의 새로운 자아창조 정신에서 기인한다. 그의 소설 창작 철학은 인간이 자신의 운명과 환경의 필연적인 피해자이고 산물이면서도 자신과 자기 세계에서 탁월하고 주체적인 창조자가 될 수 있다는 확신에 그 바탕을 두고 있다. 개스는 자신의 절망적이고 비극적인 현실을 초극하는 길을 상상력과 새로운 자아창조의 의식 속에서 찾았다. 왜냐하면 그는 "우리가 지니고 있는 성스러움 그 자체가 의식이기 때문이다"[23]고 믿었기 때문이다. 그는 오직 의식 속에서만 새로운 자아를 형성하고 실현시킬 수 있었다. 따라서 그는 의식의 절대적 의의와 중요성을 이렇게 천명한다: "확실히 의식은 신비스러우면서도 기적적으로 혹은 무섭게 변형될 수 있다. 결국 의식은 우리가 그 안에서 살고 있는 꿈이고, 꿈처럼 무엇이든지 마음속에 간직할 수 있다. 우리가 육체적 그리고 정신적 건강의 변화들에 대해 주의 깊게 그 원인과 상황들을 세심하게 기록했을지라도, 의식 상태를 제대로 기술하거나 그 상태의 특성을 [정확히] 평가할 방법이나 수단이 지금까지는 없었다. 그럼에도 불구하고 의식은 언제라도 존재하는 우리의 전부이다. 어느 때고 의식이 감동적이면, 우리도 감동된다. 또 의식이 아름다움으로 가득 차 있으면, 우리도 아름다워진다. 의식은 우리가 살고 있다는 유일한 증거이다."[24]

그러므로 개스는 우리의 존재를 경이나 활력 그리고 황홀 등으로 가득 채울 수 있는 의식을 확장할 수 있는 소설을 창작하려고 한다. 그러기 위해 그는 작가로서 수행해야 할 두 가지 역할을 강조한다. 하나의 역할은 소설가 자신의 세계를 제시함이다. 또 하나의 역할은 그런 세계를 제시하기 위해 오로지 탁월하게 구사된 언어로 어떤 대상을 만들어 창조함이다.

---

22. Gass. 33, 54.

23. William Gass. *Habitations of the Word* (New York: Simon and Schuster, 1985), 202.

24. William Gass. *Fiction and the Figures of Life,* 269.

더욱이 그 역할은 절대로 이미 창조된 어떤 대상의 기술이어서는 안 됨을 그리고 언어로 창작되는 어떤 대상은 기존의 철학과 진리 그리고 그 세계와 무관해야만 함을 전제로 해야 한다. 왜냐하면 만약 그 대상이 기존의 진리와 같은 어떤 개념 또는 그 개념의 세계와 관련되어 있다면, 스스로 그것이 가하는 제약과 굴레를 자초해버리기 때문이다. 이 경우 소설가는 어떤 철학이나 진리를 주장하거나 표현할 때, 스스로를 그 세계의 함정 속에 매몰시켜버리게 된다. 이런 매몰이 전통소설의 한계이고 제약이었다. 따라서 인간의 의식과 존재를 가능한 한 무한하게 확장하려는 포우스트모던 소설을 쓰는 작가는 독자들에게 어떤 철학적 세계를 창조하여 제시하는 것 대신에 그들을 철학적으로 타당한 자신의 언어의 세계 속으로 이끌어가야 한다.

무엇 때문에 개스는 소설 창작에서 자신의 독특하고 특이한 언어구사 방법의 모색과 탐구에 그처럼 집착할까? 그는 소설의 언어가 두 가지의 상반되는 역할, 즉 긍정적이거나 부정적인 역할을 하고 있음을 너무나 잘 알기 때문이다. 다시 말하면 그 언어가 우리를 감금할 수도 있고 해방시킬 수도 있다.[25] 언어로 창작되는 소설이 철학, 종교, 도덕, 정치, 그리고 경제의 세계를 창조하는데, 이 고정불변의 세계가 언제나 우리를 압도하거나 지배하려고 한다. 우리가 일단 이 세계에 압도되거나 지배당해버리면, 우리의 의식과 삶은 그 세계의 포로로 전락해버린다. 그렇게 되면 우리는 주체적이고 남을 배려하는 공동체적인 삶을 살 수 없고, 그 세계의 철저한 지배를 받는 삶을 살아야 한다. 언어가 부정적인 역할을 하여 우리를 감금할 때, 우리는 피동적인 삶을 살아야 한다.

이처럼 언어가 어떻게 구사되느냐에 따라 미국소설의 주제도 긍정적인, 아니면 부정적인 역할을 하게 된다. 우리를 감금하는 언어는 그 주제가 부정적인 역할을 하도록 해버린다. 그렇지 않도록 하는 언어구사 방법을 찾기 위해, 개스는 이상적인 소설 창작 방법을 모색하고 탐구하는 데에

---

25. Richard J. Schneider. "The Fortunate Fall in William Gass's *Omensetter's Luck*," *Critique* 18 (Summer 1976): 19.

전념한다. 그 방법은 철학, 종교, 도덕, 주의, 진리, 정치, 그리고 경제의 고정된 세계를 창조함이 아니라, 작가가 언어를 구사하여 구성해가는 언어세계이다. 고정된 언어세계는 우리를 압도하고 지배하면서 우리의 의식을 유폐시키려고 한다. 반면에 구성해가는 언어세계는 우리를 우리의 의식과 현실과는 전혀 상이한 세계로 유인하여 우리의 의식을 개혁하고 확장시키려고 한다. 또 미국소설의 주제의 창조적 활용의 견지에서 볼 때, 고정된 언어세계가 "있었음"과 "있음"을 중요시하는 데에 반해, 구성해가는 언어세계는 "있을 수 있음"을 더욱 중요시한다. 요컨대 이런 언어세계는 진실한 자아탐구 그리고 자기 발전과 성숙을 극대화하려는 사람들의 격의 없는 대화와 토론을 활성화시킬 수 있으므로, "자유는 가능성이다"라는 이상적인 개념을 더욱 확장하고 실현시킬 수 있다. 그러므로 이런 언어세계를 이해하고 수용하며 나아가 창조하려는 우리 최근미국소설 연구자들의 의지와 그 실천이 전제가 되어야 비로소 대화를 통한 미국소설의 주제 연구가 가능할 것이라고 결론지을 수 있다.

지금부터 두 작품을 실례로 들어, 언어세계의 압도로부터 벗어나게 된 한 주인공과 자신을 질식시키는 억압적인 환경 가운데서도 자기 운명을 개척하여, "자유는 가능성이다"는 명제를 실현한 또 다른 주인공의 삶을 고찰해본다. 죤 업다이크는 *일요일만 있는 한 달, A Month of Sundays* (1975)에서, 영혼과 육체를 분리하여 육체를 죄악시하는 청교도교리에 완전히 압도당해 간음의 죄의식 때문에 죽음으로 치달았던 *주홍글자, The Scarlet Letter*(1850)의 아서 딤즈데일(Arthur Dimmesdale) 목사를 풍자하기 위해 토머스 마쉬필드(Thomas Marshfield) 목사를 창조했다. 마쉬필드 목사는 딤즈데일 목사가 성과 종교를 분리하여, 그 분리에 따른 죄의식에 압도당해 죽음을 선택했음을 잘 안다. 그러므로 마쉬필드 목사는 과거의 성과 종교를 분리시키는 이원론과 이 이원론으로 말미암아 필연적으로 파생되는 죄의식과 그것에 따른 죽음을 초월하려고 한다. 그는 육체와 성도 하나님만큼이나 중요하다고 이처럼 믿기 때문에 그 초월이 가능하다: "그것(성)은 우리에게 종교처럼 절대적으로 필요하다. 성은 예술처럼 풍부한 의미를 나타내면서도 예술보다 더욱더 창조적이다. 성은 우리가 그 일부인 우주의 활력에 그대로 합류되는 인간의 창조력이다."[26]

그리하여 마쉬필드 목사는 간음을 저지르고도, 양심의 가책과 죄의식을 느끼지 않으면서, 자기 앎을 바탕으로 자아를 성숙시켜, 간음한 여자와 정신적으로 그리고 육체적으로 하나가 될 수 있다. 왜냐하면 그들은 자기들의 성관계가 간음이 아니라 사랑의 결정이라고 믿기 때문이다. 사랑은 자연스러운 감정의 전이이며, 이런 전이를 통해 일어나는 자발적인 공감이고 몰입이다. 게다가 그와 그녀 사이에는 그들의 자아탐구와 육체를 신성시하는 정신이 자연스럽게 전이되어 자발적인 공감이 생겨나고 점점 확산된다. 그들은 이런 공감의 확산으로 말미암아 지극한 황홀의 경지 속으로 빠져들고 마침내 하나의 공동체로 굳게 결합된다. 요컨대 마쉬필드 목사의 실존철학은 우리를 감금하여 자아 탐구와 성숙을 저지하는 고정불변의 언어세계를 극복하고 초월하게 하는 금자탑이다.

메어리 고든(Mary Gordon)은 모든 인간의 삶의 목적이 자유로운 자아탐구임에도 불구하고, 여성들에게는 이러한 탐구가 허용되지 않았음을 개탄한다. 과거에 여성은 자유로운 자아탐구, 자신의 주체적이고 창의적인 세계의 창조와 향유, 그리고 육체적 쾌락추구가 엄격하게 금지된 운명 속에서 살아야만 했다. 고든은 *남자와 천사들*, *Men and Angels* (1985)에서 여성이 자유로운 자아탐구를 통해 지금까지 무시되고 부정되어 온 여성의 이중 역할을 수행할 수 있는 가능성을 제시한다. 이 소설의 여자주인공, 앤 포스터(Anne Foster)는 남성우위 사회에서 아내이자 어머니 그리고 미술사 전문가로서 그 어느 역할도 완벽하게 수행하고 있지는 못하지만, 나름대로 최선을 다하고 있다. 그녀는 한 여성이 어머니와 사회적 전문인의 이중역할을 제대로 해낼 수 없다는 사회적 통념을 깨뜨리려고, 자신의 책임과 의무를 다하면서 사회활동에도 매우 적극적이고 열성적이다. 동시에 그녀는 온갖 악조건 가운데서도 자아 성숙을 도모하려고 최선을 다한다.

---

26. Rachael C. Burchard. *John Updike: Yea Sayings* (Carbondale: Southern Illinois University Press, 1971), 124.

앤 포스터는 여성들에게는 인간의 본능이며 욕구인 자유로운 자아 탐구와 성취가 허용되지 않는 풍토에, 그리고 여성이기에 당하는 무시와 불평등의 현실에 뿐만 아니라 성적 욕구 표현과 발산을 억압하는 사회 분위기 등에 결코 그대로 순응하지 않는다. 오히려 그녀는 여성으로서의 삶과 의무 그리고 자아탐구를 삼위일체로 하는 균형과 중용의 생활철학을 절대시한다. 그녀는 셀비 대학(Selby College) 미술관의 관장 직에 응모했는데, 그 대학의 학장은 어느 남자 문외한을 관장에 임명하고, 전문가인 그녀를 부관장으로 채용한다. 학장은 그녀가 전문지식을 활용하는 창의적인 삶을 위해서가 아니라 사교적인 목적으로 직장을 원한다고 오해한다. 학장은 자기 오해를 너무나 사실로 당연시한 나머지 그녀가 부관장직에도 아주 만족해 할 것으로 생각한다. 이처럼 여성의 진의가 전적으로 무시되고 부정당하며 오로지 남성의 독선적인 결정이 전부이고 최고라는 사회 분위기 가운데서도, 그녀는 모성애가 유난히 강한 어머니, 남성과 동등하게 성적 욕구를 표현하여 성생활을 만끽하는 아내, 그리고 자아 탐구와 성취에 몰두하는 미술사 전문가가 되는 데에 성공한다.

그녀는 끔찍한 광경을 목격한 아들이 밤마다 악몽에 시달리면서 당하고 있는 고통 때문에 마음이 아프면서도, 그런 아들을 팔에 안고 있으면 행복감을 느낀다. 그녀는 모성애는 "인간의 피부와 피부, 뼈, 피의 결합"으로 가장 원초적이라고 굳게 믿는다. 한편 그녀는 남편과 성생활을 이렇게 즐긴다: "그들은 서로의 욕구를 조화시켰다. 때로는 자기가 남편을 황홀경으로 이끌어갔고, 어떤 때는 그가 자기를 그렇게 해주었다."[27] 그녀는 부부의 성적 쾌락 추구에서 가장 중요한 관건은 아내가 남편을 어떻게 상대해 주느냐에 달려 있다고 믿는다. 그래서 그녀는 언제나 적극적으로 남편의 아름답고 상냥하며 요염한 애인이 되려고 최선을 다한다. 더욱이 그녀는 자유로운 자아 탐구와 성취에 매진하는 동안 어느 미술작품전시회의 성공적인 개최를 위해 작품해설 목록집을 만들었는데, 그 결과로 탁월한 능력

---

27. Mary Gordon. *Men and Angels* (New York: Random House, 1985), 100, 138.

을 인정받아 스스로는 생각해본 적도 없는 미술평론 전문가가 된다. 요컨대 "자유는 가능성"이라는 철학을 신봉하는 그녀는 삶과 사랑은 어떤 악조건과 불확실성 가운데서도 형성되고 구체화될 수 있는 새로운 창조라고 믿었는데, 그녀야말로 언제나 그 창조의 예지를 탐구하고 실천하려고 최선을 다하는 이상적인 인간이고 우리 모두의 귀감이라 하겠다.

지금까지 필자는 최근미국소설의 주제 연구에서 대화를 통한 접근이라는 방법이 우리 영문학계에서 현실적으로 왜 필요하고 중요한가를 살펴보았다. 또 이런 주장을 옹호하는 소설론과 그런 작품을 제시하고 논의해보았다. 필자는 우리나라의 최근미국소설 연구자들이 이 주장과 논의의 중요성에 관심을 갖기를 기대한다. 그러나 더욱 시급하고 긴요한 일은 지금까지 우리 자신들의 연구와 강의가 학생들과 우리 사회에 어떤 반응과 공감을 불러일으켰을까를 우리 스스로 깊이 자성하는 일이다. 그리고 우리는 이 자성을 바탕으로 앞으로 연구와 강의 방법에서 변화를 꾀하고, 나아가 우리 자신의 의식을 개혁하기 위해 각고의 노력을 기울여야함은 두말할 필요가 없다.

3

최근미국소설 연구와 강의의 새로운 방법과 그 의의

실용주의적 관점에서 보면, 종전의 절대주의적 인식론과 이성중심주의적 형이상학의 시대에 종교나 철학이 주도적으로 제시해야만 한다고 믿어졌던 진리관이 허물어지면서 문학이 독자에게 자유주의적 신념에 입각한 자아 창조와 실현의 기능을 더욱 효율적으로 제시할 수 있다고 여겨진다. 왜냐하면 초역사적이고 절대적인 진리 개념을 전제하고 강요하는 종교나 추상적인 철학이념들보다는 개인의 특수한 경험과 감정에 직접적으로 호소하는 문학이 삶의 실용적 가치판단의 근거들을 더 잘 제시해 줄 수 있기 때문이다. 이에 필자는 한국에서 최근미국소설의 연구와 강의가 우리의 삶과 사회의 올바른 이해 그리고 그 이해에 따른 창조적인 의식개혁과 사회발전에 얼마만큼 기여하고 있는지에 대해 우리 최근미국소설 연구자들의 진지한 자아성찰이 필요한 시점에 와 있다고 생각한다. 오늘날 한국에서의 최근미국소설 연구와 강의가 문학의 위와 같은 기능을 구체화하고 극대화하는 역할을 적절히 수행하지 못하고 있다면, 이는 여기에 참여하는 우리 연구자들이 우리의 지적 활동을 밑받침하는 주체적이고 실용적인 철학을 갖고 있지 못하기 때문이라고 믿는다. 필자는 이런 문제의식을 전제로 하여 오늘날 한국미문학계의 비합리적, 비생산적, 비효율적인 학문풍토를 개선할 수 있다고 여겨지는 연구와 강의의 새로운 방법을 모색해본다. 그 방법은 연구와 강의의 새로운 방법론적 철학 정립, 이미 발표된 미문학 연구에 관한 논문들의 검토와 보완, 서구문학이론의 올바른 수용, 서구문학용어의 명확한 개념파악과 그 개념의 적절한 표현방법 모색, 그리고 최근미국소설의 필독서 목록작성에 있다. 이 논문에서 이런 문제들을 고찰하면서 이에 대한 가능한 대안을 제시해보고자 한다.

먼저 최근미국소설 연구와 강의의 새로운 방법론적 철학은 그 소설 연구자의 깨달음과 자아성숙 그리고 새로운 자아창조, 그리고 그 깨달음과 성숙 그리고 창조를 바탕으로 한 수강자들의 자연스러운 깨우침과 성취감이라는 큰 희열을 전제로 하지 않으면 안 된다고 필자는 역설한다. 이러한 지적 각성과 성취감의 희열은 개개인의 상상세계에서 기대, 소망, 그리고 꿈의 지평선의 확장으로부터 솟아나온다. 그런데 그러한 자기각성과 자아성숙을 바탕으로 한 수강자들의 의식의 개혁은 다음 질문에 대한 명확한 정의와 해답에 달려 있다: "나(한국인)는 누구인가," "나의 삶은 무엇을 가장 절실하게 갈망하는가," 그리고 "나의 이 절실한 욕구가 충족되려면 한국 사회는 어떤 변화와 개혁이 필요할까." 한편 이런 질문에 대한 명확한 정의와 해답을 찾는 것은, 그들이 인간의 정의, 그리고 예술과 그 창조의 보편타당한 개념에 의존할 때만 가능하다. 따라서 최근미국소설 연구와 강의는 무엇보다도 먼저 우리 삶과 사회의 올바른 이해와 그 이해에 따른 창조적인 의식개혁의 길잡이가 될 수 있는 인간과 삶의 가장 바람직한 정의를 전제로 하지 않으면 안 된다. 왜냐하면 최근미국소설가들은 인간의 새로운 정의를 바탕으로 주로 자아탐구와 창조적 자아실현을 주제로 하는 소설을 창작하기 때문이다. 그들은 대체로 인간에 대한 다음과 같은 정의를 소설 창작 철학으로 수용한다: "인간은 끊임없이 자기 자신을 탐구하는 존재 — 삶의 매순간마다 자기존재의 조건을 검토하며 천착하지 않으면 안 되는 존재라고 일컬어지고 있다. 인간생활의 진정한 가치는 이와 같은 천착, 즉 인간생활에 대한 비판적인 태도에 있다."[1]

한편 최근미국소설가들은 인간을 자아탐구자일 뿐 아니라 자기운명의 개척자라고 이렇게 정의한다: "인간은 스스로 자신의 운명을 개척할 수 있는 유일무이한 존재이다. 가장 창조적인 인간은 자신의 미래뿐 아니라 사회의 지향목표까지도 상상하고 설계할 수 있다. 그의 이런 상상과 설계는 [절대적인] 확신의 바탕에서가 아니라 정신의 의식적인 계발을 통해 창조되고 형성된다."[2] 더욱이 그들은 어떤 생존여건과 상황 속에서도 인간을 절대적 존재 그리고 진리의 창조자로 이렇게 긍정하며 예찬한다: "인간은 숙명적인 한계상황 속에서 살도록 운명지어져 있다. 그러나 이런 운명 가운데서도 그는 자신에게 절대적 존재이며, 자기 세계의 중심이고, 자기 행위의 책임자이면서, 자기 정체와 목적의 창조자이다. 진리는 자기 안에 있으며, 가치는 그 진리 속에 있다."[3]

인간에 대한 이런 정의를 전제로 하는 소설의 새로운 철학과 그에 대한 연구와 강의는 예술에 대한 버너드 맬러머드(Bernard Malamud)의 다음과 같은 정의에 그 바탕을 두어야한다: "예술은 우리가 삶을 이해하고 삶에 대한 생각을 충분히 검토해보는 최상의 수단이다. 우리가 예술을 창조하고 있으나 예술이 또한 우리의 삶을 성숙시키면서 이끌어준다."[4] 그러므로 그 연구와 강의의 새로운 철학의 전제는 우리의 사회개혁과 개개인의 삶의 이해와 성숙을 극대화하는 데에 있어야 한다. 요컨대 그 연구와 강의의 목표는 우리 사회와 개개인의 삶에 가장 바람직한 변화와 성숙을 유도하면서, 스스로 그 변화와 성숙을 실감할 수 있도록 해주지 않으면 안된다. 왜냐하면 "소설의 본질적 기능은 먼저 사회에 큰 변화를 유발시키고, 이 사회적 변화의 영향을 받은 개개인의 의식을 개혁시키는 데에 있기 때문이다."[5]

---

1. Ernst Cassirer, *An Essay on Man: An Introduction to a Philosophy of Human Culture* (New Haven: Yale University Press, 1974), 5-6.

2. Joyce Carol Oates, "Unique/Universal in Fiction," *Writers* 86 (January 1973): 11.

3. Jerry H. Bryant, *The Open Decision* (New York: Free, 1970), 5.

4. Bernard Malamud, *Pictures of Fidelman: An Exhibition* (New York: Pocket Books, 1975), 122.

5. Ralph Ellison, *Going to the Territory* (New York: Vintage, 1987), 46.

따라서 개개인이 이런 변화와 성숙을 더욱더 민감하게 실감할 수 있도록 해주려면, 우리는 존 업다이크(John Updike)의 소설에 대한 정의 — "우리의 가능성과 자유의 개념을 확장하려는 시도"[6] —에도 주목할 필요가 있다. 그의 정의는 밀란 쿤더러(Milan Kundera)의 이런 소설 창작 철학과 일치한다: "소설 창작에서 존재는 이미 일어났던 사건이 아니고 인간의 가능성의 영역이다. 다시 말하면 인간이 될 수 있는 모든 것 또는 인간이 할 수 있는 모든 것이다. 소설가들은 인간의 이런저런 가능성을 발견함으로써 존재의 좌표를 설계한다. 그러나 다시 한 번 말하지만, 존재함은 '사회 속에 있음'을 의미한다. 따라서 [소설의] 주인공과 그의 세계는 하나의 가능성으로 이해되지 않으면 안 된다."[7] 이처럼 인간의 가능성의 영역을 철저하고 심오하게 탐구하는 최근미국소설에 대한 연구와 강의는 자아탐구자, 운명개척자, 그리고 진리창조자로서의 인간에 대한 정의를 바탕으로, 우리 삶과 사회의 가능성과 잠재력을 탐구하고 계발하면서 거기에 따른 개개인의 삶의 기대와 소망의 지평선의 확장에 있어야 한다. 왜냐하면 그런 탐구와 계발 그리고 확장이 연구자와 수강자 모두에게 자아 성숙과 창조의 근원이 되기 때문이다. 요컨대 그런 소설 창작 철학의 이해와 실천만이 최근미국소설 연구와 강의의 실리와 효용을 구체화하고 극대화하는 데에 기여할 수 있다. 따라서 그런 소설 창작 철학의 실천이 하루빨리 그 연구와 강의의 새로운 방법이 되어야 한다고 필자는 강조한다.

만약 앞으로 최근미국소설 연구자들이 그 연구와 강의에서 이 새로운 방법을 이해하고 수용하려면 그들의 논문 집필은 크게 달라져야 한다. 지금까지도 우리의 최근미국소설 연구자들은 비평적 저술활동에서 미국인의 논문에 거의 전적으로 의존하는 경향이 있다. 다시 말하면 미국문학의 연구와 강의에 있어서 우리는 주체적 목적의식을 갖지 못했고, 따라서 우리의 지적 활동이 자신의 삶을 향상시키고 사회를 발전시키는 데에 필요한

---

6. John Updike, *Odd Jobs: Essays and Criticism* (New York: Knopf, 1991), 87.

7. Milan Kundera, *The Art of the Novel*, tr. Linda Asher(New York: Harper & Row, 1988), 42-43.

정신적 가치의 토양으로서의 기능을 다하지 못하고 있음을 직시해야 한다. 심지어 우리의 저술활동은 방향성을 상실한 채, 미국인의 논문들에만 맹목적으로 의존하지는 않았는가? 우리는 하루빨리 이런 불모의 학문풍토를 지양하지 않으면 안 된다. 그러기 위해, 앞으로 우리의 최근미국소설 연구자들은 "미문학을 한국사회의 실리성과 공리성에 입각해서 연구해야 한다. 다시 말하면 한국적인 견지에서 사색하고 검토하면서 연구하지 않으면 안 된다. 그러므로 미국소설을 연구할 때, 미국교수들의 의견을 참조하지만 그것에만 전적으로 의존하려 하지 말고, 우리의 철학적 시각과 공동의 장에 바탕을 둔 독자적인 견해를 밝히려고 최선을 다해야 한다. 따라서 미국교수들의 논문도 부지런히 읽으면서 우리나라 교수들이 이미 발표한 논문들을 숙독하면서, 나는 누구인가와 우리 사회는 어떠한가를 더욱더 잘 이해하기 위해 지금까지의 논문들에서 미진하게 논의되었거나 논의에서 배제된 부분을 보완하는 독창적인 견해를 피력해야 한다."[8] 요컨대 그 연구와 강의의 새로운 방법은 우리 삶과 사회의 올바른 이해, 그리고 그 이해에 따른 창조적인 의식개혁과 사회발전을 선도할 수 있는 기본방향과 지향목표를 제시하는 독창적인 논문을 써야 한다.

최근미국소설 연구와 강의의 이런 새로운 방법에 입각해서, 이미 발표된 미문학 연구에 관한 논문들, 이상섭의 "영문학 교육의 문제점"(1986), 이상옥의 "영문학, 한국에서 어떻게 할 것인가?"(1991), 이영옥의 "영미문학 — 무엇을 어떻게 가르칠 것인가?"(1994), 이창배의 "포[우]스트모던 문화비평 하에서의 문학의 위기"(1995), 그리고 이상섭의 "한국 영문학 50년의 반성과 전망"(1996)을 검토하고 보완해본다. 설문조사 결과의 분석에 바탕을 둔 "영문학 교육의 문제점"에서 가장 충격적인 사실은, 영문학교수들이 연구와 강의에서 반드시 지녀야 할 주체의식의 결여이다. 그 증거를 들면 "외국문학교육은 한국의 주체성에 대한 충분한 고려 하에서 계획되고 시행되어야 한다는 의견에 대하여 교수님은 어떻게 생각하십

---

8. 고지문, "최근미국소설의 주제고찰과 그 의의," *영어영문학* (광주전남지회지) 11 (1996 겨울): 63.

니까?"의 설문에 대한 답항에서, "전적으로 찬동한다"는 26%에 불과하고, "학문의 보편성의 원칙에 비추어 반대한다"가 39%이다. 이 설문에 대한 반대 또는 대체로 반대하는 의견이 무려 71%이다. 게다가 "영문학 교육의 근본 목적은 무엇이라고 생각하십니까?"의 설문에 대한 답항에서, "한국문학 내지 문화발전에 기여"는 31%이고, 40%의 교수들이 "인문학적 진리의 탐구"[9]라고 답하고 있다. 필자는 문맥상으로 그들이 답한 "인문학적 진리"가 우리의 자아탐구, 운명개척, 진리창조, 그리고 사회변화와 개혁과는 전혀 무관하다고 이해하고 있다. 이처럼 우리 자신의 잠재력과 가능성의 계발과 확장 그리고 사회변화와 발전에 조금도 기여하지 못하는 인문학적 진리가 무슨 소용이 있을까?

반면에 이상섭은 영문학교육에서 주체성을 이렇게 강조한다: "학생, 교수, 교재, 시설 등 한국적 여건을 실질적으로 참작하여 외국문학교육에 임하는 것이 가장 현실적이고 가능한 주체적 행위가 될 것이다."[10] 아울러 그는 영문학의 주체적 교육을 위해, 우리에게 의미심장한 영미작가 작품들을 선정하여, 우리 안목으로 그 작품들을 평가해야 함을 역설한다. 그는 이 작품들에 대한 우리의 주체적이고 독창적인 평가의 필요성과 중요성을 강조한다.

> 영문학 교육에 있어서 주체성의 강조란 어떤 것일까? 비록 지지율은 적지만 한국인에게 알맞은 작가와 작품에 중요성을 더 부여하는 것도 한 가지 방법일 것이다. [. . .]
>
> 또 다른 방법으로서는 영미 작가들을 한국인의 안목으로 평가하는 것이다. 영미 작가에 대한 영미인의 비평을 일단 유보하고 우리 자신의 주관을 가지고 비평하는 것이다. 한국인이 셰익스피어를 이해하고 좋아하는 이유는 영·미의 비평가들이 그를 이해하고 좋아하는 이유와는 정확히 동일하지는 않을 것이고, 경우에 따라서는 아주 다를 수도 있다.

---

9. 이상섭, "영문학 교육과 문제점," *영어영문학* 32. 2 (1986 여름): 292-93.
10. 앞책, p. 293.

> 이렇게 다를 수 있음 또는 다름을 확인하는 것도 학문적 주체성을 확보하는 한 가지 방법이다.[11]

그러나 유감스럽게도 그는 영문학 연구가 반드시 우리 삶의 향상과 사회발전에 기여하지 않으면 안 된다는 철학과 그 철학의 절대적 중요성을 간과하고 있다. 더욱이 영문학교수들은 이교수의 주체성 강조를 묵살할 뿐 아니라 "인문학적 진리의 탐구"를 절대시하면서도 쉬운 명작들의 강독을 선호한다. 앞으로의 바람직한 미문학 연구와 강의의 방법을 모색하기 위해서는 그들의 주체성 묵살, 우리 삶과 사회에 바람직한 변화와 발전을 유도하지 못하는 인문학적 진리 탐구, 그리고 쉬운 명작들을 교재로 사용하는 강의 사이에 과연 커다란 상관관계가 있는가를 꼼꼼히 따져보아야 할 필요가 있다.

이상옥은 "영문학, 한국에서 어떻게 할 것인가?"에서 영문학연구의 네 가지 목적을 제시한다. 영문학교수들은 그 목적을 1) 영국과 미국 교수들의 연구방법에 따라 집필한 논문을 본고장에서 발표하는 데에, 2) 우리 문학 또는 문화의 발전에 기여하는 데에, 3) 영어권의 사회와 문화와의 접촉과 이해를 통한 개인적 성숙과 교양적 안목의 확대에, 4) 영어구사력의 신장에 둔다. 필자는 그가 그 목적을 우리 문학과 문화의 발전에 크게 두고 있다고 믿는다. 왜냐하면 그가 영문학교수들이 무엇을 가르칠 것인가를 결정하는 도서목록작성에서 우리의 기준을 매우 중요시하기 때문이다. 그는 우리나라 영문학과의 교과과정표가 미국대학의 영문학 교과과정표를 그대로 답습하고 있음을 개탄하면서, 이 교과과정표의 재검토의 필요성과 중요성을 역설한다.

> 하여간 우리는 재래의 미국대학에서 존중해 온 canon을 거의 그대로 답습하고 있는 편입니다. 말하자면 우리는 아무런 거리낌 없이 미국에서 자기네의 국문학을 가르치는 방식을 본받으며 우리에게 외국문학인 영미문학을 가르치려고 하는 것입니다.

---

11. 앞책, 293.

> 여기서 우리는 마땅히 이 canon을 재고해야 할 필요를 느낍니다. 진지하게 살펴본 후에 종래의 canon을 그대로 답습하는 것이 좋겠다는 결론이 나온다면 그렇게 하는 한이 있어도, 일단 재고해 보는 것이 당연할 것입니다. 우리가 여기서 canon을 재고하는 데에는 대충 두 가지 조건을 고려해야 하지 않나 싶습니다. 첫째는 영국이나 미국 같은 소위 영미문학의 본바닥에서 변천하는 시대에 따라 혹은 자기네 사회나 학계의 수요에 따라 canon을 재검토하기 시작했다면 우리는 마땅히 그 변화의 방향이나 성격에 대해 기웃거려 볼 필요가 있습니다. 다음으로는 영미문학이 우리문학의 일부가 아니라 우리에게는 어디까지나 '외국의' 문학이라는 전제 아래 우리가 외국문학을 읽는 데에는 당연히 우리 나름의 기준에 따른 취사선택이 있어야 하지 않겠느냐는 주장이 있을 수도 있겠습니다. 검토의 결과, 우리의 선호(選好)와 수요가 영미의 그것과 일치된다는 결론이 나올 수도 있겠고 혹은 우리가 만들 canon이 영미의 그것과는 상당히 다를 수밖에 없다는 결론도 나올 수 있겠습니다만 하여간 이런 재검토가 일단은 필요합니다.[12]

게다가 그는 영문학 연구와 강의에서 주체성의 중요성을 이렇게 강조한다: "우리가 영문학을 할 때 어학적·문학적 장애를 극복함으로써 영미의 영문학도들이 자기네 문학에 접근하는 방식을 되도록 충실히 뒤쫓는 데에만 목표를 두지 말고 이 이방의 문학을 우리 나름으로, 즉 우리 스스로의 아이덴티티를 상실하는 일이 없이, 수용하여 우리 것으로 동화하는 것을 일단 '주체적' 수용이라고 불러 보겠습니다. 이런 주체적 수용이 성공적으로 될 수 있자면 우선 앞서 살펴 본 canon의 주체적 확립이 선행되어야 할 것이고, 아울러 이런 성공은 결과적으로 영문학 자체의 발전을 위해서도 희한한 기여를 할 것이라는 부수적 기대까지 할 수 있습니다. 따라서 영문학의 연구 및 교수에 있어서의 주체성의 관점은 하나의 기본적이고 방법적 전제가 되어야 하겠습니다."[13] 이처럼 그는 그 연구와 강의의 전제는 주체성에 있어야 함을 강도 높게 역설하면서, 동료교수들을 설득시키려 한다.

---

12. 이상옥, "영문학, 어떻게 할 것인가," *영어영문학* 37. 1 (1991 봄): 282.
13. 앞책, 286-87.

이영옥도 "영미문학을 어떻게 가르칠 것인가?: 미소설 분야의 경우"에서 영문학 연구와 강의에서 한국적 시각과 독창적인 안목을 이렇게 역설한다: "한국의 정전 구성을 고려할 때에 일단 영미인들의 정전을 무조건, 조금의 비판적 시각이 없이 받아들이는 과거의 관행은 지양되어야 할 것이다. [. . .] [그러므로] 우리가 외국문학을 연구하고 가르치면서 '우리의 정전'을 염두에 두고 영문학의 주체적 수용을 논하는 것은 일단 긍정적으로 받아들일 수 있다. 영문학이 한국에서 강의된 이래 거의 50년 만에 이런 논의가 시작된 것이 어찌 보면 만시지탄의 감이 없는 것은 아니다. 그러나 정작 주체적으로 한국 정전을 제시하는 것은 쉬운 일이 아니다."[14] 게다가 그녀는 우리의 정전(正典) 작성은 교수 자신의 기호나 가치 기준에만 의존해서는 안 되며, 학생들의 기대와 성취욕의 지평선을 어떻게 가능한 한 확장시켜줄 수 있는가에 그 바탕을 두어야 한다고 주장한다. 그녀의 이런 주장은 미국소설 강의의 목적은 학생들의 깨우침, 의식확장, 자아성숙을 극대화시켜주는 데에 있음을 의미한다고 하겠다. 그래서 그녀는 지금까지 서슴없이 받아들여지고 있는 대단히 잘못된 관행인 영국소설의 예속으로부터 미국소설을 독립시켜 그 주제별 강의 — 지역문학의 특징, 악의 문제, 미국인의 꿈, 여인상, 흑인문학, 그리고 소수민족문학 —를 강조하면서, 이런 주제가 우리 삶과 사회의 변화와 어떤 함수관계가 있을 수 있는가를 규명해보자고 역설한다.

이창배는 "포[우]스트모던 문화비평 하에서의 문학의 위기"에서 영문학교육의 올바른 방향과 목적은 "학생들로 하여금 문학 자체를 즐기고 사랑할 수 있는 세련된 감수성을 길러주는 데"에 있을 뿐이라고 역설한다. 그는 이런 목적을 달성하려면, 학생들의 정확한 자구해석과 정독 능력이 향상되어야 한다고 주장한다. 그는 많은 영문학 교수와 학생들이 자신의 이런 주장에 공감하여 동조하지 않고, 맹목적으로 포우스트모던 문학이론에 매료되어 이론을 위한 이론에만 집착하면서 문학작품을 정독하지 않는

---

14. 이영옥, "영미문학을 어떻게 가르칠 것인가?: 미소설 분야의 경우," *영어영문학* 40. 3 (1994 가을): 585, 583-84.

현실을 개탄하고 그 위험성을 이렇게 경고한다: "대학에서, 특히 우리나라와 같은 영어를 외국어로 사용하는 나라에서 문학작품의 정독 과정을 무시한 채 철학사상적 접근이나 문화론적 논의에만 주력할 경우, 학생들은 문학을 모르거나 아니면 왜곡된 작품 해석으로 삼류 사류의 문학 이론가, 엉터리 철학자, 엉터리 문화론자가 될 가능성이 높다."[15] 이렇듯 그는 영문학교육에서 포우스트모던 문학이론에 대한 무비판적인 관심과 그 수용의 위험성을 설파한다. 그러므로 최근미국소설 연구자들은 지적 자위행위 또는 자기기만으로부터 벗어나서 냉철한 자아성찰을 통한 자아 성숙과 창조를 전제로 하는 영문학교육의 주체적 철학의 절대적 중요성을 인식하고 그 철학을 실천하지 않으면 안 된다고 필자는 주장한다. 그 철학은 문학작품과 그 작품에 대한 우리나라와 외국의 논문들의 정독, 그리고 그 정독을 바탕으로 한 더욱 훌륭한 독창적이고도 공감할 수 있는 견해의 피력을 전제로 한다.

이상섭은 "한국 영문학 50년의 반성과 전망"을 이렇게 시작한다: "반성한다는 것은 스스로 과오가 있었음을 인식하고 비판한다는 말이다. 한국 영문학을 반성한다는 것은 지난 50년 동안의 한국 영문학이 저지른 과오가 있음을 시인하고 그것을 면밀히 비판한다는 말이 될 것이다." 광복 후에 태동한 한국 영문학은 일제시대에 영문학을 배웠던 학자들의 영문번역, 즉 강독으로 시작되었다. 그들은 영문학 연구와 강의에 대한 뚜렷한 목적의식을 확립하지 못한 채 오로지 강독에 열중했다. 그들은 미처 왜 영문학이 우리에게 필요한가하는 학문관을 정립하지 못했다. 이처럼 우리의 영문학연구는 학문의 정도에서 벗어나 비뚤어진 채 시작되었다. 게다가 이후 신진학자들이 영문학의 본고장에 가서 공부하고 돌아와 "일본인들로부터 배운 것과 같은 주석식, 강독식 영문학이 아니라 문학사를 배경으로 하는 문학작품의 해석, 작품구조의 분석 등 요컨대 현대적 학문으로서의 영문학을 심기 시작했다."[16] 그러나 그들도 미문학 연구와 강의의 주체적인 목적

15. 이창배, "포스트모던 문학비평 하에서의 문학의 위기," *영어영문학* 41. 2 (1995 여름): 334, 327-28.

을 뚜렷하게 설정하지 못했을 뿐 아니라 일본 영문학의 틀에서 완전히 벗어나지 못했다. 그들도 역시 강의를 영어로 하지 않고 국어와 영어를 번갈아 쓰면서 하며, 미문학 학술용어의 번역에서 일본의 영향을 벗어나지 못하고 있다. 그리하여 오늘날 우리의 미문학 연구와 강의는 연구자의 주체적이고 창조적인 시각과 수강자의 자아성찰과 성숙을 전제로 하지 않기 때문에 우리의 의식개혁과 사회발전에 기여할 수 없다. 다시 말하면 그 연구와 강의가 우리 자신의 가능성을 확장하거나 사회변화와 개혁의 지향목표를 제시하는 데에 크게 부족함을 자인해야 할 시점에 와있다.

이처럼 주체적인 목적이 뚜렷하게 설정되지 않은 채 행해진 미문학 연구와 강의로 인하여 속출하는 많은 폐해들은 우리 자신과 사회의 발전 가능성을 축소시킬 위험성을 내포한다. 오늘날 우리 미문학자들의 연구와 강의는 한국 사회와 문화의 정확한 이해의 결여와 더불어 국어표현 능력의 미숙 때문에 우리의 의식개혁과 사회변화에 제 역할을 다하지 못하고 있다. 우리는 미문학을 시, 소설, 희곡, 그리고 비평으로만 분류하는 편협하고 폐쇄적인 학문관에 고착되어 있기 때문에, "능력있는 사람들의 자유로운 학문적 성장, 새로운 학문, 예컨대 영화론, 여성문학론, 번역론 등의 개척은 원천적으로 봉쇄된다. 다른 학풍의 학자를 영입할 수도 없고 기존 장르에서 벗어난 학자의 채용도 불가능하며 따라서 학생들도 새로운 접근법을 배울 수 없다." 이런 편협성과 폐쇄성으로 말미암아 오늘날 우리의 대부분은 독서 범위가 한정된 채 오로지 고전적인 문학작품과 그에 대한 비평서 만을 읽고 가르친다. 그들은 또한 "작품으로부터의 단절을 조장하고 심한 경우에는 그러기를 강요"[17]하는 구미에서 유행하는 문학이론을 무비판적으로 받아들이고 흉내 내는 데 몰두하는 경향이 있다. 게다가 그들은 외국학자들의 논문은 열심히 읽으면서도 우리 동료들의 글은 무시하기 때문에 우리의 의식개혁과 사회발전의 지향목표를 제시해주는 학문연구의

---

16. 이상섭, "한국 영문학 50년의 반성과 전망," *영어영문학: 광복 50주년 기념 특집호* (1996년 5월): 36.

17. 앞책, 12, 19.

공동의 장을 마련할 수 없다.

> 우리들의 논문에는 외국학자들의 저서에 대한 언급과 그로부터의 인용이 무수하지만 우리 동료 학자들에 대한 언급은 무척 희소하다. 대학원 학생들의 숙제, 석·박사 학위 논문에서도 국내 학자들의 영문학 논문과 저서가 언급되는 일이 드물다. 다시 말하면, 우리는 우리끼리 논문에서 영문학에 대한 토론을 벌이지 않는다. 칭찬하든가 비판하든가 하지 않고 오직 침묵한다. 일부 영미문학자의 글은 오히려 국문학도들이 읽는다. 우리의 시선은 언제나 서양 학계 쪽으로 향하고 있고, 우리를 따라 우리의 학생들까지도 그런다. 학생들은 국내 학자들의 연구결과를 참고하는 것이 분명하지만 이를 시인하는 것은 표절을 시인하는 것으로 여기는 듯하다. 별로 대단하달 수도 없는 내용까지도 서양학자의 글에서 인용하고 그 사실을 낱낱이 밝히면서도 영문학에 관한 한 우리 동료에게는 결코 빚을 질 수 없다고 느끼는 것 같다. 이는 우리가 학문 공동체를 채 형성하지 못했음을 반증한다.[18]

이렇게 미문학 연구와 강의의 주체적인 철학을 정립하지 못한 최근미국소설 연구자들은 지금도 학문의 실리와 효용을 도외시하면서 학문연구의 공동의 장을 마련하려고 최선을 다하지 않기에, 그들은 이런 비합리적, 비생산적, 비효율적인 학문 풍토에 얽매여 꼼짝 못하고 있다. 더욱이 그들은 자아탐구, 운명개척, 그리고 진리창조를 바탕으로 개개인의 가능성과 잠재력의 확장, 그리고 그 확장을 극대화하는 사회개혁을 촉발할 수 있는 학문의 공동체의식을 절대적으로 중요시하면서 확장하려 하지 않기 때문에 학생들과 일반 독자들로부터 외면당한다. 자아성찰과 창의적 열정 그리고 주체적 의식이 결여된 이러한 학문 풍토는 하루빨리 극복되고 개선되어야 한다. 그 극복과 개선의 최선의 길은 오로지 최근미국소설 연구자들의 연구와 강의의 주체적인 철학 정립과 그 실천 의지에 달려 있다고 필자는 확신한다.

그렇다면 최근미국소설 연구자들은 이상섭, 이상옥, 그리고 이영옥의

---

18. 앞책, 13.

미문학 연구와 강의 그리고 필독도서의 목록작성에서 그처럼 강조된 주체성의 절대적 필요성과 중요성에 과연 얼마나 많은 관심을 쏟고 있을까? 그들은 그 주체성의 강조에 동조하여 연구와 강의의 새로운 방법을 모색하는 데에 열중하기보다는 오히려 이를 거부하거나 반발하면서 자신들의 과거 연구와 강의 방식을 그대로 답습하고 고수하며 어떤 변화와 개선을 시도하지 않고 있는 실정이다.

필자는 이상섭, 이상옥, 그리고 이영옥의 훌륭한 탁견이 사장되어버린 데에 큰 아쉬움과 서글픔을 느낀 나머지, 안하무인이라는 비난을 예상하면서도 이런 질문들을 제기해보고 싶다. 우리의 최근미국소설 연구자들은 왜 연구와 강의에서 동료 교수들이 말하는 한국적 시각과 독창적 안목이라는 훌륭한 탁견의 활용에 깊은 관심을 쏟지 않으려 할까? 그들은 왜 한국적 시각에 바탕을 둔 자신의 깨달음과 자아창조 그리고 학생들의 깨우침과 자아성숙을 극대화하는 새로운 방법을 시도해보려 하지 않을까? 그들은 스스로를 보수주의자라고 생각할까? 그들은 이런 문제를 진지하게 검토해보면서, 자성해야 하지 않을까? 그들의 이런 검토와 자성이 하루빨리 있어야만 우리나라 미문학 연구와 강의는 자아탐구와 성숙 그리고 사회 개혁과 발전에 크게 기여할 수 있는 실리와 효용을 극대화할 수 있다고 필자는 확신한다.

이제 서구문학 이론의 소개와 수용 문제에 대한 필자의 견해를 밝혀본다. 우리가 서구문학 이론을 소개하거나 수용하는 목적은 누구나 "나는 누구인가," "우리 사회는 어떠한가," 그리고 "나의 진리관은 얼마나 보편타당한가"라는 질문들을 더욱 명확하고 심오하게 이해하여 궁극적으로 우리가 현재보다 더욱더 효과적으로 자아 탐구와 성숙 그리고 사회 개혁과 발전에 최대한으로 기여할 수 있도록 하는 데에 있다. 그렇다면 오늘날 최근미국소설 연구자들의 서구문학 이론 소개와 수용이 그런 목적, 다시 말하면 우리 자신의 삶과 사회에 긍정적이고 건설적이며 창조적인 역할을 하는 데에 얼마나 부응하고 있는가를 냉철히 숙고해볼 필요가 있다. 필자는 오히려 그와 같은 소개가 혼란과 무질서를 가중시키는 부정적이고 비생산적인 역할을 하고 있다고 생각한다. 우선 필자의 견해와 비슷한 이창국의 이런 주장을 들어보자: “새로운 문학 비평이론의 무분별한 수입에 따른 부작용도 우리는 간과해서는 안 될 것이다. 필자는 만사에 불만이 많은 사람이지만 특히 최근에 주로 미국의 대학 영문과를 중심으로 유행하고 있는 문학비평의 이론과, 또 그것에 접한 후 영향을 받거나 감동하여(?) 그것을 무분별하게 수입하여 국내 시장에 무턱대고 풀어놓는 한국의 학자들(주로 영문학이나 불문학과 같은 서양문학을 외국에서 배우고 돌아와 대학 교수로 재직하면서 문학비평 활동에 종사하는 교수들)의 태도를 심히 못마땅하게 생각하는 사람 중의 하나이다.”[19]

이렇게 극언하는 이창국은 새로운 서구문학 이론의 소개와 수용에 무조건 반대하는 교수인가? 절대로 그렇지 않다. 다만 그는 그 새로운 이론의 소개에 앞서, 깊은 천착의 절대적 필요성과 중요성을 강조한다. 그는 이런 천착 없이 소개에만 급급한 교수들의 무책임과 현학적 과시욕을 비난할 뿐이다. 그는 새로운 이론 소개자는 막중한 책임감과 사명감을 느끼고 가져야 함을 각성시키고 있을 뿐이다. 그는 이론 소개자는 소개에 앞서 그 새로운 이론을 가능한 한 소상하게 이해하고, 그것이 우리의 자아탐구, 진리창조, 그리고 사회발전에 어떤 실리와 효용이 있을 수 있는가를 심사숙고할 필요가 있다고 역설한다. 그는 이런 과정을 거친 다음에, 새로운 서구문학 이론을 소개하거나 수용해야 한다고 설파한다.

> 새로운 이론을 소개하는 사람은 책임이 크다. 이와 같은 이론이 외국에서 인기를 끄는 새로운 것이기에 무조건 소개하겠다고 나서기 전에 좀 심사숙고할 것이 많다고 생각한다. 과연 이 새로운 이론이 지금까지 문학작품 연구 방법과 어떻게 다르며, 이 새로운 이론을 알게 되면 지금까지 우리가 알고 있거나 사용해오고 있는 방법을 사용하는 것보다 어떤 점에서 유익할 것인가 하는 점을 점검해 볼 필요가 있다. 더 나아가 이 비평이론을 영미문학 비평에 뿐만 아니고 우리 한국문학의 비평방법에 적용하였을 때 어떤 유익한 점이 있을 수 있는가 하

19. 이창국, “문학이론 수업에 문제있다,” *현대비평과 이론* 1. 1 (1991 봄): 166-67.

> 는 데까지 생각해본다면 가장 이상적일 것이다. 무릇 문화의 수입이란 궁극적으로 그것이 우리나라 문화를 발전시키는데 이바지함을 그 목표로 하고 있기 때문이다.[20]

필자도 이창국의 이런 주장을 전폭적으로 지지한다. 그의 주장을 지지하고 수용하려면, 최근미국소설 연구자들은 어떤 새로운 서구문학 이론의 소개에 앞서 왜 그 이론이 그 사회에서 태동되었는가를 가장 명확하게 이해하려고 최선을 다해야 한다. 무엇보다도 먼저 그들은 그 이론의 태동의 불가피성을 알아야 한다. 그리하여 그들은 그 이론이 지금까지의 문학 연구와 강의에 어떤 변화와 실리를 가져다주었으며 앞으로 이러한 유용성이 계속될 것인지를, 그리고 그 사회의 구성원들의 의식개혁과 사회변혁에 어떤 역할을 했으며 앞으로 할 수 있는가를 더욱 분명하게 알 수 있다. 이런 지식을 바탕으로 그들이 먼저 자신을 새롭게 깨닫고 변화하고 성숙하여야 한다. 이 깨달음과 변화가 필수적인 것이다. 이렇게 깨달아 스스로 변화하고 성숙된 그들이 한국 사회와 문화를 새로운 시각에서 이해하고, 거기에 어떤 변화와 개혁을 가져와야 하는가를 독창적이고 창조적으로 결정해야 한다. 그들은 이런 독창적이고 창조적인 결정을 학생과 일반 독자들에게 깨우치면서, 그들의 의식을 개혁시켜, 그들을 성숙시키려고 최선을 다해야 한다. 그들의 최선의 노력이 어떤 실효를 거둘 때, 비로소 우리에게 새로운 서구문학이론의 소개와 수용의 의의와 진가가 있을 수 있다. 이런 의의와 진가가 없는 소개와 수용은 혼란과 무질서만을 가중시킬 뿐이다. 그러므로 새로운 서구문학 이론의 소개자의 막중한 책임과 사명은 그 이론이 우리 자신의 성숙 뿐 아니라 사회 개혁과 발전에 크게 기여하는 실리와 효용을 극대화할 수 있도록 하는 데에 있다. 요컨대 그 이론은 우리의 자아 탐구와 성숙 그리고 사회 개혁과 발전에 새로운 전기를 마련할 수 있어야 한다.

미문학과 그 이론이 우리의 삶을 풍요롭고 의미심장하게 향상시키는

---

20. 앞책, 172.

자아 탐구와 성숙 그리고 사회 개혁과 발전에 더욱더 크게 기여할 수 있도록 하려면, 최근미국소설 연구자들은 거기에 관련된 용어들의 개념을 명확하게 이해하고 활용해야 한다. 용어들의 불분명하고 부정확한 이해와 활용은 엄청난 혼돈과 혼란만을 야기시키면서, 그들이 노심초사와 성심성의를 다해 이룩한 미문학 연구와 강의를 무용지물로 만들어버릴 위험을 내포한다. 그런 위험을 내포한 대표적 실례를 들면, 그들은 그 바탕이 다른 영국과 미국소설을 엄연히 구별해야 함에도 불구하고 교과목을 타성적으로 영미소설로 계속 표기하여 사용하고 있다. 또 미문학에서 그 창작 철학이 다른 현대(modern)와 최근(contemporary) 소설을 엄밀하게 구별해야 함에도 불구하고, 그들은 둘을 합쳐 "현대"로 표기한다. 미국소설의 가장 두드러진 특징은 모순의 창조적 표현이며, 그 모순을 해소시키지 않고 그대로 인정하고 수용하려는 강한 충동과 욕구라고 할 수 있다. 미국소설은 설령 그 모순을 해소시키는 경우에도 도덕적으로 애매모호한 판단과 방법을 선호한다. 그래서 미국소설은 로우맨스(romance)의 요소와 해학으로 가득 차 있다. 반면에 영국소설은 이런 모순을 지배적인 도덕과 건전한 판단으로 통합한다. 미국과 영국 소설은 다만 영어로 씌어졌다는 공통점을 지닐 뿐, 그 창작 철학은 완전히 다르다.

> 가장 특징적이고 우수한 미국소설의 대부분을 창조했던 상상력은 미국문화의 통일성과 조화력이 아니라 모순성에 의해 형성되었다. 이런 사실은 시대나 장소를 막론하고 모든 문학작품들의 본질일 수도 있다. 그럼에도 불구하고 다소의 문학작품들은 양극성, 정반대, 그리고 모순 형식과 내용을 택하면서도, 이런 양극성, 정반대, 그리고 모순에 의존하고 지탱하거나, 특별하고 한정된 수단으로 조금이나마 그것들을 통일성으로 변화시키는 데에 만족하려 한다. 미국소설은 많은 모순들과 천차만별의 체험에 그 바탕을 두는 경향이 있다. 그 모순들을 해소하려 할 때, 미국소설은 완곡하고 도덕적으로 애매한 방법을 이용한다. 대체로 미국소설은 감상적이고 과장된 행위들이나 전원적인 목가들을 통해 그 모순들을 해소하는데, 독자들은 이런 행위들과 목가들이 뒤섞임에서 "미국적인 해학"의 극심한 불안정성을 목격하기도 한다. 이런 특성들이 〔금세기에〕 미국에서 위력을 발

휘해온 소설 전통의 일단의 유일성을 체계화한다. 이 특성들이 미국 "소설"에 두드러진 "로우맨스"(상상력을 바탕으로 꾸민 이야기)의 강한 요소를 설명하는 데에 큰 도움이 된다.

이와 대조적으로 영국소설은 중용의 방법을 따라왔다. 영국소설의 현저한 특징은 매우 실용적인 온건성, 그리고 강력하고 독점적으로 천차만별의 체험을 판단의 도덕적 중추성과 균등성으로 합성해 감이다.[21]

The imagination that has produced much of the best and most characteristic American fiction has been shaped by the contradictions and not by the unities and harmonies of our culture. In a sense this may be true of all literatures of whatever time and place. Nevertheless there are some literatures which take their form and tone from polarities, opposites, and irreconcilables, but are content to rest in and sustain them, or to resolve them into unities, if at all, only by special and limited means. The American novel tends to rest in contradictions and among extreme ranges of experience. When it attempts to resolve contradictions, it does so in oblique, morally equivocal ways. As a general rule it does so either in melodramatic actions or in pastoral idylls, although intermixed with both one may find the stirring instabilities of "American humor." These qualities constitute the uniqueness of that branch of the novelistic tradition which has flourished in this country. They help to account for the strong element of "romance" in the American "novel."

By contrast, the English novel has followed a middle way. It is notable for its great practical sanity, its powerful, engrossing composition of wide ranges of experience into a moral centrality and equability of judgment.

우리 최근미국소설 연구자들은 이처럼 창작 철학과 표현 방법이 전혀 다른 두 소설을 동일시하거나 함께 강의해서는 안 된다. 그들은 두 소설을 엄연히 구별해서 연구하고 강의해야 한다. 게다가 타산지석으로 미국대학의 영문학과가 두 소설을 브리티쉬(British)와 어메리컨(American)으로 구

---

21. Richard Chase, *The American Novel and Its Tradition* (Baltimore: Johns Hopkins University Press, 1957), 1-2.

별하고 있음에 크게 유의해야 한다.

필자는 "최근미국소설의 주제 고찰과 그 의의"에서 현대와 최근의 소설은 그 창작 철학이 완전히 상이하고 이질적임을 소상하게 밝혔다. 두 소설은 인간의 정의, 소설의 정의, 소설과 삶과의 관계, 그리고 개인과 사회와의 관계에서 정반대의 철학을 바탕으로 씌어졌다. 현대미국소설이 인간을 신화와 전통에 절대적으로 의존해야 하는 타율적 존재로 정의했음에 반해, 최근미국소설은 인간을 자아탐구자, 운명개척자, 그리고 신화와 전통에 의존하지 않고 스스로 진리를 창조하는 자율적이고 주체적 존재로 정의한다. 더욱이 그 소설은 인간을 무한한 가능성과 잠재력의 존재로 긍정하고 예찬한다. 또 현대미국소설은 그 창작 목적을 진실한 인간과 영원불멸한 진리의 창조에 두지만, 최근미국소설가들은 소설을 이렇게 정의한다: "소설은 [독자를 크게 깨우쳐] 사실을 새롭게 인식하도록 해주는 문자로 표현된 거짓말의 연속이다."[22] 게다가 소설과 삶과의 관계에서 현대미국소설가들은 무질서한 삶에 질서를 창조하는 예술을 절대시했지만, 최근미국소설가들은 "삶은 예술이며, 더욱이 삶이 예술보다 더 우위에 있다"고 주장한다. 또 개인과 사회와의 관계에서도 사회를 더욱 중요시하는 현대미국소설과는 정반대로 개개인을 절대시함이 최근미국소설의 가장 두드러진 철학이다. 이렇게 전혀 상이하고 이질적인 두 소설이 연구와 강의에서 "현대소설"이라는 명칭으로 통용되고 있다. 이런 현실은 연구자와 피교육자들의 의식에 혼란과 혼돈 만을 가중시키고 있을 뿐이라고 필자는 확신한다.

다음으로 외국이론의 수용과정에서 발생하는 용어 번역의 문제점에 관하여 논하려고 한다. 필자는 디컨스트럭션(deconstruction)을 "해체"로, 그리고 디스코스(discourse)를 "담론"으로 이해하여 번역함은 대단히 잘못된 개념 파악이라는 견해를 "최근미국소설의 주제 고찰과 그 의의"에서 피력한 바가 있다. 디컨스트럭션이 해체라는 잘못된 개념 파악이 앞으로 연구와 강의에 엄청난 혼란과 혼돈을 일으킬 것이라는 우려 때문에, 다시

22. John Updike, *Picked-Up Pieces* (New York: Knopf, 1975), 17.

한 번 이 잘못의 심각성과 피해에 경각심을 일깨워본다. 그러기 위해 먼저 사전에 정의되어 있는 디컨스트럭션과 해체 그리고 디스코스와 담론을 비교하고 질문들을 제기해본다.

1996년도 판 *Webster's Encyclopedic Unabridged Dictionary of the English Language*에 "디컨스트럭션"은 "1960년대에 시작되어 특히 문학연구에 응용된 철학적 그리고 비평적 경향으로서, 진리를 표현한다는 언어능력에 대한 모든 전통적인 가정들에 이의를 제기하고, 단어들은 본질적으로 다른 단어들을 지시할 뿐이므로 어떤 작품도 불변의 지시나 동일성을 대변하지 못함을 강조하면서, 독자는 의미를 창출하는 능동적인 역할을 통해 어떤 형이상학적이거나 민족 중심주의적인 가정들을 배제하고, 이따금 새로운 단어구성, 어원연구, 말장난, 그리고 다른 언어유희에 의존하여 작품을 연구해야 함을 강조한다"(a philosophical and critical movement, starting in the 1960's and esp. applied to the study of literature, that questions all traditional assumptions about the ability of language to represent reality and emphasizes that a text has no stable reference or identification because words essentially only refer to other words and therefore a reader must approach a text by eliminating any metaphysical or ethnocentric assumptions through an active role of defining meaning, sometimes by a reliance on new word construction, etymology, puns, and other word play)로, 그리고 "디스코스"는(1) "단어들에 의한 사상전달; 이야기, 담화" (communication of thought by words; talk; conversation): (2) "논설, 논문, 설교처럼 연설이나 글을 통해 어떤 문제를 형식적으로 논의함"(a formal discussion of a subject in speech or writing, as a dissertation, treatise, sermon, etc.): (3) "한 문장보다도 더 길게 연결된 말이나 글의 단위"(any unit of connected speech or writing longer than a sentence)로 정의되어 있다. 동아출판사의 1994년도 판 *동아새국어사전*에 "해체"는 흩어지거나 없어짐, 또는 헤치거나 없앰으로, 그리고 "담론"은 담화하고 논의함, 또는 담화와 논의로 정의되어 있다.

최근미국소설 연구자들이 바람직한 미문학 연구와 강의를 하려면, 영어와 국어사전에 정의되어 있는 디컨스트럭션과 해체 그리고 디스코스와 담론이라는 시그니파이어(signifier, 글자와 같은 기호)와 시그니파이드(signified, 기호가 상징하는 의미)가 비슷해야 하는 것이 가장 바람직하지 않을까? “기호”와 “의미”가 아무리 자의적이라 할지라도, 원어의 “의미”를 지나치게 변질시켜도 될까? 왜 원어의 “의미”와 그들의 “의미” 사이에 큰 괴리가 생길까? 그 가장 큰 원인은 우리가 원어의 의미를 오랫동안 깊이 천착하지 않고, 축어적인 번역이나 다른 나라에서 번역된 용어를 그대로 답습하는 안이함에 있을 것이다. 오늘날 문학이론에서 논의되는 디스코스의 의미는 “담론”보다는 “한 문장보다도 더 길게 연결된 말이나 글의 단위”쪽이 더 타당하고 유용하다고 필자는 생각한다. 게다가 최근미국소설 연구자들이 디컨스트럭션을 해체로, 그리고 디스코스를 담론으로 이해하면서 미문학 이론에 관한 책과 논문들을 앞으로 계속 읽는다면 그 이론의 이해와 해석에 큰 지장이 있을 것이다. 필자는 이런 문제점들을 제기하면서, 그 문제 해결을 위한 각고의 노력이 있어야 함을 강조해본다. 다시 말하면 그 용어에 대한 정확한 이해와 번역이 앞으로 수행할 연구와 강의에 반드시 선행해야 함을 역설한다. 왜냐하면 그들의 이해와 서구학자들이 의도하고 표현하는 의미 사이에는 너무나 큰 괴리가 있기 때문이다.

더욱이 디컨스트럭션과 디스코스가 우리나라에 소개되고 수용된 후에, 우리의 미문학 연구와 강의에 어떤 변화와 개선이 있는가? 그 단편적이고 부정확한 소개와 수용이 오히려 우리 사회의 개혁과 발전을 저해하며 지적 혼란을 야기하고 있지 않을까? 어떤 변화, 개선, 개혁, 그리고 발전이 전혀 없다면, 왜 그럴까? 필자는 그 원인이 우리의 다음과 같은 학문 풍토의 속성에 있다고 믿는다: “삶과 앎은 서로 소통되지 않았다. [. . .] 앎과 삶 사이의 수평적 상보 구조는 이루어질 수 없었다. [. . .] 앎은 앎대로 삶은 삶대로 스스로 충족된 폐쇄적 위계 구조를 지니고 있었다. [. . .] 앎을 위해서 모든 것을 바친, 삶 아닌 삶을 살고 있는 이들의 시선은 늘 앎의 마루턱에 정좌해 있는 진리와 이를 담고 있는 원전에 붙박혀 있다.”[23]

우리 학문 풍토의 이 같은 속성 때문에, 필자는 우리의 최근미국소설 연구자들이 앞으로 실리와 효용이 있는 연구와 강의를 하려면 반드시 이런 문제들을 진지하게 검토해보지 않으면 안 된다고 주장한다. 우리는 디컨스트럭션과 디스코스를 무수히 듣고 나서, 자신, 삶, 그리고 사회에 어떤 변화와 개혁을 유발했으며, 하고 있는가? 우리는 어떤 변화와 개혁도 촉발하지 못하면서, 그저 디컨스트럭션과 디스코스를 말하고 듣고 있지 않을까? 우리는 이 용어들을 듣기 전과 들은 후에도 "여전한 우리"가 아닌지? 필자는 이런 문제에 대한 깊은 천착도 있어야 함을 아울러 역설해본다.

최근미국소설 연구자들의 연구와 강의가 가장 가치있고 이상적인 삶의 바탕이 되는 자아 탐구와 성숙 그리고 사회 개혁과 발전에 크게 기여하려면, 미문학 용어의 정확한 이해와 그 적절한 표현이 필수조건이다. 그 이해와 표현은 우리의 삶의 현실과 밀착되어 있어야 한다. 그래야만 추상적이 아니라 구체적일 수 있다. 그러므로 최근미국소설 연구자들은 무엇보다도 먼저 미문학 작품을 정확하게 이해하기 위해 최선을 다해야 하며, 그 결과 자연스럽게 파생되는 큰 깨달음을 바탕으로 자신을 성숙시키고 이를 적절하게 표현함으로써 다른 사람들을 깨우치고 가르칠 수 있다. 그들의 궁극적인 목적은 자신과 다른 사람들의 성숙을 극대화하여 사회를 변혁하고 발전시키는 데에 있다고 필자는 확신한다. 그들이 이런 목적을 성공적으로 달성할 수 있는 첩경은 깊은 천착을 통한 정확한 이해와 적절한 표현에 있다. 그럼에도 불구하고 그들의 미문학 연구와 발표에는 이해하기 어려운 표현과 주장들이 너무나 많다. 필자는 이런 문제점들을 제기하면서 그 문제 해결을 위한 각고의 노력이 있어야 함을 강조하기 위해서 두 개의 실례를 들어본다.

> 넷째, 페미니즘 문학이론은 여타 모든 이론과의 연계나 병합이 가능한 이론으로, 예를 들면, 생태주의에 여성주의가 결합된 생태주의 페미니즘이라든지, 탈식민주의에 접목한 탈식민주의 혹은 제3세계 페미니즘, 그 밖에 포[우]스트모더니

---

23. 김영민, *탈식민성과 우리 인문학의 글쓰기* (서울: 민음사, 1997), 95.

> 즘, 다문화주의, 신역사주의와 많은 공통점을 갖고 있습니다. 이러한 접목은 문학 연구의 다양성과 풍요성을 보여주고 있는데, 이것은 *간주관적 학문*으로서의 페미니즘이 여타 이론과의 연계가 무한하기 때문입니다. 사실 새로운 시각은 작품을 새롭게 해석하는데 많은 흥미를 느끼게 하지요. 리얼리즘이나 모더니즘시각에만 치우쳐 온 우리로서 어느 특정한 시대, 어느 특정한 지역의 문화연구의 모델이 되는 매력적인 페미니스트의 작품들을 접함으로서, 문학경험의 지평을 확대할 수 있는 깊이 있는 문학연구를 할 수 있게 할 것입니다.
>
> 다섯째, *메타이론*으로서의 페미니즘이론의 적용입니다. 텍스트 밖의 현실세계에서의 성차별을 위한 노력을 게을리 하지 않는 페미니즘은 진정한 의미에서라면, *텍스트에 함축된 콘텍스트에 대한 매타 콘텍스트이론이자 비평*이라 할 수 있지요. 이 같은 *메타성*은 우리의 여성현실을 읽게 하는 안목을 갖추게 할 뿐 아니라 한국적 페미니즘은 어떤 것인가, 또한 외국문학의 연구자로서의 서구페미니즘의 이론의 수용과 그 적실성등도 생각해보게 합니다.[24](이탤릭체는 필자의 것)

이 글에서 간주관적 학문, 메타이론, 그리고 메타성은 무엇을 의미하는가? 또 텍스트에 함축된 콘텍스트에 대한 메타 콘텍스트이론은 어떤 이론인가? 매우 이해하기 어려운 용어와 이론이라 할 수 있다.

> 한국에서 영어영문학을 한다는 것은 문학을 *생체험이 아닌 교양체험*으로 배운다는 것을 의미한다. 이 과정은 *영어로부터의 소외, 작가 및 현장으로부터의 소외*라는 이중의 무의식적 억압을 겪게 된다. 영문학 텍스트를 제대로 이해하기까지 당했던 억압은 누구나 생생하게 느낄 것이며, 아마 죽는 날까지 이 억압에서 해방되지 못할 것이다. 생산과정에서의 소외는 영문학자들의 연구과정에서 무엇보다 생산과정의 흔적이자, 작품과 현실과의 연결고리인 '수고(手稿)'로부터의 소외로 나타난다. 이와 같은 소외의 결과, 대개의 *영문학자들에게 텍스트의 '역사'란 실제의 역사라기보다는 머릿속에서 그럴 듯하게 재구성될 수밖에 없는, 즉 담론으로 구성된 현실에 가까워지는 경향이 있다.*[25](이탤릭체는 필자의 것)

---

24. 이경순, "페미니즘과 영문학 연구," *영어영문학: 광복 50주년 기념 특집호* (1996년 5월): 139.

25. 송승철, "문화연구와 한국 영어영문학의 장래: 윌리엄즈의 개입점," *영어영문학: 광복 50주년 기념 특집호* (1996년 5월): 165.

문학의 생체험과 교양체험은 무엇이며, 왜 따로따로일까? 미문학 작품을 이해하려면 억압을 당해야만 하는가? 텍스트의 역사는 실제의 역사가 아니고 담론으로 구성된 현실에 가까워짐은 무슨 의미인가? 담론으로 구성된 현실은 무엇인가? 매우 공감하기 어려운 이론이고 주장이다. 이런 주장과 표현은 우리의 삶과 현실의 변화욕구로부터 이탈되어 있으며 지나치게 추상적이고 사변적이다. 최근미국소설 연구자들은 논문의 집필목적이 자신의 깨달음 그리고 자아 성숙과 창조를 바탕으로 독자의 의식을 개혁시켜 사회 변화와 발전을 유도하는 데에 있음을 인정한다면 이 목적달성의 성패는 오로지 자신이 수용하는 이론에 대한 깊은 천착, 정확한 이해, 그리고 적절한 표현에 있음을 유념해야 할 것이다. 더욱이 그들은 그 성패가 완벽한 의사소통의 성공 여부에 좌우됨을 알고서 글쓰기를 시작해야 한다고 필자는 믿는다.

마지막으로 왜 최근미국소설 연구자들은 최근미국소설의 필독도서목록을 작성해야 하는가를 논의해본다. 그들의 최근미국소설 연구와 강의의 목적은 우리 삶과 사회의 올바른 이해 그리고 그 이해에 따른 창조적인 의식개혁과 사회발전에 있다. 이 목적의 달성을 위해서 최근미국소설의 핵심주제인 자아탐구, 자기운명의 개척, 그리고 스스로의 진리창조의 인식과 실행을 극대화해야 한다. 그들이 이런 과제를 명확히 인식하고 실행할 때에만, 그 소설 주제가 우리 삶과 사회의 당면 과제를 해결할 수 있는 큰 계기를 마련해 주고 우리를 성숙시키면서 삶의 진정한 목적과 가치를 깨우쳐 주기 때문이다. 우리의 가장 큰 당면과제는 망국적인 이기주의, 부정직함, 그리고 시기심을 퇴치하겠다는 강한 의지와 그 실천이라고 필자는 주장한다. 그러므로 그들은 이 당면과제 해결에 크게 도움이 되는 소설들을 선정해야 한다. 우리는 그 작품들을 필독함으로써 망국적인 사회적 병폐를 총체적으로 치유할 수 있는 공감대를 형성해야 할 뿐 아니라 삶과 사회를 올바르게 인식하고 변혁할 수 있는 공동체의식을 공유해야 한다. 우리의 이런 공감대와 공동체의식을 구체화하고 공고히 해줄 수 있는 소설들의 목록작성이 가장 중요하고 시급한 과제이다. 요컨대 최근미국소설의 필독도서목록 작성은 그 연구와 강의의 실리와 효용을 극대화하는 전제조건이다.

우리 사회에 만연되어 있는 형언하기 어려운 이기주의, 부정직함, 그리고 시기심은 우리 자신과 나라를 위기를 넘어 멸망으로 치닫게 할 수 있음을 우리 모두가 느끼고 있다고 생각한다. 이런 사회 풍조는 양심적으로 살면서 열심히 일하겠다는 우리의 숭고한 의욕을 송두리째 빼앗고 없애버릴 수 있다. 그리하여 그 풍조는 개개인과 사회에 엄청난 피해를 초래하고 있는 타락, 퇴폐, 부정부패, 비리, 마비, 관능적 쾌락추구, 위선, 그리고 거짓을 낳고 있는데, 그것들은 자신에게 정직할 수 없고, 또 정직하지 않으려는 무의지, 무기력, 무능력, 그리고 무소신에서 파생되고 있다. 우리의 극단적인 이기주의는 인간과 사회, 그리고 자연을 황폐화시키고 있을 뿐 아니라 미증유의 혼란과 무질서의 수라장으로 만들고 있다. "이웃사촌이 논을 사면 배 아프다"는 속담은 스스로 노력하지 않으면서 다른 사람의 각고의 노력과 그에 따른 성취와 성공을 시기하고 질투하는 가장 사악한 마음의 표현이다. 우리의 모든 학문 활동이 우리 삶과 사회의 자멸적인 요인인 이기주의, 부정직함, 그리고 시기심 등과 같은 병든 의식을 개혁하는 데에 총력을 기울일 때에만 우리나라가 21세기의 세계 속에서 독립적으로 존립하게 될 것이다. 우리가 이렇게 총력을 기울일 때, 우리의 학문, 삶, 그리고 사회는 삼위일체가 된다. 우리의 의식개혁과 사회발전에 기여하지 못하는 학문은 그 존립 의의와 가치를 상실한다. 따라서 정직, 이타주의, 그리고 사랑의 절대적 중요성과 필요성을 바탕으로 하는 최근미국소설 연구와 강의는 우리의 병든 삶과 사회를 개선, 향상시키는 데에 크게 기여할 수 있어야 한다. 그 연구와 강의의 진가와 의의는 오로지 그 기여의 유무 그리고 크고 작음에 달려 있을 뿐이다. 그러므로 최근미국소설 연구자들은 그 기여를 극대화할 수 있는 연구와 강의의 새로운 방법을 모색하려고 최선을 다해야 한다.

지금까지 논의한 최근미국소설 연구와 강의의 새로운 방법의 모색은 왜 필요하며, 어떤 의의가 있을까? 그 연구와 강의는 반드시 우리 삶과 사회에 목표 지향적인 변화와 개혁을 가장 효과적으로 촉진할 수 있는 실리와 효용을 극대화해야 한다. 그럼에도 불구하고 최근미국소설 연구자들은 그 실리와 효용을 외면하고 도외시하는 연구와 강의를 해왔다. 이제는 하루빨리 이런 비효과적이고 비생산적인 학문풍토를 지양하는 연구와 강의의 새로운 방법을 모색해야 한다. 그 방법은 연구자의 깨달음, 자아 성숙과 창조, 그리고 피교육자의 깨우침과 성취감에 그 바탕을 두어야 한다. 그리고 그 방법은 연구자의 미문학과 그 이론에 대한 깊은 천착, 철두철미한 이해, 적절한 표현, 그리고 피교육자와의 완벽한 의사소통을 전제로 해야 한다. 아울러 그 방법은 우리의 의식개혁과 사회발전에 크게 기여하는 공감대 형성과 공동체의식 공유에 적극적으로 도움이 되는 작품들의 선정과 필독을 전제로 하지 않으면 안 된다. 이런 전제조건이 충족될 때, 그 방법은 학문, 삶, 그리고 사회를 삼위일체로 결합시킨다. 그 결합은 최근미국소설 연구와 강의를 지금까지 해왔던 자기 혼자만의 학문을 위한 학문으로부터 진실한 자아를 탐구하면서 자기운명을 개척하고 진리를 창조하는 삶을 위한 학문으로 전환시킬 수 있다. 최근미국소설 연구와 강의의 이런 극적 전환의 계기를 마련할 수 있는 데에 그 새로운 방법의 값진 의의가 있다고 필자는 주장한다.

4

최근미국소설의 핵심주제 그리고 그 구현과 확장: 자아실현, 자유, 사랑, 그리고 포우스트모던 소설

우리가 최근미국소설을 가장 실리적이고 효과적으로 연구하고 강의할 수 있는 관건은 우리 삶과 사회의 가장 바람직한 변화와 개혁의 차원에서 최근미국소설의 핵심주제를 무엇으로 정의하느냐, 그리고 최근미국소설가들이 이 주제를 어떻게 구현하고 있으며, 나아가 포우스트모던 소설가들은 그 주제를 더욱 효과적으로 확장하기 위해 어떤 소설 창작 철학과 기법을 활용하고 있는가를 이해하는 데에 있다. 최근미국소설가들은 우리 삶의 유일한 목적은 자아 탐구와 실현이라고 확신하고, 이 목적을 성공적으로 달성하기 위해 우리 의식과 사회를 변화시키고 개혁시켜야 하며, 그리고 그 목적달성이 현실적으로 여의치 않으면 꿈속과 상상력의 세계에서라도 구현해야 한다고 설파하고 있다. 최근미국소설의 핵심주제는 자아실현(self-actualization)이라고 필자는 임의로 정의한다. 우선 이 논문에서는 자아실현의 정확한 의미 확정이 필수적이라고 생각하기 때문에, 필자는 그 의미를 다음 두 사전에 의존한다. 1996년도 판 *Webster's Encyclopedic Unabridged Dictionary of the English Language*는 자아실현을 "창의성, 독립성, 자발성, 그리고 현실세계의 이해를 바탕으로 인간의 모든 가능성을 실현함"으로 정의한다. 또 1994년도 판 *동아 새국어사전*도 자아실현을 "자기의 가능성을 실현하는 일. 자기가 본디 가지고 있는 절대적인 자아를 완전히 실현하는 일"로 정의하고 있다. 자아실현에 대한 두 사전의 공통된 정의는 가능성 실현이다. 이런 정의에 입각하여 필자의 견해를 말하자면, 자아실현은 최근미국소설에서 상위개념이고, 자아 탐구와 성숙은 자아실현의 필요조건이며, 자유와 사랑은 자아실현을 구현하는 소재이면서 구체화하는 수단이고, 포우스트모던 소설은 자아실현을 확장하는 이상적인 방법이다. 이런 견해를 바탕으로 하여, 자기를 알고 성숙됨을 전제로 하는 자아실현이 왜 최근미국소설의 핵심주제로 급부상했으며, 어떻게 확장될 수 있는가를 논의해본다.

먼저 자아실현이 최근미국소설의 핵심주제로 급부상되기까지의 과정을 미국문학사에서 간략하게 기술해본다. 자아실현은 최근미국소설에서 처음으로 문제시된 것이 아니라, 이미 19세기 중기 미국문학 즉 초절주의(Transcendentalism)문학에서 배태되어 논의되었다. 자아실현에 필수적인 자아성숙, 자유, 그리고 사랑의 개념이 초절주의문학에 이미 정립되었던 것이다. 이런 개념이 초절주의문학에서 어떻게 인지되고 주장되었는가를 몇 개의 실례를 들어 고찰해본다. 마거리트 풀러(Margaret Fuller)는 천명하기를, "*나는 매우 일찍이 삶의 유일한 목적은 자아성숙임을 알았다.* 나는 자주 개인적인 목적에 심취하거나 행복의 조급한 갈망으로 이런 지식의 〔탐구에〕 전념하지 못했지만, 이 〔절대적인〕 지식을 결코 망각한 적이 없었으므로 언제나 그 영향을 받았다." 또 샘프선 리드(Sampson Reed)는 청교도들이 육체를 죄악의 근원으로 간주하여 철저하게 부정하는 사회에서 대담하게 육체의 위력적인 역할과 중요성을 역설했다. 특히 그는 자아성숙에서 육체의 성숙과 그 중요성을 이렇게 강조했다: "육체와 영혼은 함께 성숙하지 않으면 안 된다. [. . .] 인간은 육체가 영혼이 파지한 것을 실행할 때만 참으로 현명하다. 이러므로 살과 피는 고상한(탈속적인) 인간의 예지의 역할을 하도록 되어 있다. 그러므로 우리 손의 손바닥은 우리 삶의 안내서가 될 것이다. 그 안내서에는 우리가 파지해야 할 사랑과 예지가 명시되어 있다."[1] 더욱이 자아성숙을 이상적으로 실현할 수 있는 방법도 제시되었다. 자아성숙의 탐스러운 결실은 혼자의 힘으로 거둬질 수 없으므로, 반드시 다른 사람과의 관계를 전제로 함을 이렇게 역설한다: "자아성숙은 우리의 (우리 자신에게보다도 오히려) 다른 사람과의 관계에 그 바탕을 두고, 그 관계에 의해 정당화되기 때문에 다른 사람에게서 그리고 다른 사람을 위해 그 결실을 확인한다."[2] 요컨대 자아실현이 이상적으로 확장되고 극대화되려면 삶의 목적이 오로지 자아성숙에 있어야 하고, 육체와 영혼이 함께 성숙해야 하는 자아성숙이 더욱 훌륭한 성과와 결실을 거두려면 혼자의 힘에 의존하려고 하기보다는 오히려 다른 사람과 협동적인 관계를 유지하려고 해야 한다는 철학이 초절주의문학에서 이미 설파되었음을 고찰했다.

아울러 자아실현의 확장과 극대화 여부는 자유와 사랑의 가장 보편타당한 개념에 달려 있다. 인간 존재에 가장 결정적인 역할을 하는 자유 — "인간은 자유를 가지고 있기 때문에 인간이다"[3] —는 절대적 가치이다. 따라서 자유는 자아실현에 가장 중요한 역할을 하므로, 미국인들은 자유의 가장 보편타당한 개념을 파악해야 한다. 자아실현에 가장 이상적인 자유의 개념은 다음과 같다: "자유는 인간의 창조적이고 정신적인 활력이다. 인간은 자유를 갈망하고 추구하기 때문에 인류의 번영 그리고 사회의 변화와 개혁을 초래하는 아주 새로운 삶과 생존여건을 창조할 수 있다."[4] 미국인들의 새로운 삶과 생존여건은 억압과 압정으로부터 도피하려 하거나 이런 체제를 전복하려 하기보다 오히려 의식을 개혁하려 함으로써 더욱 효과적

---

1. Perry Miller, ed., *The Transcendentalists* (New York: MJF Books, 1978), 335, 55-59.

2. Leon Chai, *The Romantic Foundations of the American Renaissance* (Ithaca: Cornell University Press, 1987), 209.

3. Paul Tillich, *Systematic Theology, Vol. I*(Chicago: University of Chicago Press, 1951), 182.

4. Nicolas Berdjaev, *The Realm of Spirit and the Realm of Caesar,* tr. Donald A. Lowrie (New York: Harper & Row, 1952), 105.

으로 창조될 수 있다. 오레스티즈 에이. 브로운선(Orestes A. Brownson)은 19세기 중기에 자유의 절대적 필요성과 그 이상적인 신장 방법을 이렇게 주장했다: "인간은 자유스럽지 않으면 안 되고, [반드시] 자유스러워야 하며, 그의 고결하고 불멸의 본성을 계발시켜 스스로 하나님의 아들임을 입증하기 위해 자유스러워야 한다. 자유가 그의 운명이다. [. . .] [억압적이고 압제적인 사회, 정치제도에 대응하는] 개선론은 폭력과 무력에 의존하려 할 것이 아니라 지성과 감성에 호소하려 해야 한다."[5] 이것이 19세기 중기 미국문학에 구현된 자유의 개념이다. 이러한 정의는 디. 에이취. 로런스(D. H. Lawrence)에 의해 간결하게 요약되었다: "지금까지 미국에서 자유는 모든 지배로부터 벗어남을 의미했다. [그러나 앞으로] 진정한 자유는 미국인들이 *그것*을 발견하고, 곧바로 *그것*을 실현하려 할 때만 싹틀 것이다. *그것*이란 인간의 가장 심오하고 완전한 자아, 총체적인 자아, 진심이다." 로런스는 인간은 자신의 "가장 진실한 자아가 갈망하는 것을 하고 있을 때만 자유스럽다"[6]고 갈파했다. 요컨대 자아실현에 필수적인 자유의 개념은 19세기 중기 미국문학에 구현된 것처럼 도피나 저항이 아니라 진실한 자아가 끊임없이 탐구하여 충족시키려고 안달하는 욕망의 실현이다.

이제 19세기 중기 미국문학에 정립되어 있는 사랑의 개념을 규명해보자. 에이머스 브론선 올커트(Amos Bronson Alcott)의 주장에 의하면, "사랑은 신성해서 만물을 잉태시키고 창조하여 완성시킨다. [. . .] 삶은 유아기에서는 통합적이어서 감정, 사고, 그리고 행동이 분리될 수 없는 하나이다. 사랑은 감정, 사고, 그리고 행동이 하나임의 명시이다. [. . .] [그러므로] 사랑을 바탕으로 한 행위들은 정답고 친절하며 순수하다."[7] 사랑의 이런 개념은 의식이 분열된 미국인들을 랠프 왈도우 에머선(Ralph Waldo Emerson)이 극구 찬양한 "전인적으로 사고하는 인간(Man Thinking)"으로

---

5. Miller, 313.

6. D. H. Lawrence, *Studies in Classic American Literature* (New York: Viking, 1966), 7, 6.

7. Miller, 313.

변신시킬 수 있다. 따라서 이 개념은 미국인들의 분열된 자아를 통합시킬 수 있으므로 그들을 전인적으로 변화시키고 성숙시킬 수 있다. 이렇게 탈바꿈한 미국인들은 다른 사람들의 사고와 행동에 큰 변혁을 촉발할 수 있다. 요컨대 이 개념은 자아실현의 원동력이다.

자아실현의 전제는 다음과 같은 철학에 대한 깊은 이해와 적극적인 수용에 놓여 있는데, 그 철학이란, 삶의 목적이 자아성숙이고, 자아성숙은 다른 사람들과 협동적인 관계를 유지할 때만 큰 성과와 결실을 거둘 수 있으며, 자유는 폭력적인 대응과 저항이 아니라 지성과 감성의 부단한 계발을 도모할 때만 향유되고 신장되며, 사랑은 감정, 사고, 그리고 행동을 하나로 통합하여 나와 다른 사람들의 의식을 개혁할 수 있는 힘이라는 철학을 말한다. 이 철학을 이해하고 적극적으로 수용할 수 있는 사람이 바로 "전인적으로 사고하는 인간"이다. 삶에서 전인적인 사고를 절대시하는 인간은 어떤 역할만을 하려는 편협하고 폐쇄적인 기능인이 아니고, 자신을 알고 자연을 통찰하려고 최선을 다하는 자아탐구자이다. 그는 어떤 종교, 철학, 주의, 또는 제도에 압도당하지 않고 주체적, 창조적으로 독서하고 사고하면서 행동한다. 그의 자아탐구의 바탕은 주체성, 자발성, 독창성, 창의성, 상상력, 열망, 그리고 자기신뢰에 있다. 궁극적으로 그는 자신과 자연을 하나로 통합시키려고 최선을 다한다. 그러므로 그는 다른 사람들을 깊이 감동시키고 깨우쳐서 더욱더 높은 차원의 사고와 행동으로 인도할 수 있다.

그렇다면 왜 초절주의문학에서 잉태되고 주장되었던 자아실현의 전제가 그 다음 세대의 미국문학에서 매몰되고 사장되어버렸을까? 그 가장 큰 이유는 미국사회가 남북전쟁 이후 산업사회로 급변하면서 농업사회에서 태동하였던 초절주의문학의 지주였으며 모든 인간의 절대적 존재가치이고 염원인 개인의 존엄성, 주체성, 독자성, 개체성, 민감성, 가능성, 무한한 상상력과 열망, 그리고 공동체정신을 쓸모없는 유령으로 무시하고 부정해버렸기 때문이다. 급속하게 산업화되어 가는 미국사회의 지향목표와 기업가들의 지상과제는 오로지 이윤창출과 그 극대화였다. 따라서 생산성 향상,

소비촉진, 기업의 이익추구를 극대화하는 자유방임주의, 그리고 적자생존 등등을 제일주의로 하는 인생철학과 사회기풍이 권력과 재벌의 이루 말할 수 없는 횡포, 빈부격차, 부정부패, 약육강식, 정신적 타락과 허무감, 탐욕, 위선, 그리고 사람을 사람으로 간주하지 않고 사물로 보면서 약자들의 인격 무시와 부정 등을 극도로 조장했다. 초절주의문학을 뒤따라온 사실주의 소설은 이런 사회적 현실과 병폐를 반영하고 기술하는데 가장 적합한 문학이다. 사실주의 소설을 계승한 자연주의 소설은 자연과 사회의 거대한 힘과 약육강식의 사회조직에 속수무책인 개인의 비참하고 비극적인 삶의 반영과 묘사에 주력한다. 사실주의와 자연주의 소설의 주제와 관심은 권력과 기업의 비인간성과 횡포, 상류사회의 부정과 비리의 폭로와 고발, 사회계층간의 극심한 갈등과 투쟁, 그리고 서민들의 처참하고 비통한 삶과 이런 외부적 요인들에 의한 억울한 패배와 몰락을 기술하는 데에 있다. 자아실현의 주제는 이 소설들의 관심 밖이었다.

사실주의와 자연주의 소설가들을 뒤따른 제1차 세계대전 세대 소설가들은 "서구의 몰락"이라는 총체적 붕괴의식과 지구상에서 전쟁을 끝낸다는 원대한 목적과 이상의 좌절로 개인적인 환멸에 사로잡혔다. 이런 붕괴의식과 환멸 때문에, 그들은 삶의 목적을 상실하고 방황했다. 또 그들은 뼈저린 절망감, 허무감, 그리고 소외감에 꼼짝 못했으므로, 염세주의자, 비관주의자, 혹은 부정주의자로 전락했다. 그들의 삶과 세계는 오로지 황무지였으며, 이 황무지 의식이 그들을 철저하게 지배하고 사로잡았다. 이렇게 절망했던 "길을 잃어버린 세대(Lost Generation)" 다음의 제2차 세계대전 세대의 소설가들은 전쟁으로 빚어진 목불인견의 비극들, 즉 나치정권이 600만 명의 유대인을 대학살한 만행과 미국정부가 히로시마와 나가사키에 투하한 원자폭탄의 대참사를 목격하고 인간의 생존에 가장 깊은 관심을 쏟았다. 그들은 모든 인간이 어느 때 어느 곳에서나 생명과 삶의 터전을 순식간에 어이없이 박탈당하는 극한상황 가운데서 살고 있음을 실감했다. 또 그들은 모든 인간을 이렇게 위협하면서 모든 인간의 생존 권리와 욕구, 소망, 그리고 염원을 무자비하게 유린하는 위정자들과 관료주의 그리고 사회조직이 도처에 엄존하고 있음도 직시했다. 따라서 그들은 왜, 어떻게 이런 위정자들과 관료주의 그리고 사회조직이 모든 인간의 생존에 막강한 영향력을 발휘하게 되었으며, 그 영향력이 모든 인간의 삶과 의식을 얼마나 위축시키고 무력화시켰으며, 모든 인간은 이런 위축과 무력화를 어떻게 극복할 수 있는가를 규명하려고 최선을 다했다.

제2차 세계대전 세대와 그 이후 소설가들(최근미국소설가들)은, 미국인들의 인간답게 살고 싶다는 소망과 의지는 과학과 기술의 경이적인 발전에 따라 지나치게 거대화되고 조직화된 산업사회의 속성과 그 속성의 열렬한 지지자들에 의해 유린되고 박탈당하고 있음을 실감하고 그것을 극복하려고 최선을 다한다. 그들의 이런 실감과 극복의지가 소설 창작의 철학이다. 그들의 소설 창작 철학에 의하면, 미국인들은 산업사회의 관료주의, 권위주의, 무책임, 그리고 획일성의 영향을 엄청나게 받으면서 살고 있다. 산업사회는 미국인들로 하여금 본질적 자아를 망각하고 포기하도록 하여, 그들을 실력제일주의자, 출세제일주의자, 탁월한 역할수행자, 절대적 명령복종자, 그리고 물질만능주의자로 변하게 함으로써, 그들의 삶과 의식을 최대한으로 왜곡시키는데 성공한다. 따라서 끊임없이 이런 영향과 압력을 받고 있는 미국인들 중에는 관능적 쾌락에 탐닉하는 정신마비자, 권력, 명예, 지위, 그리고 물질을 삶의 목적으로 추구하는 인격파산자, 어떤 역할의 탁월한 수행과 그 성과에 만족하는 기능주의자, 자기이익추구 밖에 모르는 개인주의자, 자기를 알고 사랑하려 하지 않는 자아상실자, 그리고 다른 사람들에게 만행과 횡포를 서슴없이 자행하는 극악분자들이 있다. 게다가 편견, 독선, 아집, 오만, 그리고 우월감에 너무나 깊이 빠져 꼼짝 못하는 인종주의자들이 있다. 더욱이 여성을 무조건 무시하고 억압하고 학대하는 남성우위론자들도 있다. 요컨대 이들 모두가 자아를 탐구하려 하지 않기 때문에, 거짓 자아의 지배를 받고 있는 것이다. 이러면서도 그들은 사회에 그리고 힘없는 서민들의 생존에 막강한 영향력을 발휘하고 있다. 이런 지배계층 인사들의 허위의식의 폭로와 개혁 그리고 그들의 막강한 영향력의 축소대책 강구, 그 개혁과 강구에 따른 미국인들의 의식개혁과 자아 탐구와 실현의지의 강화가 서민들의 생존의 활력소이고 원동력이다.

하지만 안타깝고 불행하게도 산업사회가 미국인들의 삶과 의식을 극도로 왜곡시키기보다 더욱 이전에 그 삶과 의식을 위축시키고 황폐시켰던 청교도 교리가 있었다. 그 교리가 그들의 삶에서 중용철학, 활력, 자발성, 생동감, 그리고 황홀감을 빼앗아버렸다. 청교도들은 인간과 우주를 오로지 이원론의 입장에서만 보았기 때문에, 인간과 우주에는 항상 영혼과 육체, 정신과 물질, 이성과 감정, 선과 악, 광명과 암흑의 끊임없는 싸움이 있을 뿐이라고 믿었다. 그들은 이원론에서 언제나 영혼, 정신, 이성, 선, 그리고 광명을 절대시하고, 육체, 물질, 감정, 악, 그리고 암흑을 죄악시하는 일변도적 사고와 행위를 적극 조장했다. 그들은 무조건 육체와 감정보다도 정신과 이성을 중요시하는 일차원적 사고와 행동을 하기 때문에, 다른 사람들의 종교적 죄(간음)를 도저히 용서하지 않을 뿐 아니라 교리에 반하는 인간의 본능적인 소망과 욕구 그리고 염원을 철저히 무시하거나 부정해버리는 가혹하고 비정한 정신마비자이고 인격파산자들이었다. 그들의 이런 잔인하고 비인간적인 사고와 행위가 어떤 사람들을 사랑의 대상이 아닌 공격과 타도의 대상으로 간주했다. 요컨대 청교도 교리에 사로잡힌 미국인들은 삶에서 초절주의문학이 그처럼 강조하고 중요시했던 개체성, 주체성, 자발성, 독창성, 창의성, 민감성, 공동체정신, 그리고 자아성숙을 절대시하여 확장하려고 하지도 않으며 할 수도 없는 무익한 존재들이다.

지금까지의 논의에 따르면 최근미국소설가들에게 투영된 인간관과 세계관은 매우 부정적이고 처참하다. 그들은 미국인들의 존재 양상을 이렇게 비참하게 묘사한다: 전체주의 국가의 비인간적 만행과 대량살상무기의 경이적인 위력에 꼼짝 못하는 인간의 무력감과 속수무책, 산업사회의 거대한 톱니바퀴에서 하나의 톱니 역할만을 강요당하는 인간의 기계적, 외부적 지배에 대한 감수와 소외감, 그리고 본능과 욕구를 부정하는 억압적인 종교의 교리에 복종해야 하는 인간의 의존적 삶과 거부감이다. 따라서 그들의 소설에 등장하는 주인공도 이처럼 왜소하고 비극적인 미국인이다: 그의 하나님을 버렸으므로 스스로 어떻게도 할 수 없는 꼴불견의 벌레 같은 인간, 스스로 통제할 수 없는 생물학적, 사회적 지배의 피해자, 또는 고독, 소외, 불안, 절망에 허덕이는 신경증환자이다. 요컨대 그 주인공은 자기 정체성을 상실한 미국인이다.[8] 주인공이 "자기 정체성을 상실했다" 함은 그가 자기는 누구이고, 존재목적은 무엇이며, 어떻게 살아야 하는가를 모른 채, 더욱 안타깝게도 알려고도 하지 않으면서, 되는 대로, 멋대로, 맹목적으로 살고 있음을 의미한다.

그러나 이렇게 최근미국소설가들은 제2차 세계대전 직후에 자기 정체성을 상실한 미국인을 소설 주인공으로 삼고 있지만, 그 정체성을 회복할 수 있다는 확신과 그 확신에 바탕을 둔 새로운 인간형을 창조하려고 최선을 다했으며, 또 하고 있다. 그들의 이런 확신과 창조는 인간에 대한 새로운 정의와 그 정의에 걸맞는 소설론 때문에 가능했다. 그들은 인간은 하나님(절대적 진리)에게 의존해야 하는 타율적이고 유한한 존재라는 종래의 인간관을 거부하고, 무한한 가능성과 잠재력을 발휘할 수 있는 자율적, 주체적 존재로서 어떤 극한상황 가운데서도 자아를 탐구하고 실현할 수 있다는 새로운 인간관을 적극적으로 지지하고 수용한다. 왜냐하면 그들은 "인간은 결코 사회적 동물, 피해자, 피조물만은 아닌 근본적으로 정신적 존재"[9]라고 확신하기 때문이다. 따라서 그들은 인간을 전인적으로 사고하고 행동할 수 있는 존재로 절대시한다. 또 그들은 인간이 어떤 극한상황에 처해 있다 할지라도 스스로에게 절대적 존재라고 다음과 같이 강조한다: "인간은 숙명적인 한계상황 속에서 살도록 운명 지워져 있다. 그러나 이런 운명 가운데서도 그는 자신에게 절대적 존재이며, 자기세계의 중심이고, 자기행위의 책임자이면서, 자기 정체와 목적의 창조자이다. 진리는 자기안에 있으며, 가치는 그 진리 속에 있다."[10]

인간이 자신에게 절대적 존재로서 자기 정체와 목적을 창조하면서 다른 사람들과 공고한 유대관계를 유지하려면, 무엇보다도 먼저 편견, 아집,

---

8. Jerry H. Bryant, *The Open Decision* (New York: Free Press, 1970), 4.

9. John Clellon Holmes, *Nothing More to Declane* (New York: Dutton, 1967), 121.

10. Bryant, 5.

독선, 이기심으로 가득 찬 유아론에서 해방되어야 한다. 그 해방의 첩경은 끊임없이 자아성숙을 도모하는 데에 있다. 또 자아성숙의 지름길은 자아탐구 정신, 즉 자기를 알고 자기 가능성과 잠재력을 계발하고 확장하고 그리고 발휘하려고 최선을 다하겠다는 강한 의지와 각고의 노력에 있다. 그러므로 최근미국소설가들은 인간의 이런 정의를 적극적으로 지지하고 수용한다: "인간은 끊임없이 자기 자신을 탐구하는 존재 — 삶의 매순간마다 자기 존재의 조건을 검토, 천착하지 않으면 안 되는 존재라고 일컬어지고 있다. 인간생활의 진정한 가치는 이와 같은 철학, 즉 인간생활에 대한 비판적인 태도에 있다."[11] 그들의 소설 철학에 의하면 자아탐구자는 어떤 이념이나 제도의 노예가 되어 억압자, 학대자, 살인자, 기능주의자, 혹은 명령복종자의 역할을 맹목적으로 수행하려고 하지 않으며, 오히려 자신과 다른 사람들의 개체성, 주체성, 자발성, 독창성, 창의성, 민감성, 생동감, 황홀감, 그리고 공동체정신을 존중하고 계발하고 확장하려고 최선을 다하는 이상적인 소설 주인공이다.

그런데 미국인들이 스스로 자아를 탐구하려는 강한 의지를 갖고, 그 의지를 실천하기가 쉽지 않다. 더욱이 미국인들의 자아탐구 의지와 그 실천이 고무되고 강화되기는커녕 오히려 무자비하게 억압되고 제지당했으며, 지금도 그러고 있다. 따라서 미국인들은 본의 아니게 억압적, 노예적, 절망적, 자포자기적, 체념적인 삶을 살아야만 했고, 지금도 이렇게 살고 있는 사람들이 적지 않다. 이럼에도 불구하고 최근미국소설가들은 인간을 자기 운명의 개척자로 이렇게 긍정하며 예찬한다: "인간은 스스로 자신의 운명을 개척할 수 있는 유일무이한 존재이다. 가장 창조적인 인간은 자신의 미래뿐 아니라 사회의 지향목표까지도 상상, 설계할 수 있다. 그의 이런 상상과 설계는 [절대적인] 확신의 바탕에서가 아니라 정신의 의식적인 계발을 통해 창조되고 형성된다."[12]

---

11. Ernst Cassirer, *An Essay on Man: An Introduction to a Philosophy of Human Culture* (New Haven: Yale University Press, 1974), 5-6.

12. Joyce Carol Oates, "Unique/Universal in Fiction," *Writers* 86 (January 1973): 11.

이렇게 최근미국소설가들은 인간을 자아탐구자와 자기 운명의 개척자로 정의한다. 그들 중의 한사람인 죤 엎다이크(John Updike)는 인간에 대한 이런 정의에 걸맞는 소설론을 다음처럼 설파한다: "예술은 이제는 대립과 갈등을 표현하지 않고 자아 탐구와 실현을 반영한다. 모든 인간은 망상과 혼란에 사로잡히지 않은 채로 자신을 알 것이며, 그 자기 앎을 바탕으로 건전하고 유익한 생활을 영위할 것이다. [. . .] 오랫동안 인간정신을 왜곡시켰을 뿐 아니라 인간 신체의 성장을 방해했던 요인들은 곧 제거될 것이다. 모든 인간은 들판의 나무처럼 성장할 것이다. 앞으로 삶의 낭비와 황폐는 없을 것이다. 삶의 고통, 더구나 삶의 위축은 없을 것이다. 이런 기적이 이 땅에 일어날 것이다. 곧 일어날 것이다."[13] 이 소설론은 소설이 미국인들의 가능성과 잠재력의 계발, 확장, 그리고 발휘의 원동력인 자아 탐구와 실현을 확장시키는 이야기이며, 그 이야기에서 삶이란 주체적으로 살아야지 인위적인 목적에 매달려 살아서는 안 되며, 더욱이 어떤 이념이나 제도에 의해 왜곡되고 파멸되어서는 절대로 안 된다고 주장한다. 또 이 소설론은 이런 소설 철학과 일맥상통한다: "소설 창작은 삶에 관한 이야기이다. 소설 창작은 가능한 한 내 자신을 확장시키면서, 가능한 한 많은 역할과 상황들 속에서 나 자신을 체험하고 이해하는 이야기이다."[14]

엎다이크는 소설가의 사명은 자아 탐구와 실현에 있을 뿐이라고 믿기 때문에, 소설을 "우리의 가능성과 자유의 개념을 확장하려는 시도"[15]라고 정의한다. 이 정의는 밀란 쿤더러(Milan Kundera)의 이런 소설 철학과 일치한다: "소설 창작에서 존재는 이미 일어났던 사건이 아니고 인간의 가능성의 영역이다. 다시 말하면 인간이 될 수 있는 모든 것 또는 인간이 할 수 있는 모든 것이다. 소설가들은 인간의 이런저런 가능성을 발견함으로써 존재의 좌표를 설계한다. 그러나 다시 한 번 말하지만, 존재함은 '사회 속

---

13. John Updike, *The Poorhouse Fair* (New York: Knopf, 1977), 107.

14. Claudia Tate, ed.. *Black Women Writers at Work* (New York: Continuum, 1983), 185.

15. John Updike, *Odd Jobs: Essays and Criticism* (New York: Knopf, 1991), 87.

에 있음'을 의미한다. 따라서 [소설의] 주인공과 그의 세계는 하나의 가능성으로 이해되지 않으면 안 된다."[16] 요컨대 엎다이크와 쿤더러의 소설 철학은 자아실현을 조장하고 확장하려고 하고 있으며, 그 조장과 확장의 극대화에 크게 기여할 수 있다.

소설의 다음과 같은 정의 — "우리의 가능성과 자유의 개념을 확장하려는 시도" —가 최근미국소설가들의 창작 철학이다. 이 철학의 궁극적 목적은 자아실현이다. 최근미국소설의 핵심주제인 자아실현은 자유와 사랑의 새로운 개념에 의해 구현되고 확장된다. 다시 말하면 자유와 사랑은 자아실현을 구체화, 극대화하는 소재이면서 수단이 된다. 최근미국소설가들이 주장하고 정의하는 자유와 사랑의 개념이 주인공들의 삶과 의식을 경이적으로 변화시키고 개혁시킬 수 있으므로, 그들을 상상불허의 가능성과 잠재력을 계발하고 확장하고 발휘할 수 있는 인간으로 변화시킬 수 있다. 그들이 창조한 주인공들의 이런 기적적인 변화와 개혁 그리고 변모가 독자를 깊이 감동시키고 크게 깨우쳐서 전혀 예기하지 않았던 의식세계로 이끌어가 아주 새로운 인간으로 재생시킬 수 있다. 어떻게 이런 변화와 개혁 그리고 재생을 가능한 한 더욱더 구체적이고 역동적으로 확장할 수 있는가의 방법 모색과 수단 강구가 포우스트모던 소설의 창작 철학과 기법이다. 요컨대 자아실현을 확장할 수 있는 이상적인 방법을 모색하려는 강한 의지와 그 실천이 포우스트모던 소설의 진수이다.

최근미국소설에서 정의된 자유와 사랑의 개념이 자아실현을 어떻게 구현하고 확장하고 있는가를 규명해본다. 서구사회에서 자유는 "모든 가치의 근원이다."[17] 자유는 사랑, 가능성, 그리고 창의력의 근원일 뿐 아니라 이런 가치들을 구체화하는 실천철학의 원동력이다. 예를 들면 노먼 메일러 (Norman Mailer)는 "사랑은 하나님의 [위대한] 정신적인 힘을 이 땅에 가져오는 유일한 길"[18]이라고 주장한다. 그러나 자유가 있을 때만 사랑은 이

---

16. Milan Kundera, *The Art of the Novel*, tr. Linda Asher (New York: Harper & Row, 1988), 42-43.

17. Rollo May, *Freedom and Destiny* (New York: Norton, 1981), 6.

런 힘을 발휘할 수 있다. 이렇게 자유는 "인간의 창조적이고 정신적인 활력이다. 인간은 자유를 갈망하고 추구하기 때문에 인류의 번영 그리고 사회의 변화와 개혁을 초래하는 아주 새로운 삶과 생존여권을 창조할 수 있다."

그러나 매우 불행하게도 미국인들의 실존과 창의력에 결정적인 역할을 하는 자유가 제2차 세계대전 직후까지 그 위력을 발휘할 수 없었다. 왜냐하면 자유의 가장 보편타당하고 창조적인 개념이 정의되고 정립되지 않았기 때문이었다. 미국인들은 인권을 유린하는 억압과 학대에 저항하거나 다른 나라를 지배하고 통치하는 식민지 정책에 반항하고 도전하는 행위를 자유라고 생각했다. 그들은 지배계층의 권력과 기득권 세력의 탄압과 정권의 학정에 도전하는 외부적인 의사표시와 저항행위를 자유 쟁취와 신장이라고 믿었다. 그리고 매우 애석하게도 그들은 자기를 알려고 노력하면서, 그 앎을 바탕으로 하여 자신들의 가능성과 잠재력의 계발, 확장, 그리고 발휘가 자유임을 알지 못했다. 따라서 그들은 유린, 착취, 탄압, 학정과 같은 외부적인 거대한 세력과 지배력으로부터 해방됨에만 깊은 관심을 쏟았지, 해방된 자아가 무엇을 어떻게 해야 하느냐에 아주 무관심하거나 무지했다. 그들은 다음과 같은 철학 — "자신을 자유롭게 하는 것 그리고 그렇게 자유로워진 자아의 소유권을 주장하는 것은 전혀 별개의 문제였다"[19] —에 깊은 관심과 주의를 기울이지 않았다.

다행스럽게도 20세기 중엽에 자유의 가장 보편타당하고 창의적인 개념이 정립되어 미국인들에게 삶의 새로운 기대와 희망을 불러일으켰다. 즉 자유의 개념이 심리적, 정신적 측면에서 이렇게 논의되고 파악되었다: "20세기에 와서 자유의 개념이 이처럼 철학적으로 확대되고 포괄적인 것이 되었기 때문에, 인간은 '새로운 낙원'에 대한 전망을 갖게 될 것이다. 금세기에 자유는 자기의 거주지와 교회의 대표자를 선출하는 죤 록크(John Locke)의 정치적 자유와 충분히 먹을 것을 갖는다는 칼 막스(Karl Marx)

---

18. Norman Mailer, *The Executioner's Song* (Boston: Little, Brown, 1979), 129.

19. Toni Morrison, *Beloved* (New York: Knopf, 1987), 95.

의 경제적 자유뿐 아니라 래틴 어메리커(Latin America)와 스페인(Spain) 문화의 정서와 정취의 심리적 자유를 내포하고 있는 것으로 이해될 것이다."[20] 솔 벨로우(Saul Bellow)가 탐구한 자유의 개념이 바로 심리적 자유이다. 그의 주인공들이 자유의 진수로 구현한 심리적 자유는 인간실존에서 자기 앎과 진실한 자아탐구의 절대적 필요성과 중요성을 이렇게 강조한다: "한 개인이 자신의 내면세계에 있는 모든 것을 알고 표현할 수 있도록 해주며, 그리고 그 정도까지 '자기 자신을 알'뿐 아니라 '있는 그대로의 자기 자신이 되는' 두 가지 목적을 달성하도록 도와준다."[21] 또 심리적 자유는 인간의 심리적 욕구를 바탕으로 하여 신장될 수 있다. 심리적 욕구란 "다른 사람들이 자기를 보고, 인정하고, 감사하고, 듣고, 좋아하고, 그리고 성적으로 만족시켜주는 것을 필요로 한다. 인간은 자신의 길을 선택하고, 자신의 능력에 맞추어서 성장하고, 자신의 시행착오를 통해서 배우는 자유를 인정받지 않으면 안 된다. 인간은 자신과 다른 사람들을 포용하면서 또한 그들에 의하여 자기가 포용되어지는 것을 필요로 한다. 인간은 '나'일 뿐 아니라 '우리'이기를 희망한다. 인간은 자기가 있는 그대로의 개성적인 존재로 성장하려고 노력한다."[22] 이처럼 심리적 자유는 인간에게 새로운 실존의 장을 마련해주면서, 그를 새로운 인간관과 세계관의 파지자로 재생시킨다.

벨로우가 탐구한 심리적 자유의 바탕은 자치(自治)에 있다. 그는 자유를 자치라고 정의하면서, 삶에서 자아의 자치능력을 이렇게 중요시한다: "인간정신, 어쨌든 우리가 스스로 지배해야만 하는 자아. 우연이 자아를 지배해서도 안 되며, 사건이 자아를 지배해서도 안 된다. 우리가 자신의 자아에 책임을 지는 것이 우리의 인간성, 존엄, 그리고 자유이다."[23] 그는

---

20. F. S. C. Northrop, *The Meeting of East and West* (New York: Collier, 1972), 299.

21. Christian Bay, *The Structure of Freedom* (Stanford: Stanford University Press, 1970), 371.

22. Leo Buscaglia, *Love* (New York: Fawcett Crest, 1972), 176.

23. Saul Bellow, *Dangling Man* (New York: Vanguard, 1944), 167.

자치능력만이 인간실존에서 가능성과 잠재력의 계발과 확장, 그리고 이 계발과 확장을 극대화할 수 있는 상상력을 자극하고 배가할 수 있다고 확신한다. 또 그는 자치능력 함양은 자기를 알고 진실한 자아를 탐구하려는 강한 의지와 그 실천에 달려 있다고 설파한다. 요컨대 인간의 자치능력 함양은 개체성, 주체성, 그리고 독립성의 쟁취와 보존과 직결된다.

벨로우는 *오기 마취의 모험(The Adventures of Augie March)*의 주인공, 오기의 주체성과 독립성을 가차 없이 박탈해버리려는 진리의 교시자(教示者)들의 편견, 독선, 오만, 이기심, 그리고 교육의 무자비한 억압과 그 가공할 위력을 이렇게 지적한다: "모든 영향력들이 나를 기다리며 줄을 지어 서 있었다. 내가 태어나던 순간부터 이것들은 나라는 인간을 형성하려 했고, 이런 이유 때문에 나는 여러분에게 나 자신보다도 그 영향력들에 대해 더 많이 이야기하고 있다." 오기는 자신과 자신의 자치 의지와 능력을 노골적으로 부정하면서 자기를 역할 수행자와 추종자로 만들려는 교시자들의 일방적이고 독선적인 교육과 인생철학을 거부한다. 오기는 자아를 탐구하지 않으면서 개인적인 목적달성과 이윤창출에만 전념하는 교시자들에게 반항하면서, 주체적 자아를 고수하려고 이렇게 고군분투한다: "내가 원하는 모든 것은 나 자신에 대한 어떤 것이고, 나 자신을 생각하는 일이다. 이것이 바로 내가 지금 지껄이고 있고 그처럼 흥분하는 이유이다. 나는 내 자신의 위치를 원한다. 만약 그 곳이 그린런드(Greenland)의 얼음 덮인 산 위에 있더라도, 기꺼이 찾아갈 것이고, 결코 내 자신을 딴 놈의 계획에다 방치하지는 않겠다."[24] 요컨대 오기는 진리란 자기 앎을 탐구할 의사가 추호도 없는 사람들의 가르침이나 이론으로부터 창조되는 것이 아니고 자아를 탐구하는 과정에서 창출된다는 철학을 믿고 수용한다. 따라서 그는 타인 의존적 생활을 거부하고 주체적, 독립적 사고와 행위를 선호한다.

오기는 자기를 질식시키려고 안달하는 교시자들의 엄청난 억지, 억압, 그리고 횡포의 와중에 생존하면서도, 주체적 자아를 고수할 수 있다. 또

---

24. Saul Bellow, *The Adventures of Augie March* (New York: Viking, 1953), 43, 456.

그는 자신의 개체성, 주체성, 그리고 독립성을 박탈하려는 외부의 영향력과 세력에 대항하여 승리할 수 있다. 왜냐하면 그는 이런 철학을 생활신조로 삼기 때문이다: "인간과 그가 살고 있는 사회 그리고 우주는 그 본질에 있어서 고정된 것이 아니라 [인간이] 자기 자신의 실존적 선택을 할 때마다 언제나 끊임없이 바뀔 수 있다는 가능성의 입장에서 파악되어지는 명제들이다. 인간은 이런 가능성을 위축시키려는 강력한 외부의 힘에도 불구하고, 이 가능성을 확대시키려 노력하지 않으면 안 된다. 인간의 존재 목적은 자유이고, 그의 무기는 선택이며, 그의 싸움터는 자기의 독특한 가능성이 확대되느냐 아니면 쇠퇴하느냐를 좌우하는 바로 자기 자신이기"[25] 때문이다.

오기는 자신의 자립정신과 의지를 억압하고 말살시키려는 외부세력에 도전하여, 주체성과 독립성을 고수하려고 분투노력한다. 그의 이런 의지와 행동은 자치에 있어서 필요조건이지 충분조건은 못된다. 인간이 자유를 쟁취하고 신장하는 유일한 길은 자아를 탐구하여 가능성과 잠재력을 계발하고 확장하며, 그것을 발휘하는 데에 있다. 이런 가능성과 잠재력의 계발, 확장, 그리고 발휘가 바로 심리적 자유의 신장이다. *비의 왕 헨더선(Henderson the Rain King)*은 벨로우의 자유탐구에서 큰 전환점을 이룬다. 이 소설은 그가 처음으로 심리적 자유를 소설 주제로 탐구한 작품이다. 이 소설의 목적은 주인공의 지대한 관심이 그에게 부정적이고 치명적인 외부세계와 그 영향력 그리고 그 세계와 영향력에 반항하고 도전함에 있지 않고, 자신의 무의미한 삶과 권태 그리고 그 극복의 원천인 깨달음과 거기에 따른 환희와 인생관의 획기적인 변화에 있음을 부각시키는 데에 있다. 그리고 이 작품은 앞으로 벨로우의 창작 철학과 기법이 의식의 변화무쌍함과 기적적인 변화와 고양으로 귀결할 것임을 예고한다.

비의 왕 헨더선의 주인공, 헨더선은 진실한 자아를 탐구하면서 공동체의식을 확장하려고 하기보다는 오히려 "나는 원한다"고 절규하며 이기

---

[25]. Howard M. Harper, Jr., *Desperate Faith* (Chapel Hill: University of North Carolina Press, 1974), 197.

주의적인 자신의 이익추구에만 더욱 안달한다. 그는 이런 극도의 유아론과 이기주의로 말미암아 삶의 매순간 격정, 소외, 혼돈, 그리고 권태의 고통에 시달린다. 그는 저절로 한숨만 나오는 무의미하고 공허한 삶의 고통으로부터 벗어나려고 애프리커 여행을 감행한다. 그는 여행 중에 다프(Dahfu)왕을 만난다. 왕은 그가 진실한 자아탐구는 하지 않고 망상과 환영을 찾아 헤매고 있음을 재빨리 간파한다. 왕은 자기 욕심과 이익추구에만 매달려 격정, 소외, 그리고 권태로 짓눌릴 대로 짓눌린 비참한 삶을 살고 있는 그를 구원해주려 한다. 그래서 왕은 그에게 현실세계보다도 상상력의 세계에 더욱 깊은 관심을 쏟도록 하기 위해, 상상력의 신비스러운 힘을 이렇게 역설한다: "상상력은 자연의 힘이다. 이것이 인간의 마음을 황홀경으로 가득 채우는 데에 충분하지 않은가? [. . .] 상상력이야말로 [모든 인간을] 떠받치고, 바꾸고, 구출해내는 근원이다. [. . .] 인간은 자신이 상상하고 있는 것을 목표로 하여 서서히 변모해가고 있다." 왕은 그에게 탐욕과 현실 집착의 허위의식으로부터 벗어나 자아탐구와 공동체의식을 상상적으로 확장할 수 있는 상상력의 세계에 더 많은 관심과 애정을 쏟으라고 권유한다. 게다가 왕은 그에게 상상력의 위력이 그의 마음을 고통으로부터 해방시켜 환희로 가득 차게 바꿀 수 있다고 확신시킨다. 왕은 그가 이런 확신을 가질 수 있다고 믿기 때문에, 그에게 이런 진리를 설파한다: 육체와 정신의 결합은 "피질 속에 바람직한 본보기를 갖는다는 문제이다. 숭고한 자기이해가 무엇보다도 중요하다. 인간은 자기가 이해한 대로의 삶을 산다. 다른 말로 표현한다면 당신의 영혼의 모습이 있는 그대로 당신의 육체에 나타난다. 그렇기 때문에 인간은 자신을 소재로 하여 [작품을 창작하는] 예술가이다."[26] 왕은 그가 상상력의 위력과 자기이해의 절대적 중요성을 실감하게끔 그를 깨우친다.

이제 그는 자기 영혼이 마비되어 있으므로 지금까지의 삶은 격정, 소외, 그리고 권태에 압도당한 환영이었음을 깨닫는다. 이러한 깨달음을 갖

---

26. Saul Bellow, *Henderson the Rain King* (New York: Fawcett, 1965), 228-29, 226.

게 된 그는 새로운 삶을 살기로 결심한다. 그의 새로운 삶의 철학은 유아론과 이기주의 그리고 현실 집착이 아니라 자기이해, 상상력, 그리고 창의력의 확장에 있다: "세계는 하나의 마음이다. 여행은 마음의 여행이다. [. . .] 물질적인 세계 전체가 거기 있는데, 그것은 과학의 영역이다. 그러나 직관의 영역도 있다. 우리가 창조에다 창조를 더해가는 곳이 바로 이 영역이다. [. . .] 오, 얼마나 큰 계시인가! 나는 삶의 예지를 터득했다."[27] 드디어 그는 자신의 고통스러운 삶, 즉 격정, 소외, 위축, 그리고 권태로 짓눌린 삶의 원인이 유아론, 이기주의, 그리고 지나친 현실 집착에 있었음을 깨닫고, 공동체의식과 이타주의 그리고 상상력을 가장 중요시하는 새로운 인간으로 재생한다. 그는 이렇게 재생한 자아의 무한한 가능성과 잠재력의 발휘를 축복하기 위해 지금 춤을 추고 있다.

*허조그(Herzog)*의 주인공, 모우지즈 허조그도 자기실존에서 자아도취로부터 파생되었던 개인적 혼돈으로부터 벗어나 적극적으로 진실한 자아를 탐구하면서 사랑의 참뜻을 깨닫는다. 한때 그는 안정과 창의력으로 가득 찬 삶을 즐기고 있었다. 그의 저서, *낭만주의와 기독교(Romanticism and Christianity)*는 많은 분야의 필독도서 목록에 올라 있었다. 그가 이 책에서 제시한 하나의 새로운 역사연구 방법은 과거를 현재와의 관련성에 입각해서 연구하자는 것인데, 많은 젊은 역사학자들의 큰 호응과 지지를 받았다. 이렇게 촉망받던 그가 첫 번째 부인과의 삶에서 일시적으로 권태를 느껴 이혼하더니, 대학교수로서의 창의력이 약동하는 삶을 포기해버린다. 그때 그는 대단한 매력과 뛰어난 지성을 지닌 매들린(Madeleine)에게 매혹되어 이 미모의 여성과 결혼한다. 그는 갑자기 그녀에게 매혹되더니, 자아도취의 노예가 되어 자기 앎을 탐구할 능력을 상실해버린다. 그는 그녀의 터무니없는 요구를 다 들어주면서까지 그녀를 위해 자기의 전부를 바친다.

그는 매들린을 이처럼 극성으로 사랑했음에도 불구하고, 그녀에게서

---

27. 앞책, 142.

버림당한다. 그는 그녀로부터 이혼을 강요당한다. 그는 자신의 존재 의의를 송두리째 빼앗아버린 두 번째 결혼의 실패 때문에, 이루 말할 수 없는 마음의 상처를 입는다. 그는 삶에서 어떤 의미도 활력도 가질 수 없다. 그의 삶은 뿌리째 뽑히어 무의미하고 공허할 뿐 아니라 파멸로 치닫고 있다. 그의 삶이 이렇게 엉망진창으로 되어버린 까닭은 그가 자신의 최대관심을 자아탐구에 두지 않고 자아도취에만 쏟았기 때문이다. 그는 자아도취에 빠져 꼼짝 못하므로 "자기 앎에 의해 통찰력의 시야를 확대할" 수 없다. 그는 유아론에 사로잡혀 이렇게 자기 고집만 부리면서 자멸을 재촉하는 사람들의 대변자이고 상징이다: "인간은 자신도 사랑하지 않으면서 고집만 부리고 있다. 개개인이 옹고집으로 자기주장만 내세우면서, [더욱이] 언제까지나 다른 것은 다 제쳐놓고 자기만을 내세우고 있다. [. . .] 당신도 이처럼 맹목적이다. [. . .] 당신도 나름대로 고집에 사로잡혀 있는 사람이다."[28]

그러나 그는 러모우너(Ramona)의 사랑 — 사랑은 "인간 정신의 가장 고상한 능력의 하나"이다 —을 받음으로써 안정된 삶의 첫째 필요조건은 자유스럽고 자주적인 생활을 하겠다는 열렬한 욕구에 있다는 진리를 깨닫는다. 그가 이런 자유스럽고 독자적인 생활을 할 수 있는 최상의 방법은 유아론으로부터 해방되어 다른 사람들과 건설적인 관계를 갖는 데에 있다: "실질적이고 본질적인 문제는 우리가 다른 사람들과 어떤 관련이 있으며, 또 그들이 우리와 어떤 관련이 있는가라는 문제이다."[29] 그의 유아론으로부터의 해방은 매들린에 대한 자아도취적이고 일방적인 사랑을 중단할 수 있게 해주었으므로, 그는 더 이상 그녀의 노예가 아니다. 이제 그의 최대관심은 자아도취에서 벗어나 자기 앎을 바탕으로 진정한 자기정체를 탐구하는 데에 있다. 요컨대 그는 자기정체를 탐구하기 시작하여, 그 탐구에 전념하려는 인간으로 재생하더니, 삶의 환희를 만끽하고 있다.

*험보울트의 유산(Humboldt's Gift)*의 주인공, 챨리 시트린(Charlie

---

28. Saul Bellow, *Herzog* (New York: Viking, 1962), 86, 134.
29. 앞책, 142.

Citrine)도 한때 대단한 성공을 거두었지만 죽음에 대한 공포, 그리고 명성과 돈의 노예로 전락함으로써, 지금은 갑작스러운 창의력의 감퇴와 경제적 궁핍으로 이루 말할 수 없는 고통을 당하고 있다. 이렇게 곤경에 빠져 있는 그가 자기에게 남겨준 험보울트의 유산을 우연히 챙기는데, 이 유산이란 자기가 험보울트와 함께 썼던 영화 각본과 그의 위안 편지이다. 그는 누군가가 이 각본을 가지고 국제적으로 성공한 영화, *캘도프레도(Caldofreddo)*를 만들었다는 정보를 입수한다. 그는 그 사람에게 소송을 제기해서, 자신의 심각한 경제적 위기에서 헤어날 수 있을 만큼의 엄청난 액수의 돈을 그로부터 받아낸다. 따라서 그는 큰 어려움과 갈등 없이 경제적 궁핍으로부터 벗어난다.

이제 삶의 외부적 곤경으로부터 벗어난 그는 자신의 창의력을 회복해야 한다. 그러기 위해 그는 명성과 돈의 탐욕, 자아도취를 극대화하려는 일방적이고 독선적인 의식, 그리고 꿈의 세계를 상상하지 못하도록 하는 강한 현실집착으로부터 해방되어야 한다. 그는 그 해방의 길을 위안 편지의 이런 충고를 받아들임으로써 찾으려고 한다: "이 세상은 상상과 환상의 세계이다. [. . .] 네 탐욕을 극복하라. [. . .] 우리는 자연적인 존재가 아니고 초자연적인 존재이다." 그는 자아도취와 현실집착의 개인주의적 의식으로부터 다른 사람들의 삶을 인정하고 존중하는 공동체의식을 수용하려 한다. 이제야 그는 루돌프 스타이너(Rudolph Steiner)의 인지학설을 이렇게 깊이 음미하고 공감할 수 있다: "진정한 자유란 순수한 의식 속에 있었다. 개개인은 우주로부터 절연되었다. 인간은 주체와 객체의 자의적인 구분 때문에 모든 것을 잃었다. 무(無)의 자아는 변화를 추구했다. 이 자아는 배우가 되었다. 이것이 내가 풀이하는 의식 [을 확장할 수 있는] 영혼의 상황이었다."[30] 그는 지금까지의 자기의식은 지나친 탐욕과 현실 집착 때문에 주체와 객체를 이원론적으로 구분하여 다른 사람들의 존재를 있는 그대로 수용하려 하지 않는 데에 창의력 감퇴의 근원이 있었다는 사실을 깨닫는다.

---

30. Saul Bellow, *Humboldt's Gift* (New York: Viking, 1975), 347, 281.

이런 깨달음으로, 그는 자신의 의식을 삶과 죽음의 이원론으로부터 해방시킬 수 있다. 이제 그는 죽음에 대한 공포를 이렇게 극복할 수 있다: "나는 최근에 스타이너의 영향을 받았으므로 옛날처럼 죽음을 끔찍하게 생각하지 않는다. 요즈음 나는 숨 막히는 무덤을 체험하거나 영원한 권태를 두려워하지 않는다." 또 그가 탐욕과 현실 집착의 유아론에서 벗어나 다른 사람들을 사랑하겠다는 새로운 의식은 불가사의한 힘을 발휘하여, 그에게 육체와 정신 그리고 인간과 자연을 하나로 결합시켜주는 원동력임을 이렇게 지각하도록 해 준다: "자연 자체는 그저 거기에 있는 것도 아니며 그리고 객관세계는 영원히 주체와 절연되어 있지도 않으며, 외적인 모든 것은 내적인 어떤 것과 뚜렷하게 합치되는 것이다. 이 두 세계는 동일한 것으로서 상호 교체될 수 있으며, 그리고 자연은 나 자신의 무의식적인 존재라는 이상한 예감을 나는 갖고 있었다. 나는 그것을 지적인 노력과 과학적인 연구 그리고 깊은 사색을 통해서 알 수 있게 되었다. 자연에 있는 모든 사물은 나 자신의 영혼 속에 있는 어떤 것의 상징이었다."[31] 드디어 그는 다른 사람들과 세계를 하나의 단순한 사물로 보지 않고, 자신과 가장 밀접한 관계를 맺고 있는 자기 분신으로 볼 수 있는 의식과 능력의 소유자로 재생한다.

그는 자신의 이런 새로운 의식과 능력을 바탕으로 진리의 보편성을 역설할 뿐 아니라 자기 앎의 불가사의한 힘을 이렇게 주장한다: "진리란 우리 모두가 공유하고 있는 어떤 것이다. 나에게 둘 더하기 둘인 것은 누구에게나 둘 더하기 둘이고, 나의 자아와는 아무런 관계가 없다. [. . .] 사고하는 것, 다시 말하면 생각하고 아는 힘이 자유의 원천이다. 사고하는 것은 인간 정신이 존재하고 있다는 사실을 명백하게 밝혀주고 있다. 물질적인 육체는 정신의 대리인이며, 정신의 거울이다. 육체는 정신의 반영이며 정신의 발동기이다."[32] 요컨대 그는 지금까지 인간 정신을 극도로 왜곡시키고, 혼란시킨 이원론을 극복하는 주객일치 정신의 위력을 실감한다.

---

31. 앞책, 220-21, 356-57.
32. 앞책, 141.

더욱이 그는 창의력의 근원인 주객일치 정신은 오로지 자아탐구와 이에 따른 자치 능력을 함양하려 하면 할수록 확장될 수 있음을 깨닫는다.

이런 깨달음 때문에, 이제 그의 최대관심은 유아론적인 이기주의로부터 벗어나 이타주의로 지향하여 주객일치를 이루려고 최선을 다하는 전인적으로 사고하는 인간의 초절적인 의식의 확장에 있다. 그가 자기영혼을 가능한 한 육체, 다른 사람, 그리고 자연과 자유스럽게 융합시키려는 의지와 그 실천이 자신의 자치능력을 극대화하는 최선의 길이다. 그가 주객일치를 이루기 위해 자치능력, 다시 말하면 가능성, 잠재력, 그리고 창의력을 최대한으로 함양하려는 의식과 그 의식을 확장하려는 각고의 노력이 바로 벨로우의 자유의 개념이다. 자유의 이런 개념이 미국인들이 자신들의 마음속에서 저절로 약동하고 있는 잠재력과 창의력을 인지하고 표현할 수 있도록 하는 원동력이다. 이 원동력 때문에 그들은 스스로 자연적인 존재가 아니라 초자연적인 존재라는 진리를 깨달을 수 있고, 자신들과 다른 사람들의 독특한 개체성, 주체성, 그리고 독립성을 존중할 수 있으며, 삶의 목적을 자치능력의 최대한의 함양에 둘 수 있다. 그러므로 시트린은 이런 자치 능력의 위력을 그들에게 가시화시키면서, 몸소 구현시킨 가장 독창적인 자유인이다. 그는 그들에게 자유의 가장 보편타당하고 창의적인 개념 — "자유는 가능성이다"[33] —을 매우 구체적으로 밝혀준 주인공이다. 요컨대 그의 진가는 자유의 참된 개념 — "그저 압박과 억압으로부터 해방되는 자기방어가 아니고, 창의력을 활성화하여 극대화하는 활동이다"[34] —을 다시 한 번 설파하려는 데에 있다.

사랑의 새로운 정의가 "자유는 가능성이다"는 개념을 더 일층 확장시킬 수 있다. 앞에서 논의된 벨로우 소설의 주인공들은 삶에서 일시적으로 이기주의, 자아도취, 그리고 유아론에 빠짐으로써, 격정, 불안, 혼돈, 소외, 무기력, 권태, 그리고 절망의 악몽에 시달릴 대로 시달렸다. 그들은 이런

33. May, 10.

34. Nicolas Berdjaev, *The Fate of Man in the Modern World* (Ann Arbor: University of Michigan Press, 1969), 46.

시달림 가운데서 외부적 요인과 어떤 계기로 대오각성하여 새로운 인간으로 재생했다. 이렇게 재생한 그들은 이타주의, 자아탐구, 그리고 공동체 의식의 확장에 전념함으로써, 자신들의 가능성, 잠재력, 그리고 창의력의 근원인 자치 능력을 함양하려 최선을 다했다. 요컨대 그들은 삶에서 하마터면 치유와 회복이 불가능할 뻔했던 실수를 범했다가, 가까스로 자아 탐구와 실현의 절대적 필요성과 중요성 그리고 위력을 깨닫고 그 탐구와 실현에 전념하여 삶의 활력, 생동감, 충만감, 그리고 환희를 만끽할 수 있었다. 그러나 사랑의 새로운 정의는 미국인들이 이런 실수를 범하지 않으면서, 더욱이 악몽에 시달리지 않으면서 자아 탐구와 실현에 전념하여, 그 성과를 현실적으로 실감할 수 있도록 해주는 원동력이다. 왜냐하면 사랑은 "인간 실존의 문제에 대한 단 하나의 건전하고 만족한 해답"[35]이기 때문이다. 그 정의는 삶에 가장 큰 활력과 황홀감을 불러일으킬 수 있는 "사랑하는 사람과 사랑하는 사람의 모형(the pattern of lover-lover)"이다.

이 모형은 고독감과 절망감만을 증폭시키는 기존의 사랑의 모형, 즉 "사랑하는 사람과 사랑받는 사람의 모형(the pattern of lover-beloved)"과는 아주 상이하고 대조적이다. 사랑하는 사람과 사랑받는 사람의 모형은 지금까지 세계의 어느 곳에서나 의심할 여지없이 아주 당연한 사랑의 정의로 받아들여져 왔지만, 그 자체 안에 엄청난 비극적인 한계와 결함을 내포하고 있다. 왜냐하면 이 모형은 사랑의 다음과 같은 위력을 발휘할 수 없기 때문이다: "사랑은 인간 내부에 있는 활동적인 힘이다. 사랑은 인간을 그 동료들로부터 격리시키는 벽을 파괴하는 힘이며, 그를 그들과 결합시키는 힘이다. 사랑은 그로 하여금 고독과 소외의 감정을 극복하도록 해주면서 동시에 그 자신의 본질적 자아에 충실한 인간이 되게 함으로써 그 본래의 자아를 보지할 수 있도록 해준다. 사랑으로 두 사람이 하나가 되면서도 동시에 둘 그대로 있다는 역설이 일어난다."[36] 이 모형의 두 사람은 자아 탐구와 실현에 전념하지 않기 때문에 이기주의, 자아도취, 그리고 유

35. Erich Fromm, *The Art of Loving* (New York: Bantam, 1967), 111-12.

36. 앞책, 17.

아론에 빠진다. 따라서 그들은 상호 인정과 존중 그리고 협동의 의식을 확장하려고도, 더욱이 삶의 공동목표를 설정하고 달성하려고도 하지 않는다. 그들은 오로지 자기중심적이고 일방적인 만족과 이익을 극대화하려고 안달한다. 이런 안달이 그들을 더욱더 쓰라린 고독과 소외의 세계로 밀어붙일 뿐이다. 요컨대 이 모형은 자기중심적인 두 사람을 극도의 쓰라림과 외로움에 꼼짝 못하게 하여 파멸로 치닫게 하는 사랑의 왜곡된 개념이다.

사랑의 이런 부정적이고 파괴적인 개념을 교정하려는 시도와 그 성과가 "사랑하는 사람과 사랑하는 사람의 모형"이다. 이 모형은 두 사람의 성숙을 조장하는 정신적, 육체적 융합과 그 융합으로부터 솟아나오는 황홀감의 만끽을 가능하게 해주는 사랑의 새로운 철학이다. 이 모형은 서로 사랑하는 두 사람이 상호 평등과 존중 그리고 자아 탐구와 실현에 가장 지대한 관심을 쏟으면서, 함께 삶의 공동목표를 설정하고 달성하도록 해주며, 또 성적 황홀경을 만끽할 수 있도록 해주는 원동력이다. 이 모형은 또한 롤로 우 메이(Rollo May)의 사랑의 이런 정의와 완전히 일치한다: "우리는 사랑을 다른 사람의 존재로부터 느끼는 환희로 그리고 그의 가치와 성숙을 마치 우리 자신의 것처럼 긍정함으로 정의한다. 이처럼 사랑에는 두 요소 — 다른 사람의 가치와 미덕의 요소 그리고 그와의 관계에서 우리 자신이 느끼는 환희와 행복의 요소 —가 있다."[37] 이 모형에서 두 사람의 사랑은 자아 탐구와 실현의 공동노력 그리고 정신적, 육체적 융합과 그 황홀경에서 우러나오는 감정의 전이이며, 이런 전이를 통해 일어나는 자발적인 공감이고 몰입이다. 그들의 이런 공감의 확산이 그들을 더욱더 지극한 황홀의 경지로 빠져들게 하여 하나의 공동체로 굳게 결합시키면서, 그들의 가능성과 잠재력을 최대한으로 발휘할 수 있도록 해준다.

이 모형의 이런 위력을 유감없이 발휘한 두 사람은 게일 고드윈(Gail Godwin)이 그녀의 세 번째 소설, *독신여성(The Odd Woman)*에서 기술한 죠지 헨리 루이스(George Henry Louis)와 죠지 엘리엇(George Eliot)이다.

---

37. Rollo May, *Man's Search for Himself* (New York: New American Literary, 1967), 206.

그들의 사랑은, 불가능하다고 믿었던 서로의 능력발휘를 가능하도록 해준 원동력이었다. 이런 사랑의 원천은 상호 평등과 존중 그리고 서로의 가능성과 잠재력의 확장을 가장 중요시하는 삶의 다음과 같은 철학에 있었다: "죠지 엘리얼과 루이스를 보아라. 그들은 서로를 완성시켰다. 그들은 열정적이었지만, 그들 중 어느 누구도 상대방을 이용하지는 않았다. 그들은 서로가 실의에 빠져 허덕이던 중년기에 만나, 서로에게 가장 탁월한 자아의 천부적 권리를 되찾아주었다. 그녀가 그에게 바친 사랑이 그로 하여금 가장 위대한 업적을 남길 수 있도록 했다. 또한 그녀도 그가 자신감을 고취시켜주었기 때문에 죠지 엘리얼이 되었다. 그녀는 그가 그녀의 창작 능력을 높이 평가하기 전에는 소설 창작을 두려워했다. 그들은 지극히 행복했으며, 25년 동안 서로에게 가장 사랑하는 사람이 되어주었다."[38] 이렇게 서로 사랑하는 두 사람의 상호 존중과 협동 그리고 삶의 공동목표를 설정하고 달성하려는 의지와 그 실천을 바탕으로 성취되고 가시화되는 가능성과 잠재력의 발휘가 사랑의 새로운 정의인 "사랑하는 사람과 사랑하는 사람의 모형"이다. 요컨대 사랑의 이러한 정의가 바로 자아실현인 것이다.

사랑의 이런 정의가 얼마나 큰 위력을 발휘할 수 있는가를 현시하기 위해, 한 여자 주인공이 상상불허의 가능성과 잠재력을 가시화하는 하나의 실례를 들어본다. 노먼 메일러(Norman Mailer)의 일곱 번째 소설, *사형집행자의 노래*(*The Executioner's Song*)의 주인공, 개리 길모아(Gary Gilmore)는 니콜 베이커(Nicole Baker)를 만나는 순간부터 매우 이상스럽게도 그녀에게 끌려 열렬히 사랑한다. 그들의 사랑은 서로의 신념이 완전히 일치하기 때문에 더욱 뜨거워진다. 그들은 영혼의 재생을 굳게 믿는다. 그녀의 영혼의 재생에 대한 신념이 삶의 가장 의미심장한 의의이고 신앙이며 활력소이다. 그녀는 지금 아무리 큰 고난과 저주의 삶을 살고 있다 할지라도, 내세에서는 안락과 희망으로 가득 찬 매우 보람 있는 삶을 살 수 있다는 낙관적인 신념의 철저한 지지자이고 고수자이다. 이런 신념의

38. Gail Godwin, *The Odd Woman* (New York: Knopf, 1974), 167-68.

고수자인 그녀는 주인공이 자신과 똑같은 신앙을 믿고 있음을 알고 깜짝 놀란다. 이렇게 서로 동일한 신앙을 믿고 있는 두 사람은 육체의 접촉과 성생활을 만끽한다. 그들은 언제나 함께 "발가벗은 채 자면서도 주인공은 그 사실을 재확인 실감하기 위해 자기 손으로 그녀의 몸을 쓰다듬고 또 쓰다듬었다." 그녀는 어느 날 한밤중에 도심지의 공원에서 알몸으로 그의 옆에 앉아 있다가 춤을 추었다. 그날 밤 그들은 매우 황홀하고 의미 있는 잠자리를 갖더니, 그녀는 다시 태어났다: "그는 밀어를 속삭이면서 자신의 거칠거칠한 손을 그녀의 은밀한 곳으로 넣었다. 그러면서 그는 자신을 그녀의 영혼 속으로 불어넣었다. 그러자 그녀는 그와 함께 다시 태어났다. 그녀는 정말 처음으로 다시 태어났다." 이렇게 재생한 그녀는 그의 사랑의 위력을 뼈저리게 실감한다: "그는 매우 탁월하다. 그는 나보다도 훨씬 더 탁월하다. 그러기 때문에 그는 언제나 나에게 삶의 활력을 불어넣어줌으로써, 나로 하여금 더욱더 생동감을 느끼도록 해준다." 이처럼 괄목할 만하게 성숙하고 변신한 그녀는 그에게 이렇게 간청한다: "내 영혼을 당신의 진리로 가득 채워주시오."[39] 그녀의 이런 성숙과 변신은 그녀를 갑자기 시인으로 둔갑시킨다. 그녀는 시를 쓰고, 또 쓴다. 이제 시 창작이 그녀 삶의 전부이다.

더욱 놀랍게도 그녀의 성숙이 이번에는 그를 성숙시키고 변신시킨다. 지금 그는 그녀에게 이렇게 실토한다: "아마 어떤 남자도 내가 당신을 사랑하는 것 이상으로 어느 여자를 사랑하지는 못했을 것이오. 나는 내가 존재하고 있는 그대로의 내 전부를 당신에게 바쳐 당신을 사랑하오. 그리고 당신은 줄기차게 나를 내가 생각한 나보다도 더 이상의 존재로 끌어올리고 있소." 더욱이 그는 그녀에게 "사랑 때문에 . . . 우리는 지금의 우리와 현실을 변화시킬 수 있을 뿐 아니라 초월할 수 있다"[40]고 말한다.

지금까지 논의한 죠지 엘리얻과 루이스의 그리고 개리와 니콜의 사랑은 미국인들에게 사랑의 새로운 개념을 구현하고 제시하여 그들의 왜곡된

---

39. Mailer, *The Executioner's Song,* 84, 88, 586, 699.

40 앞책, 511, 473.

의식을 개혁할 수 있다. 요컨대 사랑은 상대방이 생각하고 있는 능력 이상을 발휘할 수 있는 인간으로 성숙하고 변신할 때, 그 책무를 다한다. 서로 사랑하는 두 사람이 자아 탐구와 실현 그리고 정신적, 육체적 융합 의지와 그 실천으로 상상불허의 가능성과 잠재력을 발휘하려고 최선을 다하는 협동정신과 공동노력 그리고 이로 인한 황홀경의 만끽이 사랑의 새로운 개념이다. 이런 개념의 구현이 바로 "사랑하는 사람과 사랑하는 사람의 모형"이고 자아실현이다.

사랑의 이런 새로운 개념은 미국사회에서 지금도 무시되고 부정되는 경향이 강한 육체나 육체적 융합, 그리고 성적 황홀경의 위력을 절대시한다. 왜냐하면 그 위력이 자아실현에 큰 기여를 할 수 있기 때문이다. 최근 미국소설에서 처음으로 육체와 성적 황홀경의 절대적 중요성과 필요성을 역설하는 새로운 사랑 철학의 철저한 지지자가 노먼 메일러의 하얀 검둥이(White Negro), 다시 말하면 힢스터(Hipster)이다. 메일러는 제2차 세계대전 중에 일어났던 나치정권의 유대인 학살과 미국정부의 히로시마와 나가사키의 원자폭탄 참사는 무조건 육체보다도 정신을 중요시하는 일차원적 관념 때문에 다른 사람들의 소망과 욕구를 철저히 부정해버리는 정신마비자와 인격파산자들의 만행이었다고 주장한다. 이런 비극적 만행의 재발을 방지해야 하겠다는 그의 도덕적 통찰력은 사랑의 철학이며, 그런 철학을 몸소 실천할 수 있는 새로운 인간이 바로 힢스터(히피)이다. 힢스터는 사람들의 간절한 소망과 욕구에 즉각적인 반응과 공감을 하지 못하도록 만드는 편협하고 공허하며 일방적이고 독선적인 이념, 종교, 그리고 도덕을 배척하고, 피부의 따뜻한 느낌을 바탕으로 자아를 탐구하는 실존주의자이다: "그는 자신의 정신보다는 육체에 더욱더 많은 관심을 쏟는 인간이다. 그는 실존주의자이다."[41] 힢스터는 자아탐구를 바탕으로 자신을 성숙시키기 위해 이념, 도덕, 종교, 그리고 사회보다는 자신을, 특히 자신의 피

41. Eve Authincloss and Nancy Lynch, "An Interview with Norman Mailer," in *Conversations with Norman Mailer*, ed. J. Michael Lennon (Jackson: University Press of Mississippi, 1988), 44.

부에 와 닿는 본능적 느낌을 더욱 중요시한다.

더욱이 힙스터는 영혼과 육체를 분리한 서구의 이원론을 극복하고 초월하면서, 육체를 절대시한다. 메일러의 주장에 따르면 힙스터는 하나님이 "자신의 육체의 감각 속에 존재한다고 확신한다." 따라서 힙스터는 교회의 하나님을 부정하고 성행위에서의 신비스러운 소리와 황홀을 찬미한다. 그러므로 "문명사회에서 모든 인간이 적어도 조금은 성적 불구자라고 한다면, 힙스터만은 자신이 얼마나 성적 불구자이고, 어디에 성적 민감성과 활력이 있는가를 자각하면서 살고 있다."[42] 힙스터는 "성행위와 하나님, 다시 말하면 성적 체험과 종교적 체험을 굳게 결합시켜 하나의 통합체로 만들어버린다." 힙스터에게 성행위는 "정신적 활력을 증폭하는 은유이다."[43] 요컨대 힙스터는 육체적, 정신적 융합을 공고히 하는 성행위 그리고 거기에서 솟아나오는 황홀경이 자신을 더욱이 상대방을 최대한으로 성숙시킬 수 있다고 설파한다. 힙스터에게 성행위로 인한 육체적, 정신적 융합과 성적 활홀경은 자아실현의 이상적인 수단이다.

이제 성적 활홀경이 소설주인공을 어떻게 성숙시키는가의 실례를 들어본다. 존 업다이크(John Updike)의 일곱 번째 소설, *일요일만 있는 한달 (A Month of Sundays)*의 주인공, 토머스 마쉬필드(Thomas Marshfield) 목사는 여신도들과 불미스러운 관계를 가졌기 때문에, 목사직에서 면직 당하고, 비행을 저지른 성직자들을 수용하는 요양소로 쫓겨난다. 그는 한 달 동안 매일 일기를 써서 요양소 관리인인 프린(Prynne) 아가씨에게 제출해야 한다. 그는 일요일에 혼자 설교하는데, 이 설교가 그날의 일기이다. 그는 네 번째 일요일 설교에서 "육체와 영혼을 하나로 통합시키려고 한다."[44] 그러기 위해 그는 우리가 육체의 부활을 믿지 않으면 안 된다고 갈

---

42. Norman Mailer, *Advertisements for Myself* (New York: Putnam's Sons, 1959), 351, 349.

43. Helen Weinberg, *The New Novel in America: The Kafkan Mode in Contemporary Fiction* (Ithaca: Cornell University Press, 1970), 128.

44. Suzanne Henning Uphaus, *John Updike* (New York: Frederick Ungar, 1980), 96.

파한다. 그는 "예수님이 부활하지 않으셨다면, [더욱이] '죽은 사람의 부활이 없다면' 우리는 매우 보잘것없는 존재다"는 폴(Paul)의 설교를 인용한다. 그는 육체의 부활을 역설함으로써 육체의 중요성과 성스러움을 강조한다. 그러나 그는 많은 사람들이 육체의 부활은 불가능하다고 믿고 있다는 사실을 잘 안다. 그는 이 사실을 몹시 개탄한다. 왜냐하면 그는 삶의 불가능 가운데도 언제나 가능성이 있다고 확신하기 때문이다. 따라서 그는 우리가 편견과 아집 그리고 어떤 절대적 주장 때문에 삶에서 가능성을 부정해버림은 가장 큰 죄악이라고 갈파한다. 그는 자신의 설교문 끝에 프린 아가씨가 "그렇습니다. 드디어 설교다운 설교문이 되었습니다"라고 적어놓은 논평을 발견한다. 그는 그녀가 자기 일기의 성실한 독자였음을 알자, 그녀에 대한 관심이 처음에는 볼품없고 대수롭지 않은 여자에서 "쓰다듬을 수 있고, 꼭 껴안을 수 있으며, 애무할 수도, 그리고 입맞출 수도 있는"[45] 매우 매력있는 여자로 바뀌었음을 깨닫는다.

더욱이 그는 사랑은 자연스러운 감정의 전이이며, 이런 전이를 통해 일어나는 자발적인 공감이고 몰입이라는 새로운 정의도 잘 알고 있다. 그는 자신의 설교에 전적으로 공감하는 그녀와 관계를 갖고 싶어 안달한다. 그래서 그는 그녀에게 자신의 이런 심정과 의사를 노골적으로 표시한다. 아무런 반응이 없던 그녀는 그가 요양소를 떠나기 직전에, 그의 방에 오더니 아무 말 없이 자진해서 옷을 벗고 그를 침대로 데려간다. 그녀의 유방은 마치 성형수술을 몇 번이고 한 것처럼 너무 예뻐 그는 매우 놀란다. 유방은 작지만, 탄탄하며, 젖꼭지도 꼿꼿이 세울 수 있는 세포조직으로 쌓아올린 것처럼 우뚝하다. 그녀는 깊은 사색에 잠겨 있는지, 손으로만 이야기하면서 그를 만족시켜준다. 그는 "한 여자가 지닌 [따뜻한] 마음의 신비스러운 힘과 순수성"[46]을 느끼기 때문에, 너무 황홀해서 제정신이 아니다. 이처럼 그녀가 그를 지극한 황홀의 경지 속으로 끌고 갔으므로, 그는 황홀 속으로 몰입할 뿐이다. 이렇게 그가 프린 아가씨와 육체적, 정신적으로 융

45. John Updike, *A Month of Sundays* (Greenwich: Fawcett, 1976), 247, 251, 255.
46. 앞책, 255.

합되어 황홀경을 만끽할 수 있음은 그와 그녀 사이에는 그들의 자아를 실현하려는 의지와 육체를 신성시하는 정신 그리고 이타주의적 관심과 배려가 자연스럽게 전이되어 자발적인 공감이 일어나 확산되고 있기 때문이다. 그들의 이런 공감의 확산이 그들을 지극한 황홀의 경지 속으로 빠져들게 하여 하나의 공동체로 굳게 결합시켜주고 있음을 그는 실감한다. 드디어 그는 성적 황홀경의 경지에 이르는 예지를 터득했으며, 그 황홀이 자신의 실존에 엄청난 위력을 발휘하며, 그 위력이 공동체의식의 고취와 확산의 원동력임을 깨닫고 그것을 설파하려고 한다.

이번에는 여자주인공의 실례를 들어본다. 메어리 고든(Mary Gordon)의 세 번 째 소설, *남자와 천사들(Men and Angels)*의 여자주인공, 앤 포스터(Anne Foster)는 남녀차별이 극심한 남성우위 사회의 통념 — 여자는 주부로서 가사에만 전념해야 한다 —을 깨뜨리고, 자유로운 자아 탐구와 성취에 매진하여, 탁월한 능력 발휘를 인정받아 유일한 여성 미술평론가가 되는데 성공한다. 그녀의 성공 비결은 자기에게만 침잠하려 하지 않고 오히려 다른 사람들에게 더욱 많은 관심과 배려를 쏟으려고 한 데에 있다. 그녀는 언제나 가족들을 안전하게 보살피면서, 그들을 위한 봉사와 희생도 자신의 중요한 책임과 의무라는 철학을 신봉하고 그 실천에 최선을 다한다. 게다가 그녀는 자신의 육체가 성적 욕구와 쾌감의 원천이며, 성적 쾌락과 황홀경은 삶의 활력소라고 믿는다. 따라서 그녀는 자신의 육체를 악의 근원으로 죄악시하지 않고, 성적 욕구와 쾌감의 원천으로 찬미한다. 성적 쾌락추구를 자신의 정당한 권리로 생각하고, 언제나 남편의 동의와 협력 속에서 이 권리를 당당하게 행사하려 한다. 그녀는 남편의 존재를 자기 삶의 활력과 황홀경의 원천으로 이렇게 받아들인다: "그의 [육체의] 아름다움이 그녀에게는 자연스럽게 솟아나오는 즐거움이었다. 그녀는 마치 그 아름다움이 자연현상인 햇빛이나 향기로운 공기인 것처럼 자신을 그 속에 잠기게 했다." 더욱이 그녀는 남편과 성생활을 이렇게 즐긴다: "그들은 서로의 욕구를 조화시켰다. 때로는 자기가 남편을 황홀경으로 이끌어 갔고, 어떤 때는 그가 자기를 그렇게 해주었다."[47] 요컨대 그녀에게 가족을 위한 봉사와 희생 그리고 성적 황홀경의 만끽이 자아 탐구와 실현의 원동력이다.

끝으로 자아실현 — "창의성, 독립성, 자발성, 그리고 현실 세계의 이해를 바탕으로 인간의 모든 가능성을 실현함"—은 포우스트모던 소설과 어떤 상관관계가 있는가를 논의해본다. 토머스 마쉬필드와 앤 포스터는 기존 인물의 반영이고 표현일까, 아니면 상상적인 창조일까? 마쉬필드는 많은 사람들이 수용하기 어려운 다음의 철학 — "[인간의] 성적 욕망과 신앙심은 바로 실존적 활력의 표출양식이다"[48] —을 신봉하고 몸소 실천한 목사이다. 포스터는 모든 인간의 삶의 목적인 자유로운 자아탐구가 여자들에게는 허용되지 않았음을 개탄하면서도, 스스로 자아탐구를 함으로써 지금까지 무시되고 부정되었던 여성의 이중 역할, 다시 말하면 주부와 사회적 전문인의 이중 역할의 가능성을 제시한다. 그러면 우리는 자아실현을 위해 우리가 상상하고 수용하기 어려운 이 두 주인공을 그대로 모방해야 할까. 아니면 그들보다 더욱 대담하고 탁월한 주인공을 상상적으로 창조해야 할까? 이런 문제에 즉답을 하기 전에 이런 경우 — 올림픽 철봉체조 경기의 실례를 들어 어느 쪽이 금메달을 받을 수 있을까를 생각해보자. 지난번 경기에서 금메달을 딴 선수의 동작을 그대로 답습하여 더욱더 우아한 동작으로 경기를 한 선수가 금메달을 받을 수 있을까? 아니면 지난번 금메달리스트가 시도하지도, 더욱이 상상하지도 못했던 동작을 선보인 선수가 금메달을 받을까? 우리 모두는 후자가 금메달을 받을 것이라는데 동의한다. 그렇다면 우리는 금메달을 받는데 모방은 필요조건은 될 수 있어도 충분조건은 못됨을 쉽게 알 수 있다. 더욱이 우리가 올림픽 정신 — "더 빨리, 더 멀리, 더 높이" —을 계승하고 발전시키려면, 우리의 가능성과 잠재력의 계발, 확장, 그리고 발휘에 도전해야 한다. 우리의 도전은 과거와 현재의 기록을 전제로 하여, 그 기록을 갱신하려는 시도와 그 성공이다. 그 성공 비결은 단순한 모방과 답습에 있기보다는 오히려 상상력과 창의력에

---

47. Mary Gordon, *Men and Angels* (New York: Random, 1985), 133, 138.
48. John Updike, *S* (New York: Knopf, 1980), 60.

있다. 이렇게 유추해보면 마쉬필드와 포스터는 상상적인 창조이며, 우리가 자아를 최대한으로 실현하려면 자아, 삶, 그리고 세계를 상상적으로 창조하려고 최선을 다해야 한다.

상상력에 크게 의존하는 포우스트모던 소설의 요체는 우리가 자아를 최대한으로 실현하려는 강한 의지와 그 실천을 구현하고 확장하려는 소설 창작 철학과 기법에 있다. 레이먼드 페더만(Raymond Federman)은 자신의 소설 창작 철학을 이렇게 천명한다: "나의 소설 창작은 [실제로 있었던] 어떤 인물과 사물의 모방과 복사가 아니라 일찍이 존재하지 않았던 인물과 사물을 창조하려는 의지이다." 그는 이런 철학을 바탕으로 창작된 소설만이 미국인들에게 실존적, 주체적, 창조적 삶의 의무와 책임을 각성시킬 수 있다고 주장하면서, 그런 각성을 전제로 하지 않는 맹목적인 삶의 위험성을 이렇게 경고한다: "우리는 진리라고 확신하는 것에 끊임없이 이의를 제기하고 도전하며 반항하지 않는다면, 언제나 허위의식, 왜곡된 사실들, 그리고 미화(美化)된 환상들에 휩싸인 채 삶을 살 것이다."[49] 요컨대 포우스트모던 소설은 "소설의 가능성을 탐구하려는 소설, 또 소설을 지배하는 전통에 도전하는 소설, 또 끊임없이 인간의 상상력에 대한 우리의 신념을 새롭게 하는 소설이다." 따라서 포우스트모던 소설가는 과거 소설가의 위상과는 아주 달라서 "절대적 진리를 예언하고 가르치며 규명하는 예언자, 철학자, 또는 사회학자로 인정받지도 못하며, 더욱이 신, 전지자, 전능자로 (감탄할 정도로 그리고 낭만적으로) 존경받지도 못한다. 그는 자신과 독자가 공유하는 언어로 의미를 창조하는, 다시 말하면 삶을 소설화하는 공동 노력에서 독자와 대등한 관계를 유지할 수 있을 뿐이다."[50] 이렇게 포우스트모던 소설의 창작 철학은 사실주의 소설과 모더니즘 소설의 창작 철학

---

[49]. Larry McCaffery, "An Interview with Raymond Federman" in *Anything Can Happen: Interviews with Contemporary American Novelists*, ed. Tom LeClair and Larry McCaffery (Urbana: University of Illinois Press, 1983), 131, 142.

[50]. Raymond Federman, "Surfiction - Four Propositions in Form of An Introduction," in *Surfiction: Fiction Now and Tomorrow,* ed. Raymond Federman (Chicago: Swallow Press, 1975), 7, 14.

과는 정반대이다. 게다가 포우스트모던 소설가의 사명과 임무는 과거 소설가들의 모방과 반영 그리고 의식의 흐름과 묘사의 기술에 있지 않고, 언어를 구사하여 그 언어의 의미를 창출할 뿐이다.

페더만은 포우스트모던 소설 창작에서 다음의 두개의 철학 — "언어는 미리 의미를 내포하지 않는다"[51]와 "언어가 소설이다"[52] —을 가장 중요시한다. 그는 소설 창작에서 어떤 계획적, 의도적, 합의적인 고정불변의 의미를 표현하고 전파하기 위해서가 아니라, 되도록 변화무궁하고 다양하며 전혀 예상 밖의 의미들을 창출하기 위해 언어를 구사한다. 다시 말하면 그는 소설 창작에서 언어가 이미 내포하고 있다고 전제하는 의미를 표출하도록 함이 아니고, 독자 스스로 지금까지 존재하지 않았던 가능한 한 많은 의미들을 창출하고 수용할 수 있도록 하려 한다. 그는 소설 창작이 자신과 사회의 어떤 목적을 달성하기 위해 하는 진리와 현실의 모방과 표현이 아니고, 아무런 목적도 없이 언어를 구사하고 있을 때 멋대로 창출되는 독립적이고 창조적인 의미들의 총체라고 확신한다. 따라서 그는 자신과 삶을 속박하는 고정불변의 진리, 이념, 종교, 도덕, 그리고 관습과 인습을 부정, 타파하기 위해, 더욱이 자유분방하고 주체적이고 창조적인 자아를 창조하기 위해 포우스트모던 소설 창작 기법을 마음껏 활용한다.

게일 고드윈(Gail Godwin)은 다음의 소설 철학 — "예술가의 목적은 지금까지 존재하지 않는 대상들 그리고 사랑할 가치가 있는 대상들을 창조해야 함에 있다"[53] —에 의존해서 자신이 정말로 살고 싶은 자유로운 자아 탐구와 실현에 전념하는 삶을 현실적으로 살 수 없으므로, 소설 속에 자신이 창조한 자아 탐구와 실현에 최선을 다하려는 소설 주인공으로 둔갑해서, 그런 삶을 살려고 하면서 자신의 가능성과 잠재력의 확장에 일로 매진한다. 왜냐하면 그녀는 "삶과 소설은 하나"[54]라고 확신하기 때문이다.

---

51. 앞책, 8.

52. Larry McCaffery, "An Interview with Raymond Federman," *Contemporary Literature* 24. 3(1983): 300.

53. William Gass, *Fiction and the Figures of Life* (New York: Knopf, 1970), 284.

그녀는 소설을 창작함으로써, 자신의 존재와 주장이 무시당하기만 하는 생활과 사회에서 오로지 좌절과 절망으로 점철되었던 무의미하고 파편적인 삶을 극복하고, 영혼이 갈망하는 새로운 진리, 자아탐구에 의존하는 주체적 자아, 그리고 활력이 넘치는 삶을 상상하고 창조할 수 있다. 따라서 그녀는 자신의 소설 창작과 비극적인 삶의 극복, 자아성숙, 그리고 삶에 대한 새로운 시각과 그 확장 사이에는 가장 깊은 상관관계가 있다고 이렇게 주장한다: "내가 더 많은 소설을 창작하면서 더욱더 많은 주인공들을 창조하면 할수록, 나는 스스로 자신을 성숙시키고 확장시키고 있음을 더욱더 절실하게 의식한다."[55] 그녀가 만족스럽게 자아를 탐구하고 실현시킨 첫 번째 여성 주인공이 세 번째 소설 *독신여성(The Odd Woman)*의 제인 클리퍼드(Jane Clifford)이다. 제인은 영혼의 성스러움과 자아 탐구와 실현을 삶의 절대적 가치로 확신하고 자신과 다른 사람들의 이야기를 씀으로써, 삶의 암울과 무기력에서 벗어나 생기와 활력을 되찾으면서, 자아실현에 필수적인 의식개혁과 사회변화의 이정표를 제시한다. 그런데 그 이야기는 기존 인물의 삶과 그 시대와 사회의 모방과 반영이 아니고 상상 속의 삶과 실존여건의 기대감, 소망, 자유의지, 성취욕구, 그리고 충만감의 새로운 무한한 창조와 확장이다.

지금까지 논의했던 주제들을 요약하면, 자아실현이 최근미국소설의 핵심주제이고, 자유와 사랑의 새로운 정의 그리고 포우스트모던 소설에 의해 구현되고 확장될 수 있다는 철학이다. 이 요약과 철학은 바로 포우스트모던 소설의 창작 철학에 상응한다는 주장이 가능하다. 왜냐하면 그 요약과 철학은 지금까지 일반적으로 수용되었던 합의 개념을 전복시키면서 엉뚱한 주장을 하고 있기 때문이다. 아직까지도 최근미국소설의 주제로 자아상실과 그 회복, 자아 탐구, 그리고 자유, 사랑, 도덕, 정의의 새로운 개념이 논의되고 있으며, 자아실현(self-actualization)이 그 누구에 의해서도 그

---

54. Jane Hill, *Gail Godwin* (New York: Twayne, 1992), 14.

55. Lihong Xie, "A Dialogue With Gail Gadwin," *Mississippi Quarterly* 46. 2 (Spring 1993): 174.

유일한 주제로 주장되거나 부각되지는 않았다. 더욱이 자아실현을 삶의 궁극적 목적과 이상으로 처음 거론한 학자도 문학비평가가 아니고 심리학자, 에이브러햄 에이취. 매즈로우(Abraham H. Maslow)였다. 게다가 서구사회에서 자유가 상위 개념이고, 사랑은 그 하위 개념이었는데, 자아실현에서는 사랑이 자유보다도 더욱더 적극적이고 창조적인 역할을 하고 있음이 밝혀졌으므로, 기존의 자유와 사랑의 등위가 전도되었다. 더욱이 지금도 많은 학자들과 대중에게는 포우스트모던 소설보다도 사실주의 소설과 모더니즘 소설이 더욱더 많은 연구와 관심의 대상이 되고 있음에도 불구하고, 포우스트모던 소설의 중요성과 위력이 매우 강조되고 부각되었다.

마지막으로, 우리의 미국소설 연구와 강의의 기존관념을 혼란시키고 전복시키는 필자의 다음과 같은 주장 — 자아실현이 최근미국소설의 핵심주제이고, 포우스트모던 소설에 의해 가장 이상적으로 확장될 수 있다 — 은 우리에게 어떤 의의를 주고 시사하는 바가 있을까를 알아보자. 그러기 위해 몇 개의 질문들을 제기해본다. 우리의 미국소설 강의에서 강의자와 수강자는 창의성, 독립성, 자발성, 그리고 현실세계의 이해를 바탕으로 자신들의 가능성과 잠재력의 계발, 확장, 그리고 발휘에 얼마나 많은 관심을 쏟고 있는가? 다시 말하면 그들은 그 계발, 확장, 그리고 발휘를 삶의 최고 가치와 궁극적 목적으로 받아들여, 거기에 전념하고 있는가, 아니면 별로 관심이 없는가? 그들은 미국소설을 읽을 때 자신들의 가능성과 잠재력의 깨달음이 즐거움의 원천이고, 그 깨달음이 가장 중요하다고 얼마나 강조하는가? 그들은 자아실현 그리고 남녀의 상호 평등과 존중 그리고 배려를 전제로 하는 사랑, 성행위, 그리고 그 황홀경의 만끽 사이에 아주 깊은 상관관계가 있음을 얼마나 역설하는가? 그들은 미국이 최강국인 사실을 어떻게 설명하는가? 그들은 포우스트모던 소설의 창작 철학과 기법을 선호하는 미국 지식인들과 지도층 인사들이 자신들의 가능성과 잠재력을 최대한으로 발휘하면서 상상과 미지의 세계를 창조할 수 있어 미국을 최강국으로 만들고 있다는 필자의 문학적인 견지에서의 설명을 수용할까? 그들은 미국 지식인들이 그 철학과 기법으로 존재하지 않는 세계의 상상과 창조에 도전하여 훌륭한 결실을 거두고 있다고 얼마나 확신하는가? 끝으로 그들은 그 철학과 기법이 우리 삶과 사회의 변화와 개혁에 크게 기여할 수 있다고 자신 있게 갈파하는가? 요컨대 우리가 이런 질문들을 천착하려고 최선을 다한다면, 자아실현의 핵심주제와 포우스트모던 소설은 우리에게 큰 의의와 시사점이 있을 것이라는 확신이 이 논문의 결론임을 밝히고 싶다.

5

최근미국소설의 주제고찰과 그 의의

최근미국소설(contemporary American fiction)이란 두 가지 입장, 다시 말하면 소설가의 출생년도와 처녀작의 출판시기에 의해 명명된다. 이합 핫산(Ihab Hassan)은 우리가 최근이라고 지칭하는 소설가들은 "모두 1910년 이후에 출생했다"[1]고 주장한다. 반면에 제리 에이취. 브라이언트(Jerry H. Bryant)는 최근미국소설가들이란 "그들의 처녀작을 제2차 세계대전 중이나 후에 출판한"[2] 작가들이라고 단정한다. 그렇다면 최근미국소설의 특이한 주제들은 무엇일까? 이런 주제들은 현대미국소설(modern American fiction)의 사상이나 주장들과 동일할까, 아니면 상이할까? 만약 상이하다면 최근미국소설 연구자들은 그 상이함을 분명하게 부각시키고 있는가? 아니면 용어의 불분명한 사용으로 그 상이함을 극명하게 드러내지 못해 개념의 엄청난 혼란을 야기하고 있는가? 유감스럽게도 그들은 그런 혼란을 일으키고 있으면서도, 그런 잘못을 모르고 있다. 필자는 그들이 최근과 현대미국소설을 분명하게 구별하지 못함으로써 야기되는 개념의 극심한 혼동은 용어의 잘못된 사용에서 연유되었음을 밝히고, 앞으로 미문학 연구

---

1. Ihab Hassan, *Radical Innocence* (Princeton: Princeton University Press, 1961), 8.
2. Jerry H. Bryant, The Open Decision (New York: Free Prss, 1970), 3.

와 강의의 바람직한 방법을 제시해보며, 그 방법을 바탕으로 최근미국소설의 탁월한 주제들을 우리 자신과 사회의 변화와 개혁이라는 전향적인 입장에서 수용해야 하는 의의에 대한 견해를 피력해 볼 것이다.

최근과 현대미국소설가들은 인간의 정의, 소설의 정의, 소설과 삶과의 관계, 그리고 역사에 대해 매우 상반된 개념을 가지고 있다. 그들의 인생관과 세계관이 아주 대조적이고 상반됨을 더욱 뚜렷하게 알기 위해, 그들의 상이한 의식과 소설 철학을 태동시켰던 양차 세계대전이 그들에게 어떤 특이한 영향을 주었는가를 알아보자. 제1차 세계대전 후에 창작활동을 시작한 현대미국소설가들은 서구의 몰락이라는 위기감에 사로잡혔다. 반면에 제2차 세계대전 중에 그리고 후에 등단한 최근미국소설가들은 인간의 생존조건이라는 강박관념에 압도당했다. 이합 핫산은 *최근미국문학: 1945-1972* (*Contemporary American Literature*: 1945-1972)에서 그들의 상이함을 이렇게 지적한다: "전쟁 그 자체가 이제 방금 군복을 벗었던 젊은 작가들에게 문학적 상상력을 자극시킬 수 있는 광범위하고 고통스러운 체험을 제공한 것은 당연하다. 어니스트 헤밍웨이(Ernest Hemingway)와 죤 더스 패서스(John Dos Passos) 세대의 소설가들은 제1차 세계대전에서 총체적 붕괴 뿐 아니라 개인적 환멸의 징후를 목격했다. 그러나 그 다음 세대 작가들은 어떤 환상도 없이 제2차 세계대전에 참전해서, 형언할 수 없는 참화 속에서의 그들의 체험과 느낌은 자신들에게 낡은 질서의 붕괴 뿐 아니라 미래에 대한 불길하고 두려운 예언처럼 보인다. [. . .] 전쟁의 유산은 전체주의나 전문가 우위의 시대에 인간의 생존조건에 대한 정의를 위태롭게 한다."[3]

핫산이 지적한 그들의 상이함을 더 구체적으로 이해하기 위해, 그들은 각각 어떤 세대에 속하며 그 세대의 특징은 무엇인가를 알아보자. 현대미국소설가들은 "길을 잃어버린 세대"(Lost Generation)에 속한다. 그들은 민주주의를 수호한다는 원대한 이상을 갖고 참전했지만, 직접 겪은 전쟁체

---

3. Ihab Hassan, *Comtemporary American Literature: 1945-1972* (New York: Frederick Urgar, 1973), 64.

험은 자신들에게 정신적으로 치유불능의 상처를 입혔다. 이런 쓰라린 정신적 상처 때문에, 그들의 삶은 방향 상실, 절망감, 허무감, 그리고 자포자기로 병들었다. 따라서 그들은 뼈저린 소외감과 허무감에 완전히 사로잡혀 방황하는 염세주의자, 비관론자나 부정주의자로 전락했다. 반면에 최근미국소설가들의 극히 일부가 "의식개혁을 선도한 세대"(Beat Generation)임을 선언하자, 그 선언의 취지는 적극적인 지지를 받았다. 최근미국소설가들은 어떤 비극적이고 부정적인 실존상황 가운데서도, 삶을 긍정하고 예찬한다. 그들은 삶의 적극적인 긍정주의자이며 열렬한 예찬론자이다.

이렇게 삶을 긍정하고 예찬할 뿐 아니라 삶의 활력과 생동감을 구가하는 "의식개혁을 선도한 세대"의 창시자인 잭 케루액(Jack Kerouac)의 주장과 철학을 들어보자. 그는 산업사회의 관료주의와 획일성, 중산층의 물질만능주의와 억압적인 도덕관, 그리고 개인의 출세제일주의 그리고 사회적 지위와 경제적 이익추구가 삶의 본질인 솔직성, 민감성, 개체성, 그리고 공동체의식을 갈망하고 향유하려는 인간의 영혼을 질식시키고 있기 때문에, 대부분의 사람들이 자아와 우주를 인지하는 능력, 진리를 파악하는 힘, 그리고 삶의 활력과 생동감을 상실해버렸다고 주장한다. 게다가 그는 예술, 종교, 그리고 교육이 인간을 개체적이고 전인적으로 성숙시키는 본래적인 기능을 도외시하고 억압적인 역할만을 하고 있음을 개탄한다. 그는 이런 주장을 적극적으로 지지한다: "내가 생각하기로는 소설, 종교, 그리고 교육의 사명은 보세요, 이것이 옳습니다 또는 우리 모두는 보잘것없는 사람들입니다라고 주장하는 대신에 어린이들이 활달하고 자유분방한 삶을 살 수 있도록 도와줄 뿐 아니라 우리의 고귀한 자아가 성숙되고 실현되도록 지원해주는 데에 있다."[4]

더욱이 그는 삶의 활력, 생동감, 그리고 신비스러움을 무자비하게 빼앗아버리는 관료주의와 권위주의 그리고 출세제일주의와 이익추구정신에서 해방될 수 있는 새로운 삶의 철학을 창조한다. 이 삶의 철학은 개개인

---

4. Daniel Laskin, "Challenging the Literary Naysayers," *Horizon* 21 (July 1978), 34.

의 창조정신의 옹호와 고취이다. 이 철학의 바탕은 바로 문학에 대한 이런 정의이다: "시는 인간의 신비스러운 영혼에 대한 개체적 직관력의 기록이다. 모든 사람들은 그들 창조자의 눈에는 하나이기 때문에, 시는 또한 우주에 대한 개체적 직관력의 기록이다. 우주도 영혼을 가지고 있다."[5] 게다가 그는 성을 억압하는 어떤 종교, 규범, 그리고 인습을 단호히 거부하고 자유분방한 삶을 즐기는 새로운 인간을 찬양한다. 이 새로운 인간이 "힙스터"(hipster) 혹은 노먼 메일러(Norman Mailer)의 "하얀 검둥이"(White Negro)이다. 이 새로운 인간은 영혼과 육체를 분리한 서구의 종교적 전통을 부정하고, 성행위는 삶의 열광과 황홀경을 증폭한다고 주장한다. 따라서 그는 교회의 하나님을 부정하고, 성행위에서의 신비스러운 소리를 찬미한다. 그는 "성행위와 하나님, 다시 말하면 성적 체험과 종교적 체험을 굳게 결합시켜 하나의 통합체로 만들어버린다."[6] 요컨대 그는 "마음을 비우기, 궁극적으로는 영혼을 비우기에 전심전력하는"[7] 인간이다.

최근과 현대미국소설가들이 삶의 목적, 이데올로기 그리고 국가와 개인과의 관계에 있어서 어느 쪽이 더 우위에 있어야 하느냐의 문제, 종교관, 그리고 성의 억압이냐 아니면 예찬이냐에 대해 전혀 상반된 견해를 가지고 있음을 분명하게 인식함이 최근미국소설의 특징과 주제들을 올바르게 이해하는 데에 필수적이다. 그들의 인생관과 세계관이 전혀 다를 뿐 아니라 어떤 경우에는 정반대라는 사실을 더욱 뚜렷하게 그리고 쉽게 이해하기 위해, 양차 세계대전이 우리의 삶의 목적과 의식과 어떤 관계를 가지고 있는가를 알아보자. 제1차 세계대전이 끝났을 때 우리나라는 일본의 식민지였다. 따라서 우리의 삶의 목적과 의식은 독립운동이냐 아니면 체제 순응이냐로 양분되었다. 우리의 이런 양자택일의 고뇌는 삶과 사회를 황폐화

---

5. Allen Ginsberg, "Poetry, Violence, and the Trembling Lambs," in *A Casebook on the Beat*, ed. Thomas Parkinson (New York: Thomas Y. Crowell, 1961), 25.

6. Helen Weinberg, *The New Novel in America: The Kafkan Mode in Contemporary Fiction* (Ithaca: Cornell University Press, 1970), 128.

7. John Clellon Holmes, *Nothing More to Declare* (New York : Dutton, 1967), 110.

시켰다. 그러나 제2차 세계대전이 끝나면서, 우리는 독립과 자유를 찾았다. 이제 우리는 타율적인 삶과 사고가 아닌 독립생활과 주체적인 사고를 할 수 있게 되었다. 요컨대 식민지와 독립국가에서의 우리의 삶의 목적과 의식은 정반대이다.

최근미국소설과 현대미국소설의 가장 대조적인 특징과 주제들은 서로의 인간에 대한 정반대되는 정의에서 비롯된다. 인간은 타율적 아니면 자율적, 그리고 유한한 아니면 무한한 존재로 정의된다. 현대미국소설은 인간을 신화와 전통에 절대적으로 의존해야 하는 타율적일 뿐 아니라 유한한 존재로 간주한다: "인간은 더 이상 완전한 존재를 지향하는 위대한 상징이 아니었다. 비록 그가 매우 엄격한 자기훈련을 통해 품성을 어느 정도까지 고상하게 할 수 있다 할지라도."[8] 반면에 최근미국소설가는 인간을 자율적이고 무한한 가능성의 존재로 정의한다: "인간은 스스로 자신의 운명을 개척할 수 있는 유일무이한 존재이다. 가장 창조적인 인간은 자신의 미래뿐 아니라 사회의 지향목표까지도 상상하고 설계할 수 있다. 그의 이런 상상과 설계는 [절대적인] 확신의 바탕에서가 아니라 정신의 의식적인 계발을 통해 창조되고 형성된다."[9]

이처럼 인간은 자신의 미래뿐 아니라 사회의 지향목표를 창조할 수 있는 무한한 가능성의 존재로 변신할 수 있다. 그가 이런 존재로 변신할 수 있음은 "인간은 결코 사회적 동물, 피해자, 피조물만은 아닌 근본적으로 정신적 존재"[10]인 까닭이다. 그는 정신적 존재이므로 자아탐구에 매진한다. 그의 자아탐구가 삶의 유일한 목적이고 가치이다. 그러므로 언스트 카시러르(Ernst Cassirer)는 인간을 이렇게 정의한다: "인간은 끊임없이 자기 자신을 탐구하는 존재 — 삶의 매순간마다 자기존재의 조건을 검토, 천착하지 않으면 안 되는 존재라고 일컬어지고 있다. 인간생활의 진정한 가

8. G. S. Fraser, *The Modern Writer and His World* (Harmondsworth: Penguin, 1964), 97.

9. Joyce Carol Oates, "Unique/Universal in Fiction," *Writers* 86 (January 1973), 11.

10. Holmes, 121.

치는 이와 같은 천착, 즉 인간생활에 대한 비판적인 태도에 있다."[11] 자기 존재의 조건을 공평무사하게 검토하고 천착하기 위해, 인간은 삶에서 불확실성과 역설을 받아들이지 않으면 안 된다. 어떤 목적을 위해서나 어떤 목적을 실현하기 위한 삶을 살면 안 된다. 완성된 존재가 아니고 언제나 의식의 변화무쌍한 흐름 가운데서 자아를 탐구하고 있는, 아니 탐구하고 있어야만 하는 존재이다.

게다가 인간이 삶의 목적을 오로지 자아탐구에 둔다면, 자신이 처한 숙명적인 한계상황을 초월할 수 있을 뿐 아니라 스스로에게 절대적 존재가 될 수 있다. 이런 주장과 철학은 인간에 대한 다음과 같은 정의 때문에 가능하다: "인간은 숙명적인 한계상황 속에서 살도록 운명 지워져 있다. 그러나 이런 운명 가운데서도 그는 자신에게 절대적 존재이며, 자기 세계의 중심이고, 자기 행위의 책임자이면서, 자기 정체와 목적의 창조자이다. 진리는 자기 안에 있으며, 가치는 그 진리 속에 있다."[12]

최근미국소설가는 인간을 자아탐구자이고 무한한 가능성의 존재로 정의한다. 따라서 최근미국소설은 이런 정의에 부응하는 예술과 삶의 새로운 개념을 정립한다. 죤 업다이크(John Updike)는 예술과 인간 그리고 삶을 새롭게 정의한다: "예술은 이제는 대립과 갈등을 표현하지 않고 자아탐구와 실현을 반영한다. 모든 인간은 망상과 혼란에 사로잡히지 않은 채로 자신을 알 것이며, 그 자기 앎을 바탕으로 건전하고 유익한 생활을 영위할 것이다. [. . .] 오랫동안 인간 정신을 왜곡시켰을 뿐 아니라 인간 신체의 성장을 방해했던 요인들은 곧 제거될 것이다. 모든 인간은 들판의 나무처럼 성장할 것이다. 앞으로 삶의 낭비와 황폐는 없을 것이다. 삶의 고통, 더구나 삶의 위축도 없을 것이다. 이런 기적이 이 땅에 일어날 것이다. 곧 일어날 것이다."[13]

---

11. Ernst Cassirer, *An Essay on Man: An Introduction to a Philosophy of Human Culture* (New Haven: Yale University Press, 1974), 5-6.

12. Bryant, 5.

13. John Updike, *The Poorhouse Fair* (New York: Alfred A. Knopf, 1960), 107.

게다가 업다이크는 삶의 중요성과 절대성을 이렇게 역설한다: “해리(Harry), 삶 — 그것이야말로 네가 가지고 있는 전부이다. 삶은 [조물주의] 신비스러운 선물이다. 나는 어떻게 우리가 이 선물을 활용해야 하는지를 알지 못한다. 그러나 나는 삶이 우리가 [조물주로부터] 얻은 유일한 선물이라고 확신한다. 나는 또한 삶이 [가장] 좋은 선물이라고 굳게 믿는다.”[14] 따라서 그는 이 가장 좋은 선물인 삶이 예술, 종교, 도덕, 이데올로기나 사회에 의해서 절대로 더러워지거나 파손되어서도, 또한 삶이 있는 그대로 있어야지 절대로 어떤 형태로든 변형되어서도, 더욱이 어느 누구든지 삶을 절대로 인위적으로 조종하거나 파멸시켜서도 안 된다고 주장한다. 요컨대 그는 삶은 어떤 절망적이고 비극적인 실존상황 가운데서도 긍정되고 예찬되지 않으면 안 된다고 갈파한다.

업다이크의 이런 철학 — 삶이 최고이므로 절대적으로 우위에 있어야 하며 삶은 예술이다 —은 현대소설가의 예술이 삶보다는 우위라는 주장과는 매우 대조적이다. 현대소설가는 예술과 삶은 상이하다고 이렇게 역설한다: “인간의 창작행위는 언제나 형식을 창조하는 행위이다. 그 창작행위가 만들어내는 형식은 그처럼 무질서한 삶 가운데서는 도저히 향유될 수 없는 질서에의 갈망을 충족시켜준다. 여하튼 이 점에서 예술과 삶은 전적으로 다르다.”[15]

더욱이 업다이크는 소설을 “우리의 가능성과 자유의 개념을 확장하려는 시도”[16]라고 정의한다. 그의 주장은 밀란 쿤더러(Milan Kundera)의 이런 소설 철학과 일치한다: “소설 창작에서 존재는 이미 일어났던 사건이 아니고 인간의 가능성의 영역이다. 다시 말하면 인간이 될 수 있는 모든 것 또는 인간이 할 수 있는 모든 것이다. 소설가들은 인간의 이런저런 가능성을 발견함으로써 존재의 좌표를 설계한다. 그러나 다시 한 번 말하지

---

14. John Updike, *Rabbit, Run* (New York: Alfred A. Knopf, 1960), 223.

15. Frank Kermode, "Objects, jokes, and art," in *20th Century Literary Criticism,* ed. David Lodge (London: Longman, 1972), 662.

16. John Updike, *Odd Jobs* (New York: Alfred A. Knopf, 1991), 87.

만, 존재함은 '사회 속에 있음'을 의미한다. 따라서 [소설의] 주인공과 그의 세계는 하나의 가능성으로 이해되지 않으면 안 된다."[17]

인간이 무한한 가능성의 존재로 변화하여 존재하려면, 소설의 도움이 절대적으로 필요하다. 왜냐하면 소설의 세계도 하나의 가능성이기 때문이다. 필립 로스(Philip Roth)도 이런 취지로 소설을 읽고 쓰는 목적을 이렇게 천명한다: "나는 나를 질식시키고 있는 삶에 대한 편협한 사고로부터 해방되기 위해서 그리고 내가 아닌 다른 사람이 완벽하게 전개하고 확장시켜 놓은 이야기 시점에 상상적 공감을 하기 위해 소설을 읽는다. 이와 똑같은 이유 때문에 나는 소설을 쓴다."[18] 이처럼 소설이 가능성의 세계를 창조할 수 있는 것은 소설 그 자체가 하나의 거짓말이기 때문이다. 업다이크는 이런 취지로 소설을 정의한다: "소설은 [독자를 크게 깨우쳐] 사실을 새롭게 인식하도록 해주는 문자로 표현된 거짓말의 연속이다."[19] 이처럼 거짓말의 연속인 소설은 두 가지 기능을 가지고 있으므로, 인간을 무한한 가능성의 세계로 이끌어 갈 수 있다. 그 한 가지 기능은 우리를 전혀 예기치 못했던 기상천외의 세계로 끌고 가는 힘이다. 우리는 소설을 읽음으로써 매우 엉뚱한 체험을 이렇게 할 수 있다: "당신이 소설을 계속 읽어 가면, 소설은 당신이 결코 가려고 하지 않았던 곳으로 당신을 데려갈 것이다. 더욱이 소설은 당신이 소설을 읽지 않았으면, 결코 목격하지 못했을 사실들을 당신에게 보여준다."[20] 또 한 가지 기능은 소설의 허구성이다. 우리는 소설 속에 표현되어 있는 사실과 주장들을 허구적으로 받아들여야지, 현실로 인식하여 거부하거나 반항할 필요가 조금도 없다.

소설은 그 자체가 하나의 가능성의 세계임을 유독 강조하기 위해 현실을 무시하고 부정하면서 오로지 상상력에만 의존하여 창조되는 거짓말

17. Milan Kundera, *The Art of Novel,* tr. Linda Asher (New York: Harper & Row, 1988), 42-43.

18. Alain Finkielkraut, "The Ghosts of Roth," *Esquire* (September 1981), 94.

19. John Updike, *Picked-Up Pieces* (New York: Alfred A. Knopf, 1975), 17

20. Margaret Atwood, *Second Words* (Boston: Beacon, 1984), 15.

의 연속이라는 소설 철학은 현대미국소설가 윌리엄 포크너(William Faulkner)의 작가의 사명과는 아주 대조적이다. 그는 소설은 확신을 바탕으로 믿을 수 있는 인간과 현실을 창조한다고 이렇게 역설한다: "작가는 자기가 할 수 있는 가장 감동적인 방식으로 믿을 수 있는 감동적인 상황 가운데 있는 믿을 수 있는 사람들을 창조하려고 한다."[21] 게다가 어니스트 헤밍웨이도 소설은 현실에 바탕을 둔 진실과 진리의 창조라는 자신의 소설 철학을 이렇게 천명한다: "일어났던 사건들, 있는 그대로의 사건들, 당신이 알고 있는 사건들, 그리고 당신이 알 수 없는 모든 사건들로부터, 당신은 설명이 아니고 진실하고 생생한 어떤 것보다도 더 진실한 아주 새로운 것인 당신의 창의력을 가지고 실재를 창조하고 있다. 당신은 그 실재를 생생하게 창조하고 있다. 만약 당신이 그 실재를 매우 탁월하게 창조한다면, 당신은 그 실재를 불멸화시킨다. 이것이 당신이 소설을 창작하는 동기이다."[22]

포크너와 헤밍웨이의 소설 창작 목적은 진실한 인간과 영원불멸할 진리의 창조이다. 그들은 이런 인간과 진리가 독자를 교화시킬 수 있을 뿐 아니라 사회를 발전시킬 수 있다고 확신한다. 그러나 필립 로스는 그들의 확신을 조소하고 부정하는 이런 주장을 역설한다: "20세기 중반의 미국 소설가는 미국사회의 진리를 이해하고 기술하여 미국인들로 하여금 그 진리를 믿도록 하는 데에 아주 열성이다. [그러나] 그 진리는 미국인들의 의식을 격분시키고 마비시킬 뿐 아니라 병들게 한다. 드디어 그 진리는 그들의 그나마 빈약한 창조력을 억제시키고 무력화시키고 있다. 게다가 미국사회는 끊임없이 미국 소설가들을 앞지르면서 [그들을 무력화시키고 있다.] [더욱이 미국의] 문학 풍토는 거의 날마다 모든 소설가의 시기의 대상이 되는 수상작들을 동전던지기로 선정한다."[23]

---

21. William Faulkner, "An Interview," in *Writers at Work* 1st Series, ed. Malcolm Cowley (New York: Penguin, 1979), 133.

22. Ernest Hemingway, "An Interview," in *Witers at Work* 2nd Series, ed. Van Wyck Brooks (New York: Penguin, 1979), 239.

이처럼 최근과 현대미국소설가는 소설의 정의에서도 정반대의 입장을 취한다. 소설이 상상력에만 의존하는 낱말들의 결합체인 허구세계이냐 아니면 신념을 바탕으로 한 진실한 인간과 고정불변의 영원한 진리의 창조이냐로 양분된다. 게다가 개인과 국가와의 관계에서 어느 쪽이 더 우위에 있어야 하느냐의 문제에서도 대립된다. 최근미국소설은 개인을 어떤 이데올로기나 국가보다도 더욱더 중요시한다. *보이지 않는 인간*(*Invisible Man*)의 주인공은 인간의 개체성의 중요성과 필요성을 스티븐 디덜러스(Stephen Dedalus)를 실례로 들어 강조했던 영문학 교수의 강의를 이렇게 회상한다: "스티븐의 문제는, 우리의 문제처럼, 실은 아직 창조되지 않은 자기민족의 양심을 창조하려는 문제가 아니라, *아직 창조되지 않은 자신의 용모*를 창조하려는 문제였습니다. 우리의 과제는 우리 자신을 개체적 인간으로 만드는 일입니다. 한 민족의 양심은 보고 평가하며 기록하는 그 개체적 인간들의 재능입니다. [. . .] 우리는 자신을 창조함으로써 민족을 창조하고, 그 다음에 대단히 놀라운 일이겠지만, 훨씬 더 중요한 그 무엇을 창조하게 될 것입니다: 우리는 하나의 문화를 창조하게 될 것입니다."[24]

이미 앞에서 언급한 것처럼, 최근미국소설은 인간을 가장 절대적이고 자율적이며 무한한 가능성의 존재로 단정하고, 인간을 이런 존재로 변화시키는 가장 효과적인 수단인 소설을 상상력에 의존하여 창조되는 가능성의 세계라고 정의한다. 최근미국소설이 이렇게 소설을 가능성의 세계로 확장하기 위해, 진리, 자유, 사랑, 도덕, 정의, 그리고 역사에 대한 어떤 새로운 개념을 정립했는가를 알아보자. 랠프 엘러선(Ralph Ellison)의 진리관은 고정불변의 확신이 아니고 변화와 다양성 가운데서도 지탱되는 일관성 있는 신념이며 가치관이다: "진리는 무척 불가사의하고 불확실하면서도 영혼을 최대한으로 일깨우며, 그 엄청난 변덕과 곡해에도 불구하고 더욱더 한결같기 때문에 믿음직스럽다." 그의 이런 진리관은 그 자신이 진리를 "개개인

---

23. Philip Roth, *Reading Myself and Others* (New York: Farrar Straus, 1975), 120.

24. Ralph Ellison, *Invisible Man* (New York: Random House, 1952), 268.

이 억압적이고 비극적인 환경 속에서도 진실한 자아를 발견하려는 의지, 다시 말하면 자신을 [알고] 정의하려는 의지"[25]로 파악하려는 데에 그 바탕을 두고 있다. 그는 우리에게 다른 사람이나 사회가 가르쳐준 진리를 무조건 맹목적으로 받아들이지 말고, 자기 삶을 바탕으로 검증된 진리만을 수용하고 신봉하라는 간곡한 당부를 잊지 않는다.

이처럼 진리를 확신과 신념에 바탕을 두지 않고 회의론적인 입장에서 파악하는 것이 최근미국소설의 특징이다. 이. 엘. 닥터로우(E. L. Doctorow)도 우리가 믿어온 고정불변의 진리는 1950년대 후반 이후 급변하는 미국사회에서 그 존재가치를 잃었다고 확신한다. 그는 세계는 끊임없이 변화되고 생성되기 때문에, 진리란 그 세계의 형세에 따라 창조되었다가 곧 변질되어 생명력을 잃으므로 영원성과 지속성을 상실해버린다고 주장한다. 그의 이런 주장은 진리에 대한 확고한 신념을 가지고 있으면서도, 그 신념에 대한 회의의 강한 표출이다. 그는 그런 신념에 대한 회의를 이렇게 피력한다: "우리가 확신하고 있는 모든 것들 가운데서, 우리는 어떤 것 하나도 제대로 파악할 수 없다. 우리는 하나님도, 급진적인 도덕관도, 정의도, 그리고 인간성도 제대로 파악하기가 매우 어렵다."[26]

지금부터 최근미국소설이 정립한 자유의 개념이 무엇인가를 고찰해본다. 자유는 인간의 모든 가치의 원천이다. 다시 말하면 자유는 사랑, 정직, 그리고 용기의 근원일 뿐 아니라 이런 가치들을 구체화하는 실천철학의 원동력이다. 예를 들면 노먼 메일러(Norman Mailer)는 "사랑은 하나님의 [위대한] 정신적인 힘을 이 땅에 가져오는 유일한 길"[27] 이라고 주장한다. 그러나 자유가 있을 때만, 사랑은 이런 힘을 발휘할 수 있다. 자유는 "모든 가치의 근원이라는 신념에서 특이하다. 우리가 정직이나 사랑 혹은 용기와 같은 가치들을 검토해보면, 아주 이상하게도 이런 가치들은 자유의 가치와 대응할 수 없음을 발견하게 된다. 왜냐하면 다른 가치들은 그 의의를 자유

---

25. Ralph Ellison, *Shadow and Act* (New York: Random House, 1964), 104, xix.
26. E. L. Doctorow, *The Book of Daniel* (New York: Random House, 1971), 42.
27. Norman Mailer, *The Executioner's Song* (Boston: Little, Brown, 1979), 129.

스러움으로부터 끌어내고 있으며, 자유에 의존하는 까닭이다."[28]

이처럼 인간의 절대적 가치인 자유의 가장 타당한 개념은 다음과 같다: "자유는 인간의 창조적이고 정신적인 활력이다. 인간은 자유를 갈망하고 추구하기 때문에 인류의 번영 그리고 사회의 변화와 개혁을 유발하는 아주 새로운 삶과 생존 여건을 창조할 수 있다."[29] 그러나 불행하게도 이처럼 가장 이상적인 자유의 개념이 서구사회에서 그다지 큰 역할을 할 수 없었다. 서구사회에서 자유의 개념이 어떻게 변천되었는가를 알아보면, 그렇게 큰 역할을 할 수 없었던 이유를 곧 이해할 수 있다. 자유의 개념은 이렇게 변천하면서, 인간에게 새로운 기대와 희망을 불러일으킨다: "20세기에 와서 자유의 개념이 이처럼 철학적으로 확대되고 포괄적인 것이 되었기 때문에, 인간은 '새로운 낙원'에 대한 전망을 갖게 될 것이다. 금세기에 자유는 자기의 거주지와 교회의 대표자를 선출하는 죤 록크(John Locke)의 정치적 자유와 충분히 먹을 것을 갖는다는 칼 막스(Karl Marx)의 경제적 자유 뿐 아니라 래틴 어메리커(Latin America)와 스페인(Spain) 문화의 정서와 정취의 심리적 자유를 내포하고 있는 것으로 이해될 것이다."[30]

현대미국소설가들은 정치적 자유와 경제적 자유에 더욱 많은 관심을 쏟았다. 그러나 솔 벨로우(Saul Bellow)는 자유를 자치(自治)라고 정의하면서, 삶에서 자아의 자치능력을 가장 중요시한다: "인간정신, 어쨌든 우리가 스스로 지배해야만 하는 자아. 우연이 자아를 지배해서도 안 되며, 사건이 자아를 지배해서도 안 된다. 우리가 자신의 자아에 책임을 지는 것이 우리의 인간성, 존엄, 그리고 자유이다."[31] 게다가 그는 자치 능력만이

---

28. Rollo May, *Freedom and Destiny* (New York: Norton, 1981), 6.

29. Nicolas Berdjaev, *The Realm of Spirit and the Realm of Caeser*, tr. Donald A. Lowrie (New York: Harper & Row, 1952), 105.

30. F. S. C. Northrop: *The Meeting of East and West* (New York: Collier, 1972), 299.

31. Saul Bellow, *Dangling Man* (New York: Vanguard, 1944), 167.

인간 실존에서 가능성의 개념의 확대와 지적 그리고 예술적 상상력의 확장을 극대화할 수 있다고 굳게 믿는다. 더욱이 그는 누구나가 이런 확대와 확장을 극대화하여 "그 자체의 지고의 선을 창조하고 있는 우주와 조화와 통합을 이룰 수 있을"[32] 때만, 최대의 자치능력을 계발하고 발휘할 수 있다고 역설한다.

벨로우는 자유는 인간의 가능성과 창의력을 극대화하는 자치 능력이며, 이 능력이 자기 앎의 필수조건이라고 정의한다. 그가 탐구한 자유의 개념은 심리적 자유이다. 심리적 자유는 인간의 절대적 가치로서 가장 중요한 의미를 가질 뿐 아니라 이런 창조적인 역할을 한다: "한 개인이 자신의 내면세계에 있는 모든 것을 알고 표현할 수 있도록 해주며, 그리고 그 정도까지 '자기 자신을 알' 뿐 아니라 '있는 그대로의 자기 자신이 되는' 두 가지 목적을 달성하도록 도와준다."[33] 이처럼 심리적 자유는 인간에게 새로운 실존의 장을 마련해준다. 벨로우 소설의 주인공들은 이런 심리적 자유를 신장하기 위해, 자신을 알고, 자신에게 가장 정직한 삶의 절대적 가치를 깨닫고, 그런 삶을 살려고 최선을 다한다. 요컨대 벨로우의 자유의 개념은 인간의 정직성, 개체성, 자기 앎, 그리고 창조성을 극대화함으로써, 사랑을 바탕으로 우리 모두 하나가 되는 공동체의식을 확산하는 삶의 의지이고 실천이다.

벨로우는 자기 앎의 가장 좋은 방법은 순간을 포착하는 데에 있다고 갈파한다. *순간을 포착하시오(Seize the Day)*에서 탬킨(Tamkin)박사는 주장하기를, "진찰료를 받을 필요가 없는 경우에, 나는 가장 능률이 오르는 진찰을 할 수 있어. 금전의 보상 없이 일 자체를 사랑하기 때문에 진찰을 하는 경우 말이지. 그런 경우엔 사회적인 모든 영향을 배제해. 특히 금전의 영향을. 내가 바라는 것은 정신적인 보상이야. 사람들을 이 세상으로,

---

32. Bertrand Russell, *The Problems of Philosophy* (London: Oxford University Press, 1973), 94.

33. Christian Bay, *The Structure of Freedom* (Stanford: Stanford University Press, 1970), 371.

현실의 세계로 불러들이는 거야. 진짜 우주. 그것은 현재의 순간이야. 과거는 우리에게 아무 소용이 없어. 미래는 불안에 가득 차 있고. 현재만이 진짜야 — 바로 이곳과 - 바로 지금 말이야. 순간을 포착해야해."[34]

벨로우가 자기 앎을 바탕으로 한 자유 탐구에서 한 전환점을 이루는 소설이 바로 *비의 왕 헨더선*(*Henderson the Rain King*)이다. 이 소설은 그가 처음으로 심리적 자유를 소설 주제로 탐구한 작품이다. 그는 모든 인간이 자기 자신을 억압하고 유린하는 사람들과 사회조직에 대항하여 자신을 방어하려는 강철 같은 의지와 행동은 자치에 있어서 필요조건이지 충분조건은 못된다고 갈파한다. 그는 모든 인간이 자유를 쟁취하고 신장하는 유일한 길은 자신의 개체성과 창의력의 계발과 발휘뿐 아니라 진실하고 완전한 자아의 실현에 있을 뿐이라고 주장한다. 따라서 그가 *비의 왕 헨더선*에서부터 탐구하기 시작한 자유의 개념을 이렇게 정의할 수 있다: "자유는 인간 정신과 창의력의 원천이다. 자유는 모든 인간으로 하여금 전적으로 새로운 삶, 다시 말하면 그 자신이 살고 있는 사회와 전 세계를 위해 전적으로 새로운 삶을 살 수 있도록 해주는 원동력이다."[35]

벨로우의 심리적 자유의 개념은 바로 디. 에이취. 로런스(D. H. Lawrence)의 이런 주장이다: "지금까지 미국에서 자유는 모든 지배로부터 벗어남을 의미했다. [그러나 앞으로] 진정한 자유는 미국인들이 *그것*을 발견하고, 곧바로 *그것*을 실현하려고 할 때만 싹틀 것이다. *그것*이란 인간의 가장 심오하고 완전한 자아, 총체적인 자아, 진심이다." 더욱이 로런스는 인간은 자신의 "가장 진실한 자아가 갈망하는 것을 하고 있을 때만 자유스럽다"[36]고 갈파했다. 요컨대 벨로우의 심리적 자유의 개념은 인간이 스스로 삶의 유일한 목적으로 받아들이는 부단한 자아탐구와 그 탐구를 바탕으로 규명되는 진리에 의존한 새로운 삶을 살 수 있을 뿐 아니라 새로운

---

34. Saul Bellow, *Seize the Day* (Greenwich: Fawcett, 1965), 73.

35. Berdjaev, 105.

36. D. H. Lawrence, *Studies in Classic American Literature* (New York: Viking, 1966), 7, 6.

사회를 창조할 수 있는 원동력이다.

끝으로 벨로우의 심리적 자유의 개념은 아주 최근에 정립된 가능성으로서의 자유의 새로운 개념과 어떤 관련이 있는가를 고찰해본다. 롤로우 메이(Rollo May)는 "자유는 가능성이다"[37]고 주장한다. 심리적 자유와 가능성으로서의 자유는 동일개념이다. 가능성으로서의 자유는 개인과 사회에 놀랄만한 위력을 발휘할 수 있다고 믿기 때문이다. 이 개념은 개개인에게 이런 위력을 발휘할 수 있다: 한 개인이 자신의 고동치는 심장과 양심의 소리를 알고 표현할 수 있도록 해주며, 그리고 그 소리를 바탕으로 자기 자신을 알 뿐 아니라 있는 그대로의 솔직하고 진정한 자기가 되도록 도와준다. 이 개념은 또한 사회에는 언제나 변화와 개혁을 유발시킬 수 있는 활력소이다. 요컨대 이 개념은 개개인의 자치 능력의 괄목할만한 향상과 탁월한 발휘를 바탕으로 언제나 얼마든지 사회를 개혁하여 인간의 삶과 생존여건을 개선할 수 있다는 무한한 가능성과 잠재력을 의미할 뿐 아니라 일깨워준다.

최근미국소설의 가장 중요하고 독창적인 주제는 사랑이다. 왜냐하면 사랑이 "인간 실존의 문제에 대한 단 하나의 건전하고 만족한 해답"[38] 이 되기 때문이다. 그래서 의식개혁을 선도한 세대의 창시자인 케루액의 "삶에서도 가장 중요한 철학은 사랑이다."[39] 최근미국소설은 삶에 가장 큰 활력과 황홀감을 불러일으키는 사랑에 대한 새로운 정의로 "사랑하는 사람과 사랑하는 사람의 모형"(the pattern of lover-lover)을 제시한다. 이 모형은 현대미국소설의 가장 두드러진 사랑의 형태인 "사랑하는 사람과 사랑받는 사람의 모형(the pattern of lover-beloved)과는 아주 상이하고 대조적이다.

사랑하는 사람과 사랑받는 사람의 모형은 지금까지 인류의 역사상 세계의 어느 곳에서나 의심할 여지없이 아주 당연한 것으로 받아들여져 왔

---

37. May, 10.

38. Erich Fromm, *The Art of Loving* (New York: Bantam, 1967), 111-12.

39. Al Aronowitz, "The Yen for Zen," *Escapade* (October 1960), 70.

지만, 그 자체 안에 엄청난 비극적인 한계와 결함을 내포하고 있다. 왜냐하면 이 모형은 사랑의 이런 정의를 충족시킬 수 없기 때문이다: "사랑은 인간 내부에 있는 활동적인 힘이다. 사랑은 인간을 그 동료들로부터 격리시키는 벽을 파괴하는 힘이며, 그를 그들과 결합시키는 힘이다. 사랑은 그로 하여금 고독과 소외의 감정을 극복하도록 해주면서 동시에 그 자신의 본질적 자아에 충실한 인간이 되게 함으로써 그 본래의 자기를 보지하는 것을 가능하게 해준다. 사랑에서 두 사람이 하나가 되면서도 동시에 둘 그대로 있다는 역설이 일어난다."[40] 이러므로 이 모형은 자기중심적인 두 사람을 더욱더 쓰라린 고독과 소외의 세계로 밀어붙인다. 게다가 이 모형은 이기적인 두 사람을 사랑의 외로움과 그로 인한 고통을 격화시킨다. 더욱이 이 모형에서 자아탐구에 매진하지 않는 두 사람은 평등하고 상호협동적인 관계를 유지할 수 없을 뿐 아니라 삶의 공동목표를 함께 추구할 수 없다.

최근미국소설은 사랑의 이런 부정적이고 파괴적인 개념을 교정하고 사랑을 "인간 실존의 문제에 대한 단 하나의 건전하고 만족한 해답"으로 확정하기 위해, 사랑하는 사람과 사랑하는 사람의 모형을 제시한다. 이 모형은 두 사람의 정신적인 융합을 가능하게 해주는 새로운 철학이다. 이 모형은 서로 사랑하는 두 사람이 자기 앎을 바탕으로 함께 추구하는 공동목표를 달성할 수 있는 힘이다. 이 모형은 또한 사랑의 이런 정의를 대변한다: "사랑은 두 사람이 그들의 가장 핵심적인 실존 문제로부터 의사소통이 될 때, 따라서 그들의 각자가 그의 핵심적인 실존 문제로부터 자기 자신을 체험할 때만 가능하다. 바로 이 '핵심적인 체험' 가운데 인간의 실재가 있으며, 오직 여기에 삶의 생동감이 있으며, 오직 여기에 사랑의 근원이 있다. 이렇게 체험한 사랑은 부단한 도전이다. 이런 사랑은 휴식처가 아니라, 함께 생동하며 성장하고 그리고 일하는 장소이다. 조화나 충돌 그리고 기쁨이나 슬픔이 있느냐 없느냐의 문제는 이 두 사람이 그들의 핵심적인 실

---

40. Fromm, 17.

존 문제로부터 그들 자신을 체험하고, 그들 자신으로부터 도피함으로써 보다는 오히려 그들 자신과 하나가 됨으로써 서로 일체가 되는 근본적인 사실에 대한 부차적인 문제이다. 사랑의 존재에 대해서는 오직 한 가지 증명이 있을 뿐이다. 그 증명은 관계의 깊이이며, 관계하는 각자의 생동감과 힘이다. 이것이 사랑을 알게 해주는 열매이다."[41]

게다가 이 모형은 롤로우 메이의 사랑의 정의와 완전히 일치한다: "우리는 사랑을 다른 사람의 존재로부터 느끼는 환희로 그리고 그의 가치와 성숙을 마치 우리 자신의 것처럼 긍정하는 것으로 정의한다. 이처럼 사랑에는 두 요소 — 다른 사람의 가치 그리고 미덕의 요소와 그와의 관계에서 우리 자신이 느끼는 환희와 행복의 요소 —가 있다."[42] 이 모형에 따르면, 두 사람의 사랑은 자연스러운 감정의 전이이며, 이런 전이를 통해 일어나는 자발적인 공감이고 몰입이다. 그들의 이런 공감의 확산이 그들을 지극한 황홀의 경지 속으로 빠져들게 하여 하나의 공동체로 굳게 결합시켜준다.

어떻게 우리는 이처럼 기적을 일으키는 사랑하는 사람과 사랑하는 사람의 모형을 현실화시킬 수 있을까? 이 모형의 현실화의 전제조건은 모든 사람들이 개인적이고 배타적이며 독선적인 의식으로부터 벗어나 다른 사람과 정신적으로 융합할 수 있는 순수하고 이타주의적인 의식의 탐구와 확장이다. 이와 같이 매우 어렵지만 위대한 목적을 달성하기 위해, 그들은 일상적이고 세속적인 의식을 본질적인 자아로부터 솟아나오는 순수의식으로 바꾸지 않으면 안 된다. 그들이 독선, 편견, 권력과 이익추구, 비행, 그리고 불법으로 가득 차 있는 현실에서 주체적인 자아탐구자가 되려고 최선을 다할 때만, 사랑과 자아를 이렇게 인식하고 실현할 수 있다: "사랑과 자아는 하나이다. 사랑과 자아 두 개 중 어느 하나만 발견하면 두 개를 모두 실현한 것이다."[43]

---

41. 앞책, 86-87.

42. Rollo May, *Man's Search for Himself* (New York: New American Library, 1967), 206.

게다가 이 모형은 두 개의 기본적인 사실을 전제로 하는데, 하나는 자유이고 다른 하나는 의지이다. 사랑이 강제적으로 주고받아졌을 때는 진실한 사랑이 아니다. 왜냐하면 사랑은 "활동이며 인간의 힘의 실천인데, 이 힘은 자유 가운데서만 실천되고 강제의 결과로서는 결코 실천되지 않기 때문이다."[44] 사랑은 또한 "자기 길을 찾아, 자기 보조를 정하고, 자기가 스스로 택한 방향으로 움직인다."[45] 더욱이 강한 의지와 밀접하게 결속되어 있지 않은 사랑은 두 사람을 완전하게 융합시키지 못하므로, 결국 이별이나 파멸로 끝난다. 강한 의지의 소유자만이 사랑으로 다른 사람들과 의식의 공감대를 형성하면서, 자신의 본질적 자아를 탐구하는 능력을 이렇게 신장시킬 수 있다: "사랑과 의지는 모두 의식의 만남의 양식이다. 사랑과 의지는 또한 우리를 감동시킴으로써 다른 사람과 우리의 세계에 영향을 미치는 원동력이다. 사랑과 의지의 힘은 우연한 것이 아니다. 왜냐하면 이런 힘은 애정이나 감동을 의미하며, 그것은 바로 변화에 영향을 미친다는 뜻이기 때문이다. 애정이나 감동은 또한 무엇인가를 만들며 행하며 조직하는 활력소이다. 사랑과 의지는 다른 사람에게 의식을 불러일으키는 근원적인 힘이다."[46]

지금부터는 도덕의 개념이 최근과 현대미국소설에서 어떻게 다른가를 밝혀보기로 한다. 죤 가드너(John Gardner)는 도덕에는 전혀 상이한 두 가지 형태가 있는데, 하나는 강요의 도덕(morality by compulsion)이고 또 하나는 감응의 도덕(morality which has the effect of an appeal)이라고 주장한다. 현대미국소설은 주로 강요의 도덕을 대변하고 구현했지만, 최근미국소설은 감응의 도덕을 전폭적으로 지지하고 옹호한다. 강요의 도덕은 인간존재에서 인간의 본질적인 자아를 무시하고 부정할 뿐 아니라 느낌을 철저히 배제하고 일차원적 사고만을 강조하는 인습적인 도덕규범들의 총체이

---

43. Leo Buscaglia, *Love* (New York: Fawcett, Cress, 1972), 96.

44. Fromm, 18.

45. Buscaglia, 187.

46. Rollo May, *Love and Will* (New York: Dell, 1974), 306.

다. 강요의 도덕은 인간이 가장 소망하는 욕구인 진실성, 창의성 그리고 가능성을 억압하고 말살한다. 이 도덕은 인간에게 그저 인습과 전통에 맹목적인 복종만을 강요한다. 가드너의 주장에 따르면, 강요의 도덕 때문에 인간은 그 자신을 추상적인 관념 형태에 고착시키고 유폐시켜버리며, 사랑과 같은 인간 존재에 가장 중요한 철학에 굳은 신념을 가지려 하지 않는다.

반면에 감응의 도덕은 인간이 그 자신을 알고, 있는 그대로의 그 자신이 되고 싶어 하는 그의 본능적인 욕구를 충족시켜줄 수 있다. 왜냐하면 감응의 도덕은 그 바탕을 인간 존재에서 변화무궁한 사고와 감정의 조화와 융합에 두고 있기 때문이다. 인간의 진실한 자아탐구는 이런 조화와 융합을 전제로 했을 때 가장 이상적이다. 그러므로 감응의 도덕은 인간이 진실한 자아를 탐구하고 실현하려는 욕구를 충족시켜줄 뿐 아니라, 그 탐구와 실현의 가장 좋은 길잡이다. 제이. 오우. 엄선(J. O. Urmson)은 강요의 도덕과 감응의 도덕의 차이를 이렇게 천명한다: "그러나 내가 이해하기로는 도덕은 인간의 욕구를 충족시키지 않으면 안 되는 어떤 것이다. 다시 말하면 그것 자체가 인간을 압도해버리는 어떤 것은 결코 아니다. 어떤 도덕이 이상적이었다는 사실을 입증하는 일은 그 도덕이 인간 — 그가 있는 그대로일 뿐 아니라 그렇게 되고자 기대할 수 있는 그런 인간이지, 그가 정말로 이성적이거나 초인간적인 천사라면 그렇게 되어야 할 것인데 하는 그런 인간이 절대로 아니다 —의 욕구를 가장 잘 충족시켜주었다는 증거를 제시하는 일이다."[47]

가드너는 "소설가는 불가사의한 새로운 가능성을 창조하지 않으면 안 된다"[48]고 주장한다. 새로운 가능성을 창조하기 위해, 그는 미적 충동과 도덕적 충동은 하나라는 도덕의 새로운 개념으로 "미적 일체감"(aesthetic wholeness)을 정립한다. 그의 처녀작, *부활(The Resurrection)*의 주인공은

47. J. O. Urmson, "Saints and Heroes," in *Moral Concepts*, ed. Joel Feinberg (London: Oxford University Press, 1972), 69.

48. Marshall L. Harvey, "Where Philosophy and Fiction Meet: An Interview with John Gardner," *Chicago Review* 29. 1 (1978): 81.

백혈병으로 죽음을 기다리고 있기 때문에, 격심한 공포에 사로잡히기도 하고 어쩔 줄 모르는 절망에 빠지기도 한다. 그러나 그는 도덕의 진정한 개념은 미적 일체감이라는 진리를 깨닫는다. 그의 이런 깨달음은 그의 삶에서 사상과 감정의 분리를 극복하도록 해줄 뿐 아니라 그 자신과 세계와의 구별을 초월하도록 해준다. 따라서 그는 그의 존재와 우주를 합일시키고 있다: "요즈음 아침마다 그는 순식간에 이런 모든 것, 즉 많은 사물들과 친숙해져서 이들과 하나가 되는 것을 알았다. 그의 주위세계가 이처럼 넓고 하루아침의 시간이 끝없는 것은 이런 깨달음 때문이었다. 그가 말로 이루 표현할 수 없는 즐거움을 느꼈던 것도 또한 이런 깨달음 때문이었다. 그는 나중에 이런 깨달음을 아주 핍진하게 설명할 수 있는 언어라고 체득한 것은 우주와 자기 자신과의 상호 침투였다."[49]

그가 체험한 그 자신과 우주와의 상호 침투가 그로 하여금 "다시 태어나 전혀 새로운 인간이 된 것처럼 느끼도록 해준다. 이런 일이 일어날 수 있었다는 생각이 그를 깜짝 놀라게 했으므로, 그는 그 생각에 꼭 매달렸다."[50] 이처럼 상호 침투가 그의 삶에 불가사의한 새로운 가능성과 잠재력을 불러일으켰다. 인간의 무한한 가능성과 잠재력의 계발은 삶의 향상을 유발한다. 게다가 모든 인간의 삶의 향상은 사회를 발전시키고 번영시키는 총체적인 원동력이다.

미적 일체감의 이런 위력은 어떻게 솟아나오는가? 그것은 가드너의 미적 일체감은 사랑을 의미하기 때문이다. 그의 소설, 도덕, 그리고 사랑은 삼위일체이다. 따라서 미적 일체감의 위력은 바로 사랑의 마력이다. 그의 소설에서 "사랑은 죽음을 초월하는 힘, 궁극적으로 우리가 죽음을 초월하고 삶을 긍정, 향상시킬 수 있도록 해주는 힘이다. [. . .] 사랑은 정신적으로 재생하는 행위이다."[51]

---

49. John Gardner, *The Resurrection* (New York: Ballantine, 1970), 202, 201.

50. John Gardner, *Nickel Mountain* (New York: Ballantine, 1982), 297.

51. Gregory. A. Morris, *A World of Order and Light: The Fiction of John Gardner* (Athens: University of Georgia Press, 1984), 226.

이제는 정의의 개념을 알아보기로 하는데, 이는 매우 다양하다. 그러나 최근미국소설에서 논의되는 정의의 개념은 필립 페티트(Philip Pettit)의 이런 주장과 일치한다: "정의의 타당한 이해는 소유에 관한 것이거나 공리적인 것도 혹은 계약적인 것도 아니며 자유주의적인 것이다. 정의로운 사회는 사람들의 권리를 만족시켜주거나 그들의 실리를 극대화하거나 혹은 그들의 계발 권리를 충족시켜주는 것보다는 오히려 그들의 재능과 운명의 제어력을 증진시킨다는 의미에서 자유주의적인 것이다."[52]

이. 엘. 닥터로우도 자유주의적인 견지에서 정의의 개념을 정립한다. 그는 시종일관 소설 창작에서 두 가지 문제 — 정의란 인간이 그 자신의 천부적 능력을 발휘할 수 있도록 그 바탕을 마련해주는 것이라야 한다는 개념과 그 이상의 실현 —에 지대한 관심을 쏟고 있다. 그는 언제나 정의가 내재한 이상의 보편성을 전제로 하기 때문에, 정의는 어떤 특수계층을 위해서가 아니라 모든 인간을 위해 있어야 하는 것이라고 역설한다. 그는 플레이토우(Plato)가 정의란 인간의 가장 진실된 자아의 실현이라고 했던 주장을 이렇게 굳게 믿는다: "정의 — 사회적 정의, 경제적 정의 —에 대한 이상에는 보편성이라는 전제가 있다. 정의는 사회의 한 부분 또는 한 계층에만 존재할 수 없다. 정의는 모두를 위해 존재해야 한다. 그리고 정의는 또한 플레이토우의 이상이다. 그의 이상에 따르면, 모든 사람은 타고난 대로 살 수 있어야 한다. 만약 어떤 사람이 시인의 기질을 가지고 있다면, 그는 자신이 시를 쓸 수 있어야 한다. 플레이토우는 정의란 가장 진실한 자아의 실현이라고 정의했다."[53]

끝으로 역사와 역사소설에 대한 차이점을 밝혀본다. 최근과 현대미국소설의 가장 두드러진 차이와 특징은 역사를 과거로, 아니면 현재로 보느

---

52. Philip Pettit, *Judging Justice : An Introduction to Contemporary Political Philosophy* (London: Routledge, 1980), 193.

53. Richard Trenner, "The Politics and the Mode of Fiction," in *E. L. Doctorow: Essays and Conversations,* ed. Richard Trenner (Princeton, Ontario Review Press, 1983), 55.

냐의 관점과 이 관점에 따른 역사소설의 창작 방법과 그 형태에 있다. 현대미국소설가는 역사는 과거이고 현재는 과거의 산물일 뿐 아니라 연속이라고 파악하기 때문에, 스스로가 역사의 객관적 진리와 질서의 수호자이며 전달자라는 신념으로 소설을 쓴다. 그는 과거를 중요시하기 때문에 역사와 소설을 엄격하게 구별한다. 그의 소설의 소재는 객관적으로 입증될 수 있는 역사적 사실들이다. 그의 소설 주인공들은 실제로 역사를 창조한 인물들이기 때문에, 역사가 바로 그의 소설의 플롵이다. 그러므로 그의 소설의 가장 중요한 구성요소는 과거의 객관적 사실의 부단한 발굴, 객관적 진리의 탐구, 그리고 그 사실과 진리의 정확한 기술이다. 예를 들면 더스 패서스는 그 사건들이 실제로 일어났다는 사실들을 근거로 하여, 그 사실들이 객관적으로 확인될 수 있다는 신념을 바탕으로 역사소설을 창작했다.

그러나 닥터로우는 역사는 과거가 아니라 현재라고 이렇게 정의한다: "역사는 싸움터이다. 과거가 현재를 지배하고 있기 때문에, 역사는 과거와 현재가 벌이고 있는 끊임없는 쟁탈전이다. 역사는 현재이다. 그렇기 때문에 매세대는 역사를 새롭게 다시 쓰고 있다. 그러나 대부분의 사람들이 역사라고 정의하는 것은 과거에 고착되고 응고되어버린 역사관에 그 바탕을 둔다. 그러므로 이런 역사관을 무시하고, 그 잘못된 역사철학에 도전하여 새로운 빛과 신선한 활력을 투사하여, 이 비뚤어진 역사관을 교정하는 지름길은 바로 이런 역사관을 부정해버리는 모험행위에 있을 뿐이다."[54]

따라서 닥터로우는 역사소설이란 숨겨진 과거 사실의 발굴과 객관적 진리의 탐구 그리고 그 사실과 진리의 정확한 기술이 결코 아닌, 현재에 입각한 과거의 창조적 재해석이라고 정의한다. 다시 말하면 그의 역사소설의 창작 목적은 과거의 역사적 사건의 충실한 재현에 있는 것이 아니라, 우리가 오늘과 내일을 더욱더 인간답고 보람 있게 살 수 있도록 하기 위해 상상력을 바탕으로, 한 역사적 시기와 사건을 재해석하는 데에 있다. 그는 소설 창작에서 역사적 사실의 객관적 의미와 정확성을 규명하려고 하기보

---

54. George Plimpton: "The Act of Fiction: E. L. Doctorow," *Paris Review* 101 (1986): 33.

다는 오히려 삶의 창조적 진리를 탐구해보려 한다. 그는 실제로 일어났던 역사적 사건의 정확한 기술에 집착하지 않고, 창조적 견지에서 그 사건이 오늘날 우리에게 밝혀주는 심오하고 진지한 의의를 검토해보려 한다.

그러기 위해 닥터로우는 인간 실존에서 객관적 진리를 부정하고 창조정신과 역사적 자아인식을 이렇게 강조한다: "우리 삶의 기반은 객관적 진리가 아니고 우리 스스로가 창조력을 바탕으로 구상하여 완성시키고 있는 세계이다. [. . .] 진리란 당신이 탐구하여 창조하는 것이다. 물론 그 창조는 우리의 역사적 자아인식에 크게 좌우된다."[55] 이런 창조의식은 그의 역사관에 그 바탕을 두고 있다: "역사는 창조되므로 항상 다시 쓰여 지고 있다."[56] 게다가 그는 이런 역사관 때문에 지금까지 우리가 해왔던 역사와 소설을 구별하지 않는다. 그는 역사와 소설은 다만 성격이 다른 이야기일 뿐이라고 이렇게 주장한다: "역사는 우리가 살아가면서 그렇게 살고 싶은 하나의 소설이다. 소설은 일종의 사색하도록 하는 역사, 다시 말하면 사고력을 증폭하는 역사이다. 소설가가 역사에 입각해서 창작할 때 활용하는 자료들은 그 시작부터 역사학자가 상상하는 것보다 더 소중하고 다양하다."[57]

더욱이 그는 사실과 상상력을 구별하지 않는다. 그는 모든 소설가는 사실과 상상력의 상호작용에 지대한 관심을 쏟지 않으면 안 될 뿐 아니라 이 관심이 그의 소설 창작 원리가 되어야 한다고 이렇게 주장한다: "나를 사로잡는 소설 창작 원리는 진리란 외부에 있는 어떤 것이 결코 아니라는 신념이다. 진리는 우리가 매순간에 창조하고 있는 그 어떤 것이다. 사실과 상상력의 상호작용의 전제와 가능성은 모든 사람들, 예를 들면 변호사, 사

---

55. Hilary Mills, "E. L. Doctorow: Creators on Creating," *Saturday Reivew* (October 1980), 44.

56. Paul Levin, "A Multiplicity of Witness: E. L. Doctorow at Heidelberg," in *E. L. Doctorow: A Democracy of Perception*, ed. Herwig Friedl and Dieter Schulz (Essen: Die Blause, 1988), 184.

57. E. L. Doctorow, "False Documents," in *E. L. Doctorow: Essays and Conversations*, 25.

회학자, 그리고 경찰관들이 실제로 하고 있는 일이다. 그런데 왜 이런 전제와 가능성이 소설가들에만 통용되지 않고 있을까?"[58] 그는 역사소설의 가장 중요한 의의와 가치는 과거의 객관적 사실과 진리의 충실한 기술에 있지 않고, 역사와 소설 그리고 사실과 상상력의 구별 없이 역사적 시기와 사건을 창조적으로 재해석하는 데에 있다고 갈파한다.

지금까지의 논의에서 분명히 밝혀진 것처럼, 최근과 현대미국소설가들은 매우 대조적이고 상반된 인간관과 소설 철학을 가지고 있다. 그럼에도 불구하고 우리는 최근과 현대미국소설가들을 모두 "현대미국소설가들"로 표기한다. 우리는 현대미국소설가들의 삶의 도피와 부정이 최근미국소설가들의 삶의 긍정과 예찬과는 대립되고 있음을, 다시 말하면 그들의 인생철학이 정반대임을 전적으로 무시하고 부정하면서 그저 단어의 랑그(langue)에만 지나치게 충실하고 있다. 영한사전도 컨템퍼레리(contemporary)와 모던(modern)에 모두 "현대의" 의미를 부여하고 있다. 더욱이 국어사전은 "현대"를 한국사에서는 조선조의 고종, 순종시대에서 현재까지를, 동양사에서는 청일전쟁 이후부터 현재까지를, 그리고 세계사에서는 제1차 세계대전 이후의 시기를 말한다고 정의한다. 무조건 영한사전과 국어사전의 정의에만 의존한다면 최근미국소설 연구자들이 양쪽을 구분할 필요가 없으므로, 구별하지 않는 것은 너무나 당연하다.

그러나 위에서 이미 언급한 것처럼 최근미국소설가들과 현대미국소설가들은 전혀 상반된 인생관, 인간관, 그리고 예술관을 갖고 있다. 이렇게 상반된 개념 때문에 그들의 소설은 매우 독창적이고 특이하다. 특히 최근미국소설가들은 예술, 성, 종교, 자유, 사랑, 정의, 도덕, 그리고 역사에 대한 새로운 개념을 소설화하고 있다. 그런데 우리가 단어의 랑그에만 지나치게 의존한다면, 한 단어가 전혀 상이한 개념을 동시에 표현함으로써, 개념의 혼동을 야기하여 사고와 의식의 혼란을 가중시키는 엄청난 과오를 범한다. 최근미국소설 연구자들은 이처럼 엄청난 과오를 범하고 있다는 사

[58]. Victor S. Navasky, "E. L. Doctorow: I Saw a Sign," *New York Times Book Review,* 28 September 1980, 44.

실을 알고 있는가, 아니면 모르고 있는가? 일단 이런 잘못을 알았다면 하루빨리 최근과 현대를 구별하려고 최선을 다하지 않으면 안 된다.

앞에서 최근미국소설 연구자들이 랑그에만 지나치게 의존하기 때문에 범한 큰 과오를 지적했다. 이번에는 랑그를 지나치게 확장하고 왜곡하기 때문에 저지르는 큰 잘못을 지적해본다. 서구철학에 일대 혁명을 일으킨 용어를 우리말로 옮기면서, 그 용어의 기본철학을 제대로 전달할 수 없는 랑그를 멋대로 쓰고 있다. 예를 들면 프랑스의 철학자 자크 데리다(Jacques Derrida)가 주창한 디컨스트럭션(deconstruction)을 "해체"로 번역해서 사용하고 있다. 그런데 국어사전은 해체를 "어떤 조직체가 낱낱으로 풀리어 흩어짐, 또는 뜯어 헤침"이라고 정의한다. 반면에 크리스 볼디크(Chris Baldick)는 디컨스트럭션을 이렇게 정의한다: "언어의 일관된 의미의 가능성에 대한 철학에서의 회의적인 접근법. [. . .] 데리다는 사고의 지배적인 서구전통은 언어가 지닌 무한한 불확실성을 배제하면서 확실성과 진리의 토대를 구축하려는 시도였다고 주장한다."[59] 이런 시도에 대한 격렬한 도전과 반기가 디컨스트럭션이다. 국어사전에 있는 "해체"의 랑그는 데리다의 디컨스트럭션을 전혀 대변하지 못하고 있다.

또 하나의 예를 들면 디스코스(discourse)를 "담론"으로 번역해서 사용한다. 국어사전은 담론을 "담화하여 의논함"이라고 정의한다. 반면에 볼디크는 디스코스를 이렇게 정의한다: "말이나 글을 확장하여 사용하기, 혹은 형식적 설명이나 논설. 언어학에서 디스코스는 하나의 문장보다도 더 긴 언어의 단위들에 부여된 명칭이다. *디스코스 분석*이란 글쓰기나 말하기 디스코스에 있는 문장들 사이에 있는 결합과 다른 관계들에 관한 연구이다. 오늘의 문화이론, 특히 프랑스의 역사학자 미셸 푸코(Michel Foucault)와 관련된 후기구조주의에서 디스코스라는 용어는 주목의 대상을 정의하고, 그것(예를 들면 의학적 디스코스, 법학적 디스코스, 심미적 디스코스)을 분석하는 개념들을 창출함으로써, 진리에 대해 스스로 확인한 설

---

59. Chris Baldick, *The Concise Oxford Dictionary of Literary Terms* (New York: Oxford University Press, 1990), 51-52.

명을 제시하는 진술들의 어떤 일관된 결합체를 의미하기 위해 사용되어 왔다."[60] 담론과 디스코스의 정의 사이에는 어떤 관련이나 유사성이 전혀 없다. 그럼에도 불구하고 어찌하여 "담론"의 랑그를 지나치게 확대하고 왜곡하여 디스코스를 대변시키고 있을까? 도저히 수긍할 수 없는 억지라고 말하지 않을 수 없다.

지금까지 랑그에 지나치게 의존함과 랑그를 지나치게 확대하거나 왜곡함으로 인해 야기되는 개념의 불분명과 혼란을 지적해보았다. 최근미국소설 연구자들이 저지르고 있는 또 하나의 큰 잘못은 용어를 번역할 때, 그 용어의 기본철학과 문화적 배경을 심오하게 이해하고 천착하지 않고 영한사전에만 의존하는 직역함이거나 원어를 그대로 사용함이다. 예를 들면 컨템퍼레리 어메리컨 리터리춰(contemporary American literature)를 "최근미국문학"이라고 하지 않고 "동시대의 미국문학"이라고, 서픽션(surfiction)을 "새로운 형태의 소설"(메터픽션)이라고 하지 않고 "초소설"이라고 번역한다. 또 하나의 예를 들면 이합 핫산의 패러크리티시즘(Paracriticism)을 "통합적 비평방법"이라고 하지 않고 어느 누구도 이해할 수 없는 "파라비평"이라고 쓴다.

그렇다면 왜 최근미국소설 연구자들은 이런 큰 잘못을 자행하고 있을까? 왜 이렇게 엄청난 잘못을 저지르고 있음을 모르고 있을까? 이런 잘못을 피하기 위해 무엇을 어떻게 연구하고 가르쳐야 할까? 필자는 이런 잘못이 저지러지는 가장 큰 이유는 최근미국소설 연구자들이 미문학을 그 실리성과 공리성을 검토하고 천착하여 추구하는 공동의 장에서 연구하고 토론하지 않고 자기위주의 근시안적 연구에 지나치게 집착하는 데에 있다고 말해보고 싶다. 다시 말하면 미문학 연구의 철학적, 사회적, 문화적, 그리고 교육적 시각을 공유하려고 최선을 다하지 않고, 자신들의 보수적이고 폐쇄적인 의식과 사전에만 의존하는 데에 있다고 주장해보고 싶다. 요컨대 우리는 미문학 연구에서 근시안적 시각에서 벗어나기 위해, 눈을 더 크게

---

60. 앞책, 59.

떠서 시야를 넓히려고 최선을 다해야만 한다고 결론짓고 싶다.

앞으로 미문학 연구의 철학적 시각과 공동의 장을 공유하기 위해, 최근미국소설 연구자들이 가장 시급하게 해야 할 임무는 무엇일까? 그들은 이런 문제들 — 왜 미문학을 연구해야 하는가, 왜 미문학은 나와 우리 사회에 필요한가, 미문학연구의 궁극적 목적은 무엇인가, 그리고 미문학 연구는 어떻게 하는 것이 가장 바람직한가 —을 깊이 사색하면서 서로 허심탄회하게 토론하지 않으면 안 된다고 생각한다. 이런 사색과 토론을 거쳐 연구하고 가르칠 작품들을 그 실리성과 공리성을 바탕으로 선정해야 한다. 자기 위주의 작품과 교과목들을 과감하게 폐기하면서, 그 폐기를 흔쾌히 감수하지 않으면 안 된다. 요컨대 이렇게 선정된 작품들은 나 자신과 사회의 발전에 가능한 한 큰 기여를 할 수 있어야 한다.

따라서 그 선정의 기본철학과 미문학 연구의 전제는 이런 문제들 — 나는 누구인가, 나는 무엇 때문에 존재하는가, 우리 사회는 무엇인가, 그리고 우리 사회는 어떤 변화와 개혁을 필요로 하는가 —의 규명과 통찰에 있어야만 한다. 다시 말하면 미문학 연구의 궁극적 목적은 이런 문제들을 통찰하는 데에 있다. 그러기 위해 최근미국소설 연구자들은 자기 연구를 통해 나 자신의 변화와 성숙을 어떻게 도모할 수 있으며, 스스로 이런 변화와 성숙을 거치면서 다른 사람들과 사회의 발전에 어떤 기여를 할 수 있으며, 나아가 그들에게 사회의 미래지향적인 변화와 개혁의 방향을 어떻게 제시할 수 있을까를 천착해야 한다.

그러기 위해 최근미국소설 연구자들은 미문학을 한국사회의 실리성과 공리성에 입각해서 연구해야 한다. 다시 말하면 한국적인 견지에서 사색하고 검토하면서 연구하지 않으면 안 된다. 그러므로 미국소설을 연구할 때, 미국교수들의 의견을 참조하지만, 그것에만 전적으로 의존하려 하지 말고 우리의 철학적 시각과 공동의 장에 바탕을 둔 독자적인 견해를 밝히려고 최선을 다해야 한다. 따라서 미국교수들의 논문도 부지런히 읽지만, 우리나라 연구자들이 이미 발표한 논문들을 숙독하면서, 나는 누구인가와 우리 사회는 무엇인가를 더욱더 잘 이해하기 위해 지금까지의 논문들에서 미진하게 논의되었거나 탈락된 부분을 보완하는 독창적인 견해를 피력해야 한다. 아울러 서구의 새로운 용어를 소개할 때, 사전에 의존하는 번역을 지양하고, 그 용어의 철학적 그리고 문화적 배경을 통찰하여 그 진의를 가장 정확하게 전달하면서, 그 용어의 수용이 우리 사회에 어떤 영향을 줄 수 있는가를 이해하려고 최선을 다하지 않으면 안 된다. 이렇게 할 때 미문학 연구는 나 자신과 사회의 발전에 큰 기여를 할 수 있다. 바로 이런 기여가 미문학 연구방법의 진수라고 필자는 확신한다.

이와 같은 연구방법에 의존하여 행해지는 최근미국소설의 주제들 — 인간을 자율적이고 무한한 가능성의 존재로 정의하고, 그 정의를 실증하기 위해 소설을 거짓말의 연속이라고 전제하고 정립된 진리, 자유, 사랑, 도덕, 정의, 그리고 역사에 대한 새로운 개념들 —에 대한 고찰은 우리의 현재 사고와 의식을 개혁하는 데에 조금이나마 기여할 수 있다고 필자는 믿는다. 이 작은 기여가 주제 고찰의 큰 의의이다. 게다가 이 기여가 우리로 하여금 최근미국소설을 긍정적으로 수용하도록 해주고 있다. 이런 긍정적인 수용이 소설만이 개개인의 의식을 평화적이면서도 건설적이고 합리적으로 개혁시킬 수 있다는 주장을 이렇게 긍정한다: "소설의 본질적 기능은 먼저 사회에 큰 변화를 유발하고, 이 사회적 변화의 영향을 받은 개개인의 의식을 개혁하는 데에 있다."[61] 요컨대 최근미국소설의 주제 고찰의 의의는 오로지 우리의 사회적 변화와 개개인의 의식개혁을 촉발시킬 수 있는 데에 있을 뿐이다. 이 글이 그런 변화와 개혁을 유발할 수 있기를 감히 고대한다.

---

61. Ralph Ellison, *Going to the Territory* (New York: Vintage, 1987), 46.

6

최근미국소설의 주제수용에 관한 고찰

우리 민족이 한반도에 국가를 세우고 정착한 지 거의 반만년의 역사가 흘렀다. 이 오랜 역사 가운데서 거의 대부분이 비록 중국문화의 영향권에 속해 있었다 할지라도, 우리 조상들은 독자적으로 많은 역사적 인물들을 배출했을 뿐 아니라 거대한 학문적, 문화적 업적들도 이룩했다. 반면에 우리 민족은 무수한 외국의 침략으로 인하여 이루 말할 수 없는 엄청난 시련을 겪었으며, 심지어 35년 동안 나라를 빼앗기는 수모까지 당했다. 1945년에 연합군의 도움으로 잃어버린 조국을 일본으로부터 다시 찾고 나서 우리는 우리의 전통문화를 재정립하면서 한편으로는 조국을 근대화시키려고 심혈을 기울여왔다. 우리 조국은 매우 놀랄 정도로 변모되면서, 이제는 개발도상국가의 경지를 벗어나 선진국으로 치닫고 있다.

그러나 이처럼 급속한 경제적 발전은 필연적으로 어느 정도의 정신적인 공허감을 유발시켰기 때문에 이제야 많은 사람들은 우리가 지나치게 경제 일변도적인 발전과 성취에만 치중했었다는 사실을 깨닫게 되었다. 아직까지도 우리는 우리의 인간답게 살고 싶다는 욕구와 꿈이 우리의 놀랄만한 경제적 성장과 번영에 보조를 맞추어 충족되고 성취되었는가하고 자문해본 적이 없었다. 제리 에이취. 브라이언트(Jerry H. Bryant)의 견해에 따르면 인간답게 살고 싶다는 참뜻은 "많은 가능성에 개방되어 있음이고, (사르트러가 언급한 것처럼) 이 많은 가능성 가운데서 어떤 것을 선택하도록 운명지워진 처지이고, 이런 선택의 결과를 감내하는 정신이다." 또 하나의 인간답게 살고 싶다는 참뜻은 "이런 선택의 자유와, 역설적으로는 이 자유가 과(課)하는 한계성을 자각함이다."[1]

우리가 인간답게 살 수 있는 미래사회를 건설하는 첩경은 바로 현재에 있을 뿐 아니라 이 현재를 어떻게 무엇으로 만들 것인가에 달려 있다. 우리의 현재를 항시 창의적이고 건설적인 보람 있는 순간으로 만들기 위해, 우리는 우리의 과거사회를 엄밀하게 분석하고 검토해보지 않으면 안된다. 이러한 과거사회에 대한 정확한 해석과 진단을 바탕으로 할 때만, 우리는 시행착오를 최소한으로 줄이면서 인간답게 살 수 있는 미래사회를 건설할 수 있기 때문이다. 여기에서 우리는 이런 두 가지 문제 — 첫째 우리의 과거 사회의 대들보는 무엇이었으며, 둘째 미래사회에 대한 연구와 전망은 어떤 것인가? —를 제기해보는 것이 가장 시급한 일이라고 필자는 생각한다.

그럼에도 불구하고 우리는 아직까지 우리의 과거사회를 분석하고 검토하고 해석하는 학문적인 가설이나 모형을 설정하지 못했다. 우리는 "갈등이론" 역사학자들 — 예를 들면 프레더릭 잭선 터너(Frederick Jackson Turner), 챨즈 비어드(Charles Beard), 버넌 루이스 패링턴(Vernon Louis Parrington), 그리고 라이어넬 트릴링(Lionel Trilling) 등 —을 가져본 적이 없었다. 게다가 우리 사회에는 "합의이론" 역사학자들 — 예를 들면 루이스 하츠(Louis Hartz), 대녈 제이. 보스틴(Daniel J. Boorstin), 리처드 호프스태터(Richard Hofstadter), 헨리 내쉬 스미스(Henry Nash Smith), 리오우 막스(Leo Marx), 페리 밀러(Perry Miller), 클린턴 로시터(Clinton Rossiter), 그리고 데이비드 엠. 포터(David M. Potter) 등 —도 없었다. 역사를 연구하고 해석하는데 있어서 갈등이론 역사학자와 합의이론 역사학자는 현저

---

1. Jerry H. Bryant, *The Open Decision: The Contemporary American Novel and Its Intellectual Background* (New York: Free Press, 1970), 5.

한 차이점을 드러낸다.

> [역사학자, 진]와이즈는 갈등이론 역사학자와 합의이론 역사학자가 역사변화의 문제, 즉 역사변화를 일으키는 가능성과 역사변화의 원인 그리고 역사변화의 본질 등등에 관해서 어떻게 견해를 달리하고 있는가를 밝히고 있다. 갈등이론 역사학자는 정치적 노력의 효과를 확신하고 있으나, 합의이론 역사학자는 정치적 기능을 대수롭지 않게 여긴다. 합의이론 역사학자는 실제로 크게 잘못되어버린 일들을 쉽사리 바로잡을 수 없다고 믿고, 이런 일들에 대한 만병통치약은 사태를 더욱더 악화시키는 경우가 많다고 주장했다. 갈등이론 역사학자의 주요 관심사는 정치와 경제였으며, 역사변화의 원인에 있어서 다소는 환경론자이기 때문에 유해하거나 퇴보적인 사상은 지배계층의 사리사욕의 반영으로서 역사발전을 저해한다고 주장했다. 동시에 유익하거나 진보적인 사상은 자생적인 것이어서 지배계층의 이해관계를 초월하기 때문에, 역사발전의 사상이야말로 "사회제도를 개조하는 지레로서" 작용할 수 있다고 강조했다. 합의이론 역사학자는 "인간행위의 환경론적 설명을 기피하면서 역사발전의 원동력을 인간정신에서 탐색해내기" 때문에, 갈등이론 역사학자가 가지는 경제나 정치에의 깊은 관심에 동조하지 않았다. 합의이론 역사학자는 역사관을 경제나 정치에서가 아니라 심리학과 예술, 문학 그리고 철학에서 추론했으며, "심상, 신화, 그리고 상징을 통해서 구체화되고, 인간의 내적 충동을 포착하여 이 강렬한 충동을 외부로 발산하는 정신적 탐색에서 극적으로 표현되는 것과 같은 진리관"에 시종일관했다. 갈등이론 역사학자에게는 사상이 직접적으로 진리관에 관련되기고 하고 그렇지 않기도 했다. 그러나 합의이론 역사학자는 "가장 분명한 거짓까지도 인간의 행위를 만들고 있는 것으로 보았으며, 이 거짓은 단순히 이것이 진실이 아니라는 것을 입증하는 것만으로는 없앨 수 없는 현실성을 지니고 있다고 간주했다. 갈등이론 역사학자가 모든 인간은 경제적 동기에 의하여 지배되고 있다고 생각하는데 반해, 합의이론 역사학자는 인간은 사회적 지위에 대한 욕구나 어떤 잃어버린 순수성을 회복하겠다는 갈망과 같은 정신적 탐구심을 갖고 지금 행동하고 있는 것처럼 행동하도록 되어 있는 존재라고 확신했다. "갈등이론 역사학자가 하부구조에 있는 핵심 사물을 이해하기 위해 사상을 폭로하려고 했던데 반해, 합의이론 역사학자는 하부구조에 있는 핵심 사상을 파악하기 위해 사물을 탐색해보려고 했다."[2]

---

2. Bernard Sternsher, *Consensus, Conflict, and American Historians* (Bloomington: Indiana University Press, 1975), 1-2.

Wise shows how the Progressives and counter-Progressives differed on the question of historical change: the chances of bringing it about, its causes, and its nature. The Progressives believed in the effectiveness of political effort, while the counter-Progressives were "not much for political action." They felt that "those things which really were quite bad couldn't be righted easily or quickly; panaceas, they contended, often made things worse." The Progressives' main concerns were politics and economics, and they were partly environmentalists regarding the causes of change: some ideas, bad or regressive ones, they maintained, reflected dominant groups' self-interest and held back progress. At the same time, other ideas, good or progressive ones, were self-generating and transcended interests, and the idea of progress could serve as "a lever to right the system." The counter-Progressives "inclined away from environmental explanations of people's behavior and were given to exploring the motive forces of history inside the minds and psyches of men." They did not share the Progressives' concern with economics and politics. They derived their perspectives instead from psychology, art, literature, and philosophy. They focused on "people's pictures of reality as embodied through images, myths, and symbols and dramatized in those psychic quests which take men's inner compulsions and project them outward." For the Progressives ideas either connected directly to reality or they did not, but the counter-Progressives saw "even the most blatant falsehoods shaping the behavior of men. They felt these 'myths' had a reality which couldn't be explained away simply by proving them untrue." While the Progressives assumed that most people were ruled by economic motives, the counter-Progressives believed that men are impelled to behave the way they do by psychic quests like the drive for status or the desire to recover some lost innocence. "Where Progressives tried unmasking ideas to see the real driving things below, counter-Progressives tried unmasking things to see the real driving ideas below."

우리는 이처럼 상이한 두 가지 역사관에 입각해서 우리 역사를 검토하고 연구해볼 필요성과 중요성을 깨닫지 않으면 안 된다. 왜냐하면 우리의 미래사회에 대한 전망은 과거의 모든 것을 있는 그대로 수용하고자 하는 우리의 자발적인 태도 여하에 달려 있기 때문이다. 우리가 우리의 과거를 부정하는 것은 표면적으로는 진보적이고 낙관적으로 보일지 모르나 "엄밀하게 분석해보면 미래에 직면할 수 없는 사회의 절망을 구체적으로 표현하고 있음을 입증할 뿐이다."[3] 그러므로 우리는 미래에 대한 우리의 창의적인 전망을 바탕으로 과거의 역사로부터 건설적이고 창조적인 선택을 함으로써 우리 스스로 더욱 인간적인 생활을 영위할 수 있도록 최선을 다해야 한다.

매우 불행한 일이지만 아직까지도 우리에게는 이합 핫산(Ihab Hassan)의 *최근미국문학: 1945-1972 (Contemporary American Literature 1945-1972)* 와 같은 예시적인 저서를 집필할 수 있는 학자가 없었다. 프랭클린 로우저벨트(Franklin Roosevelt)대통령의 서거로부터 리쳐드 닉선(Richard Nixon) 대통령의 역사적인 베이징(Beijing)과 마스코우(Moscow) 방문까지 미국의 정국을 분석하고 평가하고 나서, 핫산은 미국문학을 비판적으로 개관하고 있다. 그는 미국사람들에게 지대한 영향을 주었던 문학비평, 과학과 기술, 사회학, 심리학, 철학, 그리고 신학에 관한 최근 저서들을 소개하고 언급하면서, 1950년대와 1960년대를 예리하게 분석하고 있다. 이런 저서들이 미국사람들의 의식을 급격하게 변화시키는 데에 커다란 역할을 했을 뿐 아니라 최근미국문학 창작에도 막대한 영향을 미치고 있음을 그는 잘 설명하고 있다. 자신의 분석을 토대로, 핫산은 1970년대의 문학창작에 대해 이런 예언을 한다.

> 그러나 전후문학에 있는 변화는 어떤 것일까? 이 변화는 소설이 아닌 산문문학(논픽션)과 비평에서 있었던 변화보다도 더 감지하기가 어려운 것처럼 보인다. 그럼에도 불구하고 시간의 흐름은 이런 변화를 뚜렷이 부각시켜주고 있다. 1940년대의 작가들이 전쟁으로 시달린 체험에 대한 새로운 태도를 표명하기 시작할 때, 그들은 점차 자연주의문학으로부터 결별하려고 했다. 신비평이 득세하게 됨에 따라 작가들은 신화적이고 세련되고 복잡한 형태를 선호하게 되었다. 1950년

3. Christopher Lasch, *The Culture of Narcissism* (New York: Warner, 1979), 26.

대 중엽에 이르러서는 문학의 구성요인들이 더욱 조잡하고 짓궂고 기괴한 진리관에 매혹되기 시작하였으며, 소설은 이런 경향을 주도함으로써 고식소설과 악한소설의 양식이 다시 유행하게 되었다. 희극과 비극, 비애감과 반어, 그리고 전통적 형식과 즉흥적 형식을 구별지어주던 경계선이 모호해져가고 있다. 1960년대에 문학은 우연성과 부조화에 더욱더 큰 관용을 보이고 있으며 성애적 경향(이로터시즘), 빈정대는 해학(블랙 유머), 희극적 초현실주의, 그리고 부조리풍이 유행하고 있다. 몇몇 작가들은 이런 추세를 계속 1970년대로 끌고 가면서 문학 자체의 근본을 부정하는 "침묵의 문학"을 창작하고 있다.[4]

But what of the changes in postwar literature itself? These seem more elusive than the changes in non-fiction or criticism. Still, the years throw a certain pattern in relief. In the Forties, writers gradually break away from naturalism as they begin to evolve new attitudes toward their war-torn experiences. With the blessings of the New Critics, they favor mythic, elegant, or complex forms. By the mid Fifties, the structures of literature begin to open themselves to a more jagged, roguish, or grotesque sense of reality; and the novel, leading way, reinvents the gothic and picaresque modes. The lines that separate comedy from tragedy, pathos from irony, that distinguish rigid from improvisational forms, tend to blur. In the Sixties, literature shows increased tolerance for chance and incongruity. Eroticism, fantasy, gallows humor, comic surrealism, the absurdist manner prevail. Some authors carry these tendencies into the Seventies toward a "literature of silence" that mocks its own origins.

우리 역사는 미국의 역사보다도 훨씬 더 길고 복잡하다. 따라서 우리가 미국사람들이 하고 있는 것처럼 명료하고 효과적으로 우리 역사를 이해하고 분석하고 예언하기란 결코 쉬운 일이 아니다. 그렇다 하더라도 우리는 우리의 과거와 미래를 충분히 이해하지 못하고 있다. 그럼에도 불구하고 우리 주위에서는 매일같이 많은 급격한 변화가 일어나고 있다. 우리의 삶 자체가 변화이기 때문에, 우리는 사회에 변화를 일으키고 있다고 말

---

4. Ihab Hassan, *Contemporary American Literature 1945-1972: An Introduction* (New York: Frederick Ungar, 1973), 20-21.

할 수 있다. "미래가 우리의 삶에 가까이 다가오는 과정"[5]이 바로 변화인데, 이러한 변화는 인간 존재에 있어서 필수적이다. 그러므로 그 변화를 일으키고 체험하는 우리의 삶 자체의 관점에서 이런 변화를 면밀하게 검토해봄은 매우 중요한 일이다. 실존의 견지에서 볼 때, 반드시 이런 문제에 우리의 주의를 기울여야 한다고 필자는 생각한다: 우리의 과거와 미래에 대한 불완전한 이해가 우리사회에 부정적이고 파괴적인 변화를 일으키고 있지는 않은가? 왜냐하면 "무분별한 변화, 부주의하고 제멋대로의 변화, 그리고 인간의 신체적인 방어뿐 아니라 결정 과정을 유린하는 가속화된 변화 — 이런 변화는 생존의 적"[6]이기 때문이다.

과거와 미래에 대한 불완전한 이해로 말미암아 우리 사회에 잘못된 변화를 초래하는 것을 미연에 방지하는 최선의 방법은 무엇인가? 그것은 우리의 예술에 그 바탕을 둔 "진리관"에 입각해서 우리가 의도하고자 하는 변화의 목적을 무엇보다도 먼저 결정하고, 이 목적을 달성하려고 최선을 다하는 데에 있다. 지금부터 아홉 명의 최근미국소설가들의 주제들을 검토하고 연구함으로써, 우리는 무엇이 진리인가를 알게 되고 우리 사회에 진리 지향적인 변화를 촉발하는 데에 많은 도움을 받을 수 있을 거라고 필자는 확신한다. 여기에서 다루고자 하는 주제들은 죠우지프 헬러(Joseph Heller)의 비인간화에의 도전, 제이. 디. 샐린져(J. D. Salinger)의 인간존재의 문제, 랠프 엘러선(Ralph Ellison)의 진실한 자아의 추구, 카선 머컬러즈(Carson McCullers)의 사랑의 윤리, 레널즈 프라이스(Reynolds Price)의 사랑의 정의, 솔 벨로우(Saul Bellow)의 자유의 개념, 죤 가드너(John Gardner)의 새로운 도덕관, 이. 엘. 닥터로우(E. L. Doctorow)의 정의의 개념, 그리고 버너드 맬러머드(Bernard Malamud)의 인간정신의 회복 등등이다. 이 주제들은 서로 전혀 상이하게 보일지 모르나, 그 주제는 하나같이 우리에게 "새로운 진리"의 개념을 구체적으로 설명해주면서 우리를 새롭

---

5. Alvin Toffler, *Future Shock* (New York: Bantam, 1971), 1.

6. 앞책, 486.

게 깨우쳐주고 있다.

이 새로운 진리의 개념은 바로 부단한 자기 발전과 극도의 이타주의 정신을 함축하고 있는 개인주의에 그 기초를 두고 있다. 버너드 맬러머드는 필자와의 대담에서 예술은 우리의 삶을 변화시키며 새롭게 해준다는 사실을 이렇게 역설한다: “그리고 예술의 기능 가운데 위대하고 아름다운 것 중의 하나는 예술이 우리에게 삶과 삶의 가치가 무엇인지, 다른 사람의 가치가 무엇인지, 예술 자체의 가치가 무엇인지, 그리고 상상의 가치가 무엇인지 가르쳐주고 있다는 사실이다. 나는 예술이 금방 알아볼 수 있는 어떤 방식으로 세상을 변화시키고 있음을 알지 못하나, 나에게는 예술이 인간을 변화시키고 있으며 궁극적으로는 그런 힘을 가져야만 한다고 믿으며, 예술은 매우 천천히 그리고 보이지 않게 세상을 변화시키고 있는 것처럼 보인다.”[7]

우리는 “진리관”에 입각해서 우리 사회에 변화를 초래하지 않으면 안 되며, 우리의 그런 진리관은 예술을 바탕으로 감득되어지지 않으면 안 된다. 우리가 예술의 도움을 받아 역사적 맥락 가운데서 미래사에 대해 더욱 정확한 예측을 할 수 있을 때만, 우리는 우리 삶에 유익한 변화를 가져올 수 있기 때문이다. 우리가 계속적으로 개산(槪算)하여 예측의 정확성을 증대시킬 때, 우리의 변화를 일으키려는 시도는 “눈에 뜨이게 호전될 것이다. 왜냐하면 미래에 대한 합리성이 있는 정확한 예측은 우리 자신의 행위의 잠재적인 결과를 알아보는 전제조건이기 때문이다. 그리고 이러한 이해 없이는 변화의 제어가 불가능하다.”[8]

미래에 대한 예측은 미래에 대한 목적을 신중하게 확정했을 때, 더욱 더 정확하게 결정된다. 우리가 사회에 더욱 유익하고 건설적인 변화를 촉발하느냐 못하느냐는 전적으로 그 목적에 관한 체계화된 지식에 달려 있다. 이 목적을 달성하려는 노력의 과정에서 우리는 실존과 행동의 여러 가

---

7. Ji-moon Koh, “A Talk with Bernard Malamud,” *American Studies 5* (1982): 170.

8. Toffler, 470.

지 형태를 선택하게 된다. 미래의 목표는 주로 우리가 이해하고 파악하고 있는 진리관에 의해 결정된다. 따라서 변화를 초래하는 데에 있어서 가장 필수적인 요인은 "진리관"이다. 삶에 있어서 가장 중요한 것은 변화의 방향에 관한 의견의 일치를 갖기 위해 가장 완벽한 진리의 개념을 감득하는 것이기 때문이다. 그러나 매우 애석한 일은 오늘날까지 그처럼 무수한 변화들이 진리에는 아랑곳하지 않고 이루어져 왔다는 사실이다. 그리고 많은 진리의 개념들이 가능한 한 많은 상이한 관점들 위에서 충분히 검토되어지지 않았기 때문에 일방적이고 독선적이었다. 이렇게 결정되어버린 잘못된 진리관은 사회변화에 비생산적이고 파괴적인 역할과 작용을 하기 때문에 백해무익하다고 필자는 생각한다.

우리의 삶과 사회에 유익하고 창의적인 변화를 촉발할 수 있는 올바른 진리관을 갖기 위해서, 우리는 이런 문제에 대한 우리 자신의 결론을 내리지 않으면 안 된다: 우리의 진리관은 무엇을 바탕으로 해서 이해되고 검토되어야 하는가? 따라서 우리는 인간이란 무엇인가라는 물음과 인간의 기본적 욕구는 무엇인가라는 물음을 연구하고 검토해보지 않으면 안 된다. 인간에 대한 많은 정의들이 시대의 필요에 따라 내려졌다. 필자는 이런 정의들 가운데서 언스트 카시러르(Ernst Cassirer)의 인간의 정의가 앞으로의 논의에 가장 적절하다고 본다. 그는 인간을 이렇게 정의한다: "인간은 끊임없이 자기 자신을 탐구하는 존재 — 삶의 매순간마다 자기 존재의 조건을 검토하고 천착하지 않으면 안 되는 존재라고 일컬어지고 있다. 인간생활의 진정한 가치는 이런 천착, 즉 인간생활에 대한 이런 비판적인 태도에 있다."[9]

지금까지 전개한 우리의 대체적 개괄로써 인간의 기본적 욕구를 단정할 수는 없다. 이런 욕구에 대한 단정은 시대와 장소에 따라 달라지기 때문이다. 이런 이유에서 필자는 리오우 부스칼리아(Leo Buscaglia)의 인간의 기본적 욕구에 대한 견해가 아주 타당하다고 생각한다. 인간의 기본적

[9]. Ernst Cassirer, *An Essay on Man: An Introduction to a Philosophy of Human Culture* (New Haven: Yale University Press, 1974), 5-6.

인 심리적 욕구는 "다른 사람들이 자기를 보고, 인정하고, 감사하고, 듣고, 좋아하고, 그리고 성적으로 만족시켜주는 것을 필요로 한다. 인간은 자신의 길을 선택하고, 자신의 능력에 맞추어서 성장하고, 자신의 시행착오를 통해서 배우는 자유를 인정받지 않으면 안 된다. 인간은 자신과 다른 사람들을 포용하면서 또한 그들에 의하여 자기가 포용되어지는 것을 필요로 한다. 인간은 '나'일 뿐 아니라 '우리'이기를 희망한다. 인간은 자기가 있는 그대로의 개성적인 존재로 성장하려고 노력한다."[10]

인간과 인간의 기본적 욕구가 무엇인가에 대한 우리의 앎을 명백히 하고 새롭게 하는 과정에서 우리는 예술로부터 많은 도움을 얻는다. 우리는 우리 자신을 진리로부터 눈멀게 하는 독선적이고 특수한 사상에 항시 사로잡혀 있다. 그런데 예술은 우리 자신을 특이한 편견의 소유자로부터 보편적 진리의 감득자로 일변시켜 우리가 진리를 깨닫고, 이 진리를 항시 마음에 새기도록 해주고 있다: "예술은 우리가 사물을 개념화하거나 활용하는 방법뿐 아니라 구상화하는 방법을 가르쳐준다. 예술은 우리에게 진리의 더 우수하고 선명하며 생생한 심상과 이 심상의 형식상의 구성에 대한 더욱 심오한 직관력을 마련해준다. 예술은 인간이 진리를 단 한가지의 특수한 방법으로 깨닫게 되어 있지만은 않으며 자기의 관점을 자유롭게 선택해서 어느 한 심상을 다른 심상으로 바꿀 수 있다는 인간의 본성을 잘 드러내준다."[11]

이제 필자는 필자 나름대로 우리의 과거역사에 대한 임의적인 해석을 내리고자 한다. 우리 사회는 지배계층의 일방적이고 과도한 사리사욕의 추구 때문에 우리의 본질적 자아, 즉 인간의 양심에 그 바탕을 둔 자아를 탐구하고 실현하려는 기백을 허용하지 않았다. 이러한 풍토가 우리와 다른 사람들과의 관계를 맹종관계나 적대관계로 전락시켜버렸다. 따라서 "나"는 항시 자기중심적으로만 존재하려고 했기 때문에, 다른 사람들의 존재를

---

10. Leo Buscaglia, *Love* (New York: Fawcett Crest Books, 1972), 176.

11. Cassirer, 170.

있는 그대로 인정하고 존중하려고 하지 않았다. 우리는 조국이 위기에 처했을 때 민족 전체로서는 일체감을 갖기도 했으나, 일상생활에서 개개인으로서는 일체감을 갖지 못했다. 왜냐하면 우리 사회의 지향목표는 개개인의 지향목표와 사상적으로도 현실적으로도 합치되지 못했기 때문이다. 그러므로 오늘날 우리의 가장 시급한 과제는 과거의 이처럼 분열된 의식과 인습에 얽매인 삶의 철학과 도덕을 타파하고, 우리 자신을 이러한 철학과 도덕으로부터 해방시켜, 우리 스스로 독립되고 자발적인 삶을 영위할 수 있도록 최선을 다하는 일이다. 왜냐하면 우리 사회가 지향해야 할 변화의 일차적 목표는 이 사회를 더욱 인간적인 삶의 터전으로 만드는 일에 집중되어야 하기 때문이다. 인간적이라고 하는 의미는 "많은 가능성에 개방되어 있음이고, (사르트러가 언급한 것처럼) 이 많은 가능성 가운데서 어떤 것을 선택하도록 운명 지워진 처지이고, 이런 선택의 결과를 감내하는 정신이다. [. . .] 인간적이라고 함은 이러한 선택의 자유와, 역설적으로 이 자유가 과하는 한계성을 자각함이다." 따라서 이제 우리에게 더욱더 분명해진 과제는 앞으로 우리 사회의 변화 목표는 우리 자신의 본질적 자아를 탐구하고 실현하면서 다른 사람들의 존재를 있는 그대로 인정, 존중하려는 의식을 바탕으로 한 진리관에 입각해서 설정되지 않으면 안 된다는 사실이다.

앞에서 이미 언급한 아홉 명의 최근미국소설가들의 주제로부터 도움과 영향을 받음으로써, 우리가 비록 고질적인 독단주의자들이라고 할지라도 우리 자신을 "전통적인 편견, 일방적인 관점, 그리고 마음속에 뿌리 깊이 박혀 있는 혼돈"[12]으로부터 해방시킬 수 있도록 해야 한다. 그렇게 함으로써 우리는 우리 사회에 더욱 창조적이고 유익한 변화를 촉발할 수 있는 가장 타당한 진리관을 감득할 수 있기 때문이다. 예를 들면 죠우지프 헬러의 두 소설, *꼼짝부득, Catch-22*(1961)과 *무엇인가 일어났다, Something Happened* (1974)로부터 우리는 우리의 식민지적 체험을 청산하는 방법을 배울 수 있다. 우리나라가 일본의 식민지였을 때, 우리는 도저히 어찌할 수

12. 앞책, 55.

없는 강요에 못 이겨 실의에 빠지고 질식할 생활을 하게 되었다. 우리는 스스로의 주체성과 목적의식의 창조자가 되지 못하고 일본의 식민지 정책의 노예적인 피조물이 될 수밖에 없었다. 해방을 맞은 지 45년이라는 세월이 지났건만 지금도 우리에게는 비인간화된 세계의 나쁜 잔재가 좀처럼 없어지지 않고 있다. 우리 자신을 탐구하고자 하는 마음을 괴롭히고 훼방하는 비인간화된 사회를 해체시키는 방법을 우리는 *꼼짝부득*의 주인공 야싸리안(Yossarian) 대위와 *무엇인가 일어났다*의 주인공 밥 슬로우컴(Bob Slocum)으로부터 배울 수 있다.

야싸리안대위는 "꼼작부득"이라고 하는 비인간화된 세계, 즉 캐스커트(Cathcart) 대령이 지휘하는 비행중대의 횡포에 사로잡혀 꼼짝 못한다. 이런 비인간화된 사회에서 지배자들은 "우리가 제지할 수 없는 어떤 일이라도 할 수 있는 권리를 가지고 있다."[13] 꼼짝부득의 진정한 의미는 "개인은 자기를 소모시키고 나서 자기를 제거하는 사회조직에 자기 자신의 일부를 항시 양도하지 않으면 안 된다"[14]는 억지이다. 따라서 꼼짝부득의 세계에서 야싸리안 대위는 그의 책임과 의무를 다할 것을 극도로 강요당하고 있으나, 그의 권리와 존엄성은 전혀 존중받지 못한다. 비행중대가 비행사를 잃을 때마다 캐스커트 대령은 일방적으로 자기 부하들의 적진 출격횟수를 늘리면서도 그들의 생명이나 의사를 전혀 고려하지 않는다.

야싸리안 대위는 그의 비인간화된 세계에 사로잡혀서 그 세계의 철저한 지배를 받으면서도 자신의 강한 독립정신을 조금도 잃지 않는다. 이런 엉터리 세계가 강요하는 모든 외부적인 가치에 그는 대항한다. 그는 자신이 정신을 잃어버린다면 인간이 아니라 물질에 지나지 않는다고 굳게 믿는다. 또한 그는 주위에서 일어나고 있는 모든 일을 탐구해보는 정신을 갖고 있다. 그는 정직하고 친절하고 참을성 있고 편견이 없으며 자주적이고

---

13. Joseph Heller, *Catch-22* (New York: Simon and Schuster, 1961), 398.

14. Frederick R. Karl, "Joseph Heller's Catch-22: Only Fools Walk in Darkness," in *Contemporary American Novelists,* ed. Harry T. Moore (Carbondale: Southern Illinois University Press, 1964), 135.

융통성이 있는 인간이 되려고 최선을 다한다. 그는 비인간화된 세계에 도전해서 그 세계로부터 벗어나려고 한다. 그는 이 목적을 성취하기 위해 자기가 할 수 있는 모든 수단을 강구하고 동원한다. 자기가 강구해낼 수 있는 모든 수단을 동원하면서 최선을 다했으나 그 비인간화된 세계로부터 벗어나는 데에 실패했을 때, 그는 드디어 다른 세계, 즉 상상의 세계에 호소하기로 결심한다. 그는 자신의 최고 진리는 자기 보존과 자신의 상상 속에서 자유세계를 창조하려는 노력에 있다는 의미심장한 사실을 깨닫는다. 야싸리안 대위의 주장에 따르면, 인간의 존재론적 진가는 비인간화된 세계가 모든 인간에게 강요하는 인간조건의 한계성을 받아들이면서, 이 한계성을 자아 창조적인 관점으로부터 파생되는 많은 가능성을 가지고 용화(熔化)시키는 자아의식에 전적으로 달려 있다.

기혼자로서 세 자녀의 아버지인 밥 슬로우컴은 그가 제어할 수 없는 외부의 힘에 의해 철저하게 조종당하면서 그의 성격이 형성되어 가는데, 그의 세계는 야싸리안 대위의 세계보다도 훨씬 더 많은 희생을 당했으므로 그만큼 더 절망적이다. 그는 무엇인가가 뜻하지 않게 자기에게 일어나서 자기로부터 삶의 의의와 활력을 빼앗아가고 있다는 망상에 사로잡혀 있다. 그의 이런 체험이 그를 뼈대가 없는 인간으로 만들어버렸기 때문에, 그는 자기 자신에게서 네 가지 형태의 독특한 기질을 의식하게 된다. 첫 번째 기질은 자기가 일상생활에서 그처럼 많은 실제적인 일들을 하고 있다는 사실을 믿을 수 없음이다. 두 번째 기질은 그처럼 많은 일들에 관여됨을 원하지 않음이며, 세 번째 기질은 자기 자신을 알지 못함이고, 네 번째 기질은 자기의 실존적 자아와는 전혀 관계가 없는 객관화된 자아를 의식하고 있음이다. 따라서 그는 자신의 삶을 전혀 믿을 수 없는 것으로 생각하고 있다. 그는 완전히 자아를 상실했으나 아주 이기주의적인 사람이기 때문에, 자기 삶의 터전을 잃고서 다른 사람들과 어떤 형태의 의사소통도 할 수 없으며, 자기생활에서 어떤 의미 있는 성공을 거둘 수도 없다. 그는 삶의 활력과 의지를 점차로 잃게 된 비인간화된 사람이다.

그러나 밥 슬로우컴은 끊임없이 그에게 자기가 누구인지를 알게 해주고, 인간의 자유의지로부터 샘솟는 애정이 의사소통의 바탕이 된다는 진리를 아들을 통해서 깨닫고, 드디어 자신을 일신시킬 수 있게 된다. 또한 아들로부터 인간은 다른 사람들과 함께 행복을 공유하기를 원할 때만 행복해질 수 있다는 진리를 배운 뒤, 자기중심적인 사고와 행동으로부터 벗어나지 않으면 안 된다는 사실을 깨닫는다. 그는 자기 마음속에서 잃어버린 어린이의 순진성을 회복하였으며 어른의 비인간화된 세계를 거부하고 어린이의 책임 있는 자유세계로 되돌아간다. 인간은 자신을 질식시키는 삶과 사회의 포로가 되어 있다 할지라도, 그가 자신의 삶을 의미 있게 만들 수 있느냐 없느냐는 전적으로 자신의 생활방식을 어떻게 선택하느냐에 달려 있다: "인간과 그의 사회 그리고 우주는 그 본질에 있어서 고정된 것이 아니고, 그가 자기 자신의 실존적 선택을 할 때마다 언제나 끊임없이 바뀌는 가능성의 입장에서 파악되어지는 명제들이다. 인간은 이런 가능성을 축소하겠다고 위협하는 강력한 외부 힘에도 불구하고, 이 가능성을 확대하려고 노력하지 않으면 안 된다. 인간의 존재 목적은 자유이고, 그의 무기는 선택이며, 그의 싸움터는 자기의 독특한 가능성이 확대되느냐 아니면 쇠퇴되느냐를 좌우하고 있는 바로 자기 자신이다."[15] 슬로우컴은 자기 자신을 본질적인 존재를 향유할 수 있는 독자적인 개인으로 성장시키려고 최선을 다하고 있다.

죠지우프 헬러가 시사하고 있는 바에 따르면, 우리가 비인간화된 세계의 포로가 되어 그 세계의 지배를 철저하게 받고 있다 할지라도, 인간 존재의 본질적인 가치관을 재발견해서 고수하지 않으면 안 된다. 우리가 처해 있는 비인간화된 사회는 우리의 본질적인 존재로부터 기인하지 않는 가치들의 산물이라는 사실을 깨달아야 한다. 이런 비인간화된 세계에서 우리는 주체성과 목적의식의 창조자가 될 수 없고, 그 세계의 노예에 불과하다. 이런 세계로부터 해방되는 유일한 길은 우리의 본질적인 존재로부터 우러나오는 인간 존재의 새로운 가치 의식을 창출해내는 일이다. 야싸리안

---

15. Howard M. Harper Jr., *Desperate Faith* (Chapel Hill: University of North Carolina Press, 1968), 197.

과 슬로우컴은 이런 새로운 가치 의식을 가지고 그들 자신을 소생시켜주는 주체성과 목적의식의 소유자가 되기 위해 최선을 다한다.

인간은 스스로 지니고 있는 진리관에 의하여 자신을 질식시키고 있는 존재 상황을 훌륭하게 초월할 수 있다는 사실을 입증하기 위해, 이제 제이. 디. 샐린져의 소설에 구현되어 있는 인간존재의 문제가 그 주인공들의 성격분석을 통해 면밀히 검토된다. 영국소설가인 이. 엠. 포스터(E. M. Forster)는 소설의 주인공들을 두 가지 형태의 인간, 즉 평면 인간과 입체 인간으로 분류한다. 평면 인간은 외부 현실에 일차원적 반응만 한다. 삶에 있어서 그의 최대 관심이 "자아완성에는 더 적고 생존에 더욱 많다."[16] 평면 인간의 "자아"는 환경에 쉽사리 사로잡힐 뿐 아니라 압도당해버린다. 반면에 입체 인간은 자신의 존재적 상황에 이차원적 혹은 그 이상의 반응을 꾀하는 능력을 가지고 있다. 입체 인간은 생존의 문제를 초월하고 자아실현의 문제에 최대 관심을 기울인다. 입체 인간은 외부의 힘에 의해 쉽사리 멸망되지도 않을 뿐더러 자신의 비인간화된 세계를 해체하고 초월하면서 자아실현을 시도하여, 정도의 차이는 있으나 성공을 거둔다. "버내너고기의 완벽한 하루," "A Perfect Day for Bananafish"(1948)의 시모 글래스(Seymour Glass)는 철저한 평면 인간이고, "에즈미를 위하여 – 사랑과 비열로서," "For Esme – With Love and Squalor"(1950)의 육군 하사관 엑스(Segeant X)도 대체로 평면 인간이며, *호밀밭의 파수꾼, Catcher in the Rye*(1951)의 호울던 콜필드(Holden Caulfield)는 입체 인간이고, "프래니," "Franny"(1955)의 프래니도 철저한 입체 여인이다. 시모 글래스와 육군하사관 엑스는 그들의 사회로부터 소외되어 있으므로 자기들의 삶에서 자기 발전을 이룩하지 못한다. 호울던 콜필드와 프래니는 소외와 고독 때문에 고통을 당하지만, 선불교의 가르침을 받아 그들 자신의 주체성을 재발견하고 자기 앎을 도모하여 진리를 깨달으려고 최선을 다한다.

시모 글래스는 제2차 세계대전의 희생물일 뿐 아니라 자기 주위의 어

16. Martha Banta, *Failure and Success in America: A Literary Debate* (Princeton: Princeton University Press, 1978), 517.

떤 어른들과도 의사소통을 할 수 없는 소외된 인간이다. 그의 부인조차도 이런 어른들과 마찬가지로 그녀 자신의 사리사욕만을 추구하는 데에 열심이다. 그녀는 그가 추천한 책을 읽기를 거부했을지라도 그를 동정하고 옹호하려고 노력한다. 그러나 그녀의 부모는 사위를 정신이상자라고 생각하기 때문에, 딸의 생활이 염려스러워서 딸과 사위를 별거시키려고 한다. 시모는 자신이 애정을 쏟을 수 있는 어떤 인간도 발견하지 못한다. 그는 자신의 응결되어버린 소외의 세계에 철저히 압도되어버렸기 때문에 권총으로 자기 머리를 쏘아 자살한다. 육군하사관 엑스도 자기 주위의 비열한 세계에 꼼짝하지 못하는 사람이다. 그러나 그는 독서를 좋아하고 직업적인 단편 작가가 되겠다는 개인적인 포부를 갖고 있기 때문에, 시모보다도 더 많은 자기 발전을 이룩할 수 있었다. 그는 그만큼 더 성숙되어 있다. 육군하사관 엑스는 자신과 세계 사이에 한정적이기는 하지만 의사소통을 하는 데에 성공했을 때, 잠깐 동안이나마 자신의 존재 의미를 다시 찾는다.

호울던 콜필드는 타인지향 사회의 대표적인 희생물일 뿐 아니라 또한 그런 사회로부터 해방되려고 자아를 탐구하는 소년이다. 그는 위선의 세계에 의해 철저하게 지배받고 있지만 언제나 자기를 삼켜버리려고 하는 그 위선의 세계에 본능적으로 반항하면서 도전한다. 그는 많은 고전 읽기를 아주 좋아하는데, 그의 독서는 마음의 깨우침을 얻으려고 하는 자기 자신의 내면 지향적 의식의 강화이다. 그는 자기 자신의 본질적 자아를 탐구하기로 단호하게 결심한다. 그의 결심은 누이동생 피비(Phoebe)의 헌신적인 이해와 사랑으로 더욱더 공고해진다. 예컨대 호울던 콜필드는 "반항자이긴 하지만 결코 이유 없는 반항자는 아니다. 그는 인습과 부도덕과 허위의 사회에 격렬한 분노심을 갖고 대항하기 시작해서 구원의 은총으로서 사랑과 수용의 자세로 정착한다."[17]

프래니는 자발적이고 매력적인 인간 존재의 귀감이다. 그녀는 선불교의 진리를 감득하는 데에 전념하고 있는 두 오빠로부터 훌륭한 교육을 받

---

17. James Lundquist, *J. D. Salinger* (New York: Frederick Ungar, 1979), 39.

는다. 두 오빠는 서구사회에서 이루어진 지식만의 추구가 인간을 가장 본질적인 진리로부터 이탈시켜 무력한 존재로 만들어버렸다고 확신하고 있다. 그러므로 두 오빠의 교육은 지식의 추구로부터 시작하는 것이 아니고, 그들 자신의 확신으로는 주체와 객체의 이원론을 없앤다는 "비지식"의 탐구로부터 시작된다. 그 교육의 궁극적 목적은 프래니의 깨달음에 의하여 알려진 순수의식의 상태가 바로 하나님과 같이 있음이라는 진리를 감득하도록 깨우쳐주는 일이다. 더구나 프래니는 이기주의로 가득 찬 환경에 처해 있으면서도, "자기"를 초월하려고 부단한 노력을 경주하고 있다. 드디어 그녀는 자기 중심의 구각을 깨뜨리고 사물을 있는 그대로 볼 수 있게 된다. 그녀는 현실과 이상의 어느 쪽도 소홀히 하지 않고 이 두 가지를 잘 조화시켜가면서, 현실과 이상이 극도로 불균형을 이루기 쉬운 인간의 삶에 멋진 방향을 제시한다. 그 뒤에 프래니는 선불교를 바탕으로 하여 마음의 깨우침을 얻으려고 한다. 샐린져의 인간 존재의 철학은 우리가 "자기 발전을 끊임없이 도모해서 우리 자신을 정신적으로 해방시키려고 최선을 다하지 않으면 안 된다는 강한 주장이다. 왜냐하면 우리는 마음의 깨달음을 통해서 모든 속박으로부터 우리 자신을 해방시킬 수 있는 능력을 가지고 있다는 철학이 바로 샐린져의 확고한 신념이기 때문이다."[18]

인간의 성격에 대한 이런 두 개의 상이한 견해로부터, 우리는 우리나라가 일본의 식민지였을 때의 우리의 존재 형태를 면밀히 검토해볼 필요가 있다. 일반적으로 말해서 우리는 평면 인간이었다. 해방이 되고 나서 주권 국가가 되었을 때, 식민지 치하에서 독립국가의 장래에 대한 우리의 계획이나 이상에 관한 자료와 연구 서적들보다는 독립운동에 관한 자료와 책들이 더 많이 쏟아져 나왔다. 지금도 여전히 많은 독립운동 가운데서 공표되었던 주권국가의 미래에 대한 계획과 이상에 관한 연구는 활발하지 못한 것처럼 보인다. 우리 사회가 아무리 억압과 횡포의 제물이었다 할지라도, 우리는 우리 자신의 존재양식에 책임을 지지 않으면 안 된다. 왜냐

18. 앞책, 36.

하면 어떤 억압과 횡포 밑에서도 우리는 우리 자신이 평면 인간이 되느냐 아니면 입체 인간이 되느냐에 대한 우리의 선택권을 어느 정도 갖고 있기 때문이다.

우리는 가능한 한 입체 인간이 되려고 최선을 다하지 않으면 안 된다. 다행스럽게도 우리는 입체 인간이 되는 길을 *보이지 않는 인간, Invisible Man*(1952)에 구체적으로 표현되어 있는 랠프 엘러선의 진실한 자아의 개념 가운데서 발견할 수 있다. 우리의 삶을 존재론적으로 안전하게 보장해주는 진실한 자아란 우리 자신의 본질적 자아에게 정직하고, 이런 자아의 요구사항과 복잡성을 인정하면서, 우리 자신을 창조적 활동으로 이끌어가는 진리관에 의해 이루어진다. 진실한 자아는 또한 우리가 삶에 활력과 창조력을 마련해주는 자치(自治)에 전념하기를 요구한다. 따라서 우리는 더욱 실존적으로 무엇이 진실한 자아인가를 감득하는 데에 많은 노력을 경주해야 하며, 이 노력에서 마주치게 되는 많은 어려움을 극복해야 한다. 그럼에도 불구하고 우리는 진실한 자아를 실현시키기 위해 최선을 다하려 하지 않을 뿐더러, 하고 싶어 하지도 않고 있음이 우리의 현실이다. 우리는 진리를 자기 나름대로의 개인적인 특이한 방식으로 이해하고 주장하려고 하는 아주 강한 성향을 가지고 있다. 우리는 이런 독선적인 진리관을 가지고, 이 진리관에 입각해서 다른 사람들에게 일차원적인 행동양식을 강요한다. 또한 우리 자신의 진리관에서 이탈한 모든 것을 거부하려고 한다. 그 결과로 우리는 우리 자신의 진리관과 합치되지 않는 어떤 사상이나 신념을 좀처럼 이해할 수 없을 뿐더러 수용할 수도 없다.

*보이지 않는 인간*의 이름 없는 주인공, 즉 사회에서의 자기 위치와 자신의 본질적 자아를 찾고 있는 젊은 흑인은 자신을 보이지 않는 인간으로 살아왔다고 생각한다. 그의 삶의 의미는 다른 사람들이 그 의미를 확인하여 줌에 의존하고 있다. 그는 사랑과 인정을 받는 가장 좋은 방법이 자기 자신의 본질적 자아를 버리고 다른 사람들에 의해 이미 확정된 외부적 실재에 무조건 순종하는 데에 있다고 이해하고 확신한다. 다른 사람들은 그들 자신의 진리관을 확인해보기 위해서만 그를 이용하고 있다. 그는 사

리사욕을 채우기 위해 진실한 자아를 포기한 보이지 않는 사람들 가운데 한 사람이다. 그는 언제나 "예"라고 대답하는 허위의식의 인간이 됨으로써 자신의 사회적 지위를 향상시키려고 안간힘을 썼다. 그는 자신의 삶이라는 기계에서 한 톱니바퀴가 되고자 하며 또 이렇게 되는 것에 아주 만족한다. 따라서 이 젊은 흑인은 진리를 전혀 깨닫지 못한다.

흑인 주인공은 미국의 남부 도시에 있는 흑인 대학 — 이 대학은 "교육은 하지 않고 편견을 주입한다"[19] —에 다니면서 제2의 부커 티. 와싱턴(Booker T. Washington)이 될 것을 꿈꾸고 있다. 그는 대학이 요구하는 모든 역할을 수행하는 데에 최선을 다함으로써 대학당국의 총아가 된다. 그는 대학의 가장 출중한 평의원이며 후원자인 노튼(Norton)의 명령을 충실히 이행한다. 그러나 주인공은 그 백인 평의원에게 너무나 잘 순종했기 때문에 대학에서 쫓겨나며, 그 때문에 자기 존재의 힘의 유일한 근원을 잃게 된다. 뉴욕(New York)에서 주인공은 주로 백인들로 구성되어 있는 형제애 단체를 자신의 모든 것을 바칠 수 있는 지상의 목표라고 생각하고서, 그 단체의 일원으로서 최고의 지위에 오르려고 한다. 그는 이 단체에 의해 자기 자신이 지배받고 조종당함을 대단히 만족스럽게 여기고 있다: "나는 형제애 단체의 모든 것을 포괄하는 사상에 의해 지배받고 있었다. 이 단체는 사회에는 새로운 모습을, 그리고 내게는 중대한 역할을 부여했다. 우리는 매우 분명한 목적을 갖고 있었으며, 모든 것은 우리의 과학에 의해 다스려질 수 있었다. 삶이란 전적으로 모형과 규율이다. 규율의 아름다움은 규율이 그 기능을 잘 발휘할 때만 존재하는 법이다. 그런데 규율은 매우 훌륭하게 그 기능을 발휘하고 있었다."[20] 그러나 주인공은 그 단체로부터 정당한 사유 없이 자신의 개인적인 명예와 권력을 추구했다는 비난을 받는다. 그는 다시 한 번 실존에서 자기가 하는 일과 방향에 대한 모든 것을 잃어버리게 된다.

---

19. Robert A. Bone, *The Negro Novel in America* (New Haven: Yale University Press, 1965), 205.

20. Ralph Ellison, *Invisible Man* (New York: New American Library, 1952), 331.

드디어 그는 자신의 삶이 다른 사람들의 이기주의에 의해 지배되어 왔으나 어느 누구도 자신의 삶을 인정하여준 적이 없었다는 사실을 깨닫는다: "나는 기억할 수 없을 정도로 오래 전부터 이리저리 끌려 다녔다. 그리고 내게 있어서의 문제는 내가 내 방식대로가 아니라 늘 다른 사람들의 방식을 따르려고 했다는 점이었다. 또 남들은 나를 항시 이 이름 저 이름으로 불러왔으면서도 아무도 나 자신의 이름을 직접 듣고 싶어 하지는 않았다. 그래서 여러 해 동안 나는 다른 사람들의 의견에 따르려고 애쓰다가 결국 반항을 하고 말았다. 나는 보이지 않는 인간이다. 그처럼 나는 먼 길을 걸어오다가 내가 원래 도달하기를 갈망했던 그 사회 속의 위치로부터 다시 멀리 원위치(본래의 나)로 돌아가고 만 것이다." 그리고 나서 그는 실존에서 가장 중요한 것은 자기 자신을 알고 독립된 생활의 영위라고 깨닫는다: "삶이란 자기가 스스로 사는 것이라야지 통제당해서는 안 된다. 인간다움이란 패배가 확실하다 할지라도 계속 승부를 겨룸으로써 획득되어지는 것이다. 우리의 운명이란 하나가 되는 것이면서도 다수가 된다 — 이것은 예언이 아니라 사실의 기술이다."[21] 지금 이 젊은 흑인은 자신의 본질적 자아 밖으로부터 부과되는 모든 진리들을 거부하면서 자치 능력을 확대하는 데에 최선을 다하는 인간이 되려고 굳게 결심한다.

진실한 자아를 추구하는 사람은 완고하고 고착된 진리관에 사로잡히지 않으면서, 항시 진리를 융통성과 변화의 터전 위에서 받아들이려고 한다. 이 젊은 흑인의 진리관은 전적으로 변화무쌍하고 다의적이다. 그러므로 그는 주의 깊게 이런 주장에 귀를 기울인다: "사람들이 진리라고 일컫는 좁은 경계선 밖으로 뛰쳐나와 무질서, 즉 상상의 세계 속으로 뛰어드시오."[22] 그는 사물을 있는 그대로 보고 받아들이려고 노력하며, 자신의 이런 새로운 철학을 바탕으로 자기 자신을 언제나 변화시키고 창조하려고 한다. 그는 마음을 여는 능력, 즉 "사실과 이성을 초조하게 추구하지 않고

21. 앞책, 496, 499.

22. 앞책, 498.

불확실성과 불가사의와 의심스러움 가운데 있을 수 있는"[23] 능력의 소유자가 되고자 한다. 요컨대 진실한 자아를 추구하는 사람은 마음의 깨달음을 통해서 자기 자신을 모든 굴레로부터 해방시키는 능력을 함양하기 위해 최선을 다하는 바로 그런 사람이다.

우리는 사랑의 참된 의미에 의해 교육과 영향을 받을 때만 진실한 자아를 추구하고 발전시킬 수 있다. 사랑은 우리의 삶과 운명을 결정하는 데에 매우 중대한 역할을 한다. 에릭 프롬(Erich Fromm)은 사랑만이 "인간 실존의 문제에 대한 단 하나의 건전하고 만족한 해답"이 된다고 역설한다. 그의 확고한 신념에 의하면 어느 사회가 사랑의 가능성과 계발을 배제한다면, 그 사회는 "결국 인간 본성의 기본적인 욕구와 충돌하게 되는 그 자체의 모순 때문에 틀림없이 붕괴된다." 그러므로 우리는 "사랑의 가능성을 특별한 개인적인 현상으로서 뿐만 아니라 사회적인 현상으로서 믿는 것이 인간의 본성에 대한 통찰력에 기초를 둔 합리적인 신념이다"[24]라는 주장을 믿어야 한다. 우리가 사랑의 성숙을 사회적 현상으로서 만족스럽게 수용할 수 있느냐 없느냐는 그 사회에 크게 유행하고 파급되고 있는 사랑의 개념에 전적으로 달려 있기 때문이다.

그런데 우리가 이해하고 파악하고 있는 사랑의 개념은 의심할 여지없이 사랑하는 사람과 사랑받는 사람의 모형(the pattern of lover-beloved)에 근거를 두고 있다. 우리는 일반 대중이 즐겨 불렀던 한 대중 가요의 이런 구절에 아주 친숙하다: "사랑이 무어냐고 물으신다면 눈물의 씨앗이라고 말하겠어요." 이런 사랑의 개념은 우리 자신의 삶에 아주 무의미할 뿐 아니라 오히려 해롭다. 사랑하는 사람과 사랑받는 사람의 모형에서, 사랑을 주는 사람과 받는 사람은 아주 쉽게 구별된다. 여자와 어린이 그리고 학생과 고용인은 남자와 부모 그리고 선생과 고용주로부터 사랑을 받는 편이다. 이런 사랑의 모형은 우리 사회의 인간관계에서 동등권과 평등권을 허

---

23. John Keats, *Letters of John Keats*, ed. Robert Gittings (London: Oxford University Press, 1970), 43.

24. Erich Fromm, *The Art of Loving* (New York: Bantam, 1967), 111-12.

용하지 않는다. 사랑하는 사람은 일반적으로 소유욕이 매우 강해서 상대방에게 무조건 복종을 요구하면서도 상대방의 생각이나 감정에는 그 요구에 상응하는 정도의 고려를 전혀 하지 않는다. 반면에 사랑을 받는 사람은 사랑을 주려고 하지 않고 사랑을 받는 데만 열중할 뿐이다. 사랑을 받기만 하는 사람은, 상대방에게 지나치게 의존하고 너무나 자기중심적이기 때문에, 사물에 대한 객관적인 판단을 할 수 없을 뿐 아니라 자주적이고 창조적인 생활도 할 수 없다. 따라서 사랑하는 사람과 사랑받는 사람 사이에는 감정의 교류가 생기기 어렵다. 그러므로 이 사랑의 모형은 마땅히 그래야만 되는 데도 주고받는 것의 행복한 순환으로 발전되어가지 못하고, 사랑하는 사람은 쓰라린 고독과 소외로 끝나며, 사랑받는 사람은 독립과 동정심의 상실로 끝난다. 이러한 사랑의 모형은 우리 자신의 삶을 편협하고 변태적이고 파괴적인 상태로 끌고 간다.

카선 머컬러즈의 중편소설, "슬픈 캐페이의 노래"(1951)에 있는 세 주인공 — 마빈 메이시(Marvin Macy)와 어밀려 에번즈(Amelie Evans)양 그리고 곱사등이 라이먼(Lymon) —의 관계를 고찰함으로써 사랑하는 사람과 사랑받는 사람의 모형은 아주 잘못된 사랑의 개념이라는 사실을 밝혀보고자 한다. 마빈 메이시는 스스로 자멸을 초래하는 이기주의적인 인간이다. 그는 힘이 세고 미남인 베틀 수선공인데, 수입이 좋아서 안락한 생활을 하고 있다. 그러나 성격이 나빠서 자기에게 깊은 관심을 쏟고 있는 몇 명의 어여쁜 처녀들을 무시한다. 스물두 살 때 그는 열아홉 살의 남자와 같은 체격을 가진 고독한 여자이면서 마을에서 가장 부자인 어밀려 에번즈양을 사랑하게 된다. 그는 그녀의 돈 때문이 아니라 오로지 사랑하기 때문에 그녀를 사모한다. 사랑은 그를 새로운 인간으로 바꿔 놓아 그는 교회와 종교적인 모임에 나다닌다. 여러 면에서 자기 성격을 좋게 고친 후에, 그는 에번즈양과 결혼한다. 그러나 첫날밤을 치루지 않은 그들의 결혼생활은 열흘 동안 계속된다. 그는 그녀의 환심을 사서 사랑스러운 신부를 잠자리로 데려오기 위해서, 자기 자신이 할 수 있는 모든 수단을 강구해본다. 그녀에게 선물을 사주기도 하고 또 자기의 전 재산을 그녀에게 양도하기도 한다. 그러나 에번즈양은 그의 열렬한 사랑에 전혀 개의치 않는다. 그녀의 유일한 관심사는 그를 사랑하는 데에 있지 않고 그로부터 돈을 빼앗는 데에 있다. 그가 자신의 애절한 애정을 표현할 때마다 그의 이런 행위는 그녀를 놀라게 할 뿐이어서, 그녀는 그를 더욱더 증오하게 된다. 드디어 그녀는 그를 구타한 뒤에 집 밖으로 쫓아내버린다. 일단 그가 자기 자신을 사랑의 굴레로부터 해방시키자마자, 그는 마을로부터 사라지더니 다른 곳에 가서 많은 비행을 저지른다. 그는 체포되어, 재판에서 형을 선고받아 교도소로 이송된다. 마빈 메이시는 자기가 사랑하는 사람으로부터 경멸의 대상으로 버림받았기 때문에 자신에게 파멸을 초래했다.

에번즈양이 메이시가 교도소에 구금되어 있다는 소식에 아주 만족스러워하고 있는 어느 날 한밤중에 낯선 사람이 돌연히 그녀의 집에 나타나서 그녀의 친척이 된다고 우겨댄다. 그는 카즌 라이먼이라는 이름을 가진 곱사등이다. 그녀는 열흘 동안의 결혼생활을 빼고는 자기 집에 어느 누구도 결코 초대한 적이 없이 홀로 살아왔다. 아주 놀랍게도 그녀는 곱사등이를 집안으로 데리고 가더니 그에게 대가없이 술과 저녁을 대접한다. 뜻밖에도 그녀는 그를 사랑하게 된다. 곱사등이를 자기의 사랑의 대상으로 선택한 후에, 그녀는 사교적인 인간으로 변신한다. 그녀는 사람들을 반갑게 대하며 이따금 장례식이나 부흥회에도 참석한다. 그녀는 또한 자기의 외모에 관심을 쏟기 시작한다. 그녀는 곱사등이를 계속 우상화하며, 그를 위해서는 어떤 일이라도 다해준다. 에번즈양은 이 곱사등이에게 메이시와의 열흘 동안의 결혼생활을 제외한 모든 비밀을 털어놓는다.

곱사등이는 에번즈양을 자신의 사랑의 지배 밑에 둔 뒤에, 자기가 원하는 대로 마음껏 그녀를 농락한다. 그는 그녀로부터 무엇이나 얻고 있으면서도 아무것도 그녀에게 돌려주지 않는다. 그녀는 자기 만족감만을 미친 듯이 얻으려고 하는 자신의 일방적이고 맹목적인 곱사등이에 대한 사랑 때문에 끝내는 자멸을 초래한다. 곱사등이가 그녀 앞에 나타난 지 6년이 지난 어느 겨울날 메이시는 교도소에서 나와 마을로 돌아온다. 곱사등이는 여러 가지 형태의 범죄에 깊은 흥미를 가지고 있기 때문에, 그가 메이시를 보는 순간부터 즉각 그에게 마음이 끌린다. 그녀는 이 두 사나이를 보는 순간에 곱사등이가 메이시의 사랑에 홀려서 그의 노예가 되었음을 알아차린다. 곱사등이가 메이시에게 사랑을 호소하나 거절당한다. 개가 주인을 따라다니듯이 곱사등이는 메이시를 비굴하게 쫓아다니면서 사랑을 받고자 한다. 그가 곱사등이에게 무관심하면 할수록 곱사등이는 그의 매력의 대상이 되려고 온갖 노력을 기울인다. 곱사등이의 사랑을 받고 있다는 사실을 일단 알아차리게 되자, 메이시는 에번즈양에게 복수하기 위해 곱사등이를 이용한다. 그는 곱사등이를 부추켜서 자기의 일전 아내를 괴롭히면서 조롱한다.

반면에 그녀는 곱사등이에 대한 자신의 사랑을 단념하지 못한다. 곱사등이를 빼앗긴 세계를 상상할 수도, 받아들일 수도 없기 때문이다. 그녀는 메이시에게 반시간 동안이나 계속된 무시무시한 싸움을 건다. 그녀가 이 싸움에 이기려고 하는 순간, 곱사등이는 갑자기 그녀의 등 위로 뛰어오른다. 메이시는 그녀를 쉽게 이긴다. 그와 곱사등이는 그녀의 물건 가운데서 값나가는 것을 훔치고, 나머지 물건들을 부순 뒤 함께 마을을 떠난다. 에번즈양은 곱사등이에게 배신당하고 홀로 되어, 자기 집에 담을 치고 은둔생활을 한다. 이 세 사람의 관계에서 사랑하는 사람은 노예이고 사랑받는 사람은 폭군이다.

여기에서 사랑하는 사람과 사랑받는 사람의 모형은 아주 잘못된 사랑의 개념에 근거하고 있다. 사랑하는 사람과 사랑받는 사람은 자기중심적인 사고의 올가미에 걸려서 서로의 체험을 공유하려고 하지 않는다. 그들의 최대관심은 오로지 그들 각자의 개인적인 이익추구에만 있기 때문에, 그들은 서로서로를 진정으로 사랑하는 사람들이 될 수 없다. 특히 사랑하는 사람은 자기 자신의 환상적인 세계를 만들어가지고 사랑받는 사람에게 이 세계를 받아들이라고 강요한다. 그의 세계가 사랑받는 사람에 의해 받아들여지지 않을 때, 사랑하는 사람은 자신의 걷잡을 수 없는 정신적인 소외로 말미암아 자멸을 초래한다.

사랑하는 사람의 심리를 더욱 분석적으로 검토해보면, 그는 “모든 것을 자기 자신만을 위해서 바라고 있으며, 주는 일에 기쁨을 전혀 느끼지 못하며, 오직 받는 데만 기쁨을 느끼고 있을 뿐이다. 그는 자신 이외의 세계는 거기서 그 무엇을 얻을 수 있을까하는 관점에서만 관찰된다. 그는 다른 사람들의 욕구에 전혀 관심이 없으며, 그들의 존엄성과 성실성에 대한 존경도 없다. 그는 자기 자신을 제외하고서는 아무것도 볼 수 없다. 그는 모든 사람과 모든 사물을 자신의 유용성의 견지에서만 평가한다. 그는 근본적으로 사랑 불능의 인간이다."[25] 이 모형에서 사랑하는 사람은 외관상으로는 주는 사람이지만, 진정한 의미에서는 오로지 받기만 하는 사람이다. 그러므로 그는 자신의 사랑을 받고 있는 사람을 사랑을 주는 사람으로 — 주는 것이 사랑의 가장 본질적인 요소임에도 불구하고 — 만들 수 없다.

그러나 사랑하는 사람과 사랑받는 사람의 모형은 인류 역사에서 세계의 어느 곳에서나 오늘날까지 아주 당연한 사실로 간주되어 왔다. 사랑하는 사람과 사랑받는 사람의 모형의 한계성과 결함을 터득했으므로, 우리는 "인간 실존의 문제에 대한 단 하나의 건전하고 만족한 해답"이 되는 사랑의 다른 모형을 필요로 한다. 그 모형이란 바로 사랑하는 사람과 사랑하는 사람의 모형(the pattern of lover-lover)이다. 이 모형에서 제시하는 서로 사랑하는 두 사람은 하나님이 죠우너(Jonah)에게 전한 이런 계시에 잘 나타나 있다: "사랑의 본질은 어떤 것을 위하여 '일하는 것'이며 그리고 '어떤 것을 성장시키는 것'이므로 사랑과 노동은 분리될 수 없다. 인간은 그것 때문에 일하고 있는 것을 사랑하며 그리고 사랑하는 그것을 위해 일한다."[26] 서로 사랑하는 두 사람은 이와 같은 진리를 전적으로 이해하고 실현하려고 최선을 다한다. 이 두 사람의 이런 새로운 깨달음과 결심은 두 사람을 분리시키지 않고 그들이 실현하려고 노력하는 공동 목표를 바탕으로 두 사람을 완전하게 융합시켜준다. 사랑하는 사람과 사랑하는 사람의 모형은 서로 사랑하는 두 사람이 자기 앎을 바탕으로 그들 자신의 공동 목

25. 앞책, 50-51.

26. 앞책, 23.

표를 추구하려고 최선을 다할 때만 이루어질 수 있다: "사랑은 두 사람이 그들 자신의 가장 핵심적인 실존 문제로부터 의사소통이 될 때, 그리고 그들 각자가 그들의 핵심적인 실존 문제로부터 자기 자신을 체험할 때만 가능하다. 바로 이 '핵심적인 체험' 가운데 인간의 실재가 있으며, 오직 여기에 삶의 생동감이 있으며, 오직 여기에 사랑의 근원이 있다. 이렇게 체험한 사랑은 부단한 도전이다. 이런 사랑은 휴식처가 아니라, 함께 생동하며 성장하고 그리고 일하는 장소이다. 조화나 충돌 그리고 기쁨이나 슬픔이 있느냐 혹은 없느냐의 문제는 이 두 사람이 그들의 핵심적인 실존 문제로부터 그들 자신을 스스로 체험하고, 그들이 그들 자신으로부터 도피하기보다는 오히려 그들 자신과 하나가 됨으로써 서로 일체가 되는 근본적인 사실에 대한 부차적인 것이다. 사랑의 존재에 대해서는 오직 한가지의 증명이 있을 뿐이다. 그 증명은 관계의 깊이이며, 관계하는 각자의 생동감과 힘이다. 이것이 사랑을 알게 해주는 열매이다."[27]

사랑하는 사람과 사랑하는 사람의 모형의 전제조건은 우리 자신의 독선적인 의식에서 벗어나 우리가 다른 사람들과 결합되어질 수 있는 새로운 의식을 찾겠다는 결의와 실천에 있다. 이처럼 어려우나 위대한 목적을 실현시키기 위해 우리는 진실한 자아를 추구하고 발전시키지 않으면 안된다: "사랑과 자아는 하나이고, 두 가지 중 하나의 발견은 두 가지 모두의 실현이다."[28] 게다가 이 모형은 두개의 기본적인 사실을 전제조건으로 요구하는데, 하나는 자유이고 또 다른 하나는 의지이다. 강제로 주고받는 사랑은 진실한 사랑이 아니다. 왜냐하면 진실한 사랑이란 "자기 길을 찾아, 자기 보조를 정하고, 자기가 택한 방향으로 움직이는"[29] 것이기 때문이다. 그리고 의지와 밀접하게 결합되어 있지 않은 사랑은 두 사람을 완전하게 융합시킬 수 없다: "사랑과 의지는 모두가 의식이 만나는 양식이다. 둘은 또한 우리를 감동시켜 다른 사람과 우리의 세계에 영향을 미치는 원동력

---

27. 앞책, 86-87.

28. Buscaglia, 96.

29. 앞책, 187.

이다. 사랑과 의지의 이런 힘은 우연적인 것이 아니다. 왜냐하면 이 힘은 애정이나 감동을 의미하며, 변화에 영향을 미침을 뜻하기 때문이다. 애정이나 감동은 또한 무엇인가를 만들고 행하며 조직하는 활력소이다. 사랑과 의지는 다른 사람의 의식을 불러일으키는 근원적인 힘이다."[30]

레널즈 프라이스의 소설, *고결한 사나이, A Generous Man*(1966)의 열다섯 살의 주인공 마일로우 머스티언(Milo Mustian)은 와런(Warren)마을의 장날, 장터에 갔다가 로우이스 프로우보우(Lois Provo)라는 이름을 가진 열여섯 살의 여자 주인공을 만나게 된다. 그녀는 세살에 부모를 잃고 숙모와 동물들과 함께 살아왔기 때문에, 그녀의 마음은 오로지 천진난만하고 순수한 의식으로 가득 차 있다. 일생 처음으로 마일로우는 그녀를 사랑하게 된다. 그녀에 대한 그의 사랑은 자신의 삶에 도저히 믿어지지 않는 변화를 가져와서 그의 정신과 육체를 정반대로 변화시켜버린다. 그는 지금까지 육체적으로 전혀 느껴보지 못했던 어른스러움을 느끼게 된다. 그의 마음은 활력과 황홀감으로 가득 차 있다. 그의 사랑은 그가 자기 앎을 탐구해서 진실한 자아를 실현시키는 것을 가능하게 해주는 인격을 갖추도록 도와준다: "사랑은 본질적으로 감정적인 힘이 아니고 존재론적인 힘이다. 사랑은 삶 자체의 실재, 즉 분리된 것의 동적인 재통합이다."[31] 마일로우의 자아 성숙과 실현 의지는 그의 사랑을 더욱더 알차게 성숙시킨다. 그의 사랑은 자기 자신과 로우이스 프로우보우를 사랑하려고 하는 대단한 노력 때문에, 그의 삶에 더욱더 강한 활력을 가져다준다. 그의 이런 노력은 그녀의 자신에 대한 이심전심의 이해와 애정을 불러일으킨다. 진실한 자아로부터 우러나오는 그의 사랑은 그녀의 마음속으로 깊이 파고 들어갈 수 있어서, 그녀는 그의 사랑의 영향을 받아서 사랑을 주고받을 수 있는 능력을 갖게 된다. 요컨대 사랑이란 한 인간이 자기 자신을 알고 자아를 실현시키면서 동시에 상대방도 이렇게 하도록 도와주는 원동력이다.

---

30. Rollow May, *Love and Will* (New York: Dell, 1974), 306.

31. Paul Tillich, *The Protestant Era,* trans. James Luther Adams (Chicago: University of Chicago Press, 1948), xxv.

프로우보우 자신도 그녀에 대한 마일로우의 강한 애정의 도움을 받아 더욱 성숙된 여인으로 성장한다: "나[마일로우]는 내가 사나이다운 남자라는 사실을 알고 있을 뿐 아니라 그녀가 여성다운 여자가 아니라는 사실도 알고 있는데, 나의 이런 앎이 그녀를 여성다운 여자로 만들어가고 있다."[32] 그의 프로우보우에 대한 사랑의 행복감은 그녀의 순수한 의식 때문에 더욱더 지극해진다. 그녀의 사랑을 받고 되돌리는 진지한 행위는 그의 마음을 더욱더 넓게 만들어 호기심에 가득하게 함으로써, 그가 고독감과 소외감을 극복하고 새로운 인간이 되도록 해준다. 그녀의 사랑할 줄 아는 행위는 그가 더욱더 헌신적으로 그녀를 사랑하도록 하는 데에 결정적인 역할을 한다.

> 사랑은 다른 사람을 그의 인격의 가장 핵심적인 본질에 바탕을 두고 이해하는 유일한 길이다. 어느 누구도 그 사람을 사랑하지 않고는 그 사람의 실재를 완전히 파악할 수 없다. 사랑이라는 정신적인 행위에 의해 인간은 사랑하는 사람의 인격과 외모를 파악할 수 있게 된다. 더구나 그는 사랑하는 사람의 가능성, 즉 아직 실현되지는 않았지만 반드시 실현되어야 하는 가능성을 알게 된다. 게다가 그는 사랑의 위력으로 사랑하는 사람이 이런 가능성을 실현할 수 있도록 돕는다. 사랑하는 사람에게 무엇이 될 수 있으며 무엇이 되어야만 하는가를 깨닫게 함으로써, 그는 이런 가능성을 실현할 수 있는 근원적인 힘이 된다.[33]
>
> Love is the only way to grasp another human being in the innermost core of his personality. No one can become fully aware of the very essence of another human being unless he loves him. By the spiritual act of love he is enabled to see the essential traits and features in the beloved person; and even more, he sees that which is potential in him, that which is not yet actualized but yet ought to be actualized. Furthermore, by his love, the loving person enables the beloved person to actualize these potentialities. By making him aware of what he can be and of what he should become, he makes these potentialities come true.

---

32. Reynolds Price, *A Generous Man* (New York: Avon, 1973), 19.

33. Victor E. Frankl, *Man's Search for Meaning* (New York: Pocket, 1976), 176-77.

게다가 마일로우는 "사랑에 있어 자신을 속임은 가장 무서운 사기이므로, 그 일은 조만간 혹은 영원히 보상되지 못하는 영원한 손실"[34]이라는 진리를 깨닫는다. 그러므로 그는 자신의 사랑을 받아주고 있는 프로우보우가 필요하기 때문에, 자기 자신을 그녀가 필요로 하는 사나이다운 남자로 일변시키겠다고 굳게 결심한다. 그의 이런 깨달음과 결심이 그녀의 삶에 결정적인 역할을 하였기 때문에, 그녀는 새로운 생활철학을 배울 수 있게 된다. 이 두 사람은 각자 자기 나름대로의 자기 세계를 가지고 있지만, 그들 자신의 자아 성숙과 실현 의지 그리고 공동 관심과 목표에 의해 완전무결하게 일체가 된다. 그녀가 그의 이런 주장, 즉 "이 세상에서 가장 비극적인 일은 누군가를 사랑하는데, 사랑을 돌려받지 못하는 것이라고 들은 적이 있다"[35]는 말을 듣고서, 그녀도 또한 그런 주장을 들은 적이 있다고 대꾸한다. 이 순간에 이 두 사람은 그들 자신의 사랑을 사랑하는 사람과 사랑하는 사람의 모형으로 만드는 데에 성공하고 나서, 서로 더할 나위 없는 공감대를 갖는다.

사랑하는 사람과 사랑하는 사람의 모형은 사랑하는 사람과 사랑받는 사람의 모형과는 완전히 다르다. 전자의 경우에는 사랑하는 사람이 자기중심적인 인간이 아니고 "사랑과 자아는 하나이고, 두 가지 중 하나의 발견은 두 가지 모두의 실현이다"라는 진리를 너무나 잘 알기 때문에 자아실현의 열렬한 탐구자이다. 사랑하는 사람의 가장 지대한 관심은 자기만족의 추구와 받음에 있지 않고, 자기 삶의 부단한 추구와 줌에 있다. 따라서 사랑받는 사람도 자발적으로 사랑하는 사람과 교감을 갖게 되므로, 상대방을 자기 자신의 절대적인 사랑의 대상으로서 신뢰하고 존경하게 된다. 더욱이 사랑하는 사람과 사랑하는 사람의 모형은 두 사람의 관계를 사랑하는 사람과 사랑받는 사람이라는 고착된 관계로 고정시키지 않고, 자연스럽게 서로의 역할을 교체시켜주기 때문에 그들 자신의 삶에서 자아실현이라는 공

34. Søren Kierkegaard, *Works of love,* trans. Howard and Edna Hong (New York: Harper & Row, 1962), 23-24.

35. Price, 214.

동목표를 갖고 서로서로 사랑하려고 하는 자기들의 부단한 노력에서 우러나오는 활력과 황홀감으로 그들의 삶 자체를 가득 차게 만들어준다.

이 모형은 "더 완벽한 진리, 더 고귀한 미덕, 더 순결한 아름다움, 더 많은 자유, 그리고 더 세련된 형태의 사회생활과 사회제도를 향한 인류의 창조적 전진의 원동력으로서 작용한다."[36] 사회적 현상의 하나로 사랑을 발전시키고 성숙시키기 위해, 이제 우리는 이 사랑하는 사람과 사랑하는 사람의 모형에 가장 많은, 그리고 깊은 관심을 쏟지 않으면 안 된다.

다음은 사랑과 대단히 밀접한 관련이 있는 자유에 대해 논의해본다. 자유란 "인간 정신의 영원한 기반"[37]이다. 우리는 자유가 우리 삶을 의미심장하고 목적의식이 있게 만들어주는 진리라고 굳게 확신하기 때문에, 가능한 한 많이 자유를 이해하고 신장시키려고 최선을 다한다. 무엇보다도 먼저 우리는 자유가 서구사회로부터 도입되었다는 중대한 사실[38]을 알지 않으면 안 된다. 우리는 또한 언제 자유가 우리 사회에 도입되었는지, 어떤 상황이 자유가 도입되기 이전의 우리 사회의 상태이었는지, 자유로운 사회를 만들기 위해 우리가 어떤 노력을 해왔는지, 그리고 무엇이 "인간의 정신적이고 창조적 원동력"[39]인 자유를 최대한으로 신장시키는 우리의 최선의 방법인지 검토해보지 않으면 안 된다. 자유를 최대한으로 신장시키는 최선의 방법은 틀림없이 우리 자신의 자유의 정확한 개념을 파악하려는 부단한 노력과 이처럼 파악한 개념을 실현시키겠다는 강한 의지에 달려 있다.

자유의 개념을 더욱 분명하게 이해하기 위해, 서구사회에서 자유의

---

36. Pitirim A. Sorokin, *The Ways and Power of Love* (Chicago: Henry Regnery, 1967), 66.

37. Nicolas Berdjaev, *The Fate of Man in the Modern World* (Ann Arbor: University of Michigan Press, 1969), 45.

38. In a private conversation, Professor James J. Y. Liu reaffirmed that freedom was not mentioned in the Chinese classics.

39. Nicolas Berdjaev, *The Realm of Spirit and the Realm of Caesar,* trans. Donald A. Lowrie (New York: Harper & Brothers, 1952), 105.

개념이 어떻게 변천되어왔는가를 역사적으로 고찰해볼 필요가 있다. 서구사회에서 자유는 스토우익(Stoic) 학파의 철학자((그리스철학자 지노우, Zeno(기원전336?-264?)가 주장한 학설의 신봉자))에 의해 처음으로 논의되었다. 스토우익 철학자의 주장에 따르면 이 세상에 있는 모든 것들은 자연이라고 일컬어지는 단일한 체계의 부분들이다. 인간생활은 자연과 조화를 이룰 때 행복하다. 인간은 자신의 존재 의지가 세속적인 욕망에서 벗어나 자연의 정신과 합치하는 방향으로 지향할 때만 자기 삶을 자연과 조화시킬 수 있다. 이런 정신 상태에서 인간은 완전한 자유를 향유하게 된다.[40] 그러나 불행하게도 스토우익 철학자의 이런 주장은 서구사회에서 자유의 개념으로서 널리 보급되지 못했다.

일반적으로, 스토우익 철학자의 이런 학설은 무시되고 토머스 홉즈, Thomas Hobbes(1588-1679, 영국철학자)의 저서인 *리바이어선, Leviathan* (1651)이 자유에 대한 광범위한 논의의 시발점이 되었다. 홉즈는 모든 사람이 모든 사람에 대항해서 싸우는 상태에 있는 인간은 평화를 찾아서 헤맨다고 주장했다. 따라서 홉즈의 정의에 따르면 "자유란 저항이 없음을 의미한다. (저항이란 운동의 외부적 방해를 뜻한다.) [. . .] 자유인이라 함은 인간이 그의 힘과 의지로 할 수 있는 일들 가운데서 그가 하고자 하는 일을 하는데 방해를 받지 않는 사람이다."[41] 홉즈를 계승하여, 죤 로크(John Locke)는 공익을 증진시키지 못하는 정부는 전복되어져야 한다는 그의 사상을 더욱더 발전시켰다. 그는 "이미 언급했던 것처럼 사람들은 모두 선천적으로 자유스럽고 평등하고 독립적이기 때문에, 어느 누구도 자기의 동의 없이는 이런 상태에서 벗어나 다른 사람의 정치적 권력에 복종시킬 수 없다"고 주장했다. 게다가 로크는 자유를 인간의 천부인권설의 견지에서 검토했다: "인간의 천부적 자유는 이 지상에 있는 어느 우월한 권력으로부터 해방되는 것이며, 또한 인간은 입법권위의 의도에 순종하는 것이 아니라,

---

40. Bertrand Russell, *A History of Western Philosophy* (New York: Simon and Schuster, 1945), 254-55.

41. Thomas Hobbes, *Leviathan* (New York: E. P. Dutton, 1957), 110.

자기를 지배하는 것으로서는 오로지 자연법만을 갖는다."[42] 홉즈와 로크를 계승한 죤 스튜어트 밀, John Stuart Mill (1806-1873, 영국경제학자 및 철학자)은 처음에는 공리주의자들의 영향을 많이 받았으나, 그 후에 공리성은 "진보적 존재로서의 인간의 영구적인 이익에 근거를 두어야" 된다는 관점에서 그들과 의견을 달리하게 되었다. 밀은 개인을 압도하는 사회와 정부의 힘이 급속하게 비대해가고 있으므로, 이런 사회와 정부의 힘이 개인의 자유의 가치에 대한 강한 신념에 의해 제약을 받게 되지 않는다면, 정부와 여론은 개인의 참신하고 창조적인 사상의 계발을 억압하는 획일적인 압제의 멍에를 인간에게 씌우게 될 것이라는 점을 크게 우려하였다. 그러므로 밀은 인간 주체성의 가치를 인정하고 이런 주체성을 가능한 한 많이 계발하고 표현할 것을 주장했다. 밀은 주체성의 계발만이 훌륭한 교육을 받고 훌륭하게 성숙된 인간을 양성할 수 있다고 확신했다. 밀의 이와 같은 자유의 개념은 다음과 같다: "사람은 자기 자신의 관심사에서 자기가 하고 싶은 대로 할 수 있도록 자유스러워야 한다. 그러나 다른 사람의 일이 자기 자신의 일이라는 구실로 다른 사람을 위한 일에서 자기가 하고 싶은 대로 할 수 있도록 자유스러워져서는 안 된다."[43]

사람들은 정부의 어떠한 간섭 없이도 보장받을 수 있었던 자기안전과 자기보호 그리고 주체성의 계발에 아주 지대한 관심을 가졌다. 그러나 이런 관심은 인간이 정부에 의해 다른 사람들의 폭력과 비행으로부터 보호받지 않으면 안 된다는 주장으로 바뀌게 되었다. 사회의 급속한 경제성장을 이룩하기 위해, 자유의 개념은 바뀌어져서 지금까지의 "정치적 자유보다는 오히려 물질적 부를 축적하는 경제적 자유를 의미하게 되어버렸다."[44] 자유방임주의의 원리에 입각해서 수립된 시장경제가 자기들의 이익을 위해 사회의 경제를 착취하면서 많은 사람들의 기본적인 경제 안정을

---

42. John Locke, *Two Treatises of Civil Government* (New York: E. P. Dutton, 1955), 164, 127.

43. John Stuart Mill, *On Liberty Etc.* (London: Oxford University Press, 1952), 16, 128.

44. F. S. C. Northrop, *The Meeting of East and West* (New York: Collier, 1972), 41.

박탈하는 자본가들 이외의 모든 사람들에게 무책임한 폭정의 권력을 남용했다. 그러므로 모든 인간이 착취를 당하지 않고 자립생활을 영위할 수 있도록 하기 위해 마련된 정책들 — 완전고용과 최저임금 그리고 기타의 조치들 —이 시급하게 요구되었다. 인간의 기본권을 위협하는 기성 체제의 사리사욕을 제한하는 이런 정책들은 정부의 관여 없이 시행되고 효과를 거둘 수가 전혀 없었다. 요컨대 경제적 측면에서의 자유의 개념은 인간의 기본적인 경제 안정이 정부에 의해 완전하게 보장되지 않으면 안 된다는 주장이었다.

정치적 그리고 경제적인 견지에서의 자유의 개념은, 철저하게 이기주의적인 개인이 사회와 개인과의 상호관계에서 사회에 의해 통제되지 않으면 안 된다는 관점에서 검토되고 논의된 결론이다. 이에 반해 개인의 자유의 문제는 개인의 성장과 발전을 저해하는 사회의 외부적 제약을 제거하자는 주장이다. 따라서 자유를 인간의 기본적 욕구의 측면에서 보는 논의가 나타나게 되었다. 쟌 쟈크 루소우, Jean Jacques Rousseau (1712-1778, 프랑스철학자)는 인간은 천부적으로 착하나 사회가 인간을 타락시킨다고 확신하고, 인간은 자유스럽게 탄생했지만 어느 곳에서나 감옥에 갇혀 있다고 갈파했다. 루소우는 사유재산의 관념을 창안해낸 시민사회가 발전하면 할수록 그 사회는 인간을 더욱더 무기력하게 만든다고 주장한다: "사회는 인간으로부터 자신의 힘에 대해 가지고 있던 권리를 박탈했을 뿐 아니라, 그의 힘과 욕구와의 관계의 균형을 깨뜨림으로써 인간을 더욱더 약화시켜 버렸다." 그러므로 인간의 힘과 욕구를 일관성 있게 만드는 일이 필수적이다. 인간의 힘과 욕구를 일관성 있게 만드는 이 위대한 목적을 성취하는 것이 루소우의 자유의 개념과 밀접하게 관련되어 있다. 루소우의 이런 자유의 개념은 인간의 잠재적 자아를 상징한다: "우리의 일차적 의무는 자기 자신에 대한 것이다. 우리의 일차적 감정은 자아에 집중되어 있다. 우리의 모든 본능은 처음에는 자신의 생명 보존과 생활 안정으로 쏠린다."[45] 루소

[45]. Jean-Jacques Russeau, *Emile,* trans. Barbara Fosley (New York: E. P. Dutton, 1955), 48, 61.

우와 의견을 같이 하는 버너드 보우전키트 Bernard Bosanquet(1848-1923, 영국철학자)는 자유를 이렇게 정의했다: "자유는 우리 자신이 되는 것이며, 우리 자신이 되는 가장 완전한 조건은 그 조건 가운데서 우리가 가장 철저히 우리 자신이 되는 그런 조건인 것이다."[46] 루소우와 보우전키트의 이런 새로운 자유의 개념은 정신적 혹은 심리적 자유라고 일컬어진다. 이 새로운 자유의 개념은 인간은 무엇인가의 물음과 인간의 기본적 욕구는 무엇인가라는 물음의 상호관계의 측면에서 검토되고 옹호된다.

솔 벨로우는 바로 이런 철학, 즉 자기표현과 창조성을 바탕으로 자유의 개념을 규명한다. 그의 자유의 정의는 자치(自治)이다. 이 자치는 우리가 할 수 있는 것에 대한 우리의 신념을 확대하고, 우리의 지적 상상력을 확장하면서, 우리의 정신적 사색을 차단하는 독선적인 확신을 감쇄시킴을 의미한다. 거짓 자아는 자유를 이해하고 신장시키려는 우리의 노력에 큰 쐐기를 박고 있다. 철저한 자기 앎이 자치의 최상의 수단이다. 이러한 점에서 벨로우의 자유의 개념은 스토우익 철학자의 주장과 매우 흡사하다. 자치로서의 자유의 정의는 자유를 신장시키려는 인간의 본능과 자유를 억압하려는 사회조직 — 인간의 내면세계와 인간에 향한 외부세계의 무서운 공격 —과의 상호관계의 측면에서 검토해본다면 쉽사리 이해될 수 있다. 벨로우 소설의 주인공들은 다소간 사회조직과 거짓 자아에 얽매여서 자유스럽고 자립적인 생활을 할 수 없다. 그들의 삶은 소외되고 고독하며 위축되어 있다. 그들은 방종한 생활에 빠져 있어 그들 자신의 삶에서 어떤 의미나 목적도 발견할 수 없다. 그들은 또한 다른 사람들과 화목하고 건설적인 관계를 유지할 수도 없다. 그러나 나중에 주인공들은 자기 앎을 연마하고 자치 능력을 꾸준히 함양함으로써 자기들의 개인적인 굴레로부터 벗어나는 데에 다소간 성공을 거둔다. 주인공들의 자기 앎을 통한 자치능력의 함양과, 그 함양으로부터 생겨나는 힘은 사랑하는 사람과 사랑하는 사람의 모형을 상징하는 사랑의 개념으로부터 힘차게 솟아나오고 있다.

---

46. Bernard Bosanquet, *The Philosophical Theory of the State* (London: Macmillan, 1920), 90.

벨로우의 자치로서의 자유의 정의는 두 가지 필수조건을 전제로 하는데, 하나는 인간이 외부의 힘에 대해 그 자신을 방어하여 완전한 자아를 고수하는 일이며, 또 다른 하나는 그의 영혼을 끊임없이 계발하여 고상하게 하려는 부단한 노력이다. *허공에 매달린 사나이, Dangling Man* (1944)의 주인공, 죠우지프(Joseph)는 비인간화된 사회에 의해 완전히 압도당해 있다. 그러나 그는 자기 자신을 강제로 남의 손아귀에 넣으려고 하는 사회조직과 처절하게 싸우면서, 자기는 무엇인가와 자기는 무엇 때문에 존재하는가와 같은 기본적인 문제들을 스스로에게 계속해서 자문해본다. 사회조직이 아무리 강한 힘을 가지고 있다 할지라도, "오직 한 가지 가치 있는 일, 즉 상상하는 일"이 있다는 죠우지프 자신의 확고한 신념을 없앨 수는 없다. 그는 또한 "선은 진공 속에서가 아니라 사랑이 수반되고 있는 다른 사람들과의 결합을 바탕으로 실현된다"[47]는 진리를 굳게 믿고 있다. 죠우지프는 이렇게 확신하고 있다: "삶은 고정된 이상적인 가치를 가지고서가 아니라 끊임없이 변화하고 있는 사회적 맥락에서 영위되어야만 한다. 자기가 군에 입대함은 자기 자신의 이상과 주체성의 양도이나 또한 인간 존재의 기본적인 사실을 받아들이는 행위이다."[48] 게다가 *오기 마취의 모험, The Adventure of Augie March*(1953)의 주인공 오기 마취(Augie March)는 그들 자신의 개인적이고 특이한 왜곡된 진리를 가지고 주인공을 좌지우지하지 못해서 안달하는 사람들의 포로가 되어 있다. 그러나 마취는 "삶의 신조가 사변에 있지 않고 행동하는 데에 있으므로, 이성 있는 삶이 탐구되어야지 결코 어떤 목적성이나 궁극적인 만족감 혹은 동기가 이런 삶에서 추구되어서는 안 된다"[49]고 굳게 믿는다. 마취는 사회조직에 대항해서 성공적으로 자기 자신을 지키면서 자기 삶에 개방되어 있는 가능성을 찾아 헤맨다. 그는 자신의 내면세계를 열성적이고 탐욕스럽게 답사한다:

---

47. Saul Bellow, *Dangling Man* (New York: Vanguard Press, 1944), 91, 92.

48. Harper, 14.

49. Chester E. Eisinger, *Fiction of the Forties* (Chicago: University of Chicago Press, 1965), 355.

"내가 원하고 있는 모든 것은 나 자신에 대한 어떤 것이고 나 자신을 생각하는 일이다. 이것이 바로 내가 지금 지껄이고 그처럼 흥분하고 있는 이유이다. 나는 내 자신의 위치를 원한다."[50] 오기 마취의 독립독행은 다른 사람들의 존재를 있는 그대로 스스로 믿는 것임을 반영하는 사랑의 개념에 의해 일층 더 강화된다. 그는 진리란 자기 삶을 탐구할 의사가 전혀 없는 사람들의 가르침이나 이론에서 나오는 것이 아니라, 자기를 분명히 아는 것으로부터 나오고 있다는 자신의 생활철학을 고수한다.

비의 왕 헨더선, Henderson the Rain King(1958)이 벨로우의 자유에 대한 고찰에서 하나의 전환점이 되고 있다. 사회조직에 대해 인간이 자신을 방어하는 것은 자치에 있어서 필요조건이지 충분조건은 못된다. 인간 정신의 계발과 성숙이야말로 자유를 획득하고 신장시키는 필수조건이다. 인간 정신을 계발하고 성숙시킬 수 있느냐 없느냐는 전적으로 한 인간의 진리관에 달려 있다. 인간 정신은 "삶의 새롭고 활력이 넘치는 형식을 만들기 위해 성스러운 것과 협력하지"[51] 않으면 안 된다. *비의 왕 헨더선*의 주인공, 헨더선(Henderson)은 자신의 삶이 이기주의와 무기력 그리고 권태로부터 공동체 의식과 깨달음 그리고 환희로 바뀌게 된 체험을 자세히 이야기한다. 그의 가장 큰 관심이 이기주의로부터 이타주의에로 전환됨에 따라서 그는 사랑의 중요성을 더욱더 민감하게 느낄 수 있는 자신을 발견하고 그것을 고수한다: "[그의 아내 릴리에게 보낸] 편지에서 나는 이것을 말했다고 생각하거나 어쩌면 다만 이것을 생각했는데, 나는 원한다! 나는 원한다? 나는? 하고 절규하는 목소리를 갖고 있었다. 그 목소리는 나에게 그녀는 원한다, 그는 원한다, 그들은 원한다고 말해주었어야 하는데. 그리고 더구나 현실을 실재로 만들어주는 것이 바로 사랑이다. 그 반대는 그 반대를 만든다." 헨더선은 자기가 사회에서 뿌리를 상실한 사람이라고 자

---

50. Saul Bellow, *The Adventure of Augie March* (New York: Viking Press, 1953), 496.

51. Eusebio L. Rodrigues, *Quest for the Human: An Exploration of Saul Bellow's Fiction* (Lewisburg: Bucknell University Press, 1981), 144.

인한다. 그래서 자신을 사회조직으로부터 해방시켜 본질적 자아에 민감하도록 만들기 위해, 그는 애프리커 대륙으로 여행을 떠난다. 이 애프리커 여행이 그에게 영혼의 잠을 두드려 깨뜨리는 기회를 마련해준다. 그는 윌라테일(Willatale)여왕을 만나는데, 여왕은 자신의 존재 뿐 아니라 우주와도 조화를 이루고 있음을 느낀다. 그는 또한 인간의 상상력의 무한한 재생력을 확신하는 다푸(Dahfu)왕의 최면적 영향을 받는다: "상상력은 자연의 힘입니다. 이것이 인간의 마음을 황홀경으로 가득 채우는 데에 충분하지 않습니까? 상상력! 상상력! 상상력! 이것이 현실로 변모합니다. 상상력이야말로 떠받치고, 바꾸고, 구출해내는 근원입니다. [. . .] 전 인류가 상상한 바 그것을 목표로 하여 서서히 인간을 변모해가고 있습니다."[52] 그리하여 헨더선은 이런 사실을 깨닫는다: "열광적인 생활욕만으로는 충분하지 않음을 깨닫는다. 인간은 또한 그의 *생성*에 종지부를 찍고 *존재*의 영역, 즉 사랑이 가능한 유일한 영역에 들어가야 한다."[53] 드디어 헨더선은 자신의 영혼의 잠을 두드려 깨뜨리고 자신의 본질적 자아를 발견한다. 미국으로 돌아오는 길에, 헨더선은 한 고아를 만나는데 이 어린이와 유난히 이심전심의 애정을 느낀다.

한 인간의 진리관은 그가 일상생활에서 느끼면서 지니고 있는 그의 최대 관심사로부터 나온다. *허조그, Herzog*(1964)의 주인공, 중년의 낭만주의학자 모우지즈 이. 허조그(Moses E. Herzog)는 자신의 관심이 자아도취로부터 진실한 자아의 사랑으로 바뀌는 과정, 즉 욕정과 망상으로부터 유래되었던 개인적인 혼돈으로부터 벗어나서 진실한 자아를 적극적으로 탐구하게 되는 과정을 자세히 이야기한다. 그는 그녀를 위해 자신의 모든 것을 바쳤던 매우 매력 있고 재치가 넘치는 여인, 매들린(Madeleine)과의 두 번째 결혼이 실패로 끝나자 마음의 상처를 크게 입는다. 그는 그녀의

---

52. Saul Bellow, *Henderson the Rain King* (New York: Viking Press, 1959), 286, 271.

53. Ihab Hassan, *Radical Innocence: Studies in the Contemporary American Novel* (Princeton: Princeton University Press, 1961), 319.

대단한 매력에 도취되었으므로 자기 삶을 통한 자치 능력을 상실해버렸다. 그의 삶은 뿌리 채 뽑혀 무의미하고 공허하다. 그러나 그는 자신의 최대 관심을 자기기만으로부터 영혼의 가르침에 바탕을 둔 진실한 자아로 돌이키는 데에 성공한다. 그는 자신의 매들린에 대한 자아도취 때문에 자신의 영혼이 참으로 원하는 것을 받아들일 수 없었으나, 그의 현재 애인인 러모우너(Ramona)와의 사랑을 통해, 안정된 삶의 첫째 필요조건은 자유스럽고 자주적인 생활을 하려는 열렬한 욕구임을 깨닫게 된다. 자기망상으로부터 벗어나는 것이 이 필요조건을 충족시키는 최상의 방법이다: "실질적이고 본질적인 문제는 우리가 다른 사람들과 어떤 관련이 있으며, 또 그들이 우리와 어떤 관련이 있는가이다." 이처럼 허조그 자신의 관심의 변화로 매들린에 대한 자아도취적인 사랑을 멈추게 되자, 그녀는 이제 그를 마음대로 하지 못한다. 그는 그녀의 마력으로부터 해방되어 자신의 독자적인 삶을 소생시킨다: "어쩌면 처음으로 그는 매들린이란 굴레를 벗는 것이 어떻다는 것을 알았다. 환희! 그의 노예생활이 종지부를 찍었고, 그의 마음은 소름끼치는 중압감과 속박에서 해방된 것이다. 그녀가 그의 마음으로부터 사라져 여기 없다는 사실만으로도 이미 그의 정신이 상쾌해지고 즐거워진다. [. . .] 그는 자기 살 속에 박혔던 매들린이 빠져나간 것이 마치 어깨쭉지나 사타구니에 꽂혔던 단도가 빠진 것, 또는 그의 팔과 목을 뻐근하게 억누르던 것이 없어진 것처럼 시원한 기쁨을 맛보았다." 더욱이 허조그의 매들린에 대한 지나친 관심으로부터 진실한 자아에로의 방향 전환은, 자신의 과거를 비웃고 진실한 자아에 열중하고 있는 현재의 그에게 미소를 머금게 해주고 있다: "그 자신도 허조그에게 미소 지으며 그를 경멸할 수 있었다. 그러나 끝내 한 가지 사실만은 변함이 없었다. 나는 허조그이다. 나는 바로 그 사람이어야 한다. 이것만은 다른 사람이 대신할 수 없다. 미소를 지은 후에는 별수 없이 자기 자신으로 되돌아가 자신을 끝까지 지켜보아야만 한다." 이제 허조그의 최대관심은 "보편적 관계를 새롭게 하면서, 자아의 특이성에 대한 낭만주의의 최종적인 오류를 전복하며, 옛 서구사회의 파우스트적인 관념형태를 수정하고, 허무의 사회적 의미를 재검토하는 데에 있다."[54] 허조그의 진실한 자아를 향한 갈망과 애착은 그가 소박하고 진실하게 살면서 삶의 평화와 아름다움, 그리고 숭고함을 느낄 수 있도록 해준다.

샘러씨의 혹성, Mr. Sammler's Planet(1970)의 주인공인 일흔 살이 넘은 아터 샘러(Artur Sammler)는 영원한 인간 가치를 긍정한다. 그의 최대 관심은 "모든 인간의 영혼 속에는 동일한 진리나 아니면 하나님의 계시가 있으며, 이 사실이 우리가 공유하고 있는 가장 소중한 자산이라고 확신하는" 데에 있다. 자신의 삶에서 가장 중요한 일은, 진리와 거짓 진리를 판별하여 진실한 생활을 하면서 마음속에서 사랑과 일치되는 이치를 탐구하려는 노력이다. 그를 매우 슬프게 하는 일은 대부분의 사람들이 인간적인 것에는 관심도 없고 인간답게 사는 삶을 원하지도 않으며 인간적인 것이 무엇을 의미하는지 알아보려고도 하지 않으므로, 진리를 깨닫지 못할 뿐 아니라 진리를 확산시키지 못하는 지나친 개인주의로부터 솟아나오는 거짓 진리의 지배와 통제를 받고 있다는 사실이다. 자신이 거짓 진리에 말려들어 있다 할지라도, 샘러는 자치가 삶의 진정한 목적이며, 이 자치는 자신의 영혼이 영원한 진리에 전심전념할 때만 실현될 수 있다는 사실을 굳게 믿고 있다: "우리가 이 세상에서 마주치게 되는 사물들은 시간과 공간에서 우리가 인식하는 방식과 우리의 사고방식과 밀접하게 관련되어 있다. 우리는 우리 앞에 있는 현재와 사물을 보고 있다. 영원한 진리는 현재와 사물이라는 형식을 통해 그 자체의 일시적 모습을 드러내고 있다. 이런 형식의 구속과 개인적인 심상의 굴레로부터 해방되는 유일한 길, 다시 말하면 영원한 진리와의 유일한 만남은 자유를 통해서만 가능하다."[55]

험보울트의 선물, Humboldt's Gift(1975)은 샘러의 궁극적인 문제, 즉 "하나"(영원한 진리)는 무엇인가를 더욱더 심오하게 탐구한다. 이 소설의 화자이며 주인공인 챨리 시트린(Charlie Citrine)이 확신하기로는, "하나"

---

54. Saul Bellow, *Herzog* (New York: Viking Press, 1956), 272, 313, 67. 39.

55. Saul Bellow, *Mr. Sammler's Planet* (New York: Viking Press, 1970) 187, 57.

란 주객일치를 이루는 인간 정신이다. 시트린은 우리 모두에 의해 공유되는 어떤 것이 바로 진리라고 주장하면서, 진리의 보편성을 역설할 뿐 아니라 자기 앎의 불가사의한 힘을 믿는다: "진리란 우리 모두가 공유하는 자산이다. 나에게 둘 더하기 둘인 것은 누구에게나 둘 더하기 둘이고, 나의 자아와는 아무런 관계가 없다. [. . .] 사고, 즉 생각하고 아는 힘이 자유의 원천이다. 사고는 인간 정신의 존재를 명백하게 해준다. 물질적 육체는 정신의 대리인이며 정신의 거울이다. 육체는 정신의 반영이며 정신의 발동기이다." 루돌프 스타이너(Rudolph Steiner)의 인지학설(人智學說)의 도움을 받아 시트린은 이런 사실을 깨닫는다: "진정한 자유란 순수한 의식 속에 있었다. 개개인은 우주로부터 절연되었다. 주체와 객체의 독단적 구분 속에서 인간은 모든 것을 잃었다. 무(無)의 자아는 변화를 추구했다. 자아는 배우가 되었다. 이것이 내가 풀이하는 의식 영혼의 상황이었다." 그의 이런 깨달음은 그가 육체와 정신뿐 아니라 인간과 자연과의 조화를 이루려고 최선을 다하도록 해주고 있다: "자연 자체는 그저 거기에 있는 것도 아니며, 객관세계는 영원히 주체와 절연되어 있지도 않으며, 외적인 모든 것은 내적인 어떤 것과 뚜렷하게 합치되는 것이며, 이 두 세계는 동일한 것으로서 상호 교체될 수 있으며, 그리고 자연은 나 자신의 무의식적인 존재라는 이상한 예감을 나는 갖고 있었다. 그것을 나는 지적인 노력과 과학적인 연구 그리고 깊은 사색을 통해서 알 수 있게 되었다. 자연에 있는 모든 사물은 나 자신의 영혼 속에 있는 어떤 것의 상징이었다."[56] 따라서 시트린의 최대 관심은 주객일치를 이루는 초절적(超絶的) 의식을 확장하는 데에 있다. 그가 자신의 영혼을 자연과 자유스럽게 융합시킬 때, 그의 자치능력은 극대화될 수 있었다. 그의 주객일치를 이루고 자치하는 의식이 바로 벨로우의 자유의 개념이다. 이런 자유의 개념은 사랑하는 사람과 사랑하는 사람의 모형을 상징하는 사랑의 정의와 동일하다. 요컨대 벨로우의 자유의 개념은 우리가 스스로 자신을 알고 표현할 수 있도록 해준다.

---

[56]. Saul Bellow, *Humbold't Gift* (New York: Viking Press, 1957), 262, 281, 356-57.

인간은 자신의 도덕개념에 따라 삶을 활력과 창조력이 넘치게 할 수 있다. 이런 삶은 인간이 자신과 우주를 더 잘 이해할 수 있도록 할 뿐 아니라 진실한 자아를 더욱 적극적으로 탐구할 수 있도록 도와주기 마련이다. 죤 가드너는 그의 처녀작 *부활, The Resurrection*(1966)에서 도덕을 "미적 일체감"[57]이라고 정의한다. 이런 "미적 일체감"이라는 정의의 의미와 중요성을 더욱 명확하게 이해하기 위해, 우리는 두개의 전혀 상이한 종류의 도덕 — 하나는 강요의 도덕이고 또 다른 하나는 감응의 도덕 —이 공존하고 있다는 사실을 알아야 한다. 강요의 도덕은 인간의 본질적 자아의 권외에 있는 외부적 기준에 그 근원이 있다. 이런 도덕은 인간을 자신의 자유의 창조자가 아니고 그의 감정과 의지를 억압하는 규칙들의 산물로 만들어버린다. 반면에 감응의 도덕은 자유를 신장할 뿐 아니라 자신을 알고 있는 그대로의 자신이 되고 싶어 하는 인간의 본능적 욕구를 만족시켜준다. 가드너가 "미적 일체감"이라고 정의한 도덕은 바로 감응의 도덕이다.

우리는 우리 과거 사회의 대표적 도덕규범의 하나인 "남녀칠세 부동석"의 의미를 면밀히 검토해볼 필요가 있다. 이것이 강요의 도덕이라는 사실은 쉽사리 알 수 있다. 이 도덕은 관념을 지나치게 강조하고 있으나 감정을 부정하기 때문에 설득력이 부족하다. 그러므로 우리가 긍정하고 공유할 수 있는 가치나 목적의식이 없었기 때문에, 우리는 정신적 단결의 핵심을 잃고 고독과 무기력함의 매우 고통스러운 감정에 빠질 수밖에 없었다. 우리는 이제 고통스럽고 좌절되었던 삶을 활력과 환희가 넘치는 생활로 바꿔줄 새로운 도덕규범을 필요로 한다. 우리의 새로운 도덕은 관념과 감정의 융합에 바탕을 둔 감응의 도덕이라야만 된다. 우리는 자신의 창조자일 뿐 아니라 비록 자신이 사회의 사상과 영향에 의해 형성되어간다 할지라도, 한 사회의 창조자도 된다는 새로운 의식을 자각할 때만 감응의 도덕을 가질 수 있다. 인간의 자율성이 우리가 새롭게 인식한 도덕에 필수적이라는 진리가 더욱 강조되지 않으면 안 된다. 도덕의 진정한 의미를 파악하

57. John Gardner, *The Resurrection* (New York: Ballantine, 1970), 202.

기 위해서 우리는 안리 버르그선(Henri Bergson)의 이런 주장에 많은 주의를 기울여야만 한다: "우리는 우리의 의식이 '존재하다'라는 단어에 부여하는 엄밀한 의미만을 찾고 있다. 의식 있는 인간에게 존재함은 곧 변화함, 변화함은 성숙함, 성숙함은 끊임없이 자아창조를 계속함이라는 진리를 깨닫는다."[58]

*부활*의 주인공인 철학교수 제임즈 챤들러(James Chandler)는 자신의 삶에 있는 모든 것을 있는 그대로 받아들이면서 무엇인가를 창조하는 일에 몰두한다. 그는 이상주의와 현실주의, 즉 서구철학에서 말하는 주체와 객체의 이원론을 초월하는 데에 성공한다. 그의 결론에 의하면 미적 충동과 도덕적 충동은 하나이기 때문에 도덕의 정의는 "미적 일체감"이다. 이런 결론의 도움을 얻어, 그는 강요의 도덕의 원천, 즉 인간생활을 억압하는 사상과 감정의 분리를 초월할 수 있었다. 그의 결론은 또한 자기 존재와 우주를 합일시킬 수 있도록 해 준다: "요즈음 아침마다 그는 순식간에 이런 모든 것, 즉 많은 사물들과 친숙해져서 이들과 하나가 됨을 알았다. 그의 주위세계가 그토록 넓고 하루아침의 시간이 끝없는 것은 이런 깨달음 때문이었다. 그가 말로 이루 표현할 수 없는 즐거움을 느꼈던 것도 또한 이런 깨달음 때문이었다. 그는 나중에 이런 깨달음을 아주 핍진하게 설명할 수 있는 언어라고 체득한 것은 우주와 자기 자신과의 상호 침투였다."[59] 게다가 자기 존재와 우주를 합일시킴으로써, 그는 삶과 죽음은 하나라는 진리를 터득하게 된다. 의미심장하게도 그의 이런 철학은 두 부수인물의 의기소침한 삶을 활력과 의미가 가득 찬 생활로 바꿔줄 수 있었다.

"미적 일체감"의 이런 불가사의한 힘은 사상과 감정의 융합에 그 바탕을 두고 인간의 창조적 본능과 열망을 충족시키고 활성화시키는 "강한 감정의 자발적인 흐름"[60]으로부터 솟아나오고 있다. "미적 일체감"이라는

---

58. Henri Bergson, *Creative Evolutions,* trans. Arthur Mitchell (New York: Henry Holt, 1911), 7.

59. Gardner, 133.

60. William Wordsworth & Samuel Taylor Coleridge, *Lyrical Ballads: 1798*, ed.

도덕은 그 원천이 우리 자신의 본질적 자아의 내부에 있어서 인간의 가능성과 가장 밀접한 관계를 맺고 있으므로 감응이 강하다. 이 도덕은 우리의 창조적 욕구를 완전하게 충족시키고 활성화시키면서, 우리 스스로 진실한 자아를 파지하고 자아실현에 전념하도록 해준다. "미적 일체감"을 더욱 잘 이해하고 조장시키기 위해, 우리는 자신의 본질적 자아에서 자연스럽게 일어나야 할 변화에 많은 주의를 기울이지 않으면 안 된다: "우리가 참으로 도덕의 문제를 이해하기 시작할 때, 실례를 들면 우리는 이 도덕의 문제가 우리 스스로는 아무런 변화를 겪고 있지 않으므로, 주변의 세계에서 우리가 만들어낼 수 있는 변화와 아무런 관계가 없음을 알게 된다. 이 도덕의 문제는 우리의 내부에서 이루어지는 변화와 연관되어야 한다."[61]

정의는 "개인과 사회가 일체감을 가질 수 있게 하여, 모든 사람들이 사이좋게 살 수 있도록 해주는 평화의 계약이다."[62] 많은 학자들이 수백년 동안 철학적, 정치학적, 법학적, 그리고 경제학적 견지에서 정의의 최상의 개념을 파악해보려고 많이 시도해왔지만 아무런 소용이 없었다. 왜냐하면 이 학자들은 이런 시도들을 존재론적 견지에서가 아니라 "인간생활의 필요와 기회의 대립된 견해에 대한 사회의 상이한 관념들을 바탕으로"[63] 하였기 때문이다. 정의에 대한 여러 개의 부분적인 개념들은 때때로 인간을 사회로부터 소외시키는 결과를 초래했다. 이런 정의의 개념들은 사람들을 서로 분열시켜 반목하게 만들었고, 또한 많은 인간 활동들에서 사람들을 상호 협조자가 아닌 상호 적대자로 만들었다. 과거에 우리는 정의의 개념을 이러한 방식으로 이해하고 고수하였다고 할 수 있다.

그러므로 지금은 바로 정의의 개념을 존재론적 견지에서 검토해보아

W. J. B. Owen (London Oxford University press, 1967), 173.

61. R. G. Collingwood, *The Principles of Art* (New York: Oxford University Press, 1974), 289.

62. J. R. Lucas, *On Justice* (London: Clarendon Press, 1980), 263.

63. John Rawls, *A Theory of Justice* (Cambridge: Belknap Press of Harvard University, 1971), 9.

야 할 때이다: "정의는 존재론적 탐구에서 멀리 벗어난 사회적 범주가 아니라 바로 그런 사회적 범주이므로, 이 범주 없이는 존재론이 불가능하다." 이. 엘. 닥터로우는 그의 소설, *래그타임, Ragtime*(1975)에서 정의의 문제를 이런 새로운 철학적 입장에서 고찰한다. 이 소설가는 "개인을 사회집단과 결합시키는 기능"[64]으로 정의의 개념을 규정한다. *래그타임*의 배경은 20세기 초의 미국 사회이다. 당시의 미국 사회는 정의에 의해서가 아니라 극도의 이기주의에 의해 주로 지배되고 있었다. 그 사회는 "시민들의 우정의 유대를 공고히 하는"[65] 정의의 공유개념을 결여했다. 따라서 미국 사회는 매우 부유한 사람들과 아주 가난한 사람들로 양분되어 있었는데, 이처럼 양분, 대립되어 있는 사람들은 서로 격렬하게 싸운다. 부유한 사람들은 가난한 사람들과 현저한 대조를 이루고 있다. 부유한 사람들은 극단적인 이기주의자들로 재력을 과시하기 위한 낭비로부터 오는 자기만족만을 충족시키려고 하다가 자멸함으로써 일생을 끝마친다. 반면에 가난한 사람들은 매우 어렵고 힘들게 살면서, 생활의 궁핍으로 죽어간다. 그러므로 대다수의 사람들은 정의에는 전혀 관심이 없고 부자가 되기만을 꿈꾼다. 이들은 극단적인 이기주의자들이어서 "진리"를 파지해서 확산시킬 수 없었다. 따라서 래그타임 피아노 연주자이며 흑인인 코울하우스 워커(Coalhouse Walker)는 인종차별의 대표적인 희생자가 된다. 그가 진심으로 되고 싶어하는 인격적인 인간은 그의 사회에 의해 유린되고 압도당해버릴 수밖에 없었다. 사회는 그가 자주적인 인간이 되는 것을 허용하지 않고 절대적인 순종자가 될 것을 강요하면서, 그 자신의 자기발전에 대한 노력을 인정하고 존중하려고 하지 않고 비웃기만 한다. 드디어 그는 이런 멸시와 학대에 반항하다가 자멸을 초래한다. *래그타임*에 등장하는 다른 부수인물들의 삶 또한 적대적이고 파괴적으로 끝나고 있다.

그러나 소설의 주인공인 타테(Tateh)는 "개인과 사회가 일체감을 가

---

64. Paul Tillich, *Love, Power, and Justice* (New York: Oxford University Press, 1977), 55.

65. Rawls, 5.

질 수 있음으로써 모든 사람들이 서로 사이좋게 살 수 있도록 해주는 평화의 계약"에 깊은 관심을 가지고 있다. 그는 이 평화의 계약이 진실한 자아를 탐구하겠다는 모든 인간의 기본적 욕구를 충족시켜준다고 확신한다. 그는 다른 사람들을 위해 그들에게 유쾌하고 유익한 어떤 일을 하는 데에 전념하려고 한다. 자신의 실존에서 그의 최대관심은 자기 자신에게 있는 것이 아니고 다른 사람들과 사회에 있다. 소설의 여자주인공은 삶의 순간에도 환희를 느끼면서 정신을 바짝 차리는 타터의 열광적인 인생태도에 공감하면서 매혹된다. 이 두 사람은 "연민이나 자비처럼 본질적으로 다른 사람들을 존중하는 미덕"[66]인 정의에 대한 공동 관심을 바탕으로 서로 일체감을 가질 수 있었다. 남편을 사별한지 일 년 후에 그녀는 타터와 재혼한다. 이 두 사람은 서로를 존중하고 사랑하면서 함께 새롭고 황홀한 삶을 즐길 수 있다: "그들 각자는 상대방의 성격의 특징을 환영했다. [. . .] 그들은 행복했다. 비록 그들에게 자신들의 어린애는 없었지만, 그들의 결합은 즐거운 것이었다."[67]

닥터로우의 주장과 철학에 의하면 정의는 다른 사람들을 존중하고 사랑하는 마음을 바탕으로 서로 일체감을 가지려는 부단한 노력을 통해서 구현된다. 이런 주장과 철학은 이와 같은 인간정신 — 닥터로우의 최근소설인 *룬 호수*; *Loon Lake*(1980)에서 와런 펜필드(Warren Penfield)가 죠우(Joe)에게 말하는 것처럼 "나의 고통은 당신의 고통이며, 나의 삶은 당신의 삶이다"[68] —을 수용해서 실현시키려고 하는 새로운 의식이다. 이런 정의의 개념은 또한 버너드 맬러머드(Bernard Malamud)의 이런 주장 — "도덕의 기반은 서로서로의 욕구를 인정하면서 협력하는 정신이다"[69] —과도 일치한다. 닥터로우는 이렇게 역설한다: "정의의 타당한 이해는 소유나 공

---

66. Lucas, 3.

67. E. L. Doctorow, *Ragtime* (New York: Bantam, 1976), 368.

68. E. L. Doctorow, *Loon Lake* (New York: Random House, 1980), 115.

69. Bernard Malamud, *Pictures of Fidelman: An Exhibition* (New york: Pocket, 1975), 107.

리적인 것, 또는 계약적인 것이 아닌 자유주의적인 것이다. 정의로운 사회는 사람들의 권리를 만족시키거나 그들의 실리를 극대화하거나 또는 그들의 계발 권리를 충족시키기보다도, 오히려 그들의 재능과 운명의 제어력을 증진시킨다는 의미에서 자유주의적인 사회이다."[70]

우리가 비록 과거의 악몽에 사로잡혀 그 악몽의 지긋지긋한 압박과 탄압을 받아왔다 할지라도, 버너드 맬러머드는 우리 스스로 그 압박과 탄압으로부터 벗어나서 우리의 정신을 새롭게 하는 용기와 희망을 갖도록 해준다. 맬러머드 소설의 모든 주인공들이 극도의 절망과 좌절의 고통을 겪고 있었지만, 그들의 삶은 일신될 수 있다는 확신을 갖고 새로운 생활을 열망하고 있다. 그는 주인공들이 자신들의 비참한 환경이 현실적으로는 여전하다 할지라도, 정신적으로는 그 환경을 초월하고 있음을 보여준다. 맬러머드는 "지금 이 순간에도 고난과 부정 그리고 삶의 실존적 고뇌에 직면해 있으면서도, 자유와 도덕적 성숙을 추구하고 있는 인간정신의 존엄성을 표현한다."[71]

맬러머드 소설에서 인간 정신을 회복시키는 대단한 힘은 인생을 보는데 있어 예술과 예술의 역할의 중요성, 그 중심 주제인 자기초월, 그리고 자아실현의 노력에 따르는 고난의 역설로부터 쏟아져 나온다. 그는 대녈 스턴(Daniel Stern)과의 대담에서 예술의 정의를 이렇게 내린다: "그것[예술]은 도덕을 지향한다. 예술은 삶을 중대시한다. [. . .] 도덕은 자기 삶의 존엄성을 깨닫는 것으로부터 시작된다. 따라서 도덕은 다른 사람들의 삶의 존엄성을 — 우선 첫째로 히틀러(Hitler)의 삶의 존엄성마저도 — 깨닫는 것으로부터 시작된다. 도덕은 이 신비스러운 우주 속에 있으면서 왜 있는지 이해해보려고 하는 완전한 특권을 갖고서 시작된다. 예술은 본질적으로 삶을 찬양하면서 우리에게 판단의 척도를 마련해준다."[72] 예술은 맬러머드

---

70. Philip Pettit, *Judging Justice: An Introduction to Contemporary Political Philosophy* (London: Routledge & Kegan, 1980), 183.

71. Sheldon J. Hershinow, *Bernard Malamud* (New york: Frederick Ungar, 1980), 46.

72. Daniel Stern, "The Art of Fiction: Bernard Malamud [Interview]," *Paris Review*

가 삶을 이해하고 삶에 대한 사상들을 충분히 검토해보는 수단이다. 그는 예술을 창조하며, 예술은 또한 그를 성숙시킨다.

맬러머드에게 인간이 자신을 질식시키고 있는 사회로부터 벗어날 수 있는 유일한 길은 자신의 자아실현이라는 궁극적 욕구를 충족시키면서 극대화하는 인간 정신의 의식적인 확장에 있다. 이 소설가의 "순간을 포착하라"의 사상은 자기초월을 성취하는 데에 매우 중요한 역할을 한다. "순간을 포착하라"의 첫 번째 의미는 인간은 지금 여기에서 자아실현을 이루려고 최선을 다하지 않으면 안 된다는 진리의 강조이다. 삶은 언제나 무상한 것이기 때문에, 인간의 운명은 예측하여 미리 제어할 수 없는 일들로 어쩔 수 없이 결정되어버리며, 부지불식간에 저지른 일 때문에 언제나 비참하게 상처를 입는다. 그가 어떤 이유가 되었든 삶을 열심히 살지 않는다면 극도의 이기주의에 빠져 자멸을 초래할 것이다. 그러므로 삶이 그처럼 바람직하지 않는 방향으로 자신을 변화시켜버리기 전에, 그는 스스로 항상 자기 삶을 변화시키려고 해야만 한다. "순간을 포착하라"의 두 번째 의미는 그가 자기의 실패나 절망의 과거로부터 해방되어 희망과 성취의 새로운 삶을 살기 위해 노력하지 않으면 안 된다는 인생관의 적극적인 권장이다. 자기의 과거 생활이 실수와 비행과 수치스러운 행위로 얼룩졌다 할지라도, 그는 어느 순간에나 새 출발을 해서 새로운 인간이 될 수 있는 무한한 잠재력을 갖고 있다. 자기 삶의 핵심은 자기 자신을 과거의 악몽으로부터 해방시켜서 자기 자신 속에 내재한 그 무엇인가를 변화시켜 자기 삶을 과거보다도 더욱더 의미 있게 만들려고 최선을 다하는 데에 있다.

맬러머드는 자기 앎의 유일한 원천인 고난의 감수를 역설하는데, 이 고난은 자기초월을 실현하려고 하면서 다른 사람들이 자기초월을 성취하도록 도와주는 노력에 필연적으로 따르기 마련이다. 자기초월이란 "어떤 형식으로든 사랑으로써 간난신고하며 의식적인 시련과 항시 관련되어 있는 많은 고난을 필요로 한다. [. . .] 이런 사랑의 시련은 결국 맬러머드 소

---

61 (1975): 51.

설의 주인공들로 하여금 면밀한 자기음미를 하도록 한 연후에, 이 자기음미를 통해서 그들은 자기들의 과거 실수 및 다른 사람들에게 관심을 갖지 않으면 안 되는 필요성을 깨닫기 시작한다. 다시 말하면 사랑과 고난을 체험하면서 그들의 기본적 욕구는 성본능에 의한 사랑으로부터 성스러운 인류애로 일변한다."[73] 이 주인공들에게 고난을 겪음은 인간의 숙명이고, 좋은 목적을 위한 고난은 잠재적으로 유익하다. 그러므로 그들은 이런 고난을 감수하면서 그 고난을 바탕으로 자아 성숙과 완성의 약속을 찾지 않으면 안 된다는 사실들을 차차 배우게 된다. 이런 고난을 감수하겠다는 그들의 굳은 결심이 그들로 하여금 극단적이고 무절제한 이기주의를 버리고 다른 사람들의 욕구에 더욱 많은 관심을 갖도록 해준다.

점원, The Assistant (1957)은 자기초월과 이타주의 때문에 겪어야만 하는 고난의 의미와 중요성을 깨달음으로써 과거에 저질렀던 죄를 깨끗이 씻는 주제를 다룬다. 이 소설은 과거에 많은 비행들을 저질렀으나 지금은 고난을 이해하고 이 고난을 인간 존재의 규범으로 받아들인 주인공, 프랭크 앨파인(Frank Alpine)이 유대교의 율법에 대한 확고한 신념 때문에 평생토록 고난을 감수했던 모리스 보우버(Morris Bober)라는 훌륭한 유대인 선생의 가르침을 받음으로 해서 자신 속에 일으키고 있는 변화의 가능성에 초점을 두고 있다. 유대인 선생은 앨파인을 "도덕적으로 타락한 사람으로부터 책임감과 연민의 정 그리고 싹트기 시작한 사랑에 전념하기 위해, 다른 사람의 고난의 짐을 대신 떠맡는 선량한 사람으로 일변시키는 데에"[74] 성공한다. 비록 앨파인이 죄의식 때문에 괴로운 생활을 해오고 있다 할지라도, 그는 자신의 그릇된 삶의 태도를 바꾼 뒤에 유대교의 율법과 사랑에 바탕을 둔 자기 수양으로 차차 형성되기 시작한 새로운 자아를 갖겠다고 단호히 결심한다. 소설의 여자주인공, 헬런(Helen)에 대한 그의 사랑은 자신을 새로운 인간으로 변화시키는 커다란 힘의 원천이 된다. 그의

---

73. Sandy Cohen, *Bernard Malamud and the Trial by Love* (Amsterdam: Rodopi n.v., 1974), 9-10.

74. Hershinow, 34.

"고난을 통한 재생은 드디어 자신의 이기주의적인 장벽을 깨뜨리는 유일한 수단으로 보이는 사랑에 의해 계속되고 활성화되어 간다."[75] 사랑의 진정한 의미는 "당신에 대한 나의 책임이기"[76] 때문에, 앨파인은 헬런이 그처럼 원했던 대학교육을 그녀가 받을 수 있도록 도와주기로 결심한다. 그녀에게 그녀의 꿈을 실현시키는 기회를 마련해주기 위해, 어떠한 고난도 감수하려는 각오를 굳게 한다. 이제 앨파인은 "새 애인, 즉 '다른 사람'이 자기 자신의 자아의 연장으로서가 아니라 자기가 책임을 지는 독자적인 인간으로서 존재하고 있음을 깨달은 애인"[77]이 되었다.

새로운 삶, A New Life (1961)의 주인공인 에스. 레빈(S. Levin)도 또한 "매우 절망적이었던 과거와 어쩌면 보상할 수 있는 미래 사이에서 맴돌고 있다."[78] 그의 과거생활은 매우 비참했으며 삶의 목적의식도 없었다. 자신의 무의미한 삶에 대단한 메스꺼움을 느꼈기 때문에 자살하려고도 했다. 그런데 어느 날 아침 그는 어떤 집의 불결한 지하실에서 눈을 떴을 때, 햇빛이 부서진 걸상 위에 놓여 있는 자기 신발을 비치고 있음을 보았다. 그는 이 아침의 햇빛에서 삶은 성스럽다는 진리를 깨닫는다. 그의 이런 깨달음이 그가 스스로 자신의 삶에 목적과 방향을 계시해주는 일련의 가치들 — 질서, 성취, 그리고 사랑 —을 갈구하겠다는 새로운 결심에 이르게 할 뿐 아니라 실제로 새로운 삶을 살도록 해준다. 그는 많은 고난을 감수하면서 자신의 개인적인 욕망과 기대를 억제하는 자기 수양을 쌓은 다음, 여러 해 동안 꿈꾸어 왔던 대학교의 영어 강사가 되는 데에 성공한다. 많은 세월을 허송했지만 스스로 선택한 직업에 종사할 기회를 얻었으며 목적 의식도 가진 인간이 되었으므로, 그는 자신의 삶에서 즐거움을 만끽한다. 레

---

75. Sidney Richman, *Bernard Malamud* (Boston: Twayne Publishers, 1966), 60.

76. Martin Buber, *I and Thou* (New York: Scribner Library, 1958), 15.

77. Richman, 72.

78. Giles B. Gunn, "Bernard Malamud and the High Cost of Living," in *Adversity and Grace: Studies in Recent American Literature,* ed. Nathan A. Scott, Jr. (Chicago: University of Chicago Press, 1968), 62.

빈은 "새로운 장소에서 새로운 삶을 추구할 뿐 아니라 새롭고 자유스럽게 일신된 자기 자신을 갖고서 새로운 삶을 탐구한다."[79]

두빈의 생애, Dubin's Lives(1979)는 "맬러머드 자신이 자기 이해를 악착스럽게 탐구한 우화이다."[80] 소설의 주인공, 윌리엄 두빈(William Dubin)은 쉰여섯 살의 크게 성공한 완숙한 전문적 전기 작가이다. 두빈은 "유일하고 진정한 의미의 자유는 자기 자신의 유폐로부터 해방됨이다"[81]라는 진리관을 깊이 의식한다. 그는 항시 새롭고 자유스럽게 된 자신의 자아를 바탕으로 더욱 새롭고 향상된 생활을 추구한다. 자신의 삶에서 가장 중요한 것은 자기 앎을 끊임없이 탐구하는 일이다. 그러므로 그는 자기 삶이 그처럼 변화되기 싫어하는 방향으로 자신을 변화시켜버리기 전에 스스로 그 삶을 변화시키고자 한다. 그는 언제나 헨리 데이비드 소로우(Henry David Thoreau)의 두 격언을 명심하고 있는데, 하나는 "아름다움을 깨닫고 느끼는 것이 도덕의 시금석이다"라는 격언이고, 또 다른 하나는 "자연 전부가 나의 신부이다"는 격언이다. 그가 자연을 예리하게 관찰함으로써 배우고 있는 것이 자기 삶에서 가장 중요한 진리이다: "두빈은 마음에 무엇인가가 걸린 듯이 자연 속에 확장되어 있는 자기 자신을 의식하는 일에, 즉 그의 가장 숭고한 의식에 눈을 뜨게 되었다. 그는 자기 자신이 더욱더 성숙되어 가고 있음을 느꼈다: 아름다움을 간취하는 사람은 그 아름다움을 내연시킨다. 인간은 자연의 불가사의한 창조와 무질서 속의 조화에 깊은 감명을 받는다. 두빈은 자연이 자기에게 무엇인가를 가르쳐주기를 원했는데 — 무엇인지는 확실치 않으나 — 아마 자기가 탐구했던 진실한 자아를 실현함을 가르쳐주기를 — 뚜렷이 알게 된 자기 자신을, 가장 좋은 자

---

79. W. J. Handy, "The Malamud Hero: A Quest for Existence," in *The Fiction of Bernard Malamud,* ed. Richard Astro and Jackson J. Benso (Corvallis: Oregon State University Press, 1977), 82.

80. Hershinow, 118.

81. Tony Tanner, *City of Words: American Fiction,* 1950-1970 (New York: Harper & Row, 1971), 322.

기 자신을? 자연은 그가 일전에 그처럼 잘 느끼지 못했던 것, 즉 '형상화하는 힘'을 깨닫도록 해주었다." 이렇게 살았음에도 불구하고 그는 자신의 인생을 헛되게 살았다고 비통해하면서, 정신적으로 그리고 육체적으로 삶의 충만을 체험해보고 싶은 마음이 간절하다. 그는 자기 자신을 더욱더 심오한 삶으로 이끌어서 삶의 신비를 밝혀보고 싶기 때문에, *디. 에이취. 로런스의 열정: 전기(The Passion of D. H. Lawrence: A Life)*의 집필에 착수하려고 한다. 그는 로런스야말로 "인간의 원천적인 미궁이며, 신비스러운 정열에 불타고 있는 실재이고, 아주 순진한 인간"이라고 믿고 있다. 그러나 그의 아내와 딸은 자신과 그처럼 상이한 인간에 대한 전기를 쓰기로 한 결정에 염려와 당혹감을 나타낸다. 그는 스스로 로런스를 선택하지 않았다고 대답한다. 그 반대로 로런스가 두빈에게 무엇인가를 가르쳐줄 수 있으리라고 생각했기 때문에 그를 선택했다는 주장이다. 그의 로런스에 대한 더욱 많은 이해가 그로 하여금 그 전기의 집필을 성공적으로 끝마칠 수 있도록 해준다. 게다가 두빈은 그처럼 성공적으로 자신의 삶을 자연과 합일시키기 때문에, 그가 원하는 대로 자기 자신을 스스로 다스리고 있다: "지금 두빈은 대체로 변덕스러운 기분으로 자연을 보고 있었는데, 자연도 달라지는 모습을 갖고 그를 바라보았다."[82]

맬러머드로부터 우리는 진실한 자아에 바탕을 둔 진정한 삶을 사는 방법을 배울 수 있다: "[우리의] 자아는 우리 자신과 사물인식의 끊임없는 변화이기 때문에, 진정한 자아는 실제로 사는 삶이지 관념적으로 표현될 수는 없다. 우리의 진정한 삶은 가장 직접적인 의식의 변화무쌍한 흐름 가운데서 탐구되어야만 한다."[83] 따라서 우리는 더욱 진실한 자아를 탐구하고, 여기에 따르는 많은 고난을 감수하면서, 자치 능력을 최대한으로 계발하고 신장하는 데에 최선을 다하지 않으면 안 된다. 더욱이 "자유의 목적은 다른 사람들을 위해 자유를 신장하려는 의지와 실천이기"[84] 때문에 다

---

82. Bernard Malamud, *Dubin's Lives* (New York: Avon, 1980), 7, 8, 9, 34, 35.

83. Wylie Sypher, *Loss of the Self: In Modern Literature and Art* (Westport: Greenwood Press, 1979), 59.

른 사람들도 그들 자신의 더욱 진실한 자아를 탐구하면서 자치 능력을 최대한으로 계발하고 신장하도록 도와주지 않으면 안 된다.

지금까지 논의한 최근미국소설의 주제들은 우리의 본질적 자아를 탐구하고 계발하려는 꾸준한 노력이 없었기 때문에 물려받은 나쁜 유산을 극복하고 초월할 수 있다는 확신을 갖도록 우리 자신을 강하게 설득한다. 우리가 본질적 자아로부터 솟아나오고 있는 양심에 그 바탕을 둔 진리가 아니고, 인위적이고 사회제도적인 일련의 가치들에 사로잡혀서 이런 가치들의 지배를 받아왔다는 사실은 분명하다. 따라서 우리의 존재양식은 극도로 혼란스러워졌기 때문에, 우리 자신의 삶에서 목적 의식을 갖고, 또 그 삶을 더욱더 의의 있게 만들기 위해 무엇을 해야 할 것인가를 몰라 당황한다. 그런데 최근미국소설의 주제들은 우리의 가장 시급한 과제가 우리의 옛 철학정신, 즉 중국으로부터 도입되어 거대한 학문적 업적과 문화적 유산을 이룩한 주객일치 정신을 재발견하는 임무와 책임이라는 엄연한 사실을 깨닫게 해준다. 우리의 찬란한 문화를 창조하는 데에 결정적인 역할을 했으나 최근에 와서 무시되면서 잊혀져버린 주객일치 정신을 재발견하고 소생시키려는 우리의 노력은 틀림없이 본질적 자아를 탐구하고 계발하는 데에 필수적인 요인이 될 것이다. 게다가 우리의 이런 노력은 다른 사람들의 존재를 있는 그대로 인정하려는 새로운 의식을 조성하고 확대시킬 수 있다. 이런 새로운 의식은 사회적이고 창조적인 활동에서 우리와 다른 사람들과의 관계를 더 평등하고, 더욱 화목하게 하며, 더욱더 협조적인 관계로 만들어줄 수 있다.

개발도상국가의 경지를 벗어나서 선진국을 지향하고 있는 이때, 우리가 시도하고자 하는 변화의 목적은 사회의 모습을 일변시키는 데에 있지 않고, 우리 스스로 우리는 무엇인가를 더욱 심오하게 이해하는 데에, 그리고 우리 사회를 있는 그대로가 아닌 다른 어떤 것이라고 오해하지 말고 인간적인 삶의 터전으로 만드는 데에 있어야만 한다. 이런 주장이 우리가 최

---

84. Bernard Malamud, *The Fixer* (New York: Dell, 1971), 259.

근미국소설의 주제들로부터 감득한 우리의 가장 보편타당한 진리관이다. 우리 모두 이런 진리관을 이해하고 고수하는 데에 최선을 다해야 한다고 필자는 역설한다. 우리가 열심히 우리 사회에 이런 진리 지향적인 변화를 촉발하려고 최선을 다한다면, 우리 삶과 후손의 삶은 목적의식, 의의, 창조적 활력, 그리고 도덕적 가치의 측면에서 크게 향상될 수 있을 뿐 아니라 큰 보람을 가질 수 있다고 필자는 확신한다.

7

억눌린 삶과 자아를 탐구하는 삶: 최근미국소설의 10대 주인공 연구

I

우리의 가치 있는 삶은 항상 어떤 이상적인 목적을 지향하고 성취하면서 존재한다. 따라서 우리는 사회의 구성원이 언제나 삶의 고귀한 목적을 줄기차게 추구하고 성취시키려고 하는 의지에 따라 그가 어떤 인간이 될 것인가를 알 수 있을 뿐 아니라 우리사회의 성격과 미래를 예견할 수 있다. 그러나 우리가 삶의 가장 바람직한 목적이나 어떤 인간이 될 것인가를 확정짓는 일은 결코 쉬운 일이 아니다. 그 목적이나 어떤 인간이 될 것인가에 대한 대체적인 합의가 없기 때문에, 우리는 혼란, 무질서, 질투, 증오, 불화, 충돌, 갈등, 그리고 전쟁과 살육의 와중에서 시달리면서 어찌할 바를 모르고 방황하게 된다. 윌리엄 워즈워스(William Wordsworth)의 시, "내 마음 뛰노라, My Heart Leaps Up"은 누구나 이해하고 수용하기 쉽게 가장 바람직한 삶의 목적과 가장 고귀한 인간의 모습을 보여주고 있다.

하늘의 무지개를 보면
내 마음 뛰노라.
어릴 때와 마찬가지로
어른이 된 지금도 그러하다.
내 늙어서도 그러리라.
아니면 차라리 난 죽으리라.
어린애는 인간의 아버지
바라건대 내 삶의 하루하루가
타고난 진심으로 이어지기를.

My heart leaps up when I behold
 A rainbow in the sky :
So was it when my life began ;
So is it now I am a man ;
So be it when I shall grow old,
 Or let me die !
The Child is father of the Man ;
And I could wish my days to be
Bound each to each by natural piety.[1]
(이탤릭체는 필자의 것임)

"어린애는 인간의 아버지"라는 구절은 "세살 버릇이 여든까지 간다" 라는 우리의 속담과 같은 뜻으로 어렸을 때의 삶이 장차 어떤 인간이 될 것인가에 결정적인 역할을 한다는 진리를 말해주고 있다. 이는 또한 어린 시절의 체험이 일생 동안 그의 사고와 행동에 지대한 영향을 미치게 된다는 것도 시사하고 있다. 어렸을 때 배운 삶의 방식과 철학이 어른의 생활 신념과 판단력의 바탕이 된다. 예를 들면 아래의 인용문에서 나타나듯이, 미국과 프랑스 사람의 어린이에 대한 교육관과 사고방식 그리고 판단기준의 현저한 차이가 각각 전혀 다른 신념이나 가치관을 지닌 어른으로 성장

---

1. Thomas Hutchinson, ed., *The Poetical Works of Wordsworth* (London: Oxford University Press, 1959), 62.

시키는 요인이다.

> 프랑스 어린이와 미국 어린이가 양육되는 방법상의 차이들이 여기서 지나치게 간소화되어 있지만, 그 차이들은 프랑스와 미국에서 [구성원들의] 사회화에 대한 주목할 만한 결과를 제시한다. 프랑스 어린이는 삶은 어른에 의해 구분되어 있고, 모든 구분의 경계는 인정되고 존중되지 않으면 안 된다는 사실을 배운다. 미국 어린이는 삶은 무한한 체험이라고 배운다. 프랑스 사람은 규칙들은 편의품이지만 사람이 만들었기에 인위적이라는 사실을 인정한다. 미국 사람은 독자적으로 자신의 규칙들을 발견했으므로 그 규칙들은 진리의 본질적 구조를 반영한다고 믿는다. 프랑스 사람에게 진리란 이중적이다. 그 진리는 사람이 만든 규칙들의 공식적 진리이지만, 또한 그것은 단지 자아성찰의 순간에 개개인에 의해 느껴지거나, 예술과 종교에 의해 계시될 수 있는 더 심오하고 신비스러운 진리를 감춘 외모에 지나지 않는다. 미국 사람에게 진리는 하나의 통합체이다. 따라서 이상과 현실 사이의 어떤 명백한 모순도 본질적으로는 부도덕하다.[2]
>
> The differences between the way a French child and an American child are brought up are greatly oversimplified here, but they point to significant generalizations about socialization in France and the United States. The French child learns that life has been compartmentalized by man and that the limits of each compartment must be recognized and respected. The American child learns that life is a boundless experience. The Frenchman recognizes that rules are a convenience, but that they are man-made and therefore artificial. The American believes he has discovered his rules for himself and that they reflect the essential structure of reality. For the Frenchman, reality is dual : there is the official reality of man-made rules, but it is only a facade concealing a deeper, more mysterious reality which may be felt by the individual in moments of introspection or revealed by art and religion. For the American, reality is a unity, and any apparent discrepancy between the ideal and the actuality is essentially immoral.

---

2. Laurence Wylie, "Youth in France and the United States," in *Youth; Change and Challenge,* ed. Erik H. Erikson (New York: Basic Books, 1963), 246.

인간은 어린 시절에 따뜻한 보살핌과 사랑 그리고 자율적인 교육을 많이 받으면 받을수록 그의 자아를 더욱더 많이 탐구하고 실현할 수 있다. 어렸을 때 자연과 삶의 아름다움을 보고 느끼면서 깊은 감명을 받을 수 있었던 사람은 자신과 다른 사람들에게 타고난 그대로 진실할 뿐 아니라 사회에 더욱 유익한 인간이 될 수 있다. 또한 그가 어린 시절에 배우고 익힌 가치관은 앞으로 전개되는 그의 삶에서 모든 사물에 대한 판단력의 기초가 된다.

> 우리의 선악 구별능력의 토대는 어린 시절에 첫 단계로는 생리적인 기능을, 다음 단계로는 더 복잡한 행동문제들을 바탕으로 하여 형성된다. 어린이는 선악 구별 방법을 이론적으로 배우기 전에 그런 구별의 느낌을 갖는다. 어린이의 가치 판단력은 그의 삶에서 가장 가까운 사람들의 친절, 불친절한 반응들의 결과로서 길러진다. 어린이가 어른들의 보살핌과 사랑에 완전히 의존함을 고려하면, 어머니 얼굴에 나타나는 만족과 불만의 표정이 어린이에게 선악의 차이를 "가르치는" 충분조건이라는 사실은 놀랄 만한 일이 아니다. 학교와 사회에서도 이와 비슷한 요인들이 그런 영향을 미치고 있다.[3]
>
> The foundations of our ability to differentiate between good and evil are laid in childhood ; first with regard to physiological functions and then with regard to more complex matters of behavior. The child acquires a sense of distinguishing between good and bad before he learns the difference by reasoning. His value judgments are formed as a result of the friendly or unfriendly reactions of the significant people in his life. In view of his complete dependence on the care and love of the adult, it is not surprising that an approving or disapproving expression on the mother's face is sufficient to "teach" the child the difference between good and bad. In school and in society similar factors operate.

인간의 어린 시절의 아름답고 고결한 체험은 자신의 삶을 긍정과 희망, 그리고 보람과 환희로 가득 차게 한다. 또한 이와 같은 체험은 그 사회

---

3. Erich Fromm, *Man For Himself* (London: Routledge & Kegan Paul, 1971), 10-11.

를 개방과 자유 그리고 창조의 정신으로 가득 차게 만든다. 따라서 우리는 이런 이유 때문에 어린이를 어떻게 키우며, 그들에게 무엇을 가르칠 것인가를 결정하는 문제가 우리의 가장 중요하고 시급한 일이라고 할 수 있다.

그러므로 부모는 어린이가 순진하고 고결한 삶을 살 수 있도록 많은 기회를 마련해주면서 보살피지 않으면 안 된다. 일차적으로 부모는 자녀를 올바른 인격체로 성장시킬 책임을 진다. 부모는 어린이가 외부적인 권위에 의해서가 아니라 자기 자신의 의지에 따라 살면서 성숙하고 발전할 수 있도록 보살펴야 한다. 다시 말하면 부모는 어린이가 정직하고 진실한 자기 자신이 될 수 있는 잠재력과 가능성을 계발할 수 있도록 지원해 주어야 한다. 부모는 스스로 생각해 낸 독선적인 틀 속에 어린이를 얽어매지 말고 어린이를 있는 그대로 받아들여야 한다. 부모의 가장 중요한 책임과 임무는 어린이가 독립된 인간이 될 수 있도록 정신적으로나 경제적으로 준비시켜주면서 창조적인 일에 지대한 흥미를 갖도록 해주는 것이다.

그러나 이러한 주장과 소망은 현실적으로 어린이의 양육과 교육에 있어서 이상론에 지나지 않는다. 우리는 이것을 당연한 것으로 생각하지만, 어린이의 양육과 교육의 현장에서는 이상과 현실의 충돌과 괴리가 현저하게 드러나고 있다. 오히려 이런 주장이나 소망과는 정반대로 이루어지는 일들이 어린이의 양육과 교육의 현실이라고 할 수 있다. 대부분의 어린이는 무관심과 무시 그리고 억압받는 삶을 살고 있다.

> 어른들은 우리[어린이들]에게 말은 하지 않고 지시만 한다. 어른들은 [친절하게] 가르쳐주지 않으면서 명령만 내린다. 우리가 여행을 가다가 넘어지면, 어른들은 우리를 노려본다. 우리가 다치거나 멍들면, 어른들은 우리에게 정신을 어디에 두느냐고 따진다. 우리가 감기에 걸리면, 어른들은 우리의 경솔함에 싫증나서 머리를 흔든다. 어른들은 우리에게 이렇게 묻는다. 너희들 모두가 아프면, 너희들은 어떻게 누가 어떤 도움을 주리라고 기대하느냐? 우리는 이런 물음에 어떤 대답도 할 수 없다. 우리의 아픔은 경멸의 대상이 될 뿐이다.[4]

---

4. Toni Morrison, *The Bluest Eye* (New York: Holt, Rinehart and Winston, 1970), 5-6.

> Adults do not talk to us — they give us directions. They issue orders without providing information. When we trip and fall down they glance at us ; if we cut or bruise ourselves, they ask us are we crazy. When we catch colds, they shake their heads in disgust at our lack of consideration. How, they ask us, do you expect anybody to get anything done if you all are sick? We cannot answer them. Our illness is treated with contempt.

그러므로 어린이는 자기 자신의 꿈과 의지에 따라 살고 있다기보다는 오히려 어른들의 일방적이고 부당한 요구사항과 가치판단에 무조건 복종하여야 하는 냉혹한 환경 속에서 살고 있다. 대다수의 어린이는 이런 독선적인 요구와 강요 때문에 고독감과 소외감 속에서 절망적이고 저주스런 삶을 살아가고 있다. 이렇게 억압적인 상황과 비극적인 현실 속에서도 진실한 자아를 탐구하는 삶을 살기 위하여 고군분투하는 어린이의 모습이 17권의 최근미국소설에 잘 나타나 있다. 이 17권의 미국소설은 *색칠당한 새 The Painted Bird*(1965), *가장 파란 눈동자 The Bluest Eye*(1970), *비틀크릭 마을 Beetlecreek*(1950), *결혼식장의 외로운 소녀 The Member of the Wedding*(1946), *그녀가 좋았을 때 When She Was Good*(1967), *보스턴에서의 삶 Boston Adventure*(1944), *행운의 이주자 The Fortunate Pilgrim* (1965), *무엇인가 일어났다 Something Happened*(1974), *끝없는 사랑 Endless Love*(1979), *잠꼬대라고 할까요 Call It Sleep*(1934), *고결한 사나이 A Generous Man*(1966), *산 위에 올라가서 말하라 Go Tell It on the Mountain* (1953), *흑인 소년 Black Boy*(1945), *호밀밭의 파수꾼 The Catcher in the Rye*(1951), *만자라 수용소여, 안녕 Farewell to Manzara*(1973), *오기 마취의 모험 The Adventures of Augie March*(1953), 그리고 *보이지 않는 인간 Invisible Man*(1952)이다.

어린이의 양육과 교육에서 이상과 현실의 충돌과 괴리는 왜 나타나고 있을까? 왜 어린이의 아름다운 꿈과 순진한 삶이 짓밟힘과 억눌림을 당하게 되는가? 17권의 미국소설에 나타난 주인공들의 부모는 어떤 인간이 기에 자식들을 학대하고, 어린이들의 꿈을 짓밟으면서, 삶을 억압하고 있는가? 대체로 이 부모들은 두 가지 공통적인 특징을 가지고 있다. 하나는 그들이 삶의 목적이 타고난 진심("natural piety")을 바탕으로 자신을 알고 그 자신이 되는 데에 있다는 가장 중요한 진리를 깨닫지 못하고 있다. 또 하나의 특징은 그들이 인간의 행복과 진가는 다른 사람들과 순수하고 진실한 관계를 맺는 데에 있다는 가장 기본적인 상식을 모르고 있다는 것이다.

따라서 어린이가 행복하고 창조적인 삶을 살 수 있도록 양육하고 교육하기 위해서, 부모는 "인간의 존재목적은 그 자신이 되는 것이며, 이런 목적을 달성하는 전제조건은 인간은 스스로 존재하는 것이라는 신념"[5]을 갖지 않으면 안 된다. 부모의 이런 신념이 삶의 가장 바람직한 목적이 될 뿐 아니라 어떤 인간이 될 것인가를 결정짓는 가장 중요한 관건이 되기 때문이다. 부모들은 타고난 진심을 바탕으로 그 자신이 되기 위해서는, 자신을 알지 않으면 안 될 뿐 아니라 그들이 추구하는 자신의 앎과 다른 사람들이 탐구하는 자기 앎이 동일하다는 사실을 자각하고, 명심하지 않으면 안 된다.

> 인간의 본래면목(本來面目)은 . . . 인간이 자기 자신이 되기 위해 자신을 이해하려는 탐구와 진실된 개인적 삶의 개념의 탐구의 철두철미한 본분이다. [. . .] 그 본래면목은 의미 있는 개인적 삶의 방향, 인간이 모든 상황에서 직면하는 문제에 대한 정신적 반응, 그리고 자신의 입장을 고수하면서 그 입장에 바탕을 둔 태도로 사회와 대응한다는 것을 의미한다. 인간은 진실한 삶을 탐구하지 않으면서는 살 수 없다. [. . .] 그러나 인간은 재삼재사 잠재력, 선택, 결단 . . . 그가 직면하는 모든 상황에서 진실한 반응을 발견하는 데에 모든 관심을 쏟지 않으면 안 된다. [. . .] 나는 무엇이 진실한 *인간적* 생존인지와 특히 나에게 진실한 삶은 무엇인지 밝히는 일에 지대한 관심을 쏟아야만 한다. 이 두 가지 일은 결코 서로 분리될 수 없지만 그렇다고 동일시될 수도 없다.[6]
>
> The image of man . . . is an integral part of man's search to understand himself

---

[5]. Fromm, 7.

[6]. Maurice Friedman, *To Deny Our Nothingness* (Chicago: University of Chicago Press, 1978), 17-18.

in order to become himself, of his search for an image of authentic personal existence. [. . .] It implies a meaningful, personal direction, a response from within to what one meets in each situation, standing one's ground and meeting the world with the attitude that is rooted in this ground. Man cannot live without searching for authentic existence. [. . .] However . . . he must be concerned again and again with potentiality, choice, and decision . . . with discovering an authentic response to each situation he faces. [. . .] I must be concerned with what is authentic *human* existence and what is authentic existence for me in particular. These two can never be divided from each other, nor can they be identified.

부모가 나와 다른 사람이 타고난 진심을 바탕으로 그 자신이 됨과 자기 앎의 탐구는 동일하다는 사실을 인식하게 될 때, 부모는 어린이의 양육과 교육에 긍정적이고도 결정적인 역할을 하게 된다. 부모는 이런 인식을 갖기 위해 개인적인 아집과 편견에서 벗어나 모든 사물을 객관적으로 보고, 받아들이려고 최선을 다하지 않으면 안 된다. 부모의 이런 인식이 어린이를 있는 그대로 받아들여, 어린이를 올바른 인격체로 키울 수 있는 사고와 행동의 바탕이 된다. 이런 인식을 가진 부모는 어린이를 강요하거나 억압하지 않기 때문에, 어린이와 순수하고 진실한 관계를 맺을 수 있다. 이러한 바람직한 관계를 계속 유지하기 위해, 부모는 어린이가 그의 타고난 진심을 바탕으로 그 자신이 되고 자기 앎을 탐구하려는 의지와 개성을 갖도록 해주는 많은 노력을 기울여야 한다. 어린이의 이런 의지와 개성은 그 어린이와 다른 사람들 뿐 아니라 나아가 그들이 속한 사회의 성숙과 발전의 원동력이 되기 때문이다. 따라서 부모는 어린이의 개체적인 자유와 선택 그리고 책임의식을 가능한 한 크게 확대시켜주는 일이 가장 큰 사명이라는 사실을 깨달아야 한다.

개체성과 주체의식은 자아의 깊은 세계, 이 세상에서 독특한 존재로 단련되어 구체화되는 우리 각자에게 존재하는 창의력과 재능으로부터 솟아나온다. 사회는 이런 창의력과 재능을 인정하고 장려하여 긍정하지 않으면 안 된다. 자아는 이런 경우가 아니면 성숙될 수 없다. 자유와 선택과 책임이 없다면, 각자가 자신의 판단력을 체험하고 삶에서 적극적인 활력소가 되지 못한다면, 선출하고 선택할 자유가 없다면, 이런 느낌의 진실을 솔직하고 정직하게 느끼고 표현할 자유가 없다면, 활력이 넘치는 사람들, 즉 독특한 주체로의 성숙을 장려하고, 독자적인 삶을 존중하며, 그 사람이 스스로 의미 있는 탐구와 활동에 참여하면서 그런 탐구와 활동에 헌신할 수 있도록 해주는 적극적이고 활동적인 사람들과 하나가 되는 자유가 없다면, 자아는 성숙될 수 없다.

가장 순수한 형태의 개체성은 어느 누구와도 다른 독특성의 특징이다. 그런 개체성은 특이한 지각으로부터 솟아나오는 삶이며, 스스로의 깨달음과 자기 삶에서 갈망하는 것과 가치 있거나 무의미하다고 거론된 것을 알도록 해주는 자신의 표현이다. [가장 완전한 의미와 다양한 형태로서,] 개체성은 각자가 낮이나 밤이나 탐구하고 있는 선이다. 내가 삶을 배우면서 내가 되는 것, 다시 말하면 내가 누구인가가 되는 것이 절대적 가치의 표현이면서 바로 그런 가치 자체이다.[7]

Individuality and identity emerge from the deep levels of the self, from the resources and talents that exist in each of us to be formed and shaped into a particular being in the world. It is these values which society should recognize, encourage, and affirm. The self cannot develop unless there is freedom, choice, and responsibility, unless each person experiences his own senses and becomes an active force in life, free to choose and select, free to feel and express openly and honestly the nature of these feelings, free to identify with living forces, with alive persons who encourage growth in individual identity, who value being for itself, and who can enable the person to engage himself and be committed to meaningful inquiry and activity.

Individuality in its purest form is a mark of distinctiveness unlike any other living form ; it is life emerging from peculiar perceptions ; it is an expression of the self that leads to an awakening from within and a knowing of what one wants in life and what registers as worthwhile or meaningless. In its fullest sense and varied forms, individuality is the good that each man seeks in days of darkness and in days of light. To be the way I am constructed to be, to be who I am, is both the expression of absolute value and value itself.

---

7. Clark Moustakas, *Individuality and Encounter* (Cambridge: Howard A. Doyle, 1974), 10-11.

어린이와 부모가 어린이의 꿈의 세계와 부모의 삶의 목적을 일치시키려고 최선을 다할 때, 그들의 관계는 충돌과 마찰을 자아내는 적대관계에서 벗어나게 된다. 그리하여 그들은 그 자신이 되고 자기 앎을 탐구하는 삶의 목적을 달성하는 데에 서로 도움을 주는 사랑의 관계로 바뀌게 된다. 이러한 그들의 사랑이야말로 모든 "인간 스스로가 다른 사람들과 관계를 맺으면서 참으로 그 자신이 되는 가장 강한 힘이다." 이런 사랑 속에서 그들은 "다른 사람들과 관계를 맺고, 그 결속에서 삶의 목적을 달성하며, 행복을 추구하는 길을 발견할"[8] 수 있다. 그러나 위에서 언급한 미국소설의 주인공인 10대 어린이들은 이러한 이상과 전적으로 배치되는 현실 속에서 고통, 저주, 억압, 좌절, 실의, 그리고 파멸의 삶을 살도록 강요당하고 있다.

여기에 나타난 주인공들은 존재론적 특징에 따라 다음의 네 유형으로 분류될 수 있다: (1) 부모의 사랑과 이해의 부족 때문에 좌절과 실의에 빠져 극도의 피해자가 된 *색칠당한 새, 가장 파란 눈동자, 비틀크릭 마을, 결혼식장의 외로운 소녀*의 주인공, (2) 부모의 빈곤과 애정의 결핍 가운데서 자라나 어른이 되어서도 비극적인 삶을 살고 있는 *그녀가 좋았을 때, 보스턴에서의 삶, 행운의 이주자*의 주인공, (3) 부모의 억압과 박해 속에서 자랐기 때문에 어른이 되어서도 계속 안정된 삶을 살지 못하다가 뒤늦게 삶의 참된 의미를 찾게된 *무엇인가 일어났다, 끝없는 사랑*의 주인공, (4) 어렸을 때의 많은 역경과 좌절을 극복하고 진실한 자아를 탐구하는 *잠꼬대라고 할까요, 고결한 사나이, 산 위에 올라가서 말하라, 흑인 소녀, 호밀밭의 파수꾼, 만자라 수용소여, 안녕, 오기 마취의 모험, 보이지 않는 인간*의 주인공. 이 네 유형을 각각 대표하는 소설, *색칠당한 새, 그녀가 좋았을 때, 무엇인가 일어났다*, 그리고 *보이지 않는 인간*을 중심으로, 부모의 억압과 학대 속에서 짓밟히고 억눌린 삶을 살지 않으면 안 되었던 어린이들의 실의, 좌절, 그리고 비극을 중점적으로 분석하고 논의해 본다. 아울러 이러한 상황 속에서도 타고난 진심을 바탕으로 비극적 실존을 초월

---

[8]. Fromm, 14.

할 수 있는 진실한 자아를 탐구하는 주인공들의 고귀한 생활철학도 논의해 본다.

Ⅱ

어린이는 "어떤 욕구나 '권리'를 가지고 있다. 다시 말하면 보살핌과 사랑을 받고, 자기표현의 자유를 향유하고, 소망을 이루고 싶은 욕구나 '권리'를 가지고 있다."[9] 어린이의 이런 욕구나 권리를 존중해 주고 가능하면 그것을 충족시켜주는 일이 부모의 가장 중요한 책임이며 의무이다. 이 기본적인 책임과 의무를 무시하거나 이행하지 않는 부모가 어린이의 삶에 엄청난 비극을 초래하는 실례들을 하나씩 고찰해보자. *색칠당한 새*의 이름 없는 주인공은 부모의 버림을 받았기 때문에 몸 전체에 색칠을 당한 새와 같은 운명에 처하였으나, 죽음만을 겨우 면한 채 처참한 삶을 살 수밖에 없었다. 알록달록하게 색칠을 당한 까마귀는 다른 까마귀들에게 자신도 같은 종족이라는 사실을 납득시키려고 그들 사이에서 부지런히 날아다닌다. 이때 그 새의 찬란한 빛깔에 어리둥절해진 까마귀들은 의심을 잔뜩 품고 그 주위를 빙빙 돈다. 알록달록한 까마귀는 무리 속으로 끼어들려고 애를 쓰면 쓸수록 더욱더 멀리 쫓겨난다. 잠시 후 까마귀들은 한 마리씩 차례로 급강하하여 그 알록달록한 까마귀를 맹렬히 공격한다. 얼마 뒤에 그 까마귀는 피투성이가 된 채 땅에 떨어져서 죽는다.

이 주인공의 부모는 어린이 양육의 기본 철학의 하나를 전혀 이해하지 못했을 뿐 아니라 이를 전적으로 무시했다. 그 철학이란 이런 주장이다: "어떤 이유가 되었든 자신의 가정을 떠나 어린이 양육원에서 살지 않을 수 없게 된 어린이는 견디기 어려운 고통과 공포로 가득 찬 채 그의 인성 계발과 정상적인 성장에 치명적인 실존 상황 속에서 살고 있다."[10] 제2차 세

---

9. William M. Kephart, *The Family, Society, and the Individual*, 3rd ed. (Boston: Houghton Mifflin, 1972), 526.

10. Robert H. Mnookin, "Foster Care — In Whose Best Interest?," *Harvard Educational Review* 43 (1973): 624.

계대전이 시작되었을 때, 큰 도시에 살고 있던 이 부모는 여섯 살 난 아들을 멀리 떨어진 시골로 보낸다. 그들은 나치 반대운동을 위해 지하로 잠적했고, 아들을 전쟁이 끝날 때까지 다른 사람에게 맡기는 것이 아들을 살리는 가장 확실하고 훌륭한 방법이라고 생각했기 때문이다. 아들과 헤어진 다음에 전쟁의 와중에서 사람들의 대이동이 계속되었으므로, 그들은 아들이 어디에 있는지 도저히 알 수 없게 되어버린다.

부모와 헤어져 혼자가 된 주인공은 굶주림과 추위에 시달리면서 이 마을 저 마을로 떠돌아다닌다. 이렇게 혼자 떠돌아다니게 된 운명 가운데서 그는 온갖 욕설, 모욕, 고통, 억압, 학대, 그리고 박해를 당한다. 그가 만나는 사람들은 피부 빛깔이 희고, 금발 머리에 눈은 파랗거나 회색이다. 그에 반해 그의 피부는 올리브 빛깔에, 머리는 검고, 눈도 까만색이다. 따라서 그는 집시나 길 잃은 유대인 소년으로 간주되어 몸 전체에 색칠을 당한 새의 운명처럼 극심한 학대와 박해를 당한다. 사람들은 그에게 돌멩이를 던질 뿐 아니라 채찍질을 하며, 날카로운 쇠스랑으로 찌르기도 한다. 장난기 있는 어른들이 그에게 가하는 잔인한 행위와 이로부터 벗어나려고 몸부림치는 그의 애절한 모습이 마을 사람들의 재미있는 구경거리가 된다.

> 누군가가 나를 땅바닥에서 왈칵 집어 올렸다. 키가 큰 빨간 머리의 농부가 내 머리를 움켜잡고 끌어당기더니, 다른 손으로 내 귀를 비틀었다. 나는 필사적으로 반항했다. 사람들은 웃음을 터뜨리면서 소리를 질렀다. 그 남자는 나를 밀쳐버리더니, 나무로 바닥을 댄 신발로 나를 걷어찼다. 난폭한 마을사람들이 함성을 질렀고, 남자들은 배를 움켜잡고 몸이 흔들릴 정도로 웃어 대었으며, 개들은 나에게 더 가까이 오려고 버둥거렸다.[11]
>
> Someone yanked me up from the ground. A tall red-headed peasant held me by the hair and dragged me toward him, twisting my ear with his other hand. I resisted desperately. The crowd shrieked with laughter. The man pushed me, kicking me with his woodsoled shoe. The mob roared, the men clasped their bellies, shaking with laughter, and the dogs struggled closer toward me.

---

11. Jerzy Kosinski, *The Painted Bird* (New York: Bantam Books, 1981), 14.

이 버림받은 주인공은 이런 박해와 고통을 혼자 감당할 수 없기 때문에 그의 부모를 소리쳐 부르면서 울기 시작한다. 이처럼 위급한 때 부모가 아이와 같이 있어 주지 않는다면, 그런 부모란 무슨 소용이 있는가하고 외돌토리가 된 소년은 반문해본다.

설상가상으로 그가 열 살 때의 어느 날 주인공이 자기들에게 액운을 가져다주는 집시 흡혈귀라고 단정한 농부들이 커다란 똥통으로 그를 끌고 간다. 무슨 일을 당하게 될지를 깨달은 주인공은 비명을 지르려고 했으나 아무런 소리도 지를 수 없다. 발버둥을 칠 때마다 한 농부의 묵직한 주먹이 그의 입과 코를 짓이겨 놓는다. 똥구덩이에서 풍기는 악취가 점점 심해지자 그는 미친 듯이 토하기 시작한다. 이에 아랑곳하지 않고 그들은 그의 손과 발을 잡고 앞뒤로 흔들다가 그를 오물의 정통 한가운데로 던져버린다. 그는 이 끔찍한 일로 큰 충격을 받았기 때문에 말하는 능력을 상실해버린다.

벙어리가 된 주인공은 참혹한 육체적 고통과 학대 뿐 아니라 극심한 정신적 혼란과 갈등을 겪는다. 기독교에 바탕을 둔 가치관인 믿음, 소망, 사랑은 그의 정신적 지주였다. 그런데 뜻밖에 그는 이런 주장을 듣게 된다. 하나님은 존재하지 않으며 이 세상과 아무런 관계도 없다. 교활한 성직자들이 어리석은 사람들을 속이기 위해서 하나님을 만들었을 뿐이다. 하나님도, 삼위일체도, 성자들도, 천국과 지옥도, 그리고 기도할 필요도 없다. 계속하여 그는 더욱더 납득이 안 되는 궤변을 듣게 된다. 인간은 절대로 남에게 업신여김을 당하면 안 된다. 그런 일을 당한다면 평생 동안 자부심을 잃고 무의미한 삶을 살게 된다. 자기에게 잘못을 범하는 사람에게 반드시 복수를 해야 한다. 복수를 할 수 있는 능력만이 자신의 존엄성을 지킬 수 있는 유일한 무기이다.

> 사람은 모든 잘못과 굴욕에 대해 복수를 해야 한다. 세상에는 부당한 일들이 너무 많아서 일일이 따지거나 심판할 수 없었다. 사람은 자신에게 가해졌던 모든 잘못을 고려해서 그에 적절한 보복을 스스로 결정하지 않으면 안 된다. 자기도

적에 못지않게 강하며 두 배로 보복할 수 있다는 확신만이 사람들로 하여금 끝까지 살아남을 수 있게 해주는 힘이라고 미트카는 말했다. 사람은 자신의 본성과 자기가 동원할 수 있는 수단에 따라 복수해야 한다. 그것은 아주 간단하다. 만일 누군가가 너에게 무례하게 굴었는데, 그것이 채찍질만큼 너를 아프게 했다면, 너는 그가 너를 채찍으로 때렸던 것처럼 그를 보복해야 한다. 만일 누군가가 네 뺨을 때렸는데, 그것이 천대의 매처럼 느껴졌다면, 너도 천대의 매로 복수하라. 복수란 상대자의 행동에서 연유하는 모든 고통, 아픔, 그리고 굴욕에 비례해서 행해져야만 한다.[12]

A person should take revenge for every wrong or humiliation. There were far too many injustices in the world to have them all weighed and judged. A man should consider every wrong he had suffered and decide on the appropriate revenge. Only the conviction that one was as strong as the enemy and that one could pay him back double, enabled people to survive, Mitka said. A man should take revenge according to his own nature and the means at his disposal. It was quite simple : if someone was rude to you and it hurt you like a whiplash, you should punish him as though he had lashed you with a whip. If someone slapped you and it felt like a thousand blows, take revenge for a thousand blows. The revenge should be proportionate to all the pain, bitterness, and humiliation felt as a result of an opponent's action.

6년 동안의 참혹한 육체적 그리고 정신적 박해를 당해 제정신이 아니게 되어버린 후에야 주인공은 고아원에서 부모를 다시 만난다. 재회하는 순간 그는 기쁨의 감정을 갖기보다는 오히려 그 반대의 반응을 나타낸다: "그들은 어딘지 낯익게 보였다. 나는 군복에 달린 붉은 별 밑에서 내 가슴이 고동치는 소리를 들을 수 있었다. 억지로 무관심한 표정을 지으며 나는 그 얼굴들을 찬찬히 뜯어보았다. 놀랄 만큼 비슷해 보이는 그들은 나의 부모일지도 모른다. [. . .] 그들이 누구인지 안다고 인정을 해야 할지, 아니면 모르는 채 해야 하는지, 나는 어찌 해야 좋을지 몰랐다."[13] 그는 자기도 이

12. 앞책., 227.

13. 앞책., 169.

제 열두 살이 되었으니까 스스로 따르고 가르침을 받을 사람들을 자유롭게 선택할 수 있다는 생각이 들었다. 부모로부터 그를 빼앗아 갈 수 있는 권리를 가진 사람은 아무도 없다는 한 가지 이유 때문에, 그는 반드시 그들의 사랑과 보살핌을 조건으로 그들에게 복종해야만 된다는 생각을 선뜻 받아들이지 못한다. 이처럼 버림을 받았던 주인공은 타고난 진심을 바탕으로 그 자신이 될 수 없기 때문에 부모의 사랑을 받을 수도 없을 뿐 아니라 그들을 존경하고 사랑할 수도 없는 인간이 되어버렸다.

*가장 파란 눈동자*의 열한 살 난 주인공인 흑인소녀 페콜러(Pecola)는 주정뱅이며 범죄자였던 아버지 밑에서 살고 있다. 그녀의 가정 분위기는 살벌하고 적의에 가득 차 있다. 그녀는 일상생활에서 성숙과 성취의 의지와 즐거움을 가질 수 없기 때문에, 오직 백일몽 속에서만 허황된 삶의 목표인 하얀 빛깔의 피부와 파란 눈동자 그리고 금발 머리를 갖기를 열망한다. 그녀는 이런 비참한 삶을 지탱해 가는 힘을 바로 이런 몽상 — "나는 파란 색, 다른 사람들보다도 더 파란 색의 눈동자를 가지고 있기 때문에 그들은 나를 몹시 미워하고 있다"[14] —에서 오는 허황된 자기만족에서만 찾고 있다.

*결혼식장의 외로운 소녀*는 열두 살 난 극도로 소외당한 소녀 프랭키 애덤즈(Frankie Addams)의 분노와 저주로 가득 찬 삶을 묘사하고 있다. 그녀가 이 세상에 태어나는 순간에 어머니는 눈을 감았으며, 보석상을 경영하는 아버지는 딸을 따뜻하게 보살펴주는 데는 전혀 관심이 없고 사업에만 열중한다. 요즈음 그녀의 삶의 전부란 여섯 살짜리 사촌동생과 가정부인 흑인 할머니만을 상대로 같은 이야기를 몇 번이고 되풀이하거나 카드놀이를 하는 지루한 일과뿐이다. 이처럼 다른 누구하고도 즐겁고 보람찬 관계를 맺을 수 없게 된 프랭키는 이런 망상에 사로잡혀 있다: "우리는 모두가 어떻게 된 셈인지 모르지만 붙잡혀 있다. [. . .] 그러나 우리가 무엇을 하고 있을지라도 우리는 여전히 붙잡혀 있다. 나는 나이고, 당신은 당

---

14. Morrison, 155.

신이고, 그리고 그는 그이다. 우리는 각자가 어떻게 된 셈인지 모르면서도 우리 스스로에게 붙잡혀 있다. [. . .] 마치 모든 인간이 붙잡혀 있는 것처럼."[15] 이런 독선적인 의식으로 말미암아 더욱더 외롭고 저주로운 어린이가 되어버린 프랭키는 그녀 자신 뿐 아니라 모든 사람에게 극도의 적대감을 느끼며 증오한다. 이처럼 무분별한 적대감과 증오의 격정에 사로잡혀 제정신이 아니기 때문에, 그녀는 자신이 다른 사람들과 함께 타고 가는 자동차가 강물 속으로 추락하거나 건널목에서 열차와 충돌하기를 바란다. 그녀를 이처럼 질식시키는 환경, 즉 상호이해와 애정이 전혀 없는 집에서는 도저히 살 수 없다는 절망적인 생각 끝에 그녀는 가출을 결심하고 주저 없이 단행한다.

*비틀크릭 마을*의 열네 살 난 주인공인 흑인 소년 죠니 죤선(Johnny Johnson)도 부모와 어른들의 보살핌과 사랑의 결핍으로 말미암아 극심한 소외의 고통 속에서 살고 있다. 그의 유일한 가족인 어머니가 중병으로 병원에 입원했기 때문에, 그는 어쩔 수 없이 그가 사는 필스버그를 떠나 외삼촌 집에 오랫동안 머물기 위해 비틀크릭 마을로 왔다. 그러나 외삼촌 부부는 고향을 떠나 온 이 소년을 관심과 대화의 대상으로 받아들여주지 않는다. 그러므로 그는 고독과 소외의 고통에서 벗어나기 위해, 자신을 받아들여 주고 소속감을 느끼게 해줄 사람들을 찾아 헤맨다. 마침내 그는 양심을 밑바탕으로 하여 고수해 왔던 도덕적 자아를 버리고, 불량배들의 단체에 소속된 것을 삶의 가장 큰 보람과 희열로 간주하고 있다: "나는 이미 필스버그의 죠니 죤선이 아니라 또 하나의 죠니가 된 것이다. 여기 이 오두막에서 나는 다른 죠니로 탈바꿈한다. 우리는 모두 이렇게 함께 모인 동지로서 이런 모임을 위해 피워놓은 모닥불 앞에 앉아 있는데, 나도 여기 앉아 있다. 이것은 어떤 것보다도 더 근사하다. 이것은 내가 바라는 가장 중요한 것이다. 한 패에 끼어 그들과 함께 재미있고 멋진 많은 일들을 하는 것이 내가 바라는 가장 중요한 것이다."[16] 소외되는 것을 가장 두려워

---

15. Carson McCullers, *The Member of The Wedding* (New York: Bantam Books, 1966), 113-14.

하는 주인공은 이 단체의 일원이 된 맹약의 표시로 남의 집에 방화하라는 단장의 명령에 무조건 복종할 뿐이다.

비참하고 불행했던 어린 시절의 체험이 어른이 되었을 때의 삶에 초래하는 비극을 살펴본다. *그녀가 좋았을 때*의 주인공, 루시 넬선(Lucy Nelson)은 "그녀 자신을 정말로 정신이상자로 만들고 있는 사회제도와 가정환경에 의한 비극적 피해자이다. 스스로 삶에 대한 어떤 결단을 내려야 함에도 불구하고 그렇게 하지 못하고, 그녀는 남자는 보호자로서의 역할을 해야 하며 여자는 반드시 보호를 받아야만 되는 존재라는 남자가장제(男子家長制)를 신봉하는 사회제도의 맹목적인 추종자가 되지 않으면 안 되었다. 또한 여자를 보호해야 할 남자들이 그럴 능력이 전혀 없는 가정에서 자랄 수밖에 없었으며 지금도 그런 가정에서 살 수밖에 없다."[17] 그녀의 비극의 싹은 외할아버지가 그의 편견 때문에, 한때 그녀의 부모를 과잉보호함으로써 그들의 자립심을 빼앗고 의뢰심만을 갖도록 만들어버린 데에 있었다. 외할아버지가 그녀의 부모에게 보호자로서의 훌륭한 건설적인 역할을 하지 못했기 때문에, 그들은 루시에 대한 부모로서의 책임과 의무가 무엇인가를 생각해본 적도 없었다. 부모의 보살핌과 사랑이 결핍된 환경 속에서 자랐기 때문에, 그녀는 독선적인 사고와 행동을 서슴없이 하게 된다. 이런 사고와 행동이 그녀가 젊은 나이에 삶을 자살로 끝맺는 비극적인 결과를 초래한다.

외할아버지는 어린 시절에 숲속에 있는 오두막에서 사납고 무식한 그의 아버지와 야만적인 삶에 만족하고 그 삶을 개선하려는 의지가 전혀 없는 그의 어머니와 함께 살았다. 이 같은 잔인한 인간과 자연의 횡포로부터 벗어나고 싶었기 때문에, 그는 아주 소박한 인생의 꿈을 가지고 있었다. 그 꿈이란 "부자가 되는 것도 아니고, 유명해지는 것도 아니고, 권세를 얻는 것도 아니고, 더군다나 행복해지는 것도 아니었다. 오직 개화되는 것이

---

16. William Demby, *Beetlecreek* (New York: Avon Books, 1969), 134-35.

17. Judith Paterson Jones & Guinevera A. Nance, *Philip Roth* (New York: Frederick Unger, 1981), 54.

었다"[18] 드디어 그는 도시로 나와 직장을 구한 다음, 양반집 아가씨와 결혼하여 자신의 집도 마련했다.

자신의 소박한 꿈이었던 개화된 가정을 꾸민 다음에, 그는 어떤 부모라도 욕심낼 매우 예쁘고 착하며 똑똑한 딸을 갖는다. 이 딸은 자라서 당시에 일류 전기 기사이며 아주 훌륭한 목수로서 삶에 대한 큰 야망과 꿈을 가진 남자와 결혼한다. 이 남자는 결혼하자마자 자신과 아내를 위해 멋진 집을 짓기 시작한다. 그러나 그때 미국에는 1930년대의 대공황이 시작되었기 때문에, 그의 꿈은 처절하게 무산되어 버린다. 더욱이 그는 극심한 경제적 곤경에 빠지게 된 이때, 딸 루시를 낳는다. 그가 아내와 딸을 부양할 능력을 상실하게 되자, 그녀의 외할아버지는 그들을 자기 집으로 데려와 보살펴주기 시작한다. 그는 사위가 딸과 손녀를 보호할 능력이 없다고 일방적으로 생각한다. 그들을 "일시적"으로 보살펴주겠다는 처음 의도와는 정반대로 16년 동안 보호자의 역할을 함으로써, 그는 사위의 자립심을 빼앗고 의타심만을 조장하게 되어, 그 가정에 엄청난 비극을 초래한다. 스스로 자신의 행위를 돌아보려고도 하지 않는 외할아버지의 일방적인 사랑과 독선적인 간섭에 루시는 강하게 반발한다.

> "제발." 그녀는 할아버지에게 말씀드렸다. "*제발 간섭하지 마세요*. 할아버지는 무슨 일이 일어나고 있는지 이해하실 수 없어요. 할아버지는 무능하고 한심한 분이세요. 할아버지는 항상 그랬고, 지금도 그래요. 할아버지가 계시지 않았다면, 애당초 이런 일은 하나도 생기지 않았을 거예요. 그러니 제발 이 일을 제게 맡겨주세요."[19]
>
> "Please," she said to her grandfather, "*please do not interfere*. You are not capable of understanding what is going on. You are an impotent and helpless man. You always were and you still are, and if it weren't for you, none of this might have begun in the first place. So please, leave this to *me*!"

---

18. Philip Roth, *When She Was Good* (New York: Random House, 1967), 3.
19. 앞책, 291.

자신의 가장으로서의 지위를 장인에게 빼앗긴 루시의 아버지는 무책임한 남자로 타락해 간다. 그는 어떤 직장을 오랫동안 갖는 법이 없으며, 언제나 투덜거리면서 자기 변명만 늘어놓는 주정뱅이가 되어버렸다. 항시 그녀 자신을 아버지의 작은 딸이라고만 생각하는 우유부단한 성격의 소유자인 어머니는 이런 독선적인 아버지를 계속 용서해줌으로써 그를 더욱더 삶의 목적의식을 잃어버린 인간으로 전락시킨다. 루시는 이렇게 처신하는 어머니를 경멸하고, 가장으로서 가족에 대한 부양 책임을 다하지 못하는 아버지를 그녀 자신과 어머니의 삶의 파괴자라고 단정하여 증오한다. 따라서 그녀의 삶이란 부모에게 주저 없이 적대행위를 하는 이방인의 생활이다.

> *집에 왔다.* 그러나 오면 안되나? 수년 동안 그들은 그녀가 자기들의 모든 말과 행동들을 경멸했다고 불평했었다. 수년 동안 그들은 그녀가 단 한 마디의 충고도 못하게 했다고 불만을 토로했다. 그녀는 그들 사이에서 이방인처럼, 심지어 원수처럼 몰인정하게 서로 말도 없이 거의 접근할 수도 없이 살았다. 그랬다고 하더라도, 그들은 그녀가 오늘도 원수처럼 행동하고 있다고 말할 수 있을까? 그녀가 집에 왔다. 그래 그들은 어찌할 작정인가?[20]
>
> *Home.* But why not? For years they had complained that she acted contemptuous of everything they said or did ; for years they complained that she refused to let them give her a single word of advice ; she lived among them like a stranger, like an enemy even, unfriendly, uncommunicative, nearly unapproachable. Well, could they say she was behaving like their enemy today? She had come home. So what were they going to do?

루시는 결혼한 남자란 가정에 대한 책임자로서 그의 부인과 애들이 의지하고 믿을 수 있는 강인하고 진실한 성격의 소유자가 되어야만 한다는 가치관을 가지고 있다. 그런데 그녀의 아버지는 이러한 이상에 미치지 못하기 때문에 그를 항시 증오한다. 그녀는 자신의 가정에 대해서 항상 수치와 분노를 느끼고 있기 때문에, 스스로 움츠러들고 독선적인 의식에 사

20. 앞책., 169.

로잡혀 있다. 그러므로 친구라고는 거의 없는 외로운 삶을 살고 있기 때문에 다음과 같은 참된 사랑의 의미를 전혀 이해하지 못한다: "사랑은 인간 속에 있는 활동적인 힘이다. 사랑은 인간을 동료들로부터 격리시키는 벽을 파괴하는 힘이며, 그를 동료들과 결합시키는 힘이다. 사랑은 그로 하여금 고독과 소외의 감정을 극복하도록 해주면서 동시에 자신의 본질적 자아에 충실한 인간이 되게 함으로써 그 본래의 자기를 보지하는 것을 가능하게 해주고 있다."[21]

루시의 생애를 더욱더 불행하고 비극적인 삶으로 만든 것은 사랑의 참 뜻을 전혀 이해하지 못하는 로이 바사트(Roy Bassart)와의 결혼이다. 대학 신입생이 되어 부모에 대한 불만으로부터 해방되어 새로운 삶을 갖고자 하는 꿈이 실현되려는 찰나에, 그녀는 그를 만나게 되고, 또다시 소외와 고독의 생활에서 벗어날 수 없게 된다. 마침내 그녀는 평생 처음으로 자기에게 관심을 보여준 청년, 로이의 유혹과 구애를 받아들인다. 그녀가 임신했다는 사실이 판명되었을 때, 대학을 졸업하기 위해서 유산시키는 것이 좋겠다는 가족들의 충고를 뿌리치고 로이와 결혼한다. 그녀는 그의 유순한 아내가 되기로 결심했지만, 로이 역시 그녀의 아버지처럼 삶에 대한 자립 의지와 가족에 대한 책임감이 전혀 없는 인간임을 알게 되자, 그를 이렇게 공격하며 저주한다.

> "벌레 같은 인간! 창자도 없어요? 자기 두발로 설 수도 없어요? 스펀지 같은 인간! 거머리! 나약하고, 희망도 없고, 줏대도 없는 겁쟁이! 달라지지 않을 거요 — 달라지고 싶지도 않아요! 달라진다는 내 뜻을 알지도 못하지요? 멍청한 입이나 벌리고 서 있지요! 당신은 용기가 없기 때문에! 용기가 없어요!" [. . .]
> "로이, 라보이는 나약한 사내가 아니예요. 당신이 그렇지."[22]
>
> "You worm! Don't you have any guts at all? Can't you stand on your own two feet, *ever*? You sponge! You leech! You weak, hopeless, spineless, coward! You'll never change — you don't even *want* to change! You don't even know

---

[21]. Erich Fromm, *The Art of Loving* (New York: Bantam Books, 1967), 17.
[22]. Roth, 262-63.

> what I *mean* by change! You stand there with your dumb mouth open! Because you have no backbone! None!" [. . .]
>
> "LaVoy's not the pansy, Roy. You are."

루시가 또다시 임신했을 때, 그녀는 로이에게 남편으로서의 책임과 의무를 다해줄 것을 애원해본다. 하지만 이런 애원도 그에게는 아무런 효과가 없음을 감지한다. 그녀와 아들의 삶을 그에게 더 이상 의존할 수 없다는 사실을 알게 되었을 때, 그녀는 그의 무능과 우행(愚行)의 피해자가 되지 않기로 결심한다. 그녀는 자기가 아직 젊고 강인하다고 마음속으로 생각한다. 그녀는 남들과 생존경쟁을 벌이며 혼자서 생계를 꾸려가는 것이 얼마나 어려운가를 잘 알고 있다. 그러나 그녀는 이것이 조금도 두렵지 않았다. 그러나 막상 로이가 그녀와 아들에 대한 책임과 의무를 포기하고 잠적해버리자, 그녀는 스스로 목숨을 끊는 비극을 저지른다. 루시는 자신을 알고 다른 사람과 진실한 관계를 가져보려는 의지가 전혀 없는 외할아버지와 아버지 그리고 남편이 만들어 낸 피해자이다.

*보스턴에서의 삶*의 주인공, 소우녀 마버그(Sonia Marburg)는 어린 시절에 부모의 가난 때문에, "보살핌과 사랑을 받으면서 자기표현의 자유를 향유하며 동시에 소망을 이루고 싶은 욕구"가 좌절되어, 극심한 고통을 겪게 되었고 성인이 되어서도 삶의 의미와 보람을 갖지 못한다. 미국사회에 적응하는 데에 완전히 실패한 이민 가정의 딸로 태어난 그녀는 그처럼 갖고 싶은 자신의 방과 침대를 마련해 줄 수 없는 부모가 빨리 작고하기를 바란다. 그렇게 되면, 가끔 자신이 어머니를 대신하여 호텔에서 시중들었던 보스턴의 매우 부유한 노처녀 프라이드(Pride)와 살 수 있을 것이라고 상상하기 때문이다. 막상 어른이 되어 보스턴으로 와서 살게 되었을 때, 그 대가로 그녀 자신의 도덕적 의지와 사랑과 결혼의 희망을 포기하지 않으면 안 되는 냉혹한 현실을 깨닫는다. 그녀는 "내가 내 자신이 아니라기보다는 오히려 마음은 여전히 어렸을 때 살던 시골에 있는데, 갑자기 몸뚱이가 보스턴에 내던져진 나 자신의 유령이라는 이상한 강박관념에 사로잡

혀 있다"[23]고 말한다. 그녀는 삶의 보람을 찾을 수 없을 뿐 아니라 다른 사람과 진실한 관계를 맺을 수도 없다.

*행운의 이주자*의 주인공, 루셔 산타(Lucia Santa)는 뭇 여자들이 결혼식 때 면사포마저 쓸 수 없었던 일을 평생 가장 창피스러운 기억으로 삼고 살아가는 빈농의 딸로 이탈리아에서 태어났다. 어렸을 때 그녀의 "가장 큰 꿈은 굶주림과 질병의 공포와 자연의 횡포로부터 벗어나 살아남는 것이었다."[24] 열일곱 살 때 미국으로 이민을 와서 간난신고 끝에 거부가 되었으나, 그녀는 삶의 이상적인 목적을 인식하고 추구할 줄 모르는 매우 편협한 인간이 되어버렸다. 양재사로서 돈을 벌고 있는 딸인 옥테이비어(Octavia)가 교사가 되기 위해 야간학교에서 공부하겠다는 의지와 소망을 가차 없이 짓밟으면서, 그녀는 삶의 의의란 오직 수입과 생존에만 있다고 주장한다. 어린이가 이처럼 편협한 성인으로 자라나지 않도록 하기 위해서, 부모는 다음과 같은 사실: "어린이가 자라서 만족감과 성취감으로 가득한 성인생활을 할 수 있는 가망성을 보장해주는 최선의 길은 그 어린이가 상당한 수입이 있는 가정에 태어날 수 있도록 책임지는 일"[25]을 깊이 명심하지 않으면 안 된다.

지금까지 살펴본 어린이 주인공들은 부모의 무관심과 억압이 만들어낸 피해자들이다. 이제부터는, 한때는 위와 같은 피해자들이었으나 자기 자신을 새롭게 아는 계기를 갖게 되어, 삶의 비극적인 굴레에서 벗어나 참된 의미와 보람을 발견하는 주인공들을 고찰해본다. *무엇인가 일어났다*의 주인공, 보브 슬로우컴(Bob Slocum)은 너무나 많은 억압과 박해를 받았기 때문에 그에게 일어나는 외부적 사건들을 직시하고 제어하는 능력을 상실해버렸다. 그는 어렸을 때 그에게 우연히 그리고 뜻밖에 일어났던 어떤 일

---

23. Jean Stafford, *Boston Adventure* (New York: Harcourt, Brace and Co., 1944), 314.

24. Mario Puzo, *The Fortunate Pilgrim* (Greenwich; Fawcett Books, 1964), 252-53.

25. Kenneth Keniston, *All Our Children; The American Family under Pressure* (New York: Harcourt Brace Jovanovich, 1977), 83.

들로 의한 피해자이다. 예를 들면 몸에 열이 있고 목이 아파서 보통 때보다 더 일찍 집에 돌아온 날, 아버지와 어머니가 함께 침대에 누워 있는 것을 보게 된다. 그날 이후로는 문을 열 때마다 공포심에 사로잡힌다. 잠겨 있지 않은 화장실의 문을 열자 누나가 발가벗고 선 채 몸을 닦고 있는 것을 보았을 때, 그녀가 지르는 고함소리 때문에 이루 말할 수 없는 겁에 질린다. 어느 무더운 여름날, 그의 가족이 살고 있는 아파트 건물 뒤에 있는 석탄 저장창고인 낡은 목조건물 속으로 헤매고 다니다가, 형이 한 소녀와 마루바닥에 누워 있는 것을 보게 된다. 그 순간 그에게 석탄 조각을 힘차게 던지면서 "이 개자식, 여기서 빨리 나가지 못해"[26]하고 크게 고함치는 극도로 성난 형의 목소리를 듣는다. 눈물을 글썽거리며 깊은 한숨을 내쉬면서, 휙 머리를 숙여 석탄 조각을 피해 필사적으로 도망쳐 나온다. 고등학교를 졸업하고 처음 구한 직장은 자동차 사고 보험회사였는데, 그의 상사는 편견에 가득 차있고 오만스러운 자신감에 젖어 있으며, 그리고 단정적인 성격을 지닌 여성이었다. 그녀는 매일같이 모든 고용인들을 파면시키겠다고 으름장을 놓았다. 그 후로 그는 언제나 혹시 파면을 당하지나 않을까하는 공포심에 사로잡힌다. 그는 이런 사건들로 인해 삶에 대한 자신감과 용기를 상실한 채, 새로운 일을 대할 때마다 언제나 공포에 사로잡히게 되었으며, 어떤 문제들에 직면할 때마다 대단한 갈등과 고민을 느끼며 이에 대처할 수 없는 사람이 되어버렸다.

이러한 부정적인 과거의 체험들은 그를 주체의식이 전혀 없는 인간으로 탈바꿈시켜 놓았다. 그는 자기 자신에게서 네 가지 형태의 독특한 기질을 의식하게 된다. 첫 번째 기질은 자기의 일상생활에서 그처럼 많은 실제적인 일들을 하고 있다는 사실을 믿을 수 없음이다. 두 번째 기질은 그처럼 많은 일들에 관여되어 있다는 것을 원치 않음이며, 세 번째 기질은 자기 자신을 알지 못함이고, 네 번째 기질은 자기의 실존적 자아와는 전혀 관계가 없는 객관화된 자아를 의식함이다.

---

26. Joseph Heller, *Something Happened* (New York: Alfred A. Knopf, 1974), 4.

그것[그의 체험]은 내가 아니라 다른 어떤 사람이었다 — 나는 이렇게 주장한다. 그것은 내 기억 속에 있으나 그것이 전부이다. 마치 아이들의 이야기처럼. 그것은 오늘의 나와 당시의 나였던 사람의 구체적인 체험의 권외에 있는 일이다. 그것은 나에게 결코 일어나지 않았다. — 나는 이렇게 주장한다. 난 그것만을 하려고 그리 대단한 노력을 하지 않음을 알고 있다. 따라서 내 옆에서(혹은 내 안에서) 자라면서 내가 참여하고 싶지 않았던 일들을 체험하는 경우에, 내 대신에 끼어들었던 제2의 사람이 있었음에 틀림없었다. 그리고 내가 오직 어슴푸레 하게 의식하고 있는 제3의 사람까지 있었는데, 이 사람에 관해 나는 거의 아무것도 알지 못하며, 그저 그가 거기에 있다는 것을 느끼고 있을 뿐이다. 그리고 나는 내가 의식하지 못하고 있는 또 다른 한 사람이 더 있다는 사실을 의식하고 있다. 이 사람은 내 마음속의 어떤 완전한 은신처에서 모든 것을, 심지어 나까지도 빈틈없이 주시하고 있다. 내 마음속에서 이 사람은 보이지도 않고 이름조차 없으나, 나까지 포함한 모든 것에 대해 준엄하고 비판적인 판단을 내리고 있다.[27]

That was somebody else, not me — I insist on that ; it exists in my memory but that's all ; like a children's story ; it is way outside the concrete experience of the person I am now and was then ; it never happened — I do insist on that — not to me ; I *know* I did not spend so much of myself doing only *that* ; so there must have been a second person who grew up alongside me (or *inside* me) and filled in for me on occasions to experience things of which I did not wish to become a part. And there was even a third person of whom I am aware only dimly and about whom I know almost nothing, only that he is there. And I am aware of still one more person whom I am not even aware of ; and this one watches everything shrewdly, even me, from some secure hideout in my mind in which he remains invisible and anonymous, and makes stern, censorious judgments, about everything, even me.

이런 기질 때문에, 그는 자기 자신의 현존하는 삶을 전혀 믿을 수 없는 것으로 간주하고 표류하는 삶을 사는 아주 이기주의적인 인간이 된다. 그의 지나친 이기주의 때문에, 그는 현실세계와의 접촉이 단절될 뿐 아니

27. 앞책., 135.

라 다른 사람들과 어떤 형태의 의사소통도 할 수 없게 된다. 그는 자기 아이들과 공감을 느끼는 바가 거의 없다는 사실을 잘 알고 있다. 그러므로 아이들과 오랫동안 대화를 나누는 것을 매우 싫어한다. 그들이 말하는 것에 전혀 흥미를 느낄 수 없기 때문에, 그는 그들에게 자기 이야기에만 귀를 기울이라고 강요한다. 가능한 한 그들과의 대화를 기피하며 부득이한 경우에는 단 몇 분 정도만 대화를 나누려고 안간힘을 쓴다.

> "지금 아빠는 모든 문제를 농담으로 돌려버리려고 하고 계시지요? 아빠는 언제나 모든 문제를 농담으로 얼버무리려고 해야만 되나요?"하고 딸이 듣기 싫게 따지고 있다.
>
> (나는 잘못을 깊이 뉘우치고 있다. 나는 약간 창피스럽다. 그러나 이런 내색을 보이지 않도록 해야지.)
>
> "지금은 일을 할 수 있도록 해 주려무나"하고 나는 딸을 조용히 타이른다.
>
> "저는 이야기하고 싶은데요."
>
> "미안하지만, 네가 들어왔을 때 나는 일을 하고 있었는데."
>
> "잡지를 읽고 계셨는데요."
>
> "잡지를 읽는 것도 내 일의 일부이다. 회사의 다음 연차 총회의 일정표와 두개의 연설문을 작성해야 하는데." [. . .]
>
> "그것은 어디서 하는데요? 연차 총회 말이에요."
>
> "이번에도 프워터 리코우에서 한다."
>
> "제가 연설문의 작성을 도와드릴까요?"
>
> "아니야, 그럴 필요가 없어. 아직은 필요 없다."
>
> "연설문의 작성이 저보다도 더 중요하신가요?"
>
> "그것은 내가 오늘밤에 끝내버리고 싶은 일이다."
>
> "저는 지금 이야기하고 싶은데요."
>
> "지금은 안 되겠다."
>
> "왜요?"
>
> "안되겠다."[28]

---

28. 앞책., 145-46.

"Now you're trying to turn the whole thing into a big joke, aren't you?" she says reprovingly. "You always have to try to turn everything into a big joke, don't you?"

(I'm contrite. I feel a little bit shamed. But I try not to let it show.)

"Let me work now," I tell her quietly.

"I want to talk."

"Please. I was working when you came in."

"You were reading a magazine."

"That's part of my work. And I have to prepare a program for the next company convention and work on two speeches." [. . .]

"Where is it? The convention."

"Puerto Rico again."

"Can I help with the speeches?"

"No, I don't think so. Not yet."

"Is it more important than me?"

"It's something I want to get done tonight."

"I want to talk now."

"Not now."

"Why?"

"No."

주체의식은 없으면서도 대단한 이기주의자인 슬로우컴의 가정과 직장 생활은 비참하다. 그의 가정에는 공감, 화합, 즐거움이나 평화스러움은 전혀 없고 증오심만 가득 차 있다. 그는 직장에서 자신의 업무에 자주 싫증을 느낄 뿐 어떤 성취감도 갖지 못한다. 따라서 그는 삶의 활력과 의지를 점차로 상실해버린 비인간화된 인간이다: "나는 비인간화되었고 거세당한 것처럼 느끼게 될 것이다. 해야 할 일들도 없어져버릴 것이다. 내 가슴 속에서 쿵하는 일격이 있을 것이고, 내 심장은 멈출 것이다. 나는 불운을 느낄 것이다. [. . .] 나는 삶의 충동을 잃고 무감각하게 될 것이다."[29]

---

29. 앞책., 367.

이처럼 절망적이고 자포자기한 것처럼 보이던 슬로우컴은 드디어 자기갱신을 성공적으로 성취한다. 그의 아들을 통해서 그는 다시금 진실한 자아를 발견하게 되고, 그의 가족들은 서로 간에 애정이 절대적으로 필요하다는 사실을 인식하게 된다. 그는 아들이 가족들에게 그런 애정의 절대적 필요성에 대한 주의를 환기시키는 대목에서, 그들은 굳게 결합되고 있다는 사실을 알게 된다: "나의 이 천사와 같은 어린 소년이 . . . 우리에게 우리는 누구인가, 그리고 우리는 서로에 대해 무엇을 알고 있는가를 상기시켜줌으로써 . . . 우리에게 우리 각자가 저 깊은 내면에 감추어 두었던 애정에 대한 절대적 필요성과 능력을 불러일으키고 되살아나게 함으로써 다시금 [우리를 결합시켜주고 있다.]"[30] 아들은 또한 인간의 자유스럽고 독립된 의지로부터 솟아나오는 애정이야말로 훌륭한 의사소통의 바탕이 된다는 진리를 그에게 깨닫도록 해준다. 그가 어느 누구하고나 의사소통을 잘 할 수 있게 된다면, 그는 자기의 주체의식을 되찾고 그의 표류하는 기질을 없애버릴 수 있게 될 것이다. 아울러 그는 아들로부터 인간은 다른 사람들과 함께 행복을 공유하기를 원할 때만 행복해질 수 있다는 진리를 터득하고 나서, 자신의 이기주의로부터 벗어나지 않으면 안 된다는 매우 중대한 사실을 깨닫는다.

그는 잃어버린 어린이의 순진성을 되찾기를 마음속으로 갈망한다. 소년시절에는 그도 역시 순진했고, 고결했으며, 애정이 깊었다: "무엇이 나에게 일어났는가? 무엇인가가 일어났다. 일찍이 나는 소년이었고 그녀는 소녀이었으며 우리 둘은 천진난만했었다. 이제 우리 둘은 남자와 여자로서, 더 이상 아무것도 새롭게 느껴지는 것이 없으며 모든 것은 전부 낡았다고 느끼고 있다. 나는 우리 둘이가 한때는 서로를 좋아했다고 생각한다. 나는 우리 둘이가 언제나 즐거웠다고 생각한다."[31] 드디어 그는 잃어버린 어린이의 순진성과 자유세계 뿐 아니라 삶의 자신감과 용기를 되찾는 데에 성공한다.

---

30. 앞책., 165.

31. 앞책., 116.

*끝없는 사랑*의 주인공, 데이비드 액설로드(David Axelrod)는 매우 편협한 인생관에 얽매여 있는 부모를 경멸하고 증오한다. 한때 공산주의자였던 아버지는 부자들의 소송사건을 절대로 수임하지 않는 변호사이며, 어머니는 자기 이익을 도모하기 위해서는 다른 사람을 모함하기도 한다. 이런 부모에 대하여 큰 환멸을 느꼈기 때문에, 그는 여자 친구, 제이드 버터필드(Jade Butterfield)의 부모를 더욱더 존경하고 사랑한다. 그러나 제이드의 부모는 데이비드와 딸이 깊은 관계로 빠지는 것이 못마땅하여 그를 무시하며 축출한다. 그러자 그는 아주 엉뚱한 생각을 한다. 만약 화재현장에서 그들을 구출한다면 그들에게 영웅적인 인간으로 보일 것이라는 유치한 생각으로, 데이비드는 그들의 집에 방화하는 범법행위를 자행한다. 비록 범죄자가 되었지만 그는 자기 삶의 중요성을 쉽게 잊어버리는 결점을 자기가 가지고 있음을 깨닫는다. 그는 또한 사랑은 삶의 순수성과 예지를 유지시켜주는 원동력임을 이해한다. 그의 제이드에 대한 사랑이 완전무결한 진리라는 확신은 그로 하여금 절망에서 벗어나 숭고한 삶을 살 수 있도록 해준다: "당신[제이드]은 나에게 가장 소중한 것이다. 아니야, 나 자신도 나에게 가장 소중한 것이다. 당신과 함께 있을 때, 나는 자신을 보고 알기 때문에, 가장 진실한 인간이 된다. 당신과 함께 있을 때만, 가장 숭고한 삶을 살 수 있는 인간이 된다."[32]

이제는 어렸을 때의 많은 역경과 좌절을 극복하는 힘을 인간이란 무엇인가라는 물음 속에서 찾고 있는 주인공들을 고찰해본다. 그들은 본질적 자아, 즉 인간의 양심에 바탕을 둔 자아를 자유롭게 탐구하고 실현하기 위해 다음과 같은 인간에 대한 정의를 굳게 믿는다: "인간은 끊임없이 자기 자신을 탐구하는 존재 — 삶의 매순간마다 자기존재의 조건을 검토하고 천착하지 않으면 안 되는 존재라고 일컬어지고 있다. 인간생활의 진정한 가치는 이런 천착, 즉 인간생활에 대한 이런 비판적인 태도에 있다."[33] 그

---

32. Scott Spencer, *Endless Love* (New York: Alfred A. Knopf, 1979), 284.

33. Ernst Cassirer, *An Essay on Man; An Introduction to a Philosophy of Human Culture* (New Haven: Yale University Press, 1974), 5-6.

들은 인간에 대한 이런 정의를 바탕으로 삶의 극복, 긍정, 그리고 해탈의 길을 찾고 있다. 드디어 그들은 삶의 존재론적 목적과 가치, 즉 자기 앎과 사랑의 진면목을 탐구하고 실현하는 데 성공한다.

"지금까지 쓰인 소설들 가운데서 어린 시절의 공포감을 가장 강하게 불러일으키고 있다"[34]는 *잠꼬대라고 할까요*는 그 주제로 "한 어린이가 삶을 깨닫는 순간까지의 성장과 성숙 과정"[35]을 다루고 있다. 주인공 데이비드 쉬얼(David Schearl)의 성장 과정은 매우 비참하다. 미국으로 갓 이민 온 아버지는 신세계에서 철저히 소외당한 채 삶의 기반을 구축하지 못한다. 더욱 불행하게도, 자신의 편집병적인 자존심으로 말미암아 그는 계속 일자리를 놓친다. 그는 데이비드가 자기 자식이 아니고 부인이 딴 남자와의 관계에서 생긴 사생아라고 의심하기 때문에 그를 몹시 구박하고 학대한다. 영어를 전혀 모르는 어머니는 혼자 집안에서만 지낸다. 친구도 없고 어찌할 바를 모르는 주인공은 "더 큰 육식 동물들이 살고 있는 밀림 속에서 길을 잃고 겁을 먹은 작은 동물처럼"[36] 집 주위의 거리를 허둥지둥 도망쳐 다닌다. 그의 삶은 아주 부정적이며 질식할 것 같은 상황으로 치닫는다. 어느 날 그는 유대교회의 한 목사로부터 구약성서의 이사야서에 있는 다음과 같은 이야기를 듣는다: "한 천사가 제단으로 날아오더니 부젓가락으로 불타고 있는 석탄 조각을 집었다. [. . .] 그 천사는 그 석탄 조각을 갖고 이사야에게로 날아가서 그의 입술에 대었다. [. . .] 그 석탄 조각이 이사야의 입술에 닿자마자, 그는 하나님의 소리를 들었다."[37] 데이비드는 이 이야기에 깊은 감명을 받고, 그의 삶의 갈등을 해소시켜줄 뿐 아니라 자신을 "정화시켜주는 신비적인 체험, 즉 하나님의 석탄 조각을 찾는"[38]데

34. Walter Allen, *The Modern Novel* (New York: E. Dutton, 1965), 173.

35. Frederick R. Karl, *American Fictions* 1940-1980 (New York: Harper & Row, 1983), 134.

36. Allen, 173.

37. Henry Roth, *Call It Sleep* (New York: Avon Books, 1970), 227.

38. Bonnie Lyons, "The Symbolic Structure of Henry Roth's *Call It Sleep*" *Comtemporary Literature 13.* 2 (1972): 195.

성공한다.

*산 위에 올라가서 말하라*와 *고결한 사나이*의 사춘기의 주인공, 죤 그라임즈(John Grimes)와 마일로우 머스티언(Milo Mustian)은 그들 자신의 타고난 진심의 세계를 전혀 이해하지 못하는 독선적인 부모 때문에 많은 고통과 학대를 당한다. 그들의 부모는 자기들의 편협하고 일차원적인 인생관에 무조건 복종할 것을 그들에게 강요함으로써, 그들의 성장과 성숙에 부정적이고 파괴적인 역할을 한다. 아버지는 죤에게 이런 것들을 가르친다: 하나는 백인에 대한 불신감의 고취이다. 모든 백인들은 거짓말만 하는 사악한 인간들이므로 그들을 절대로 믿어서는 안 된다. 또 다른 하나는 청교도적인 종교관이다. 우리 모두는 죄를 짓고 태어났는데 그 죄 값은 죽음이다. 그러므로 교회에 열심히 다니면서 성경을 부지런히 읽고 집안에만 있어야 한다. 죤은 밖에 나가 놀면서 친구도 사귀고 극장에도 가고 싶은 어린이의 천부적인 욕구를 짓밟는 아버지를 증오하면서 이런 인간은 결코 되지 않겠다고 굳게 결심한다. 한편 그는 "나는 누구인가"라는 자문에 어떤 고난도 참고 견디는 인간이라고 자답한다. 고난을 감수할 때, 그는 "하나님을 보았다. 짧은 순간이었다. 어둠은 짧은 순간이었지만 그의 눈으로 마주 대할 수 없는 강한 빛으로 환해졌다. 그러자 곧 그는 깨달았다. 눈물이 샘솟는 듯 했고, 마음은 넘쳐나는 샘물처럼 부풀어올랐다. [. . .] 그의 떠돌던 영혼은 이제 하나님의 사랑 속에 영원한 반석 위에 안좌했다. 밝음과 어둠이 서로 입 맞추더니 죤의 영혼의 생명과 상상력 속에서 영원히 융합되었다."[39]

마일로우는 열다섯 살 때 평생 처음으로 자기보다 한 살 위인 여자를 사랑한다. 그의 그녀에 대한 첫사랑은 자신을 사나이다운 남자로 만들어주는 힘이 된다. 이 힘은 그가 진실한 자아를 탐구하고 실현하는 것을 가능하게 해준다: "사랑은 본질적으로 감정적인 힘이 아니고 존재론적인 힘이다. 사랑은 삶 자체의 실재, 즉 분리된 것의 동적인 재통합이다."[40] 그녀도

---

39. James Baldwin, *Go Tell it on the Mountain* (New York: Dial, 1963), 232.

40. Paul Tillich, *The Protestant Era*, trans. James Luther Adams (Chicago: University

또한 그의 성실한 사랑의 힘으로 말미암아 더욱 성숙한 여성으로 자란다: "나 [마일로우]는 내가 사나이다운 남자라는 사실을 알고 있을 뿐 아니라 그녀가 여성다운 여자가 아니라는 사실도 알고 있는데, 나의 이런 앎이 그녀를 여성다운 여자로 만들어 가고 있다." 세속적인 의식에만 사로잡혀 있는 그의 어머니는 이런 사랑의 위대한 힘을 전혀 이해하지 못하기 때문에, 그에게 그 연상의 가난한 여자가 무슨 의미가 있느냐고 윽박지르면서 이렇게 따진다: "네가 한 수고로 무엇인가를 배우지 못한다면, 새벽 4시까지 잠도 자지 않으면서 그 보잘것없는 소녀와 함께 어떻게 장터를 돌아다녔느냐?"[41] 어머니의 질책에도 불구하고 그는 "자아탐구의 확장은 사랑의 성숙을 동반한다"[42]고 굳게 믿기 때문에, 자신의 진실한 정체를 발견하려고 최선을 다함으로써 그녀와 일심동체가 되는 데에 성공한다.

*호밀밭의 파수꾼*과 *오기 마취의 모험*의 청년기의 주인공, 호울던 콜필드(Holden Caulfield)와 오기 마취(Augie March)는 부모 뿐 아니라 사회의 허위의식 때문에 극도의 좌절과 실의에 빠졌다가 이를 극복하고 초월한다. 열일곱 살의 호울던의 아버지는 금전과 사회적 명예가 삶의 전부라고 믿고 사회적으로 성공하는 일에만 몰두하기 때문에 아들과 대화를 나누는 일이란 결코 없으며, 어머니는 너무나 이기주의적이기 때문에 다른 사람을 위한 어떤 일도 하지 않는다. 게다가 위선의 세계가 호울던을 지배하려고 덤빈다. 그가 성적 불량으로 퇴학당한 펜시고등학교는 이런 세계 — "그 세계에서 가치와 전망이 그처럼 많이 왜곡되어버렸기 때문에, 인간 존재의 끊임없는 변화 속에서 질서를 유지하려고 시도해보거나, 그런 변화를 일관된 심미적 투시도의 양상으로 만들려고 시도해보고 있는 예민한 개인이 설 자리가 있다고 하더라도 거의 없는 것처럼 보이는 세계"[43] —를

---

of Chicago Press, 1948), xxv.

41. Reynolds Price, *A Generous Man* (New York: Avon Books, 1973), 19, 64.

42. Leo Buscaglia, *Love* (New York: Fawcett Cress Books, 1972), 161.

43. David D. Galloway, *The Absurd Hero in American Fiction* (Austin: University of Texas Press, 1974), 141.

대변하고 있다. 이 학교는 학생들을 철저한 타인 지향적 성격을 지닌 약삭빠른 인간으로 교육시켜 왔기 때문에 일류학교라는 명성을 자랑하고 있으나, 호울던에게는 "무서운 학교"였다. 그는 자신의 본질적 자아를 부정하면서까지 자기 자신을 그 학교의 가르침에 맹종시킬 수 없었다. 그는 자신을 삼켜버리려고 위협하는 위선의 세계에 의해 철저한 훈련과 지배를 받기는 했으나, 언제나 그런 세계로부터 빠져나오려고 애쓰면서 본능적으로 자기 앎을 탐구해 왔다. 따라서 그는 다른 사람들보다도 더욱더 성공적으로 허위의식의 세계에 대해 초연할 수 있다. 그는 "반항자이긴 하지만, 결코 이유 없는 반항자는 아니다. 그는 인습과 부도덕과 허위의 사회에 격렬한 분노심을 갖고 대항하기 시작하여 구원의 은총으로서 사랑과 수용의 자세"[44]로 정착한다.

오기가 어린 아이였을 때, 그의 아버지는 가족을 버리고 어디론가 가버렸기 때문에, 그는 "내 자신의 양친이 내게는 대단한 존재가 아니었다. 하긴 난 어머니를 좋아했지만"하고 말한다. 오기도 자신들의 독선적인 철학을 가지고 그를 압도해버리려고 하는 사람들에게 사로잡혀 있다: "모든 영향력들이 나를 기다리며 줄을 지어 서 있었다. 내가 태어나던 그 순간부터 이것들이 나라는 인간을 형성하게끔 되어 있었다." 그러나 그는 이런 사람들에게 반항하여 아주 분명하게 "아니야"라고 외치고 싶은 큰 욕망을 갖고 있다. 그는 이런 철학 — 진리란 자기 앎을 추구할 의사가 추호도 없는 사람들의 가르침이나 이론으로부터 나오는 것이 아니고 자신을 탐구하는 것으로부터 생긴다는 철학 —을 굳게 믿는다. 좀 더 보람 있고 독립된 삶을 살기 위해서, 그는 다른 사람들의 가르침을 바탕으로 한 타인 의존적 생활을 단호히 거부하고 있는 그대로 존재하는 자기가 되기 위해 최선을 다한다. 그는 그의 삶도 다른 사람들에 의해 공유되고 있다는 사실을 잘 알기 때문에, 그들이 그들의 가치 있는 운명을 갖도록 도와줌으로써 자신의 가치 있는 운명을 개척한다: "내가 주장할 수 있는 한 가지 사실은, 나

---

44. James Lundquist, *J. D. Salinger* (New York: Frederick Ungar, 1979), 39.

는 독립된 운명을 원하긴 하지만, 단지 나 자신만을 위해 그런 운명을 원하는 것이 아니었다."[45]

*만자라 수용소여, 안녕*의 주인공, 진 와가쓰기 휴스턴(Jeanne Wakatsuki Houston)은 일본계 미국여자이다. 오직 부모가 일본사람이었다는 이유 때문에, 그녀는 여덟 살 때 만자라수용소로 끌려가서 3년 6개월 동안 억류생활을 할 수밖에 없었다. 그녀는 어렸을 때 이처럼 쓰라린 삶의 상처를 입었을 뿐 아니라 자랄 때는 두개의 상충되는 마음 — 현실을 도피하고 싶은 강한 충동과 미국사회에 수용되고 싶은 절실한 욕구 —의 격심한 갈등의 고통을 겪었다. 부모가 공개석상에서 미국사람의 눈에 이상하게 비치는 일본사람의 특유한 행동을 하는 것을 볼 때마다, 그녀는 창피하여 그 현장에서 사라지고 싶은 강한 충동에 사로잡힌다. 그러면서도 그녀는 항시 자신을 "인간의 정신적 그리고 창조적 힘"[46]인 자유를 지향하는 미국사회에, 특히 학교에 적응시키려고 최선을 다했다. 학교는 "일본인 2세들의 성격형성에 다른 어떤 영향력보다도 더 큰 역할을 했다. [. . .] 그들은 자기들이 살아왔던 엄격하고 완고한 가정생활과는 정반대되는 비교적 자유스럽고 개방적인 학교 분위기에 재빨리 젖었다. 그들은 오히려 스스럼없이 미국학생들과 친해졌으며, 그러는 동안에 미국문화의 특성을 이해했다."[47] 드디어 그녀는 자유의 전당인 학교에서 두각을 나타내는 데에 성공했다.

*흑인 소년*의 주인공 리처드 라이트(Richard Wright)는 아버지가 관능적인 자기만족을 충족시키기 위해 가족을 버렸기 때문에, 어렸을 때 굶주림 속에서 살았으며 뛰어다니며 놀고 싶은 욕구가 좌절되었다. 그가 25년 후에 아버지를 다시 만났을 때, 핏줄기는 부자간이지만 그와는 영원히 남이라는 것을 인식했다. 게다가 흑인으로 태어났다는 이유 때문에, 그는 일

45. Saul Bellow, *The Adventures of Augie March* (New York: Viking Press, 1953), 117, 43, 424.

46. Nicolas Berdjaev, *The Realm of Spirit and the Realm of Caesar,* trans. Donald A. Lowrie (New York: Harper & Brothers, 1952), 115.

47. Toshio Yatsushiro, "The Japanese Americans," in *American Minorities*, ed. Milton L. Barron (New York: Knopf, 1957), 322-23.

상생활에서 "그의 이중성 — 미국인이면서 깜둥이, 두개의 영혼, 두 가지 사고, 화해가 불가능한 두개의 싸움, 그리고 그 몸뚱이의 완강한 힘만이 그 신체가 찢겨지는 것을 방지해주고 있는 한 까만 몸뚱이 속에서 싸우고 있는 두개의 이상세계 —을 뼈저리게"[48]느껴야만 한다. 흑인의 인권을 철저히 부정하는 미국 남부에서 생존하기 위해서, 그는 자신의 삶의 진실한 느낌, 목적, 그리고 포부를 그대로 표현해서는 안 된다. 이처럼 비참한 이중생활 속에서도 그는 항상 이러한 인생태도를 간직하려고 최선을 다했다: 그것은 "참고 견디는 태도이며, 삶을 생기 있게 간직할 인생의 분야를 탐구하는 태도이며, 모든 것을 추구하면서도 모든 것에 회의를 품는 태도이며, 모든 것에 관대하되 모든 것에 비판적인 태도였다."[49]

*보이지 않는 인간*의 이름 없는 흑인 주인공은 삶에서 서로 상충되는 두개의 목적 — 사회에서 자신의 어떤 위치와 본질적 자아 —을 동시에 추구하고 있는 청년이다. 그는 더 높은 사회적 지위를 갖기 위해, 자신의 삶의 가치와 의미를 항상 다른 삶들이 그것들을 확인해주는 데서 찾으려고 한다. 그럼에도 불구하고 자신의 진리관은 다른 사람들에 의해 인정받고 확인받지 못한다. 그들은 오직 자기들이 스스로 선택한 진리를 확인해 보기 위해 그를 이용할 뿐이다. 그들은 그를 한 인간으로 인정하기를 거부한다. 따라서 그는 자신의 미몽에서 깨어나는 체험들을 단계적으로 의식해 가는 "보이지 않는 인간"이었다.

> 나는 보이지 않는 인간이다. 아니, 나는 에드거 앨런 포우의 소설에 잘 나오는 무슨 유령 같은 것도 아니고, 할리우드 영화에 나오는 무슨 심령체 같은 것도 아니다. 나는 실체를 가진 인간으로서, 살도, 뼈도, 섬유질도, 그리고 체액도 다 있는 인간이다. 게다가 내게는 정신도 있다고 할 수 있을지 모른다. 내가 보이지 않는 것은 다름이 아니라, 사람들이 한사코 나를 보지 않으려고 하기 때문이다. 이점을 이해해주기 바란다. 당신들이 서커스 여흥프로그램 같은 데서 간혹 볼 수

---

48. W. E. B. Du Bois, *The Souls of Black Folks* (Greenwich: Fawcett, 1961), 16-17.
49. Richard Wright, *Black Boy* (New York: Harper & Row, 1966), 112.

> 있는 몸체 없는 사람의 머리들처럼, 나는 마치 모습이 찌그러져 비치는 울퉁불퉁한 거울들로 사방에 둘러싸여 있는 것만 같다. 사람들이 나에게로 아주 가까이 다가왔을 때도, 그들은 나의 주위만을 혹은 자기들의 머리 속에서 꾸며낸 것들만을 보고 있다 — 정말이지, 볼 건 빠짐없이 다 보면서도 유독 나만은 보지 못한다.[50]
>
> I am an invisible man. No, I am not a spook like those who haunted Edgar Allan Poe ; nor am I one of your Hollywood-movie ectoplasms. I am a man of substance, of flesh and bone, fiber and liquids — and I might even be said to possess a mind. I am invisible, understand, simply because people refuse to see me. Like the bodiless heads you see sometimes in circus sideshows, it is as though I have been surrounded by mirrors of hard, distorting glass. When they approach me they see only my surroundings, themselves, or figments of the imagination — indeed, everything and anything except me.

주인공이 "보이지 않는 인간"이 되어버린 데는 두 가지 원인이 있다. 하나의 원인은 사람들이 그를 한 인간으로 인정하기를 거부함이다. 이것보다도 더욱더 결정적인 원인은 그가 사회에서 높은 지위에 오르려는 목적에만 집착하기 때문에 자신을 볼 수 없음이다. 그는 높은 지위에 가장 빠르게 오르는 길은 다른 사람들의 명령에 무조건 복종하면서 자신을 알려고 하지 않는 데에 있다고 맹신한다. 이처럼 진리에 대한 커다란 무지가 그의 큰 자랑거리이며 주요한 무기이다. 그러므로 그는 그의 인간성과 존엄성을 위협하는 삶의 냉혹한 현실을 꿰뚫어 보지 못한다. 그는 이따금 몇 사람들로부터 그런 인생관의 위험성에 대한 경고를 받았지만, 스스로 불가시성을 깨달을 때까지 혼돈 속으로 계속 빠져 들어간다.

그는 겸손이 진보의 본질이라고 역설하는 고등학교 졸업식 답사를 했는데, 마을의 백인 유지들의 모임에서 그 연설을 다시 한 번 해달라는 부탁을 받는다. 그는 그 연설에서 사회적 평등에 관해 언급을 했다가 심한 공격과 모욕을 당했지만, 연설을 마쳤을 때, 주립 흑인대학에 입학할 수

---

50. Ralph Ellison, *Invisible Man* (New York: New American Library, 1952), 7.

있는 장학증서가 들어 있고 언젠가 "흑인민족의 운명을 형성하는 데에 도움이 될 중요한 서류들로 가득차게 될"[51] 가죽가방을 선물로 받는다. 그 대학은 학생들에게 "교육은 하지 않고 편견을 주입하고"[52]있는데, 그는 거기서 제2의 부커 티. 와싱턴(Booker T. Washington)이 될 것을 꿈꾼다. 그리하여 그는 대학이 요구하는 모든 역할을 충실히 수행하는 데에 최선을 다한다. 대학당국의 총아가 되었기 때문에, 그는 그 대학의 가장 출중한 이사인 노튼(Norton)씨의 자동차운전사로 선발되어 1주일 동안 그를 모시고 다닌다. 그런데 그는 그 백인의 명령에 무조건 복종했기 때문에 학장의 미움을 받아 퇴학당한다. 이렇게 되자 그는 삶의 원동력의 절대적 원천을 상실하게 되어 극도의 실의와 비탄에 빠진다. 대학생의 신분을 고수할 수만 있다면, 그는 다른 사람들의 어떤 요구도 무조건 받아들이려고 한다.

그는 거짓말하는 법을 알지 못했다는 책임을 이의 없이 받아들이고, 본의 아니게 뉴욕으로 떠난다. 그곳에서 그는 형제애단체의 지역구 책임자 잭 동지(Brother Jack)에게 고용된다. 잭 동지에게는 군중에게 설득력있는 연설을 할 수 있는 사람이 필요했다. 잭은 그런 능력이 있는 그를 제2의 부커 티. 와싱턴으로 만들어 "형제애단체에 유리하도록 다른 흑인들을 지배하기 위해"[53] 그를 이용하려고 한다. 그는 이 단체에서 새 이름을 갖고 새로운 역할을 시작함으로써 거짓투성이의 삶 속으로 계속 빠져 들어간다. 그의 거짓된 삶은 옛날의 자아를 억압하면서 그에게 새로운 기대와 희망을 불어넣는다: "나는 나라는 존재가 두 사람이라는 사실을 깨달았다. 하나의 나는 매일 밤 수 시간씩 잠을 자며 때때로 할아버지, 블레드소(Bledsoe), 브록웨이(Brockway), 그리고 메어리(Mary)를 꿈속에서 보는 과거의 나, 즉 날개 없이 날다가 아득히 높은 곳으로부터 곤두박질해버린 나

---

51. 앞책., 34.

52. Robert A. Bone, *The Negro Novel in America* (New Haven: Yale University Press, 1965), 205.

53. Russel G. Fisher, "Invisible Man as History," *College Language Association Journal* 17 (1974): 360.

였다. 또 다른 나는 형제애단체의 대변자이며, 지금까지의 다른 나보다도 훨씬 더 유력한 인물이기 때문에 자신과 보행경주를 하고 있는 것처럼 보이는 새로운 공적인 나였다."[54] 그는 사람들이 인정하고 존경하는 대단한 인물이 몹시 되고 싶었기 때문에, 이 단체의 회원으로서 하루빨리 최고의 지위로까지 승진하여 자기의 새로운 정체를 확립하려고 안달한다.

최고의 지위에 오르기 위해 그는 자신을 이 단체의 엄격한 규율의 지배하에 두고, 이 규율의 범위 안에서만 행동의 자유를 가지라는 단체의 명령에 무조건 복종한다. 그는 이 단체에 의해 철저하게 통제받고 조종당한다: "나는 형제애단체의 모든 것을 포괄하는 사상에 의해 지배받고 있었다. 이 단체는 사회에는 새로운 모습을, 그리고 내게는 중대한 역할을 부여했다. 우리는 매우 분명한 목적을 갖고 있었으며, 모든 것은 우리의 과학에 의해 다스려질 수 있었다. 삶이란 전적으로 모형과 규율이다. 규율의 아름다움은 규율이 그 기능을 잘 발휘할 때만 존재하는 법이다. 그런데 규율은 매우 훌륭하게 그 기능을 발휘하고 있었다."[55]

이런 통제와 조종을 마음껏 받아들이면서, 그는 이 단체를 위해 전심전력한다. 이때 그는 이 단체의 운동을 그 자신의 개인적인 명예와 권력을 추구하는 데에 이용하고 있다는 고발을 당한다. 그는 그 고발의 논리가 불합리하다고 생각한다. 그는 최고위원회가 왜 자기의 주장은 듣지 않고 자신의 권익만을 수호하려 하는 흑인회원 레스트럼(Wrestrum)의 말을 들으려고만 하는지 도저히 이해할 수 없었지만, 그 위원회의 결정에 따라 "미국의 여성문제"를 관장하는 새 직책을 맡을 것을 수락하고 만다. 그러나 이 단체에서 지금까지 느껴왔던 그의 단체의식과 정체성은 무너져버린다.

> 여태껏 나는 내 일과 방향에 대해 일찍이 느껴보지 못한 어떤 전체의식을 느꼈었다. 그것은 잘못 다니던 내 대학시절에도 느껴보지 못했었던 것이다. 형제애단체는 사람들이 자신을 송두리 채 내바칠 수 있는 어떤 것이었다. 그것이 이 단체

---

54. Ellison, 330.

55. 앞책., 331.

의 힘이자 나의 힘이었다. 이 단체가 역사의 진로를 바꾸리라는 것을 보장할 수 있는 것도 바로 그러한 전체의식 때문이었다. 나는 이 단체를 나의 전존재로 믿었었다. 그런데 지금 여전히 내부에서는 그 믿음을 긍정하고 있지만, 극심한 고통의 뼈저린 느낌 때문에 나는 더 이상 나 자신을 변호, 방어하고 싶은 생각이 들지 않았다. 나는 그 자리에 잠자코 서서 그들의 결정을 기다리고 있었다.[56]

Up to now I had felt a wholeness about my work and direction such as I'd never known ; not even in my mistaken college days. Brotherhood was something to which men could give themselves completely ; that was its strength and my strength, and it was this sense of wholeness that guaranteed that it would change the course of history. This I had believed with all my being, but now, though still inwardly affirming that belief, I felt a blighting hurt which prevented me from trying further to defend myself. I stood there silently, waiting their decision.

이 단체의 마지막 모임에서, 규율에 대한 확고한 신념을 갖고 있는 잭 동지는 그에게 조직이 개인보다 우위에 있다고 역설한다: "우리 모두를 대신해서 위원회가 생각을 하고 있소. 우리 모두를 대신해서 말이오. 그리고 당신은 말을 하라고 고용됐소."[57] 그제야 그는 자기가 한 인간으로서가 아니고 다른 사람들의 목적을 달성하기 위한 수단으로서 생존해 왔었다는 사실을 알게 된다. 비로소 그는 자기가 보이지 않는 인간이라는 문제점을 깨닫는다.

그리고 이제 내 마음의 한 귀퉁이를 돌아보니 잭과 노튼과 에머선이 한 사람의 백인 모습으로 융합되는 것이 보였다. 그들은 거의 비슷비슷한 사람들이어서, 제각기 자신들의 진리관을 내게 강요하려 했었고, 사물들이 내게 어떻게 보이는가에 대해서는 전혀 관심이 없었다. 나는 이용될 하나의 재료, 다시 말하면 하나의 천연자원에 불과했다. 나는 그 노튼과 에머선의 오만한 불합리로부터 잭과 형제애단체의 것으로 옮겨갔지만, 그 결과는 마찬가지였다 — 내가 지금 나의 불가시성을 인정하는 것 이외에는.[58]

---

56. 앞책., 351.
57. 앞책., 405-6.
58. 앞책., 439.

> And now I looked around a corner of my mind and saw Jack and Norton and Emerson merge into one single white figure. They were very much the same, each attempting to force his picture of reality upon me and neither giving a hoot in hell for how things looked to me. I was simply a material, a natural resource to be used. I had switched from the arrogant absurdity of Norton and Emerson to that of Jack and the Brotherhood, and it all came out the same — except I now recognized my invisibility.

그러나 이 모임의 결과로 그는 개체성을 지닌 한 인간이 아니고 기계 속에 있는 한 톱니바퀴, 즉 생각하지는 말고 명령받은 것만을 수행해야 하는 꼭두각시임을 인지한다. 규율이 인간의 정신보다도 더 강조되고 있는 사회에서, 그는 언제나 자기 자신 이외의 모든 사람들을 만족시키려고 노력해왔다. 그러나 그는 자신의 세속적인 눈가리개를 벗어버리고 자기의 환상적인 꿈에서 깨어난다. 그는 지금까지 자기 자신을 속이고 다른 사람들의 앞잡이 노릇이나 해왔던 그의 삶을 거부하고 이런 계시를 깨닫는다: "삶이란 자기가 스스로 사는 것이어야지 통제당해서는 안 된다. 인간다움이란 눈앞에 패배가 확실하다 할지라도 계속 승부를 겨룸으로서 획득되는 것이다. 우리의 운명이란 하나가 되는 것이면서도 다수가 된다 — 이것은 예언이 아니라 사실의 기술이다."[59] 앞으로 그가 독립적이고 자율적인 삶을 살아갈 수 있는 힘과 성공의 원천은 이런 사상으로부터 솟아나온다: "삶의 진리란 한 개인이 그의 진실한 자아를 찾고자 하는 자발성, 다시 말하면 적어도 당분간이나마 그의 현실에 도전하며 스스로 내리는 자기정의에 좌우된다."[60]

이제 그는 가능성과 융통성을 바탕으로 자기정의를 내리면서 자신의 진실한 자아를 찾기로 결심한다. 그는 가죽가방 속에 보관하고 있던 고등학교 졸업장, 클립턴(Clifton)의 종이인형, 그리고 형제애단체의 명의로 된

---

59. 앞책., 499.

60. Ralph Ellison, *Shadow and Act* (New York: Vintage Books, 1972), xix.

신분증을 불태움으로써 과거의 자기 자신을 하나씩 하나씩 없앤다. 자기의 과거를 버리면서, 그는 자신을 빛을 사랑하는 인간이라고 스스로 정의하며 빛을 찾는다: "그리고 나는 빛을 사랑한다. 보이지 않는 인간이 빛을 필요로 하고, 빛을 원하고, 빛을 사랑한다니 여러분들은 기이하게 생각할지도 모르겠다. 그러나 그건 다름 아닌 내가 보이지 않고 있다는 사실 때문일 것이다. 빛은 나의 실재를 확인해주고, 내 형체를 탄생시켜준다."[61] 빛은 자신의 모습을 돋보이게 해주는데, 그가 자신의 모습을 아는 일은 스스로 검토하는 삶을 살려는 노력의 결실이다. 그는 주장하기를, "검토되지 않는 삶은 살만한 가치가 없다. 검토되고 있는 삶은, 그러한 삶의 고독과 분노가 어떤 것이라 하더라도, 자기결정, 즉 자기창조로 치닫는다."[62] 빛은 또한 그로 하여금 그의 세계는 무한한 가능성의 세계라는 것을 파악하도록 도와주는 통찰력을 확대시켜준다: "그러나 가시성은 통찰력으로부터 생기며, 이 변환에서 예술은 사회적 행위가 된다. 이것이 '흑인과 백인에게 있는 불가시성을 없애는 강제' — 불가시성을 형체화하여 이를 초월하기 위해, 보이도록 함으로써 상징적으로 노출시키는 강제이다."[63]

그는 가시성은 동의(同意)의 한 형식인 상대방에 대한 인정을 바탕으로 해서만 정착될 수 있다고 믿기 때문에, 그의 삶을 항상 상대방을 인정하는 입장에서 검토해보려고 한다. 상대방을 더 잘 인정하기 위해, 그는 그의 고정된 진리관을 상대방에게 강요하지 않으며, 항상 진리를 진리 그 자체의 근본적인 변화와 가능성의 세계를 바탕으로 파지하려고 한다. 이렇게 함으로써 그는 보이는 인간이 된다.

이제 진실한 자아를 재발견한 그는 "'미리 통제되지 않은 가능성의 세계로 문과 창문을 활짝 열고 미완성의 세계'를 탐구하며 그 세계에 대한 확고한 신념을 갖고 있는"[64] 인간이 된다. 그는 모든 사물을 있는 그대로

---

61. Ellison, *Invisible Man*, 10.

62. William R. Mueller, *Celebraton of Life* (New York: Sheed & Ward, 1972), 8.

63. Marjorie Pryse, "Ralph Ellison's Heroic Fugitive," *American Literature 44.* 1 (1974): 13.

보고 받아들이려고 열망하는 사람이다. 그는 항상 이런 태도에 바탕을 두고 자신을 변화시키고 창조하려 한다. 그는 마음을 여는 능력, 다시 말하면 "사실과 이성을 초조하게 추구하지 않고 불확실성과 불가사의와 의심스러움 가운데 있을 수 있는"[65] 능력의 소유자가 되고 싶어한다. 그는 마음의 깨달음을 통해서 자기 자신을 모든 굴레로부터 해방시키는 능력을 함양하는 데에 최선을 다한다.

III

부모의 책임과 의무는 어린이를 사랑하면서, 타고난 진심을 바탕으로 어린이가 고결한 삶을 살면서 가능한 한 많은 아름다운 꿈을 가질 수 있도록 보살펴주는 것이다. 그럼에도 불구하고 앞에서 논의한 소설의 10대 주인공들의 부모는 이런 당연한 책임과 의무를 다하려 하지 않고 오히려 그들을 무시하고 억압하고 학대하는 사람들이다. 이런 부모는 어린이의 경멸과 증오의 대상이 된다. "*도깨비 집에서 길을 잃고 Lost in the Funhouse*"의 주인공, 암브로우즈(Ambrose)는 "아버지를 경멸했다. 왜냐하면 그의 아버지는 아버지로서 당연히 기대되는 그런 인물이 아니기 때문이었다. 아마 아버지는 그의 아버지를 증오했을 것이고, 그의 아들은 그를 증오할 것이다."[66] 우리에게 가장 슬프고 충격적인 일은 앞의 소설 가운데 나오는 어른들이 부모가 어린이의 경멸과 증오의 대상이 되고 있다는 엄연한 사실을 인지하고 개선하려는 의지가 전혀 없을 뿐 아니라 그 가능성조차 보이지 않는다는 것이다.

부모가 어린이의 사랑과 존경의 대상이 될 수 있는 길은 어디에 있을

---

64. Tony Tanner, *City of Words; American Fiction 1950-1970* (New York: Harper & Row, 1971), 438.

65. John Keats, *Letters of John Keats,* ed. Robert Gittings (London: Oxford University Press, 1970), 43.

66. John Barth, *Lost in the Funhouse* (Garden City: Doubleday, 1968), 90.

까? 필자는 가장 확실한 길이 다음과 같은 사랑의 정의에 있다고 굳게 믿는다: "사랑은 무한히 소중하고 복잡하며 자발적인 자아들을 공동으로 탐구하는 행위이다."[67] 부모가 어린이에게 최대한의 개체적인 자유와 선택을 허용해주는 이 정의를 바탕으로 삶을 살아가려고 할 때, 부모와 어린이의 관계는 평등, 진실, 신뢰, 존경, 사랑, 그리고 창조의 정신으로 가득하게 될 것이다.

어린이는 부모의 무관심, 무시, 강요, 억압, 그리고 학대 가운데서 살고 있다 할지라도, 자신의 자주적이고 창조적인 삶을 추구하려고 최선을 다해야 한다. 또한 자기 자신의 존재 양식에 책임을 지지 않으면 안된다: "인간과 그가 살고 있는 사회 그리고 우주는 그 본질에 있어서 고정된 것이 아니라 [인간이] 자기 자신의 실존적 선택을 할 때마다 언제나 끊임없이 바뀔 수 있다는 가능성의 입장에서 파악되는 명제들이다. 인간은 이런 가능성을 위축시키려는 강력한 외부의 힘에도 불구하고, 이 가능성을 확대하려고 노력하지 않으면 안 된다. 인간의 존재목적은 자유이고, 그의 무기는 선택이며, 그의 싸움터는 자기의 독특한 가능성이 확대되느냐 아니면 쇠퇴하느냐를 좌우하는 바로 자기 자신이기"[68] 때문이다.

부모와 어린이가 사랑과 자기 자신의 존재 양식에 대한 책임을 이처럼 새롭게 인식하고 추구하고 실현하려고 하는 삶이 바로 우리의 고귀한 목적이다. 이런 삶이 우리에게 어떤 인간이 될 것인가를 분명하게 밝혀주는 실존철학이다. 우리 모두가 이런 삶을 살려고 최선을 다한다면, 우리 사회는 개방, 자율, 창조, 진보, 그리고 성취의 분위기와 정신으로 충만하게 될 것이다.

---

67. Robert N. Bellah, *Habits of the Heart* (New York: Harper & Row, 1986), 108.

68. Howard M. Harper, Jr., *Desperate Faith* (Chapel Hill: University of North Carolina Press, 1974), 197.

8

버너드 맬러머드와의 대담

필자는 버너드 맬러머드(Bernard Malamud)가 필자의 논문 — "버너드 맬러머드의 인간정신의 회복" —을 읽고 난 뒤에, 그를 직접 만나 이 대담을 나누는 기회를 가질 수 있었다. 맬러머드는 자신의 예술에 대한 독창적인 정의와 예술적 효과를 높이기 위한 반어(irony)의 능숙한 구사를 바탕으로 그의 모든 소설을 썼다. 그의 작품들은 자기초월이라는 핵심주제와 자기초월의 목적을 성취하기 위한 부단한 노력에 따르기 마련인 고난의 감수에 초점을 두고 있다. 필자의 논문은 그의 일곱 편의 소설 가운데서 세 편의 소설, 즉 *점원(The Assistant)*과 *새로운 삶(A New Life)* 그리고 *두빈의 생애(Dubin's Lives)*를 분석하고 논의했는데, *영어영문학*(한국영어영문학회 광주·전남지회지) 제2권(1983)에 영문으로 처음 게재되었다. 필자는 이 논문에서, 소설의 주인공들이 지독한 가난과 억압 그리고 허송된 삶에 대한 참회 때문에 극도의 좌절과 절망의 고통을 겪고 있지만, 스스로 자신의 삶을 향상시킬 수 있다는 확신을 갖고 새로운 생활을 열망하고 또 모색하는 바람직한 인간존재의 문제를 검토해보았다. 필자는 이 논문을 미리 맬러머드에게 우송했다. 그때 그는 캘러포니아(California)주의 팔로우 알토우(Palo Alto)에 소재한 행동과학연구소(Center for Advanced Studies in the Behavioral Sciences)의 1981-1982년도 연구원이었다. 이 대담은 1982년 2월 2일에 스탠퍼드(Stanford)대학교의 전경이 훤히 내려다보이는 그의 연구실에서 이루어졌다. 이 대담에서 맬러머드는 예술, 고난, 자기 초월, 도덕, 민주주의, 자유, 사랑, 선불교, 그의 소설 속에 자주 나타나는 새의 상징, 소설에서의 예시기법(foreshadowing), 그리고 작품의 번역문제 등등에 대해서 우리 자신을 새롭게 깨우쳐주는 그의 탁월한 견해를 피력하였다. 그는 일곱 편의 소설과 세 편의 단편소설집 — *타고난 명수, The Natural*(1952), *점원*(1957), *새로운 삶*(1961), *수선공, The Fixer*(1966), *피델만의 그림들: 전람회, Pictures of Fidelman: An Exhibition*(1969), *세든 사람들, The Tenants*(1971), *두빈의 생애*(1979), *요술통, The Magic Barrel*(1958), *바보들 먼저, Idiots First*(1963), 그리고 *렘브랜트의 모자, Rembrandt's Hat*(1973) —를 출판했다. 이 대담 논문은 *美國學*(서울대학교 미국학연구소 논문집) 제5집(1982)에 영문으로 처음 게재되었다.

질문: 대녈 스턴(Daniel Stern)과의 대담에서 당신은 예술의 정의를 이렇게 내렸습니다: "그것 [예술]은 도덕을 지향한다. 예술은 삶을 중대시한다. 예술이 혹시 삶을 중대시하지 않고 있을 때일지라도 예술은 삶을 중대시하기 마련이다. 나의 동료였던 스탠리 에드거 하이먼(Stanley Edgar Hyman)은 형식을 창조하는 예술까지도 도덕적 행위라고 항시 주장했다. 그의 주장은 무엇인가를 빠뜨리고 있으나 나는 그가 말하려고 하는 의도를 이해하고 공감한다. 그의 주장은 시를 '혼란에 대한 잠시 동안의 유예'라고 정의한 프로스트(Frost)의 사상과 아주 흡사하다. 도덕은 자기 삶의 존엄성을 깨닫는 것으로부터 시작된다. 따라서 도덕은 다른 사람들의 삶의 존엄성을 — 우선 첫째로 히틀러(Hitler)의 삶의 존엄성마저도 — 깨닫는 것으로부터 시작된다. 도덕은 이 신비스러운 우주 속에 있으면서 왜 있는지를 이해해보려고 하는 완전한 특권을 갖고서 시작된다. 예술은 본질적으로 삶을 찬양하면서 우리에게 판단의 척도를 마련해준다." 당신은 아직도 이 정의를 확신하고 계십니까?

맬러머드: 나는 그렇다고 자신 있게 말할 수 있습니다. 예술의 가장 중요한 기능은 우리 스스로 삶을 영위할 수 있도록, 더욱이 삶을 실제로 체험할 수 있도록, 그리고 삶을 배울 수 있고 알 수 있도록 해주는 것이라고 생각하고 있기 때문에 그렇다고 말할 수 있습니다. 우리 스스로 삶을 살고 실제로 체험해가면서 배우고 알 수 있는 행위 그 자체가 즐겁고 보람 있는 생활의 본질이라고 생각합니다. 예술은 우리에게 삶과 동일한 가치 기준일 뿐 아니라 삶은 매우 소중한 것이기 때문에 우리는 삶으로부터 많은 것을 배울 수 있다는 교훈을 가르쳐주고 있다고 확신합니다.

질문: 당신은 어떻게 그리고 언제 예술에 대한 이와 같은 정의를 내리셨습니까? 당신의 예술관은 때에 따라 바뀌었습니까?

맬러머드: 나는 언제부터 예술을 이와 같이 정의하게 되었는지 기억할 수 없습니다. 언젠가 이와 같은 정의를 내렸을 것이며, 이 정의는 예술에 대한 내 자신의 사고의 결과로서 그리고 내가 항시 골몰하고 있었던 일들과 그 일들이란 도대체 무엇들인가를 진지하게 이해해보려고 하는 내 자신의 사고의 결과로서 생긴 것이라고 말할 수 있겠지요. 나의 예술관은 그것 자체가 더욱 성숙되고 심오해졌다는 의미에서만 바뀌었습니다. 나의 예술관은 예술에 관한 나 자신의 사상과 의미가 더욱더 발전되고 확장되었다는 사실을 제외하고는 처음과 거의 똑같습니다.

질문: 당신은 삶에서 예술의 필요성과 중요성을 그처럼 강조하고 있는 이유를 더 구체적으로 설명해주십시오. 예술이 세상을 변화시키고 있습니까? 만약 예술이 없다면 우리의 정치적 혹은 경제적 생활은 달라질까요?

맬러머드: 그런데 당신이 지금 제기한 질문은 아주 어려우면서도 또한 좋은 문제입니다. 삶에 있어서 예술의 중요성 말이지요. 나에게는 그들 자신의 삶의 가치를 전혀 모르고 있는 사람들도 있는 것처럼 보입니다. 그리고 예술의 기능 가운데 위대하고 아름다운 것 중의 하나는 예술이 우리에게 삶과 삶의 가치가 무엇인지, 다른 사람의 가치가 무엇인지, 예술 자

체의 가치가 무엇인지, 그리고 상상의 가치가 무엇인지 가르쳐주고 있다는 사실입니다. 나는 예술이 금방 알아볼 수 있는 어떤 방식으로 세상을 변화시키고 있음을 알지는 못하나, 나에게는 예술이 인간을 변화시키고 있으며 궁극적으로는 그런 힘을 가져야만 한다고 믿는데, 예술은 매우 천천히 그리고 보이지 않게 세상을 변화시키고 있는 것처럼 보입니다. 물론 예술을 전혀 이해하지 못하는 사람들은 예술에 의해 변화되지 않지만, 예술을 어느 정도 이해하고 있는 사람들은 어떻게든지 예술에 의해 틀림없이 변화되고 있습니다. 만약 예술이 없다면, 우리의 정치적 혹은 경제적 생활 뿐 아니라 심리적, 철학적 그리고 어떤 형태의 생활도 참으로 달라질 것이라고 생각합니다. 만약 예술이 없다면, 우리의 생활은 퇴폐하고 핍박해질 것입니다.

질문: 저는 개인적으로 고난의 감수만이 우리가 지금 직면하고 있는 많은 어려운 문제들을 해결하는 유일한 길이라고 확신합니다. 저는 당신이 인간존재의 양식으로서 고난의 감수의 중요성을 탐구하는데 있어서 선구자의 역할을 한 작가라고 생각합니다. 왜 당신은 고난의 감수의 문제에 그처럼 깊은 관심을 갖게 되었습니까? 그 문제에 대한 그처럼 깊은 관심은 당신의 문화적 혹은 종교적 배경을 반영하는 것입니까? 미국작가들은 고난의 감수의 문제에 깊은 관심을 가져왔습니까?

맬러머드: 다시 어려운 질문이군요. 나는 개인적으로 고난의 감수만이 많은 어려운 문제들을 해결하는 유일한 길이라고는 생각하지 않습니다. 나는 어떤 형태의 고난일지라도 교육의 한 방편으로서 사람들에게 가해지는 고통을 매우 증오합니다. 인간은 고난을 감수하는 재능을 갖지 않으면 안 된다는 것은 아주 명백한 사실입니다. 당신이 어떤 깨달음 없이 얻는 것이라고는 아무것도 없습니다. 나는 단순히 야만적인 사건의 희생자가 되는 것에 관한 이야기를 하는 것이 아니고, 당신의 체험으로부터 무엇인가를 얻는 것을 언급하고 있습니다. *점원*에서 나는 거의 무의식적으로 고난의 감수의 문제를 한 인간이 반드시 배우지 않으면 안 되는 어떤 것으로

다루고 있습니다. 바꿔 말하면, 당신이 어떤 일을 체험하고 있을 때, 당신에게 생길 수 있는 가장 나쁜 일이란 당신이 그 체험을 이해하지 못하고, 당신이 그 체험에 반응하지 못하며, 당신이 그 체험에 대한 어떤 느낌도 갖지 못하는 것입니다. 그 체험이 고통처럼 아주 강렬한 것인데도, 어떤 인간이 그 체험으로부터 스스로 자신의 삶의 의미와 가치들을 숙고하도록 해주는 무엇인가를 얻지 못하고 있다면, 그 체험은 그에게 아무 쓸모도 없는 것입니다. 그리고 나는 고통에 대한 다양한 반응들이 있다고 상상합니다. 내가 이미 언급했던 것처럼, 어떤 사람들은 두세 번이나 고통을 겪을 때도 언제나 똑같은 방법으로 다시금 그 고통을 겪습니다. 반면에 그들 자신의 결함과 실패들에 대해서 깨달을 뿐 아니라, 그들이 더 열심히 노력했거나 그 결함과 실패들을 더욱 주의 깊게 예기했었더라면, 그들의 삶은 조금이라도 더 좋아질 수도 있었을 것이라는 사실에 대해서도 깨닫는 사람들도 있습니다. 게다가 고통이 이처럼 깨달은 사람들을 가르친다면, 분명히 그들은 그들이 이전에 알지 못했던 무엇인가를 배우게 되었을 것입니다. 나는 고통을 찬양하지 않습니다. 나는 고통이 이 세상에 있는 것만큼 많이 있지 않기를 바랍니다. 나는 고통을 교육의 한 방편으로 간주하지 않습니다. 그러나 나는 삶의 본질이 으레 그런 것처럼 많은 고난을 야기하는 것이라면, 인간의 본질은 이런 고난으로부터 무엇인가를 배우면서 그의 삶을 더욱 보람 있는 것으로 만들지 않으면 안 된다고 주장합니다.

질문: 당신 소설의 핵심주제는 자기초월이라고들 말합니다. 저는 개인적으로 자기초월을 명확하게 정의하는 것은 매우 어렵다고 생각합니다. 그러나 제가 당신의 소설 속에 구현되어 있는 자기초월을 성취하는 길은 자아 속에서 그리고 자아로부터 자유를 획득하는 데에 있다고 단정해도 괜찮겠습니까? 왜 자아 속에서 그리고 자아로부터의 자유가 바람직하거나 필요합니까? 자기 본위와 이기주의는 똑같은 것입니까? 이타주의는 언제나 좋은 것입니까?

맬러머드: 글쎄요, 설령 내가 자기초월의 문제를 집중적으로 다루고

있다고 할지라도, 자기초월을 명확하게 정의하는 것은 정말로 어려운 일이라고 말하고 싶습니다. 내 자신이 자기초월이라는 표현을 좋아하지 않는다고 확신합니다. 나는 소위 자아성숙이라는 표현, 다시 말하면 한 인간이 이기심이라는 가장 추잡한 생각으로부터 벗어나서 다른 사람들의 욕구와 관심에 깊은 주의를 기울이게 될 뿐 아니라 스스로 다른 사람들에게 도움이 되는 존재가 되겠다고 안달하게 하는 고결한 정신이라는 표현을 좋아합니다. 지금 나는 그 고결한 정신이란 쉽사리 계발되는 것이 아니기 때문에 약간 지나친 이상주의적인 주장으로 들릴 수도 있다는 사실을 깨달았습니다. 그러나 그들의 관심은 다른 사람들의 관심과 조화를 이룰 수 있기 때문에 그들 자신만의 이기심, 즉 그들 자신만의 사리사욕에만 사로잡히지 않는 사람들도 있다는 것은 분명한 사실입니다. 내가 나의 소설들 속에서 자아를 위한 자유를 획득하는 완전한 이상을 주장하고 강조하고 있다고 판단하는 것은 옳습니다. 왜 자아 속에서 그리고 자아로부터의 자유가 바람직하거나 필요한가의 문제는 나에게는 아주 분명합니다. 왜냐하면 당신이 더욱더 덜 구속된 자아를 가지면 가질수록 더욱더 진실하고 강한 자아를 갖게 되는 것처럼 나에게는 보이기 때문입니다. '이타주의는 언제나 좋은 것입니까'라는 질문을 받고 나는 약간 놀랐습니다. 나는 당신의 질문의 요점을 전혀 이해하지 못합니다. 당신의 질문의 요점은 무엇입니까?

'이타주의는 언제나 좋습니다'라는 제 주장은 우리가 우리 자신의 존재의 바탕으로서 다른 사람들을 첫째로 존중하자는 뜻입니다.

'이타주의는 언제나 좋다'는 당신의 주장이 다른 사람들의 존재를 있는 그대로 인정하고 존중하자는 뜻이라면 그 생각은 분명히 좋습니다. 사람들은 이와 같은 문제들에 관한 설교를 듣는 것을 아주 싫어합니다. 내 생각으로는, 일단 당신이 어떤 소설의 주제의 가치를 주장하기 시작한다면 당신은 어떤 뜻으로는 그 소설로부터 비롯되는 어떤 행동양식에 대한 강연이나 설교를 하고 있는 것입니다. 당신이 나의 말을 정확하게 이해 해준다면, 나는 그런 행동양식을 예술로부터 추출된 어떤 것이 아니고 예술의 일부분으로 생각하고 싶습니다. 그렇기 때문에, 나는 어떤 소설을 이처럼 특정한 의미로만 논의하는 것을 매우 언짢게 생각합니다. 그러나 나는 당신이 나의 소설들을 읽고 체험하거나 인지한 것에 대하여 이의를 제기하거나 반대할 생각은 추호도 없습니다.

질문: 당신은 도덕을 "인권을 보장함으로써 다른 사람들의 삶에 가치를 부여해주는 수단"이라고 정의했을 뿐 아니라 "도덕의 기반은 서로서로의 욕구를 인정하면서 협력하는 정신"이라고 주장하셨습니다. 도덕이란 오로지 삶에서 우리가 다른 사람들을 어떻게 대해야 하느냐에 관한 것입니까? 삶에서 우리가 다른 사람들을 어떻게 대해야 하느냐의 문제가 우리의 가장 중요한 관심사가 되어야만 합니까?

맬러머드: 글쎄요, 나는 이 대담의 첫 번째 질문에 대한 대답에서 이 문제에 대해 얼마간 답변을 했습니다. 당신은 내가 대녈 스턴과의 대담에서 도덕은 자기 삶의 존엄성 뿐 아니라 다른 사람들의 삶의 존엄성을 깨닫는 것으로부터 시작된다고 한 내 주장을 기억하지요. 나는 여전히 그 주장을 확신하고 있습니다. 나는 당신도 다른 사람들이 없다면 도덕을 가질 필요가 없다고 믿습니다. 그러므로 당신이 다른 사람들과 어떤 관계를 맺는 무엇인가가 있어야만 합니다. 나는 다른 사람들과 어떤 관계를 맺는 무엇인가가 우리의 삶에서 가장 중요한 관심사가 되어야만 하는지 알지 못합니다. 나는 우리의 삶에서 중요한 관심사는 생존하는 것이라고 생각합니다. 그러나 분명히 우리의 삶에서 매우 중요한 관심사들 가운데 하나는 다른 사람들이 생존하도록 도와주는 일입니다.

질문: *새로운 삶*에서 당신은 민주주의는 "그 존재 여부를 교양교육에 의존하고 있다"고 주장하셨습니다. 당신의 이런 주장을 더 자세하게 설명해주십시오.

맬러머드: 인문학의 교양교육은 무엇이 인도주의적이고 인간적인 것인가의 문제를 탐구합니다. 민주주의에 관한 한 당신은 사회의 견지에서 무엇이 인도주의적이고 인간적인 것인가의 문제를 규명합니다. 내가 생각하는 바로는, 인도주의적이고 인간적인 이상을 가장 잘 나타내는 그런 사

회가 그 자체를 가장 잘 대표하고 있을 때 그 사회는 민주적인 사회입니다. 민주적인 사회들도 또한 그 나름대로 쇠퇴하거나 몰락할 수도 있습니다. 그러나 나는 인도주의적이고 인간적인 것의 문제를 탐구하고 계발하는 가장 좋은 상태의 민주주의를 규명해보았습니다.

질문: 당신은 또한 "자유의 목적은 다른 사람들을 위해 자유를 신장하려는 의지와 실천이며" 자유는 "사랑을 소중히 여기는 정신"이라고 주장하셨습니다. 저는 자유의 의미와 기능에 대한 당신의 사상을 더 자세히 알고 싶습니다. 당신의 이런 사상이 어떻게 *수선공*의 주인공, 야코프 보크(Yakov Bok)와 관련되어 있습니까? 그 주인공은 드디어 자유와 책임의 참뜻을 깨달았습니까? 그 사람은 도덕적인 인간입니까?

맬러머드: 분명히 말하지만, 나는 자유를 자아 속에 있거나 자아 속에서 뿐 아니라 어떤 사회의 사회적인 제약 가운데서도 성취되어지지 않으면 안 되는 어떤 것으로 이해하고 있습니다. 내가 자유는 사랑을 소중히 여긴다고 말할 때, 나는 사랑의 전제가 분명히 자아 그리고 자아와 다른 사람들과의 관계를 소중히 여기는 것이라고 믿습니다. 이것이 바로 내 주장의 요점입니다. 내가 방금 주장한 것을 바탕으로 이해한다면 자유의 의미와 기능은 다소 분명해 보이는 것 같습니다. 이제 야코프 보크의 경우를 생각해봅시다. 그는 지금 극도의 고통 속에서 살고 있는 자신의 현실세계와 과거생활을 깊이 숙고해보고, 그렇게 하면서 그가 투옥당하기 전에 가졌던 자아와 궁극적으로 타협하고 있는 자신의 현재의 체험을 통해 삶에 대해 배워야만 하는 많은 것들을 갖게 될 뿐 아니라 실제로 그것들을 배우기 시작합니다. 그는 의식적인 도덕적 인간은 아니지만, 모리스 보우버, Morris Bober(*점원*의 주인공)를 포함한 많은 선량한 사람들처럼 어떤 의미에서 도덕적인 교육을 받았기 때문에 도덕적인 인간으로 살아가려고 합니다. 사람들은 누구나 할 것 없이 모두가 도덕적인 교육을 받아야만 된다는 설교를 들을 수도 없을 뿐 아니라 들을 필요도 없습니다. 이런 생각이 다른 사람들에게 쏟는 아량과 사랑의 감정을 지니고서 삶을 바라볼 수 있

는 태도일 뿐 아니라 우리는 살아 있는 인간이기 때문에 다른 사람들의 욕구를 반드시 충족시켜주지 않으면 안 된다는 깨달음입니다. 나는 야코프 보크가 자신의 고난을 통해 더욱더 성숙된 인간이 된 사람이라고 생각합니다.

질문: "요술 통"에서 사랑에 대해 언급하면서 당신은 "사랑은 삶과 존경의 부산물이라야지 사랑 그 자체의 목적이 되어서는 안 된다"고 주장하셨습니다. 그리고 *점원*에서 당신은 사랑하는 것은 "사랑과 함께 싹트지 않으면 안 된다"고 단언하셨습니다. 당신의 사랑의 개념을 더 구체적으로 설명해주십시오.

맬러머드: "사랑은 삶과 존경의 부산물이라야만 한다"는 이 특별한 인용문을 토대로 한 당신의 생각은 단편소설집에 수록된 한 작품의 문맥 가운데 있는 문장 하나에 다소 집착하고 있는 것임을 나는 금방 알아차렸습니다. 그렇습니다. 나는 그 인용문이 "요술 통"이라는 단편소설 속에 있다는 사실을 알고 있습니다. 그러나 반드시 그 인용문이 나의 사랑의 개념을 상징하고 있는 것은 아닙니다. 나는 그저 그 단편소설의 첫 부분에 그 인용문을 쓰지 않으면 안 되었을 뿐입니다. 내 단편소설의 등장인물들 가운데 한 사람이 말한 어떤 것이 나의 견해를 대표하지는 않습니다. 한 주인공의 말이 바로 나 자신의 철학은 아닙니다. 나는 그 인용문을 그저 그 곳에 쓰고 있을 뿐입니다. 나는 그 단편소설의 주인공, 리오우(Leo)가 그 인용문을 결혼중매인에게 말하고 있다고 생각합니다. 리오우는 계속해서 그에게 더욱더 많은 말을 합니다. 이제 사랑하는 것은 "사랑과 함께 싹트지 않으면 안 된다"는 인용구에 대해 이야기해봅시다. 이 인용구도 또한 그 소설 속에 그저 있는 어떤 말입니다. 그것은 내가 어떤 특별한 방식으로 설교나 논평을 하고 싶어 하는 어떤 의미 있는 말은 결코 아닙니다.

질문: 저에게는 당신이 선불교에 깊은 관심을 갖고 있는 것처럼 보입니다. 제이. 디. 샐린저(J. D. Salinger)도 또한 선불교에 많은 관심을 갖고 있습니다. 왜 선불교에 깊은 관심을 갖습니까? 선불교가 유대교와 비슷하

기 때문입니까? 당신은 정신적인 감동이나 사상 혹은 하나님과 신학의 어떤 특별한 사상들에 관심을 갖고 계십니까?

맬러머드: 원래 나는 선불교에 지대한 관심이 없습니다. 나는 *두빈의 생애*를 쓸 때 선불교가 필요했습니다. 그래서 나는 선불교를 공부했으며, 선불교에 대해 많은 것을 알았고, 그 소설 속에서 선불교를 이용할 수 있었다고 생각합니다. 이와 반대로, 나는 하나님과 신학의 사상들에 깊은 관심을 갖고 있습니다. 이런 사상들이 어떻게 표현되었든 나는 그 사상들에 많은 흥미를 느끼고 있습니다. 그러므로 나는 그 정도로만 선불교에 관심을 갖고 있습니다.

질문: 당신의 소설들 가운데서 표현되어 주장되고 있는 도덕과 자유의 개념은 거의 똑같은 사상 ― 다른 사람들의 존재를 있는 그대로 인정하고 존중하지 않으면 안 된다 ―을 확인하고 있다고 저는 개인적으로 생각하고 있습니다. 이런 개념론적인 유사성은 또한 다른 최근미국 소설가들의 작품에서도 발견될 수 있습니다. 왜 이와 같은 현상이 일어나게 되었습니까? 상호존중의 사상은 자본주의 정신과 일치할 수 있습니까? 상호존중의 사상이 여러 민족과 여러 인종으로 이루어진 사회에서는 아무런 쓸모가 없습니까?

맬러머드: 나는 여러 개념들의 유사성은 우리 작가의 대부분이 민주적인 교육을 받았으며 똑같은 책들을 읽고 있기 때문에 일어나고 있다고 생각합니다. 내 견해로는, 솔 벨로우(Saul Bellow)와 노먼 메일러(Norman Mailer) 그리고 죤 엎다이크(John Updike)가 그들의 정치적인 사고와 행동에서는 의견을 달리하고 있을지라도 매우 중요한 가치들, 즉 우리가 지금 이야기하고 있는 도덕과 자유를 이해하는 데는 서로 상통하고 있습니다. 당신이 이런 이해를 긍정한다면, 그 이해는 성립되고 인정됩니다. 당신이 이런 이해를 긍정한다면, 그 이해는 당신에게 소중한 것입니다. 이제 상호존중의 사상이 자본주의 정신과 일치할 수 있는가의 문제에 대해 이야기해봅시다. 과연 누가 자본주의의 견지에서 상호존중의 사상을 고려할까요?

상호존중의 사상은 존재의 한 양식입니다. 어떤 인간도 또한 존재의 한 양식입니다. 그 사람은 자본주의가 상호존중의 사상과 어떤 관계를 가져야만 하는지 혹은 어떤 방식으로 상호존중의 사상과 충돌하고 있는지 알아보려고 하지 않습니다. 내가 의미하는 것은 그 사람이 자본주의를 용인하고 있다는 사실 뿐 아니라 자본주의는 민주주의의 위대한 사상도 혹은 삶을 깨닫는 어떤 양식도 아니라는 주장입니다. 상호존중의 사상이 당신이 말한 어떤 인종 사회가 아니고 여러 인종들로 이루어진 사회에서는 때때로 아무런 쓸모가 없다고 나는 생각합니다. 분명히 어떤 사상들을 더 완전하게 그리고 더 함축적으로 이해하는 사람들도 있을 뿐 아니라 그렇지 못한 사람들도 있습니다. 어떤 사상들을 더 완전하게 그리고 더 함축적으로 이해할 수 있도록 해주는 것은 인종적이고 민족적인 요인이 아니고 인간생활의 어떤 중요한 문제들에 반응하는 인간의 자질이라고 나는 믿습니다.

질문: 당신은 처녀작, *타고난 명수*를 1952년에 그리고 최근작, *두빈의 생애*를 1979년에 출판하셨습니다. 이 27년 동안에 미국사회에서는 많은 중요한 사건들이 일어났습니다. 예를 들면, 냉전, 머카시주의 ((극단적 반공주의; 미국 공화당 상원 의원 J. R. McCarthy (1908-57)의 이름에서 나왔음)), 케니디(Kennedy) 대통령과 흑인지도자 마틴 루서 킹(Martin Luther King)목사의 암살, 월남전쟁, 닉선(Nixon)대통령의 대통령직 사임, 그리고 여성해방운동 등등 말입니다. 당신은 소설을 쓰면서 이런 사건들에 의한 어떤 영향을 받았습니까? 당신은 어느 사건에 가장 깊은 관심을 가지셨습니까? 당신의 관심이 가장 적었던 사건은 어느 것입니까? 당신은 정치에 관심이 많습니까? 당신은 사회적, 정치적 문제에 대해서 당신 자신을 진보주의자라고 아니면 보수주의자라고 생각하십니까?

맬러머드: 어느 사회의 역사적 사건들이 아무리 중요하다 할지라도 어떤 소설에서 그 사건들을 활용하는 일은 매우 어렵습니다. 그러나 당신이 질문에서 언급한 사건들의 거의 전부가 나의 단편소설이나 장편소설에서 다루어졌습니다. 예를 들면 냉전과 그와 같은 것이 "권총을 든 사나이"

라는 단편소설에서 언급되고 있습니다. 머카시주의는 *새로운 삶*에서 그 추악한 모습을 나타냅니다. 나는 케니디 대통령과 마틴 루서 킹 목사의 암살을 다룬 적은 없으나, 어떤 의미로는 월남전쟁을 두 단편소설 "권총을 든 사나이"와 "내 아들은 살인자"에서 이용했습니다. 닉선 대통령의 대통령직 사임을 직접 다루지는 않았지만 닉선 대통령의 성격을 *두빈의 생애*에서 언급했습니다. 아직껏 여성해방운동을 활용하지는 않았지만 앞으로 다루어보고 싶은 생각을 갖고 있습니다.

질문: 당신은 소설에서 새의 이미지(표상)를 자주 사용하고 있는데 그 이유는 무엇입니까? 당신이 즐겨 사용하는 다른 이미지나 상징 혹은 주제들이 있습니까? 이런 이미지나 상징 그리고 주제들이 해가 거듭되면서 형태나 의미에서 변화되고 있습니까?

맬러머드: 글쎄요, 내게는 새들이 자유의 상징이라고 나는 생각합니다. 내가 즐겨 사용하는 다른 이미지들에 관해서는 당신 스스로 내 작품들 속에서 찾아보는 수고를 해달라고 부탁합니다. 나는 내가 즐겨 사용하는 다른 이미지와 상징 그리고 주제들이 있다고 믿습니다. 나는 상징들이 변화할 뿐 아니라 성장한다고 확신합니다. 상징들은 그것들 자체가 성장하고 있다는 의미에서 뿐 아니라, 어떤 사람은 나이가 들어감에 따라 많은 현상들을 의식하게 되며, 그런 다음에 그 현상들을 은유적으로 사용하려고 할 때는 많은 상징들을 정돈하지 않으면 안 된다는 의미에서도 성장합니다.

질문: 저에게는 당신이 소설에서 예시기법을 매우 능숙하게 구사하고 있는 것처럼 보입니다. 당신은 왜 이 예시기법을 그처럼 좋아하십니까? 이 예시기법은 이야기를 꾸며 나가는 전통적 수법입니까 아니면 인생을 바라보는 특이한 방식이나 관점입니까?

맬러머드: 나는 예시기법을 아주 좋아한다고 생각합니다. 예시기법은 사실 이전에 각본을 만들어 내는 하나의 방법입니다. 나는 셰익스피어(Shakespeare)의 연극들을 공부하는 학생이었을 때 처음으로 예시기법을 알게 되었다고 생각합니다. 이미 언급했던 것처럼, 예시기법의 진수가 나

로 하여금 연극 이전에 각본을 창조하는 하나의 양식으로서 그 기법 자체에 매료되게 한 것 같습니다. 그리고 그 후로 예시기법을 즐겨 사용해 왔다고 생각합니다.

질문: 당신의 작품에서 해학의 기능이나 형태는 해가 거듭되면서 달라졌습니까? 당신은 삶이 본질적으로 희극적이라고 아니면 비극적이라고 생각하십니까? 삶은 희극적이면서도 비극적인가요 아니면 양쪽 다 아닌가요?

맬러머드: 나는 내 작품 속에는 해학이 있으며 그 해학이 매우 중요한 것이라고 생각합니다. 분명히 해학은 삶의 일부분입니다. 따라서 삶에는 반드시 해학이 있어야만 합니다. 만약 내가 삶과 소설에 있기 마련인 희극적인 요소들을 볼 수 없다면, 나는 매우 불행할 것입니다. 그러므로 나는 언제나 나의 삶에서 희극적인 것을 기대하면서 찾고 있을 뿐 아니라 그렇게 할 수 있을 때는 언제나 희극적인 것을 양쪽 귀 속으로 끌어당길 것이라고 말해 둡니다.

질문: 당신은 당신의 소설들 가운데 어느 작품이 가장 좋은 소설이라고 생각하십니까? 왜 당신은 한때는 단편소설들을 더 많이 쓰셨습니까? 당신은 장편소설을 쓰는 데는 더 원대하고 더 복잡한 주제들이 필요하다고 생각하셨습니까?

맬러머드: 나는 마음이 내키는 대로 작품을 쓴다고 생각합니다. 내가 단편소설들을 쓰고 싶으면 나는 그런 작품들을 썼으며, 장편소설들을 쓰고 싶으면 그런 작품들을 썼습니다. 다른 소설들보다도 어느 한 작품을 더 좋아하는 사람들이 있다는 사실을 내가 알고 있다 할지라도, 나는 내 작품들 가운데서 가장 좋은 소설이라고 지정할 수 있는 것을 갖고 있지 않습니다. 나는 그런 시시한 일에 관여하고 싶지 않습니다. 나는 나의 최신 장편소설의 집필을 끝냈으므로 가까운 장래에 몇 편의 단편소설을 더 쓸 수 있기를 바라고 있습니다.

질문: 당신은 또 하나의 장편소설을 집필하고 계십니까? 당신은 그 소설을 전혀 새로운 경향으로 쓰고 있다고 생각하십니까? 당신의 관심이 바뀌고 있습니까?

맬러머드: 나는 바로 얼마 전에 *하나님의 은총(God's Grace)*이라는 또 하나의 장편소설의 집필을 끝마쳤습니다. 당신이 이 소설을 읽어보면 나의 관심이 전혀 예기치 못한 방향으로 바뀌었다는 사실을 알게 될 거라고 나는 생각합니다. 나는 내 관심사가 변화되기를 바랍니다. 나는 나이가 더 들어감에 따라 내 관심사가 더욱 다양해지고 더욱더 재미있게 되기를 희망합니다. 분명히 이러한 관심사로부터 한 작가는 그가 쓰려고 하고 있는 어떤 장편소설이나 단편소설의 핵심주제를 발굴하고 있습니다.

질문: 당신은 당신의 소설을 읽으려고 하는 외국학생들을 위한 어떤 좋은 충고를 가지고 계십니까?

맬러머드: 나의 유일한 충고는 그들이 소설을 주의 깊게 읽는 것이며 그리고 그 소설을 처음 읽고 이해하지 못하면 두 번 읽으라는 것입니다. 게다가 나는 그들이 내 소설을 재미있게 읽기를 희망합니다.

질문: 당신의 소설들 가운데서 몇 작품은 다른 나라 말로 번역이 되었습니다. 당신은 이런 번역의 타당성이나 심미적인 성공에 대해 무엇인가를 알고 계십니까? 당신은 한 소설작품이 원저자의 본래적 의미에 완전히 일치하는 문장으로 번역되는 것이 가능하다고 생각하십니까?

맬러머드: 나는 내 소설들 가운데 몇 권이 내가 다소 해독할 수 있는 다른 나라 말로 번역된 작품들을 읽어보았습니다. 나는 그 번역된 작품들을 읽고 매우 기뻐한 적도 있었고, 어떤 때는 그 작품들의 본래적 의미에서 지나치게 동떨어진 번역물을 읽고 실망하기도 했습니다. 어느 특정한 언어로 쓰인 어느 특정한 작품의 진가를 가장 올바르게 나타낼 수 있는 천부적인 재능의 번역가가 있다고 나는 절대적으로 확신합니다. 가장 중요한 일은 그런 번역가를 만날 수 있는 행운을 갖는 것입니다.

9

포우스트모던 소설의 수용과 그 의의

포우스트모던 소설(metafiction, 이 명칭말고도 postmodern fiction, surfiction, superfiction, parafiction, midfiction, experimental fiction, the absurd novel, the anti-novel, nouveau roman으로 일컬어진다)은 1960년대에 들어서면서 미국에서 쓰이기 시작했다. 그 당시에 이 소설은 많은 비평가와 독자들의 큰 관심을 끌지 못했을 뿐 아니라 그 소설가들의 수도 얼마 되지 않았다. 그러나 1980년대에는 이와는 정반대의 현상이 일어나고 있다. 특히 포우스트모던 소설은 1982년에 가브리엘 가르시아 마케쓰(Gabriel Garcia Marquez)가 그리고 1985년에는 끌로드 시몽(Claude Simon)이 노우벨문학상을 수상함으로써, 세상 사람들의 더욱 큰 주목과 관심의 대상이 되었다. 그렇다면 아직까지는 우리에게 새롭고 생소한 이 소설의 정의는 무엇인가? 이 소설은 왜 생겼는가? 누가 이 소설을 만들었는가? 이 소설은 종전의 소설과 다른 무엇을 강조하고 주장하는가? 이 소설의 작가들은 어떻게 작품을 쓰는가? 새로운 시각에서 진리를 파지하고 전달하려고 하는 이 소설은 우리에게 어떤 의의가 있으며, 또 어떤 영향을 줄 수 있을까? 이 논문에서 이런 문제들을 고찰해본다.

포우스트모던 소설의 정의를 더욱 명확하게 알아보기 위해, 이 소설이 사실주의 그리고 모더니즘 소설과 어떤 점이 다른가를 규명해보자. 특히 개인과 사회와의 관계에서 개인이 해야만 하는 역할에 있어서의 차이점 그리고 진리의 개념에 있어서의 차이점을 규명해보자. 사실주의 소설에서 개인은 언제나 사회조직 안에서만 존재할 뿐 아니라 그 속으로 흡수되고 통합되어버린다. 사회조직은 개인적인 삶의 기대와 포부 혹은 열망이 존중되고 실현되게 해주기보다는 오히려 그것들이 억압받거나 좌절되거나 무산되게 해버린다. 사회조직은 개인의 본질적 존재의 의지를 전적으로 도외시하고 그 자체가 인정하고 제시하는 고정불변의 객관적 진리를 무조건 개인에게 받아들이라고 강요한다. 예를 들면 *주홍 글자(The Scarlet Letter*, 1850)의 여자주인공 헤스터 프린(Hester Prynne)은 본의 아니게 간음하고 사생아를 낳았다. 이로 인해 그녀는 간음은 죄악이라는 진리를 무조건 믿는 청교도 사회의 구성원들에 의해 일생 동안 가슴에다 주홍색 에이(A)글자를 달고 다녀야만 하는 형언할 수 없는 수모와 고통을 강요당한다. 사실주의 소설의 주인공은 서구사회에서 인간과 예술을 이분법적으로 설파한 이론인 거울과 빛(mirror and light)에서 거울의 역할만을 할 따름이다. 따라서 그 주인공이 무조건 받아들여야만 하는 고정불변의 객관적 진리는 그가 마음으로부터 끊임없이 추구하려고 하는 본질적 존재의 진리와 정반대가 된다.

사회조직과 그것이 받아들이도록 강요하는 고정불변의 객관적 진리에 대항해서, 개인이 스스로 빛의 역할을 하려고 자신의 주체적 삶을 자의식 속에서만 추구한 소설이 모더니즘소설이다. 그러나 이 소설의 주인공은 지나치게 강한 자의식 때문에, 사회와 다른 사람들로부터 소외되었을 뿐 아니라 고독하고, 반사회적, 반역사적이며, 독선적인 인간이 된다. 예를 들면 *젊은 예술가의 초상(A Portrait of the Artist as a Young Man*, 1916)의 주인공 스티븐 디덜러스(Stephen Dedalus)는 자신의 예술을 창조하기 위해, 자기 자신을 속박하고 있는 가족, 종교, 그리고 국가를 버린다. 이렇게 모더니즘 소설은 그 주인공이 사회조직의 지독한 억압, 그리고 고정불변의 객관적 진리의 극심한 피해의식 때문에, 세계와 다른 사람과 관계를 맺을 수 있는 능력을 상실해버린 비극을 묘사하고 있다.

이처럼 인간의 자율적 존재와 사회적 존재를 부정하는 사실주의 그리고 모더니즘 소설은 이제 우리에게 아무런 쓸모가 없다. 왜냐하면 이런 소설들은 개인이 독립적이고 창조적인 삶을 향유하면서, 다른 사람과 건설적이고 평화적인 관계를 유지하고 공고히 하는데 가장 중요한 역할을 하는 진리를 창조하고 전파하는 힘을 상실해버렸기 때문이다: "사람들이 소설에 대한 신념을 상실해버린 가장 큰 이유는 그들이 이제 소설이 진리를 전파하고 있다고 더 이상 믿지 않는 것이다. 이것은 그들이 소설의 기법에 대한 신념을 상실해버렸다고 주장하는 것과 다를 바 없다. 그들은 소설을 읽으면서 자기들이 읽고 있는 소설은 거짓말이라는 사실을 깨닫는다. 그렇다면 누가 소설을 읽을 것인가? 차라리 텔러비젼의 뉴스나 듣는 것이 더 좋지 않을까? 그렇지 않을 바에는 전기문학을 읽어라."[1]

모든 사실주의 소설이 인간의 영혼을 타락시키고 병들게 하지는 않았다. 그러나 이런 소설들이 파지하고 전파하고 있는 진리가 오늘날에는 부정적이고 파괴적인 역할을 할 따름이다. 필립 로스(Philip Roth)는 그의 논문 "미국소설의 창작(Writing American Fiction," 1961)에서 이 사실을 이렇게 천명했다: "그리고 그처럼 긴 이야기의 교훈은 무엇인가? 그 교훈의 요점은 이런 것이다: 20세기 중반에 미국소설가는 미국사회의 진리를 이해하고 기술하여 미국사람들 스스로 그 진리를 신봉하도록 만들려고 아주 분주하다. 그러나 그 진리는 미국사람들의 의식을 격분시키고 마비시킬 뿐 아니라 병들게 한다. 드디어 그 진리는 미국사람들의 그나마 빈약한 창의력을 억제하고 무력화하고 있다."[2]

이와 같은 사실주의 그리고 모더니즘 소설의 한계점을 개선하고 보완한 소설이 바로 포우스트모던 소설이다. 이 포우스트모던 소설은 개인의

---

1. Joe David Bellamy, *The New Fiction: Interviews with Innovative American Writers* (Urbana: University of Illinois Press, 1974), 56.

2. Philip Roth, "Writing American Fiction," in *The American Novel since World War* II, ed. Marcus Klein (Greenwich: Fawcett Publications, 1969), 114.

삶에서 소망과 그 성취를 빼앗아버리는 고정불변의 객관적 진리로부터 그를 해방시켜줄 뿐 아니라 그가 일상적인 삶에서 직면하고 있는 인간존재의 부정적인 요인들, 즉 소외, 고독, 그리고 독선을 극복할 수 있도록 해준다. 이 포우스트모던 소설의 주인공은 삶에서 본질적 존재의 진리를 끊임없이 추구함으로써, 자율과 다른 사람과 창조적 관계를 향유하고 유지할 수 있다. 따라서 그는 언제나 삶에서 의의, 활력, 자유, 창조, 그리고 사랑을 긍정하고 찬미한다.

포우스트모던 소설이 지니고 있는 훌륭한 특징을 더욱더 명확하게 이해하기 위해, 이 소설을 소설의 변천과정에 입각해서 사실주의 그리고 모더니즘 소설과 대비시켜보자. 18세기와 19세기에 그 전성기를 가졌던 사실주의 소설은 개인보다는 오히려 사회조직과 고정불변의 객관적 진리를 신봉하고 옹호했다. 20세기 초에 큰 각광을 받았던 모더니즘 소설은 사회조직과 고정불변의 객관적 진리보다는 오히려 자의식에 바탕을 둔 주관적 진리, 즉 유아론적 진리를 지나치게 강조했다. 유아론적 진리에만 사로잡힌 이 소설의 주인공은 세계와 다른 사람을 부정하기 때문에 소외감과 고독감에 압도당해버린다. 포우스트모던 소설은 사회조직과 고정불변의 객관적 진리를 거부하면서도 유아론적 진리에 사로잡히지 않는 길을 끊임없이 모색한다. 이 길의 모색은 소설과 사회조직과의 관계를 새롭게 검토하는 포우스트모던 소설의 특이한 표현수단에 의해 이루어진다. 이 소설은 세계를 거부하거나 부정하지 않는다. 이 소설은 다만 고정불변의 객관적 진리를 지지하고 고수해 온 사실주의 소설의 규범적 언어를 부정한다. 이 부정도 소설 속에서만 일어난다. 포우스트모던 소설은 개인의 창의력을 억압하는 사회의 전통적이고 인습적인 언어사용을 배척하고, 개인의 자유를 신장하는 개개인의 자유자재한 언어구사를 지지하고 옹호한다.

> 18세기와 19세기소설에서 개인은 언제나 궁극적으로는 사회조직(보통 가족관계, 결혼, 출생 또는 죽음이라는 마지막 사멸) 속으로 흡수되어버리고 만다. 모더니즘소설에서 개인의 자율성을 위한 투쟁은 기존의 사회제도와 관습에 반대함으

로써만 지속될 수 있다. 이런 투쟁은 필연적으로 개인의 소외를 초래하며, 빈번히 정신분열로 끝난다. 그러나 오늘날 사회의 권력구조는 더 다양하며 더욱 효과적으로 은폐되거나 신비화되어 있기 때문에, 그 '반대'의 대상을 밝혀 표현한다는 것은 포우스트모더니즘 소설가에게 더욱더 큰 문제들을 야기한다.

포우스트모던 소설가들은 소설형식과 사회현실 사이의 관계를 살펴보기 위해, 그들 자신의 표현매체에 몰두함으로써 이 문제에 대한 해결책을 찾아왔다. 이들은 '일상' 언어가 억압의 형태들이 외관상으로 '무해한' 묘사로 순응되는 계속적인 과정을 통해 그런 권력구조를 시인, 지탱하고 있다는 생각에 사로잡혔다. '상식'에 대한 이런 '일상' 언어의 문학적-허구적 등가물이 전통소설의 언어, 다시 말하면 사실주의의 관습들이다. 포우스트모던 소설은 '현실'세계에 존재하는 표면상의 '객관적' 사실들에 대해서가 아니라 그런 현실관을 시인하고 지탱해 온 사실주의소설의 언어에 반기를 들고 있다.

이처럼 포우스트모던 소설은 소설 자체의 형식에 대한 반대입장을 천명한다. 소쉬르는 랑그와 빠롤, 즉 언어체계(일련의 규칙들의 집합)와 이 체계 안에서 이루어지는 개별적인 언어행위를 구별했다. 포우스트모던 소설은 강한 자의식을 바탕으로 각각 그 자체의 독특한 빠롤을 소설전통의 랑그(규범과 관습들)에 견주어 대립시킨다.[3]

In eighteenth-and nineteenth-century fiction, the individual is always finally integrated into the social structure (usually through family relationships, marriage, birth or the ultimate dissolution of death). In modernist fiction the struggle for personal autonomy can be continued only through opposition to existing social institutions and conventions. This struggle necessarily involves individual alienation and often ends with mental dissolution. The power structures of contemporary society are, however, more diverse and more effectively concealed or mystified, creating greater problems for the post-modernist novelist in identifying and then representing the object of 'opposition.'

Metafictional writers have found a solution to this by turning inwards to their own medium of expression, in order to examine the relationship between fictional form and social reality. They have come to focus on the notion that 'everyday'

---

3. Patricia Waugh, *Metafiction: The Thoery and Practice of Self-Conscious Fiction* (London: Methuen, 1984), 10-11.

language endorses and sustains such power structures through a continuous process of naturalization whereby forms of oppression are constructed in apparently 'innocent' representations. The literary-fictional equivalent of this 'everyday' language of 'common sense' is the language of the traditional novel : the conventions of realism. Metafiction sets up an opposition, not to ostensibly 'objective' facts in the 'real' world, but to the language of the realistic novel which has sustained and endorsed such a view of reality.

The metafictional novel thus situates its resistance within the form of the novel itself. Saussure distinguished between langue and parole : between the language system (a set of rules) and any act of individual utterance that takes place within this system. Each metafictional novel self-consciously sets its individual parole against the langue (the codes and conventions) of the novel tradition.

개인의 창의력을 억압하는 고정불변의 객관적 진리를 부정하면서도 유아론적 진리에 빠지지 않는 길의 모색이 포우스트모던 소설의 위대한 힘이다. 이 위대한 힘은 어디로부터 솟아나오는가? 이 힘은 그 소설이 소설의 무한한 가능성을 탐구하려고 할 뿐 아니라 소설을 구성하는 전통에 도전하는 것으로부터 솟아나온다. 이 힘은 또한 그 소설이 인간의 창조력에 대한 신념을 끊임없이 새롭게 확신하면서, 합리성보다는 오히려 불합리성을 대변하고 주장하는 유아론적이고 고정불변의 진리에 대한 애착을 버리라고 역설하는 것으로부터 솟아나온다. 이 위대한 힘을 보지하고 지탱하기 위해, 그 소설은 사실주의 그리고 모더니즘 소설의 기능 — 진리를 반영한다 —을 부정하고 진리의 허구성을 창조하여 표현한다.

그렇다면 왜 포우스트모던 소설은 진리의 반영보다는 오히려 진리의 허구성에 집착하게 되었을까? 그 이유는 이와 같다: "소설은 진리를 반영한다거나 진실을 말한다는 것을 더 이상 기대할 수 없다. 왜냐하면 '진리'와 '진실'은 그것들 자체가 허구의 추상적 개념들이며, 더군다나 이 개념들의 타당성이 20세기에 들어서면서 점점 더 의심스러워졌기 때문이다." 오늘날 소설은 상상력을 바탕으로 제 멋대로 꾸민 이야기로 간주되고 있다. 이 멋대로 꾸민 이야기가 바로 포우스트모던 소설이다. 따라서 포우스트모던 소설은 "허구적인 방법들을, 어떻게 이런 방법들이 창조되는가를, 그리고 진리는 이야기하기의 실험과 전통에 의해 변화되고 여과되는 수단을"[4] 각각 창작의 대상으로 삼는다. 포우스트모던 소설은 진리에 대한 소설이 아니고 소설에 대한 소설이다.

> 소설 체계들 자체와, 그리고 이야기 기법에 의해 사실이 주조되어지는 모형을 주제로 삼는 이야기 이론에 대한 이론이 바로 "포우스트모던 소설"이다. [. . .] 포우스트모던 소설은 다른 양식의 실험소설보다도 자체의 허구성을 더 잘 인식하고 있으며, 또한 정말 있을 법한 이야기의 심미적 가설에 의존하는 설명소설과는 달리, 이야기 존재론 — 이 존재론은 "자신을 가리키고 있는 가장자"이다 — 의 전제조건으로 이용되는 그 자체의 허구성을 대단히 자랑한다. [. . .] 포우스트모던 소설이 갖는 이런 철저한 자기세계의 반영은 바로 소설가에게 단하나 분명한 사실이란 자기 이야기의 사실일 뿐이라는 주장에 근거를 둔다. 따라서 그의 소설은 집필 방법을 글의 주제로 변형시켜가면서, 자체 내부에만 칩거하게 된다. 그러므로 소설의 신뢰성은 삶에 대한 계몽적 논평으로서가 아닌 소설 자체를 평하는 논평의 논평으로서 복위된다.[5]
>
> "Metafiction" is ultimately a narrational metatheorem whose subject matter is fictional systems themselves and the molds through which reality is patterned by narrative conventions. [. . .] Metafiction more than other modes of transfiction is conscious of its own fictivity, and, in contrast to the interpretive novel, which operates with the aesthetic assumptions of verisimilitude, exults over its own fictitiousness, which it uses as the very terms of its narrative ontology — it is a "mask which points to itself." [. . .] This intense self-reflexiveness of metafiction is caused by the fact that the only certain reality for the metafictionist is the reality of his own discourse; thus, his fiction turns in upon itself, transforming

---

4. Larry McCaffery, *The Metafictional Muse: The Works of Robert Coover, Donald Barthelme, and William H. Gass* (Pittsburgh: University of Pittsburgh Press, 1982), 5.

5. Mas'ud Zavarzadeh, *The Mythopoeic Reality* (Urbana: University of Illinois Press, 1976), 39.

> the process of writing into the subject of writing. The credibility of fiction, therefore, is reestablished not as an illuminating commentary on life but as a metacommentary on fiction itself.

따라서 포우스트모던 소설가는 소설에 대한 소설을 쓰기 때문에 문학 형식과 경향 그리고 전통에 주목할 뿐 아니라 언어구사에 고심한다. 이 소설가는 인간은 언어 속에 그리고 그와 세계와의 유대를 공고하게 해주는 허구적 표현방식에 의해 만들어진 세계 속에 영원히 갇혀 있다는 가정 밑에서 소설을 쓰기 시작한다. 이 소설가는 인간과 세계와의 관계는 그의 가장 큰 희망, 공포, 그리고 욕구를 다양한 허구적 표현형식들을 통해 진리 속으로 투사하는 일임을 잘 지실하고 있다. 이 허구적 표현형식들은 진리에 대한 개인의 반응을 형성하는데 결정적인 역할을 하고 있는 문화적이고 관념적인 언어행위 가운데 구체적으로 표현된다. 우리도 모르는 가운데, 모든 의미 있는 인간행위는 그 자체가 바로 언어의 기능일 뿐 아니라 어떤 외부적인 강요된 의미에 의해서가 아니고 그 언어체계에 의해 정립된 변형규칙들의 기능인 일관된 의미를 지니고 있다. 포우스트모던 소설가의 암시에 따르면, 인간은 창조행위, 즉 소설 창작행위 가운데서 자기정의의 복잡성을 푸는 단서와 이 자기정의를 언어를 통해 투사하는 방법을 발견할 수 있다.[6]

오늘날 서구사회에서는 이처럼 허구적 표현형식들을 소설의 유일한 기능으로 간주하는 포우스트모던 소설의 작가와 독자들의 수가 날로 늘어나고 있다. 국가별로 대표적인 작가들을 살펴보면, 미국의 블라더미러 너보커프(Vladimir Nabokov), 죠우지프 헬러(Joseph Heller), 토머스 핀천(Thomas Pynchon), 죤 바스(John Barth), 로버트 쿠버(Robert Coover), 도늘드 바털미(Donald Barthelme), 윌리엄 에이취. 개스(William H. Gass), 로늘드 수케닉(Ronald Sukenick), 리쳐드 브로티건(Richard Brautigan), 이. 엘. 닥터로우(E. L. Doctorow), 커트 보니거트(Kurt Vonnegut), 레이먼

[6]. McCaffery, 6.

드 페더만(Raymond Federman), 죤 혹스(John Hawkes), 이쉬미얼 리드(Ishmael Reed), 그리고 왈터 애비쉬(Walter Abish)이다. 영국에는 새뮤얼 베키트(Samuel Beckett), 앤소니 버제스(Anthony Burgess), 죤 포울즈(John Fowles), 도리스 레싱(Doris Lessing), 아이리스 머독(Iris Murdoch), 그리고 뮤리얼 스파크(Muriel Spark)이 있다. 남미의 호르헤 르위스 보르헤스(Jorge Luis Borges), 가브리엘 가르시아 마케쓰, 카레라 인판테(Cabrera Infante), 호세 도노사(José Donoso), 쥴리오 코르타자르(Julio Cortazar), 그리고 마누엘 퓌그(Manuel Puig), 프랑스의 레이몽 꿔노(Raymond Queneau), 나딸리 사로뜨(Nathalie Sarraute), 알랭 로브-그리예(Alain Robbe-Grillet), 미셸 뷔또르(Michel Butor), 끌로드 시몽, 그리고 필립 솔러즈(Phillippe Sollers), 독일의 귄터 그라스(Günter Grass), 하인리히 뵐(Heinrich Böll), 페터 바이스(Peter Weiss), 페터 피트비트(Peter Piwitt), 그리고 후버트 피히테(Hubert Fichte), 오스트리아의 하. 체. 아르트만(H. C. Artmann), 오스발트 비이너(Oswald Wiener), 페터 한트케(Peter Handke), 그리고 미하엘 샤랑(Michael Scharang), 이탈리아의 이탈로 칼비노(Italo Calvino), 그리고 일본의 고보 아베(Kobo Abe) 등등이다.

인간에게 백해무익한 고정불변의 객관적 진리와 유아론적 진리를 극복하고 초월한 포우스트모던 소설이 왜 생겼는가는 현대물리학을 개관하면 쉽게 이해될 수 있다. 포우스트모던 소설에 상응하는 현대물리학은 인간의 우주관 그리고 인간과 우주와의 관계에 대한 관념에 큰 혁신을 일으켰다. 20세기에 들어서면서 원자의 세계와 원자의 구성요소들인 양성자, 중성자, 그리고 전자의 세계에 대한 탐구는 사실주의 소설에 상응하는 고전물리학이 주장했던 개념들의 오류를 적나라하게 드러냈다. 고전물리학의 원자, 절대공간, 절대시간, 그리고 객관주의라는 기본개념들이 틀렸다는 사실이 밝혀졌다. 물질의 최소단위인 원자는 더 이상 쪼갤 수 없는 고정불변의 것이라고 간주되어 왔으나 오늘날에는 양성자, 중성자, 그리고 전자로 구성되어 있으며, 이 입자들의 상호관계는 고정되어 있지 않고 항시 변화될 수 있다. 고전물리학의 철칙이었던 인과율도 베르너 하이전버그

(Werner Heisenberg)가 불확실성 원리를 도입하여 양자역학을 수립함으로써 원자의 세계에서는 통용될 수 없는 개념이 되어버렸다.

공간은 어디서나 변화되지도 않고 움직이지도 않는다는 절대공간의 개념과 시간은 외부의 어떤 것과도 관계없이 일정한 속도로 흐른다는 절대시간의 개념을 바탕으로 했을 때, 공간과 시간은 분리되어 있었다. 현대물리학 연구의 시발점은 관찰의 대상과 관찰자 사이에 있는 복잡한 관계에 그 기반을 두고 있다. 따라서 하나의 물체를 담고 있는 공간은 각각 다른 곡률(曲率)에 의해 왜곡되어 있으며, 모든 공간이 유클리드(Euclid)기하학적인 동질의 공간이 아니기 때문에 절대공간은 있을 수 없다. 또한 시간도 다른 장소에 있는 각각의 관찰자에 따라서 동시성과 흐름을 달리하는 상대적인 것이기 때문에, 모든 관찰자에게 공통되는 절대시간이란 있을 수 없음이 밝혀졌다. 다시 말하면 관찰자의 장소와 시간에 따라서 관찰하는 대상에 대한 수치에 차이가 생긴다.

사물을 관찰함에 있어서 고전물리학의 기본태도는 순수한 객관주의적인 입장이었다. 고전물리학은 관찰의 대상물은 주관과는 관계없이 거기 존재해 있는 것이므로, 그것을 객관화시켜 가능한 한 정확하게 기술하는 것이었다. 따라서 고전물리학은 관찰의 과정에서 가변적이고 불확실한 결과를 가져올 수 있는 주관을 최대한으로 배제하려 했다. 그러나 현대물리학은 어떤 사물을 완벽하게 객관화하거나 인지하는 것이 불가능하다는 사실을 인정하고, 관찰자의 주관적 요소를 도입함으로써 더욱 깊고 넓은 진리를 발견할 수 있게 되었다. 예를 들면 원자와 원자를 구성하는 소립자들을 관찰하는데 있어서도 그 입자들을 공간에 독립적으로 존재하는 객체로서는 파악할 수 없고, 그것들을 존재와 비존재 사이에서 끝없이 변화하고 있는 에너지의 일시적 형태로 보고 있다. 요컨대 현대물리학의 기본철학은 변화성, 애매모호성 그리고 주관성이다. 이 변화성, 애매모호성 그리고 주관성이 소설 창작에 엄청난 영향을 줄 수 있을 뿐 아니라 이미 주고 있다.

> 문학 소설과 다른 소설(허구) 사이에는 단순한 관계가 존재하고 있다. [. . .] 먼저 최근소설에 대해 생각해보면, 니체가 캔트의 통찰력을 귀납, 전개한 이래로 문학이 허구적 기준들을 더 자의적이고 개인적으로 선택하려는 권리를 더욱더 [집요하게] 주장해왔다는 것은 결코 우연일 수 없다. 그것은 마치 역사연구의 방법들이란 의심할 여지없이 신화와 소설들에 의존한다는 우리의 인식 때문에, 역사학이 더욱더 불확실하고 모호한 학문처럼 되어가고 있는 것과 같다.[7]
>
> There is a simple relation between literary and other fiction. [. . .] If we think first of modern fictions, it can hardly be an accident that ever since Nietzsche generalized and developed the Kantian insights, literature has increasingly asserted its rights to an arbitrary and private choice of fictional norms, just as historiography has become a discipline more devious and dubious because of our recognition that its methods depend to an unsuspected degree on myths and fictions.

변화성, 애매모호성 그리고 주관성을 철두철미하게 신봉하고 옹호하는 로늘드 수케닉은 "소설의 죽음(The Death of the Novel)"에서 사실주의 소설의 종말을 이렇게 선언했다. 이제 소설에는 그 기술의 대상과 이론적 근거로 삼을 절대적 진리도 절대시간도 없다. 뚜렷한 성격과 목적의식을 지니고 있는 주인공도 없다. 애리스토틀(Aristotle)이 문학에서 가장 중요한 요소라고 역설했던 플롵(plot)의 시작과 중간 그리고 끝도 없다. 따라서 주인공과 사건들 사이에는 인과관계도 없다. 앞으로 소설은 아무것도 없다는 것을 전제로 하여 쓰이지 않으면 안 된다. 이런 소설에서는 일련의 불연속적 순간들로 이루어지는 현재와 우연만이 전부이다.

> 나는 오늘날 포우스트모던 소설이라고 일컬어지는 [소설에서] 세상이 어떻게 비쳐지는가를 검토함으로써 논의를 시작해보려 한다. 사실주의소설은 연대기적 시간을 플롵이 있는 이야기의 매체로, 불변의 독자적 영혼을 성격묘사의 주제로, 그리고 무엇보다도 사물들의 궁극적이고 구체적인 실체를 기술의 대상과 이론적 근거로 전제했다. 그러나 포우스트모던 소설세계에서는 이런 절대적 전제들 전

---

7. Frank Kermode, *The Sense of an Ending* (New York: Oxford University Press, 1967), 36.

부가 완전히 불확실해졌다.

오늘날의 작가 — 자신이 그 일부를 이루는 세상과 밀접하게 접촉하고 있는 작가 —는 무(無)로 시작해야 함을 강요당한다. [왜냐하면] 진리도, 시간도, 성격도 존재하지 않기 [때문이다]. 신은 전지전능한 작가였지만, 이미 죽었다. 지금은 어느 누구도 플롵을 알지 못하며 그리고 우리의 진리가 창조자의 재가를 얻지 못하기 때문에, 합의된 의견의 신빙성에 대한 보장도 없다. 시간은 일련의 불연속적 순간들의 길이인 현재로 축소된다. 시간은 더 이상 목적적이지 않으므로, 이제 필연은 없고 단지 우연만 있다.[8]

I will begin by considering how the world looks in what I think we may now begin to call the contemporary post-realistic novel. Realistic fiction presupposed chronological time as the medium of a plotted narrative, an irreducible individual psyche as the subject of its characterization, and, above all, the ultimate, concrete reality of things as the object and rationale of its description. In the world of post-realism, however, all of these absolutes have become absolutely problematic.

The contemporary writer — the writer who is acutely in touch with the life of which he is part — is forced to start from scratch : Reality doesn't exist, time doesn't exist, personality doesn't exist. God was the omniscient author, but he died ; now no one knows the plot, and since our reality lacks the sanction of a creator, there's no guarantee as to the authenticity of the received version. Time is reduced to presence, the content of a series of discontinuous moments. Time is no longer purposive, and so there is no destiny, only chance.

20세기 중반에 들어서서 변화성, 애매모호성 그리고 주관성을 바탕으로 하여 발달한 모든 학문과 예술 그리고 기술의 눈부신 성과가 인간의 생활과 사고 그리고 우주에 초래한 미증유의 변화에 부응하여 생긴 소설이 바로 포우스트모던 소설이다. 오늘날 우리는 재즈음악을 들으며, 추상화를 음미하고 감상하면서, 제트여객기로 세계를 돌아다니고, 온갖 편의시설이 갖추어져 있는 건물에서 안락한 삶을 살고 있다. 따라서 우리의 생활양식

---

8. Ronald Sukenick, *The Death of the Novel and Other Stories* (New York: Dial Press, 1969), 41.

은 엄청나게 다양해졌으며, 생활의 리듬과 속도는 놀랄 정도로 빨라졌다. 게다가 정신분석학은 우리의 지대한 관심을 표면적이고 외부적인 것으로부터 내면세계, 즉 본능, 욕구, 성숙, 잠재능력, 자유, 창조, 그리고 자아실현의 세계에 기울어지게 했다. 우리는 생활의 현격한 변화와 관심의 대전환을 적극적으로 수용할 수 있을 뿐 아니라 이런 급변에 차질 없이 적응할 수 있도록 해주는 소설을 요구하게 마련이다. 우리의 이런 요구를 충족시켜주는 소설이 포우스트모던 소설이다.

> 우리가 재즈 음악을 듣고, 현대회화들을 보며, 최신식 설계의 현대적 가옥에서 살고, 제트 여객기로 여행을 하면서도, 이러한 영향과는 전혀 관계가 없으며, 또한 우리 시대에 뒤진 속도와 문체로 쓰인 소설들을 읽고 있음은 신기할 정도로 이례적이다. 빠른 속도의 새로운 소설만이 우리 현대생활의 속도, 리듬, 응축성, 추상성, 축소화, 우리 비밀들의 엑스레이투시, 그리고 외부사건들의 주관적 기준에 조화될 수 있다. 이런 새로운 소설은 프로이드, 아인스타인, 재즈 음악과 과학을 그 부모로 둔다고 할 수 있다.[9]
>
> It is a curious anomaly that we listen to jazz, we look at modern paintings, we live in modern houses of modern design, we travel in jet planes, yet we continue to read novels written in a tempo and style which is not of our time and not related to any of these influences. The new swift novel could match our modern life in speed, rhythms, condensation, abstraction, miniaturization, X-rays of our secrets, a subjective gauge of external events. It could be born of Freud, Einstein, jazz, and science.

위와 같은 주장을 바탕으로 하여, 1960년대의 미국사회에서 포우스트모던 소설이 어떻게 발생했는가를 살펴보자. 당시에 미국사회의 가장 두드러진 두개의 특징 가운데 하나는 미국사람들이 기존의 가치와 제도들에 대한 철저한 거부와 반항이었다. 그것은 그들의 정치와 도덕에 대한 개념 그리고 환경에 대한 의식의 혁명이었다. 또 다른 특징은 그들의 자기 자신

---

9. Anais Nin, *The Novel of the Future* (New York: Collier Books, 1970), 29.

에 대한 새로운 자각과 자기 앎의 탐구였다. 그들은 비틀즈 음악에 도취되었을 뿐 아니라 법원의 판결로 외설소설이라는 누명이 벗겨진 블라디미러 너보커프, 헨리 밀러(Henry Miller), 그리고 윌리엄 에스. 버로우즈(William S. Burroughs)의 소설들을 탐독했다. 그들은 월남전쟁에 대대적인 반대운동을 벌이면서, 대학생들이 권위주의와 이데올로기에 과감하게 도전하는 운동, 즉 청년문화를 동조하고 지지했다. 그들은 공해로 오염된 환경문제의 심각성을 인지하고 자연보호운동에 앞장섰다. 그들은 또한 흑인문화를 편견 없이 창의적으로 수용하거나 활용하기 시작했다. 흑인과 여자들도 자기들의 권익을 신장하고 옹호하기 위해, 민권운동과 여성해방운동을 전개했다. 요컨대 1960년대의 미국사회는 예술창조와 남녀관계를 비롯하여 모든 분야에서 자유분방한 기풍으로 가득 차 있었다.

게다가 1960년대에 들어서자 미국작가와 비평가, 그리고 독자들에게 프랑스의 새로운 소설가들 — 미셸 뷔또르, 나딸리 사로뜨, 그리고 알랭 로브-그리예 —의 작품들이 번역되고 소개되었다. 처음에 이 번역물들은 미국사람들의 문학적 관심과 흥미의 대상이 되지는 못했지만, 그들의 많은 논란을 불러일으켰다. 따라서 미국 작가와 비평가들은 그들 자신이 파지하고 있는 소설의 개념을 재검토해보지 않을 수 없었다. 특히 로브-그리예는 그의 훌륭한 비평서, *새로운 소설을 위하여*(*For a New Novel*, 1965), (프랑스어로는 누보 로망을 위하여임)에서 작가가 소설을 창작할 때 전통적 수법을 답습하는 것이 타당한가의 문제를 제기했다. 그리고 그는 새로운 소설 창작이론을 이렇게 천명했다: "나는 모방하지 않고 창작한다. 이 주장은 플로베르(Flaubert)의 오랜 야심이었다. 그 야심이란 아무것도 없는 것으로부터 무엇인가를 창작하는 일이었다. 그 무엇인가는 그 작품 이외의 어떤 것에도 의존하지 않고 스스로 지탱할 수 있는 것이다. 오늘날 대체로 이렇게 하는 것이 소설의 사명이다."[10] 소설가의 탁월한 능력은 자유분방한 창작력에서 드러난다.

---

10. Alain Robbe-Grillet, *For a New Novel,* trans. Richard Howard (New York: Grove Press, 1965), 162.

> 삶과 유사하고, 자연발생적이며, 어떤 제약도 받아서는 안 되는, 한마디로 말하면 자연스러워야만 하는 것이 이야기이다. 공교롭게도, 인간과 세계 사이에는 아직도 자연적인 어떤 관계가 존재함을 인정할지라도, 그와는 대조적으로, 소설 창작은 모든 예술형태가 그렇듯이 하나의 개입임이 틀림없다. 소설가의 위력을 구성해주는 것은 바로 그의 창조행위, 그의 매우 자유분방하며, 틀에 얽매임이 없는 창조행위이다. 그런 창조행위를 매우 의식적으로 고집함으로써, 결국은 창조와 상상력이 책의 주제로 부각된다는 점이 바로 최근소설의 두드러진 특징이라 하겠다.[11]
>
> Lifelike, spontaneous, limitless, the story must, in a word, be natural. Unfortunately, even while admitting that there is still something "natural" in the relations of man and the world, it turns out that writing, like any form of art, is on the contrary an intervention. What constitutes the novelist's strength is precisely that he invents, that he invents quite freely, without model. The remarkable thing about modern fiction is that it asserts this characteristic quite deliberately, to such a degree that invention and imagination become, at the limit, the very subject of the book. [Italics mine]

더욱이 프랑스의 포우스트모던 소설가들 외에도, 독일의 귄터 그라스, 오스트리아의 페터 한드케, 일본의 고보 아베, 그리고 많은 남미의 소설가들 — 가브리엘 가르시아 마케쓰, 카레라 인판테, 줄리오 코르타자르, 그리고 마누엘 퓌그 —의 작품들이 번역되고 소개되어, 미국작가들에게 많은 영향을 주었다. 특히 호르헤 르위스 보르헤스의 *피치오네* (*Ficciones*, 1962)는 전통적인 철학적 사색 그리고 문학이론과 카프커(Kafka), 추리소설가, 그리고 공상과학 소설가의 다양한 수법들이 혼합되어 있는 단편집이다. 이 작품의 영향력은 존 바스의 *도깨비 집에서 길을 잃고* (*Lost in the Funhouse*, 1968), 도늘드 바털미의 *도시생활* (*City Life*, 1970), 그리고 로버트 쿠버의 *악보와 가곡* (*Pricksongs and Descants*, 1969)에 즉시 나타났다.[12] 게다가 블라더미러 너보커프의 *로울리터* (*Lolita*, 1957)와 *희미한 불*

11. 앞책, 31-32.

꽃(*Pale Fire*, 1962)은 포우스트모던 소설이 자의식적, 인위적, 그리고 비현실적 수법들에 인간조건의 심오한 이해를 곁들일 수 있다는 틀림없는 모형을 제시해주었다. 죠우지프 헬러의 *꼼짝부득*(*Catch-22*, 1961), 토머스 핀천의 *비.* (*V.*, 1963), 그리고 죤 바스의 *연초무역상* (*The Sot Weed Factor*, 1965)도 또한 1960년대의 미국소설이 지향해야 할 진로를 확정하고 제시했다.

다행스럽게도 포우스트모던 소설에 대한 인식의 변화와 그 진가의 인정은 이 소설을 높이 평가하는 진보적 비평가들에 의해 야기되었다. 이처럼 인식의 대전환을 일으키는데 매우 중요한 역할을 한 비평서들은 리처드 길먼(Richard Gilman)의 *영역의 혼란*(*The Confusion of Realms*, 1969), 토우니 태너(Tony Tanner)의 *단어들의 도시*(*City of Words*, 1971), 윌리엄 에이취. 개스의 *소설과 삶의 양상들* (*Fiction and the Figures of Life*, 1970), 레이먼드 올더먼(Raymond Olderman)의 *황무지를 초월해서* (*Beyond the Wasteland*, 1972), 이합 핫산(Ihab Hassan)의 *통합적 비평방법* (*Paracriticisms*, 1974), 레이먼드 페더만(Raymond Federman)의 *포우스트모던 소설론* (*Surfiction*, 1975), 그리고 져로움 클린코위츠(Jerome Klinkowitz)의 *문학의 와해*(*Literary Disruptions*, 1975)와 *소설의 삶*(*The Life of Fiction*, 1977)이다. 이 비평서들은 대체로 이러한 이론을 규명하고 강조했다: "1960년대와 1970년대의 문학연구는 반드시 소설의 가장 중요한 사명을 그 소설의 언어 그리고 그 소설을 하나의 이야기로 꾸미는 방법, 즉 하나의 의미체계로서 창작하는 행위와 대조해야만 한다. 문학연구는 그 작가와 더불어 어떻게 하나의 의미가 소설 창작활동과 소설의 구성 혹은 소설작품과 언어로부터 생기고 있는가를 탐구하지 않으면 안된다."[13]

---

12. McCaffery, 22.

13. Charles Russell, "The Context of the Concept," in *Romanticism, Modernism, Postmodernism,* ed. Harry R. Garvin (Lewisburg: Bucknell University Press, 1980), 187.

지금부터 포우스트모던 소설은 사실주의 소설과 어떤 다른 주장을 하고 있는가를 알아보자. 사실주의 소설가의 주장에 의하면 "인간의 창작행위는 언제나 형식을 창조하는 행위이다. 그 창작행위가 만들어 내는 형식은 그처럼 무질서한 삶 가운데서는 도저히 향유될 수 없는 질서에의 갈망을 충족시켜준다. 여하튼 이 점에서 예술과 삶은 전적으로 다르다."[14] 이 소설가는 인간의 질서에의 갈망을 충족시켜주는 힘은 소설의 주인공의 행위와 사건들과의 연대기적이고 직선적인 인과관계를 지속시켜 가는 질서정연한 소설의 플롵을 구성하는 작가의 탁월한 능력으로부터 솟아나온다고 굳게 믿었다. 그 강한 힘은 또한 고정불변의 객관적 진리나 유아론적 진리를 있는 그대로 아주 뚜렷하게 반영해주는 거울을 만드는 작가의 능력으로부터 솟아나온다는 확신이 그의 지론이었다. 그러나 포우스트모던 소설가는 삶과 예술은 본질적으로 구별될 수 없으며 삶 자체가 예술보다도 더욱더 재미있다고 주장한다. 따라서 이 소설가는 이제 소설의 플롵은 아무런 쓸모가 없으며 진리도 소설 그 자체로부터 자연히 생성되고 있다고 강조한다.

> 삶과 소설이 더 이상 상호구별이나 보완이 없고, 또 삶이란 결코 직선적이지 않다는, 즉 삶은 결코 연대기적인 일직선 위에서 체험될 수 없는 혼돈상태라는 합의점에 우리가 도달하려면, 이와 마찬가지로 직선적이고 질서정연한 서술 또한 이제는 불가능하다. 가짜 사실주의 소설은 잘 짜인 플롵(이야기 전개)에 의존하여 삶의 무질서에 질서라는 허울을 씌워보려 했지만, 지금 우리가 알고 있듯이 그것은 소설에 전혀 쓸모없는 일이 되어버렸다. 플롵이 이미 없어진 상태에서, 소설의 사건들이 (시간과 공간에서) 논리적으로 연속되는 모험을 따름은 더 이상 필연적일 수 없다.[15]

---

[14]. Frank Kermode, "Objects, jokes, and art," in *20th Century Literary Criticism,* ed. David Lodge (London: Longman, 1972), 662.

[15]. Raymond Federman, "Surfiction – Four Propositions in Form of an Introduction," in *Surfiction: Fiction Now and Tomorrow*, ed. Raymond Federman (Chicago: Swallow Press, 1975), 10.

> If life and fiction are no longer distinguishable one from the other, nor complementary to one another, and if we agree that life is never linear, that, in fact, life is chaos because it is never experienced in a straight, chronological line, then, similarly, linear and orderly narration is no longer possible. The pseudorealistic novel sought to give a semblance of order to the chaos of life, and did so by relying on the well-made-plot (the story line) which, as we now realize, has become quite inessential to fiction. The plot having disappeared, it is no longer necessary to have the events of fiction follow a logical, sequential pattern (in time and in space).

사실주의 소설가는 자신이 표현하지 않으면 안 되는 진리와 의미가 이미 존재하고 있다는 강박관념에 사로잡혀 있다. 따라서 그의 사명은 이런 의미를 표현할 뿐 아니라 진리를 반영하는 일이었다. 그러나 포우스트모던 소설가는 이 강박관념을 거부하고 부인한다. 그는 의미가 객관적으로 선재한다는 주장을 철저히 부정한다. 그는 그가 글을 쓰고 있으면, 의미는 저절로 생성된다고 주장한다. 그의 사명은 선재하는 의미를 재생하는 일이 아니고, 항시 모든 독자에게 수용되고 공감될 수 있는 의미를 창조해 내는 과업이다. 그러므로 그의 소설 창작은 고정불변의 객관적 진리나 유아론적 진리를 부정하고 폐기하는 행위이다. 다시 말하면 진리가 이미 있다는 신념을 단호히 배격하는 행위이다.

> 그러나 어떤 의미에서 삶은 소설인가? 소설은 이해로 구성되며, 이해는 대다수의 우리에게 본래는 단어들 – (말로 하거나 문자로 쓴) 단어들만을 의미한다. 그러므로 우리가 처음부터 (적어도 자신에게) 의미가 언어를 선재할 수 없고, 언어가 사용되는 가운데서, 즉 (말로 하거나 문자로 써서) 사용되고 있을 때, 다시 말하면 언어가 그 기능을 발휘하고 있을 때, 언어가 의미를 창출한다는 사실을 인정한다면, (특히 소설) 창작은 언어가 그 목적을 달성하도록 하는 과정에 불과할 것이다. 따라서 소설창작은 의미의 창출이지, 기존 의미의 재현이 아니다. 소설 창작은 전진이지 [언어가 그 기능을 발휘하도록 하는 작업이지], 단어들에 미리 부여되어 있을 의미에 (습관이나 반사능력에 따른) 종속되지는 않는다. 이처

> 럼 소설은 이제 더 이상 진리, 진리의 표현, 진리의 모방, 혹은 재창조일 수 없다. 소설은 오로지 하나의 현실, 자율적인 현실이며, 이 자율적인 현실과 사실세계와의 유일한 관계는 그 세계의 개선이다. 사실상 소설 창작은 진리를 폐기하는, 특히 사실이 곧 진리라는 관념을 폐기하는 과정이다.[16]
>
> But in what sense is life fiction? Fiction is made of understanding, which for most of us means primarily words — and only words (spoken or written). Therefore, if one admits from the start (at least to oneself) that no meaning pre-exists language, but that language creates meaning as it goes along, that is to say as it is used (spoken or written), as it progresses, then writing (fiction especially) will be a mere process of letting language do its tricks. To write, then, is to produce meaning, and not reproduce a pre-existing meaning. To write is to progress, and not remain subjected (by habit or reflexes) to the meaning that supposedly precedes the words. As such, fiction can no longer be reality, or a representation of reality, or an imitation, or even a recreation of reality ; it can only be A REALITY — an autonomous reality whose only relation with the real world is to improve that world. To create fiction is, in fact, a way to abolish reality, and especially to abolish the notion that reality is truth.

요컨대 포우스트모던 소설가는 의미는 언어의 구사에서 구체적으로 생성되고 표현되며, 언어만이 우리의 정신세계와 우주에 대한 반응을 야기할 수 있다는 신념을 지지하고 고수한다.

오만과 편견(*Pride and Prejudice*, 1813)에서 피츠윌리엄 다시(Fitzwilliam Darcy)는 자만의 대변자이고 엘리자베스 베니트(Elizabeth Bennet)는 편견의 화신이다. 그리고 *오기 마취의 모험*(*The Adventures of Augie March*, 1953)의 주인공, 오기 마취(Augie March)는 쉬카고우(Chicago)태생의 미국사람이다. 그는 자신의 삶에 대한 확고한 철학을 갖고 있을 뿐 아니라 이 철학을 다른 사람에게 강요한다: “나는 삶의 근본적인 방향에 대한 철학을 갖고 있다. 당신도 이 철학에 관해 배우지 않으면 안 된다. 그렇지 않

16. 앞책, 8.

으면 당신의 존재는 다만 광대, 즉 숨겨진 비극에 불과하다. 나는 어려서부터 인생을 살아갈 이런 근본적인 방향에 대한 철학을 틀림없이 갖고 있었다. 이런 철학이 나로 하여금 나 자신의 독자적인 삶을 살 수 있도록 해주었기 때문에, 나를 설득시키려는 사람들에게 항상 완고하게 '아닙니다' 하고 거절해 왔다. 이 철학을 그처럼 끈질기게 기억해보려고 해도 결코 뚜렷하지 않았다. [. . .] 진리, 사랑, 평화, 관대, 유용성, 조화!"[17] 그러나 포우스트모던 소설의 주인공은 이처럼 고정된 성격과 철학의 소유자가 아니다. 그는 이름도 없으며, 불안정하고, 환상적이며, 변화무쌍하고, 예언할 수 없는 인간이다. 그렇다면 그는 허수아비인가? 결코 그렇지 않다. 그의 삶은 더 사실적이고, 더욱 복잡하고, 더욱더 성실하다. 그의 삶은 단순히 밖으로 드러나 보이게 하는데 있지 않고 존재론적으로 있는데 있다.

> 따라서 소설의 등장인물들, 즉 이 허구적 존재들은 더 이상 훌륭한 인격자들로서 스스로 분명한 정체, 일련의 뚜렷한 사회적, 심리적 특성들 — 이름, 지위, 직업, 그리고 신분 등등 —을 지니지 않을 것이다. 포우스트모던 소설의 등장인물들은 자신들을 묘사해가는 기술처럼 변화무쌍하고, 불안정하며, 환상적이며, 무명이고, 이름 붙여질 수도 없으며, 거짓투성이에다, 예언도 불가능할 것이다. 그러나 이런 주장은 그들이 꼭두각시임을 뜻하지는 않는다. 이와는 반대로 그들이 단순히 어떤 무엇인가로 보이기보다는, 그들은 있는 그대로의 존재, 즉 단어의 창조물인 까닭으로 그들의 존재는 더욱 순수하고, 더욱 복잡스러우며, 또 실제로 더욱 삶에 진실할 것이다.[18]
>
> As a result, the people of fiction, the fictitious beings, will also no longer be well-made-characters who carry with them a fixed identity, a stable set of social and psychological attributes — a name, a situation, a profession, a condition, etc. The creatures of the new fiction will be as changeable, as unstable, as illusory, as nameless, as unnamable, as fraudulent, as unpredictable as the discourse that makes them. This does not mean, however, that they will be mere puppets. On

---

17. Saul Bellow, *The Adventures of Augie March* (New York: Viking Press, 1953), 454.

18. Federman, 12-13.

> the contrary, their being will be more genuine, more complex, more true-to-life in fact, because they will not appear to be simply what they are ; they will be what they are : word-beings.

포우스트모던 소설은 우리가 서구철학 뿐 아니라 우리사고와 행동의 가장 고질적 병폐인 이원론 — 주체와 객체, 현상과 실재, 존재와 생성, 감정과 이성, 내용과 형식, 선과 악, 고전주의와 낭만주의, 그리고 현실주의자와 이상주의자 —을 극복하고 초월할 수 있도록 해준다. 왜냐하면 이 소설에서는 의식과 무의식, 현재와 과거, 그리고 진리와 허위의 구별이 없어지기 때문이다. 지금까지 우리는 인간존재와 사물을 이분법으로 양극화하는 일에만 심혈을 기울여 왔다. 우리에게는 오직 입체인간과 평면인간, 승리자와 패배자, 성스러운 것과 세속적인 것, 아름다운 것과 더러운 것, 그리고 좋은 것과 나쁜 것 가운데서 양자택일하라는 불가항력적인 강요만이 있었다. 이런 양자택일의 강요가 우리를 편협하고 독선적인 인간으로 만들어버렸다. 우리는 자신과 우주 그리고 우리와 우주와의 관계를 전체적으로 그리고 종합적으로 파악하는 교육을 받지 못했기 때문에, 독단적이고 부분적인 진리 — 소설은 삶의 거울이다 —의 노예이고 피해자이다. 포우스트모던 소설은 우리를 이런 왜곡된 진리의 노예로부터 해방시켜준다.

> 미래의 소설에서 사실과 상상, 의식과 잠재의식, 과거와 현재, 진리와 허위 사이의 구별은 모두 없어질 것이다. 모든 형태의 표리부동 역시 사라질 것이다. 무엇보다도 모든 형태의 이중성 — 특히 수세기 동안 선과 악, 진실과 거짓, 그리고 미와 추함이라는 원리에 근거한 윤리학과 미학의 가치체계로 우리를 예속시켜온 쌍두 괴물인 이중성 —은 부정될 것이다. 이처럼 소설의 근본목적은 자체가 지니는 거짓의 은유를 폭로하여 그 허구적 가면을 벗고, 더 이상 사실이나 진리, 또는 아름다움으로 행세하려 하지 않을 것이다. 따라서 소설은 이제 더 이상 삶의 거울이나, 우리에게 삶을 가르치는 가짜 사실주의적 기록으로 간주되지 않을 것이며, 또 자체의 사회적, 도덕적, 심리적, 형이상학적, 상업적, 혹은 이외의 어떤 가치보다도, 의당한 자율적 예술형태로서 스스로의 존재와 행동을 바탕으로 평가받을 것이다.[19]

> In the fiction of the future, all distinctions between the real and the imaginary, between the conscious and the subconscious, between the past and the present, between truth and untruth will be abolished. All forms of duplicity will disappear. And above all, all forms of duality will be negated — especially duality : that double-headed monster which, for centuries now, has subjected us to a system of values, an ethical and aesthetical system based on the principles of good and bad, true and false, beautiful and ugly. Thus, the primary purpose of fiction will be to unmask its own fictionality to expose the metaphor of its own fraudulence, and not pretend any longer to pass for reality, for truth, or for beauty. Consequently, fiction will no longer be regarded as a mirror of life, as a pseudorealistic document that informs us about life, nor will it be judged on the basis of its social, moral, psychological, metaphysical, commercial value, or whatever, but on the basis of what it is and what it does as an autonomous art form in its own right.

포우스트모던 소설가는 자기 소설의 주인공을 "소설 창작자로서의 인간"[20]으로 간주한다. 소설 창작자로서의 주인공은 고정된 진리나 의미의 맹목적인 추종자가 아니기 때문에, 자유분방한 삶을 사는 인간이다. 그는 항시 다양한 은유들을 창조할 수 있기 때문에, 어떤 경우에나 자기 자신을 승리자나 패배자로 단정하지 않는다. 그는 삶과 세계를 이분법으로 구별하거나 단순화하지는 않는다. 그는 언제나 자기 자신을 어떤 틀로 제약하고 구속하지 않기 때문에, 그와 다른 사람 그리고 우주와의 관계에서 아무런 선입관도 갖지 않는다. 그는 아무리 비참하고 억압적인 현실에 직면했을 때도 그것을 인내하고 극복할 수 있다. 그는 또한 생사의 문제를 초월할 수 있다.

포우스트모던 소설은 삶과 예술의 구별 철폐, 이미 존재하고 있는 의미의 배제, 서구철학의 고질적 병폐인 이원론의 극복, 그리고 인간을 소설 창작자라고 정의한다. 이 소설의 이와 같은 탁월한 기능을 감당하는 위대

19. 앞책, 8-9.

20. McCaffery, 7.

한 힘의 소재는 "대화하려는 시점"에 있다. 포우스트모던 소설가는 사실주의 소설가처럼 절대적 진리를 예언하거나 계시하는 예언자나 철학자 혹은 사회학자가 아니다. 그는 또한 동시에 어디에나 존재하면서 모든 것을 알고 무엇이나 할 수 있는 창조자도 아니다. 그는 독자와 동등한 자격으로 자신과 독자의 공통어로부터 서로 수긍하고 공감할 수 있는 의미, 즉 서로의 삶의 이야기에서 합의될 수 있는 의미를 탐구하고 있다. 그는 독자에게 자신의 의미를 제시하거나 강요하지 않고, 그 의미의 있음을 알려주고 있을 뿐이다.[21]

그러므로 포우스트모던 소설의 독자는 그 소설가의 시점에 의해 조종당하지 않는다. 독자는 자신을 소설 가운데의 등장인물, 사건, 그리고 진리와 일심동체가 되어 자신을 정화하지도 않는다. 그는 소설을 읽으면서 자신이 공감하고 수용할 수 있는 의미를 스스로 추론하거나 창조해낸다. 그가 이미 존재하고 있는 의미를 피동적으로 받아들이는 것을 거부하고, 그 나름대로 의미를 창조할 수 있는 힘은 작가와 더불어 소설 창작에 공동참여 하는 데 있다. 뿐만 아니라 소설의 등장인물들도 그 작가와 함께 소설 창작에 참여한다. 소설가, 독자, 그리고 소설 가운데의 등장인물들 모두가 그 소설의 일부분일 뿐 아니라 책임자이다. 소설가는 그 작품의 모든 구성요소들을 통합하는 사람에 지나지 않는다.[22] 포우스트모던 소설이 전용하는 언어는 없다. 이 소설은 다양한 종류의 언어들, 즉 일기, 신문, 그리고 역사 등등에서 사용하고 있는 언어들을 자유자재로 선택하여 구사한다. 포우스트모던 소설은 작가, 독자, 그리고 등장인물들 사이의 대화 뿐 아니라 다양한 언어들 사이의 대화를 바탕으로 하는 것이 그 생명력이다.

> 어떤 특권을 지닌 '소설언어'란 없다. [반면에] 회고록, 일지, 일기, 역사, 대화기록부, 법조문, 신문, 그리고 보고서의 언어들은 존재한다. 이들은 특권을 얻으려고 경쟁한다. 이들은 '소설언어'가 은연중 언제나 자의식적인 만큼 서로를 문제

---

21. Federman, 14.
22. 앞책, 13, 14.

시하면서 상대화한다.

미하일 박틴은 이 상대화과정을 소설의 '대화적' 잠재력이라고 지칭했다. 포우스트모던 소설은 단지 이 잠재력을 명백히 하며, 이 과정에서 모든 허구적 언어의 본질적 양식을 내세운다. 박틴은 '의미론적 지시를 원래의 지시와는 정반대되는 단어'로 시작하는 소설들을 명확하게 '대화적'이라 정의한다. [. . .] 단어는 두 의미 사이에 놓인 갈등의 장이 된다. [. . .] 사실상 소설언어와 일상 서술형식 사이의 긴밀한 관련을 전제할 때, 소설언어는 항시 약간은 대화적이다. 소설은 여러가지 서술형식들 [말의 표현과 이야기의 형태들] — 항시 어느 정도까지는 서로의 권위를 문제시하면서 상대화하는 서술형식들 —을 융합한다. 자주 고전적 소설양식으로 간주되는 사실주의는 이 대화를 억압함으로써 역설적으로 그 역할을 수행한다. 언어와 의미의 갈등은 사실주의소설에서 전지전능한 신과 같은 작가의 지배적인 '목소리'에의 예속으로 인하여 깨끗하게 해결된다. 박틴이 '대화적'이라 지칭하는 소설들은 이런 해결책을 인정하지 않는다. 포우스트모던 소설은 이런 해결이 불가능함을 드러내어 좋아하면서, 소설이란 장르의 본질적 정체를 분명히 드러낸다.[23]

There is no one privileged 'language of fiction.' There are the languages of memoirs, journals, diaries, histories, conversational registers, legal records, journalism, documentary. These languages compete for privilege. They question and relativize each other to such an extent that the 'language of fiction' is always, if often covertly, self-conscious.

Mikhail Bakhtin has referred to this process of relativization as the 'dialogic' potential of the novel. Metafiction simply makes this potential explicit and in so doing foregrounds the essential mode of all fictional language. Bakhtin defines as overtly 'dialogic' those novels that introduce a 'semantic direction into the word which is diametrically opposed to its original direction. [. . .] the word becomes the arena of conflict between two voices.' [. . .] In fact, given its close relation to everyday forms of discourse, the language of fiction is always to some extent dialogic. The novel assimilates a variety of discourses (representations of speech, forms of narrative) — discourses that always to some extent question and relativize each other's authority. Realism, often regarded as the classic fictional mode,

23. Waugh, 5-6.

> paradoxically functions by suppressing this dialogue. The conflict of languages and voices is apparently resolved in realistic fiction through their subordination to the dominant 'voice' of the omniscient, godlike author. Novels which Bakhtin refers to as 'dialogic' resists such resolution. Metafiction displays and rejoices in the impossibility of such a resolution and thus clearly reveals the basic identity of the novel as genre.

포우스트모던 소설의 효시는 새뮤얼 베키트의 삼부작, *몰로이 (Molloy*, 1955), *말론 죽다 (Malone Dies*, 1956), 그리고 *이름 붙일 수 없는 것 (The Unnamable*, 1958)이다. 그러나 이 소설의 연원은 *돈 키호우티 (Don Quixote*, 1605, 1615)이며, *트리스트럼 섄디 (Tristram Shandy*, 1760), 그리고 앙드레 지드(André Gide)의 *위조자들 (The Counterfeiters*, 1926)로 이어진다. 포우스트모던 소설을 이론적으로 주장한 논문은 죤 바스가 사실주의 소설을 쓸모없게 된 문학이라고 매도한, "쓸모없게 된 문학 (The Literature of Exhaustion," 1967)이다. 이 글에서 바스는 음악, 영화, 무대, 회화 따위를 복합한 새로운 예술이 제기한 전통예술의 부정, 호르헤 르위스 보르헤스 소설의 예찬, 그리고 사실주의 소설은 쓸모없는 문학이라는 견해를 피력했다.

포우스트모던 소설은 인간이 소설을 창작하고 있는 행위는 바로 그가 진리를 파악하는 행위라고 주장한다. 그가 파지한 진리는 영구적인 것이 아니고 일시적인 것이다. 왜냐하면 포우스트모던 소설은 이미 존재하고 있는 진리나 의미를 철저히 부정하기 때문이다. 게다가 인간사고와 행위의 고질적 병폐인 이원론의 극복이 이 소설의 지상과제이다. 이 소설에서 인간은 이미 존재하는 진리와 환경의 피조물이 아니고 자기 자신과 진리 그리고 세계의 창조자이다. 사실주의 소설에서 찾아볼 수 없었던 이런 목적들을 달성하기 위해, 포우스트모던 소설은 반어, 역설, 풍자적인 모방, 그리고 혼성작품을 더욱 많이 활용해서, 그 효과를 극대화한다.

포우스트모던 소설은 자유분방한 효과를 내기 위해 기존의 문학적 기법들을 이용한다. 반어는 우세한 희극적 문체가 되었다. 반어는 이질적인 것들을 조화시키며, 진리들 사이, 또는 진실과 거짓 사이의 긴장력으로 갈등을 반영, 체계화하면서 그 안의 각각의 감정적 영향을 약화시켜, 평형상태를 초래한다. 요컨대 반어는 모순을 인식요소로 받아들인다. 많은 전후소설이 지닌 우세한 지적 문체라 할 수 있는 역설 또한 반대되는 것들에 동등한 비중을 두는 기법일 수 있다. 포우스트모던 소설에서 이런 기법들은 약과 강, 선과 악, 진실과 허위, 그리고 피해자와 억압자라는 전통적인 구별에 도전하기 위해 사용되고 있다. 풍자적인 모방도 소설가와 그의 주인공들이 감정이나 상황을 억제, 조절, 통합하는데 도움을 줄 수 있다. 혼성작품은 체험의 교환 가능성이라는 의식을 표현할 수 있다.[24]

Experimental fiction uses standard literary devices to achieve unconventional effects. Irony has become the dominant comic style. Irony yokes unlike things and by force of the tension between truths, or between what is true and what is not, both mirrors and organizes conflict, undercutting the emotional impact of each term of its equations. In effect, it makes contradiction a part of perception. Paradox, which may be the dominant intellectual style of much postwar fiction, can also be a technique for giving opposites equal weight. In the experimental novel such techniques are used to challenge traditional distinctions between weakness and strength, good and evil, truth and falsehood, the victim and his oppressor. Parody may help a novelist and his characters contain, control, and organize emotions or situations. Pastiche may express a sense of the interchangeability of experience.

포우스트모던 소설은 사실주의 그리고 모더니즘 소설을 부정하는가? 결코 부정하지 않는다. 이 소설은 모더니즘 소설이 이미 했던 역할, 즉 사실주의 소설을 부정하거나 소멸시키지 않고 오히려 쇄신하고 번영시켰던 일을 반복하고 있을 뿐이다. 서구철학의 시발에서부터 야기되었던 이분법의 산물, 존재와 생성(being과 becoming)에 입각해서 이 두 가지의 상이한

---

24. Josephine Hendine, "Experimental Fiction," in *Harvard Guide to Comtemporary American Writing*, ed. Daniel Hoffman (Cambridge: Harvard University Press, 1979), 241-42.

소설을 검토해보자. 사실주의 소설이 존재에 상응한다면, 포우스트모던 소설은 생성에 상응한다. 존재가 계속 존재 그 자체에만 머물고 있으면 정체되고 퇴보된다. 존재가 활력을 가지려면 변화, 즉 생성이 있어야만 한다. 사실주의 소설도 시대의 변천이 초래하는 인간의 변화에 부응해서, 그 존재 의의를 끊임없이 탐구하고 쇄신하지 않으면 그 생명력을 상실해버린다. 사실주의 소설의 생명력은 모더니즘 소설과 포우스트모던 소설에 의해 계속되고 연장되고 확충되어 왔다. 이에 반해서 생성은 존재 없이 있을 수 없다. 생성은 다만 존재를 바탕으로 해야만 그 진가를 나타낼 수 있다. 포우스트모던 소설은 사실주의 소설론을 바탕으로 하여 그 소설의 결함을 개선하고 보완해서 지금 생존하고 있는 독자들의 존재 문제에 타당한 해답을 제시할 뿐 아니라 다양한 욕구들을 충족시키려고 한다. 포우스트모던 소설은 사실주의 소설과 표리관계에 있다.

> 포우스트모던 소설은 사실주의기법들을 명백히 노출시키고 있으나, 그것들을 무시, 폐기하지는 않는다. 사실주의기법들은 포우스트모던 소설에게 '통제' 즉 실험적인 수법들이 스스로를 부각시킬 수 있는 규범이나 배경을 제공한다. 물론 더욱 명백하게 이는 독자 친근감의 안정수준을 참작하고 있는데, 이것 없이는 계속되는 불연속의 사건들이 전혀 무의미해져버리거나, 정상적인 문학적, 과학적 의사소통 방식에서 너무 벗어나 기억(이미 논의된 오늘날 '우연에 바탕을 둔' 글쓰기의 문제)에 전념할 수 없게 된다. 따라서 포우스트모던 소설은 상상력의 자아도취적인 쾌락 추구를 위해 '사실세계'를 포기하지 않는다. 포우스트모던 소설이 하는 역할은 자기 자체를 반영함으로써 오늘날의 독자들에게 문화적으로 적절하고 이해될 만한 소설형식을 발견하기 위해 사실주의기법들을 재검토한다. 소설문학의 고유한 상상적 세계의 창조방법을 보여주는 과정에서 포우스트모던 소설은 우리의 일상생활의 진리가 어떻게 비슷하게 형성, '창작'되는지를 우리가 이해하는 데에 일조한다.[25]
>
> Metafiction explicitly lays bare the conventions of realism ; it does not ignore or abandon them. Very often realistic conventions supply the 'control' in metafictional

[25]. Waugh, 18.

texts, the norm or background against which the experimental strategies can foreground themselves. More obviously, of course, this allows for a stable level of readerly familiarity, without which the ensuing dislocations might be either totally meaningless or so outside the normal modes of literary or nonliterary communication that they cannot be committed to memory (the problem, already discussed, of much contemporary 'aleatory' writing). Metafiction, then, does not abandon 'the real world' for the narcissistic pleasures of the imagination. What it does is to re-examine the conventions of realism in order to discover — through its own self-reflection — a fictional form that is culturally relevant and comprehensible to contemporary readers. In showing us how literary fiction creates its imaginary worlds, metafiction helps us to understand how the reality we live day by day is similarly constructed, similarly 'written.'

지금까지 포우스트모던 소설의 정의와 발생배경과 주장을 고찰해보았다. 이 소설의 주장에서 우리는 무엇을 배워야 할까? 우리는 이 소설의 이런 주장 — 이미 존재하고 있는 진리나 의미의 배제 —에 크게 주목할 필요가 있다. 우리는 남북을 분단시킨 이데올로기 때문에 얼마나 엄청난 피해를 입었는가를 생각해보자. 우리는 우리의 삶, 부모형제, 그리고 동족보다도 오히려 이데올로기를 더욱더 중요하게 생각했다. 우리는 철두철미 이데올로기의 노예가 되어, 인간으로서는 도저히 상상할 수 없는 많은 만행들을 저질렀으며, 지금도 저지르고 있을 뿐 아니라 이런 야수적인 행동들의 매우 쓰라린 피해를 입었으며, 지금도 입고 있다. 게다가 우리는 우리 사고와 행동을 양극화하는 흑백논리의 폐해에 시달렸으며, 지금도 시달리고 있다. 우리가 직면하고 있는 권위주위 체제에서는 힘 있는 사람의 일방적인 논리가 있을 뿐이다. 이런 논리가 우리의 소박한 기대와 소망을 짓밟았으며, 지금도 짓밟고 있다. 포우스트모던 소설은 우리에게 이데올로기, 흑백논리, 그리고 일방적인 논리의 노예로부터 하루빨리 해방되는 길을 가르쳐준다.

우리는 포우스트모던 소설의 또 다른 주장 — 이원론의 극복 —에도 크게 주목할 필요가 있다. 우리는 우리의 거대한 학문적 업적과 문화적 유산을 이룩한 주객일치 정신을 생각해보자. 이 주객일치 정신은 우리의 찬란한 문화를 창조하는데 결정적인 역할을 했으나, 우리의 평등한 인간관계를 유지시키는 데는 큰 공헌을 하지 못했다. 우리는 다른 사람들의 존재를 있는 그대로 인정하려고 얼마나 노력했으며, 지금도 노력하고 있는가? 우리는 "자유의 목적은 다른 사람들을 위해 자유를 신장하려는 의지와 실천"[26]이라는 진리를 얼마나 인지했으며, 지금도 인지하고 있는가? 우리의 노력과 인지는 대수롭지 않았으며, 지금도 대수롭지 않다. 게다가 우리는 현상과 실재, 감정과 이성, 그리고 내용과 형식의 인위적인 구별 때문에 얼마나 편협하고 독선적인 인간이 되었으며, 지금도 되고 있는가? 이런 여건 가운데서 포우스트모던 소설은 우리에게 나와 다른 사람은 하나일 뿐 아니라 현상과 실재, 감정과 이성, 그리고 내용과 형식도 하나라는 엄연한 진리를 가르쳐준다.

우리가 지금 살고 있는 시대는 우리에게 "세계는 서울로, 서울은 세계로"라는 지상과제를 제시하고 수용할 것을 강요하고 있다. 이 지상과제를 구체적으로 계획하고 실현하는 것이 우리의 시대적 요구이다. 우리는 이 요구에 반드시 부응하지 않으면 안 된다. 이것에 부응하는 가장 좋은 길은 포우스트모던 소설의 도입, 음미, 이해, 창작, 그리고 보급에 있다.

---

26. Bernard Malamud, *The Fixer* (New York: Dell, 1971), 259.

10

포우스트모던 소설, *歲寒圖* 그리고 디지털 시대의 삶

이 논문의 목적은 포우스트모던 소설의 창작 철학과 기법이 우리나라 서예의 최고봉을 이룩한 추사 김정희(1786-1856)의 *세한도(歲寒圖)*에 구현되어 있음과 인간 실존에 미증유의 변혁을 촉발시키고 있는 디지털(digital)시대를 현명하게 살 수 있는 삶의 예지임을 입증해보려는 데에 있다. 그 철학과 기법은 개개인이 삶의 한계상황을 도전과 개척정신으로 극복할 수 있도록 해주고, 또 가능성과 잠재력을 최대한으로 발휘하도록 해줌으로써, 삶에 활력, 생동감, 그리고 성취감을 주고, 그 삶을 보람으로 충만할 수 있도록 도와준다. 그럼에도 불구하고 우리나라의 영문학계의 풍토는 소설 담당 교수들이 이런 철학과 기법을 제대로 음미하고 이해하거나 수용하려 하지 않고, 부정적인 시각으로 평가하여 무시하고 있다는 의구심을 떨쳐버릴 수 없는데, 이는 매우 안타까운 현실이다. 그들은 학부와 대학원에서 19, 20세기 초의 사실주의와 모더니즘 소설들을 열강하면서도, 우리가 디지털 시대에 적응하여 생존할 수 있기 위하여 의식개혁과 사회변화에 절대적으로 중요하고 필요한 포우스트모던 소설의 철학과 기법을 적극적으로 수용하여 강의하려 하지 않는 듯하다. 그들의 포우스트모던 소설에 대한 부정적인 시각과 잘못된 사고를 광정하기 위해, 여기서는 포우스트모던 소설의 창작 철학과 기법을, 그리고 포우스트모던 소설의 선구자인 레이먼드 페더만(Raymond Federman, 1928-)이 그 철학과 기법을 탁월하게 구현한 *둘 아니면 무용지물(Double or Nothing,* 1971)을 고찰한 연후에, 이런 철학과 기법이 우리나라에서도 이미 오래 전에 그 위력을 발휘하여 *세한도*를 탄생시켰음을 규명해보려 한다. 특히 그 철학과 기법이 디지털 문화의 요체임을 밝힘으로써, 우리가 하루빨리 그것들을 수용하여 생활화하여야 하는 것이 시급하고도 중요한 과제임을 강조해보려 한다.

포우스트모던 소설 철학은 자신을 제일주의로 하는 주체적 자아, 어떤 극한상황도 극복하려는 도전적, 개척적, 상상적 자아, 상대방을 인정하고 존중하고 배려하려는 사회적 자아, 그리고 성적 황홀경을 만끽하려는 자아의 창조를 삶의 목적으로 하는 자아탐구와 실현이다. 따라서 이 소설 철학은 인간과 삶에 대해 종전과는 전혀 다른 새로운 정의를 필요로 한다. 이 새로운 정의는 인간이 종교나 이념에 의존하는 타율적이고 한정적 존재가 아니라, 어떤 극한상황에 처해 있다 할지라도 스스로에게 절대적이고 자율적이며 무한한 존재임을 이렇게 주장한다: "인간은 숙명적인 한계상황 속에서 살도록 운명 지워져 있다. 그러나 이런 운명 가운데서도 그는 자신에게 절대적 존재이며, 자기세계의 중심이고, 자기행위의 책임자이면서, 자기 정체와 목적의 창조자이다. 진리는 자기 안에 있으며, 가치는 그 진리 속에 있다."[1] 이와 같은 정의는 개개인의 주체성과 독창성을 가장 중요시한다. 또 하나의 새로운 정의는 인간이 본의 아니게 억압적, 절망적, 체념적인 삶을 살아야만 하는 역경 가운데 있다 할지라도, 스스로 자기운명을 개척할 수 있는 존재이라고 다음과 같이 역설한다: "인간은 스스로 자신의 운명을 개척할 수 있는 유일무이한 존재이다. 가장 창조적인 인간은 자신의 미래뿐 아니라 사회의 지향목표까지도 상상하고 설계할 수 있다. 그의 이런 상상과 설계는 [절대적인] 확신의 바탕에서가 아니라 정신의 의식적인 계발을 통해 창조되고 형성된다."[2] 이 정의는 개개인의 독립

---

1. Jerry H. Bryant, *The Open Decision* (New York: Free Press, 1970), 4.

2. Joyce Carol Oates, "The Unique/Universal in Fiction," *Writers* 86(January

성, 창의성, 그리고 상상력을 절대시한다.

인간의 이런 새로운 정의는 자연히 삶의 정의와 목적을 새롭게 설정한다. 개개인의 자발성, 민감성, 활력, 그리고 생동감을 절대적으로 중요시하는 삶은 "우리에게 강요된 실재적 사물이 아니고 우리가 창조적으로 열중하는 성숙의 과정"[3]으로 정의된다. 이 정의는 삶의 유일한 목적이 자아탐구와 실현에 있을 뿐임을 역설한다. 또 이 정의는 지금까지 정신과 이성을 중요시하여 육체를 무시, 부정했던 기존 철학에 반기를 들어, 자아실현의 필요조건인 자아성숙에서 육체의 성숙과 그 중요성을 이렇게 강조한다: "육체와 영혼은 함께 성숙하지 않으면 안 된다. [. . .] 인간은 육체가 영혼이 파지한 것을 실행할 때만 참으로 현명하다. 그렇기 때문에 살과 피는 고상한(탈속적인) 인간의 예지적 역할을 하도록 되어 있다. 따라서 우리 손의 손바닥은 우리 삶의 안내서가 될 것이다. 그 안내서에는 우리가 파지해야 할 사랑과 예지가 명시되어 있다."[4] 성적 욕구와 쾌감의 원천인 육체와 그 성숙에 대한 새로운 시각과 지대한 관심은 지금까지 금기시되고 억압되어 왔던 성적 쾌락과 황홀경이 삶의 활력소로서 자아성숙에 긍정적이고 결정적인 역할을 할 수 있음을 일깨워준다. 성적 황홀경은 상대방을 인정하고 존중하고 배려할 때만 증폭되어 극대화될 수 있다. 또 삶의 새로운 정의는 자아성숙에서 공동체정신의 절대적 중요성과 필요성을 이렇게 강조한다: "자아성숙은 우리의 (우리 자신에게보다도 오히려) 다른 사람과의 관계에 그 바탕을 두고, 그 관계에 의해 정당화되기 때문에 다른 사람에게서 그리고 다른 삶을 위해 그 결실을 확인한다."[5] 이처럼 삶의 새로운 정의와 목적은 상대방을 존중하고 배려하는 사회적 자아와 성적 황홀경을 만끽하려는 자아가 창조되고 있을 때 가장 보람 있게 달성될 수 있다.

1973):11.

3. Ronald Sukenick, *Down and In* (New York: Beech Tree Books, 1987), 149.

4. Perry Miller, ed. *The Transcendentalists* (New York: MJF Books, 1978), 55-59.

5. Leon Chai, *The Romantic Foundations of the American Renaissance* (Ithaca: Cornell University Press, 1987), 209.

인간과 삶의 새로운 정의의 지향목표는 자아성숙이고, 자아성숙의 목적은 자아실현이다. 따라서 자아실현의 정확한 의미를 확정하는 것이 필수적이다. 두 사전에 의존하여 그 의미를 확정해보면 이와 같다. 1996년도 판 *Webster's Encyclopedic Unabridged Dictionary of the English Language*는 자아실현을 "창의성, 독립성, 자발성, 그리고 현실세계의 이해를 바탕으로 인간의 모든 가능성을 실현함"으로 정의한다. 또 1994년도 판 *동아 새국어사전*도 자아실현을 "자기의 가능성을 실현하는 일, 자기가 본디 가지고 있는 절대적인 자아를 완전히 실현하는 일"로 정의하고 있다. 자아실현에 대한 두 사전의 공통점은 인간의 모든 가능성의 실현이다. 개개인이 자신의 가능성과 잠재력을 최대한으로 발휘하고 실현할 수 있는 방법은 어떤 철학, 종교, 주의, 그리고 제도의 노예가 되어 스스로를 그것들에 유폐하거나 한정시키지 않고, 자신의 가장 본능적인 욕구, 소망, 염원을 바탕으로 주체성, 독창성, 창의성, 상상력, 자발성, 즉흥성, 그리고 황홀경을 증폭하고 확장하여 극대화할 수 있는 새로운 자아를 창조하는 데에 있다. 이런 자아 창조의 가장 이상적인 방법이 바로 포우스트모던 소설의 창작철학과 기법이다.

이런 자아 창조는 사실주의와 모더니즘 소설론과는 전혀 상이한 새로운 소설철학, 즉 삶과 소설의 목적을 동일시하는 포우스트모던 소설철학에 의존할 때 더할 나위 없이 가능해 지며, 더욱더 크게 부각될 수 있다. 두 목적을 동일시하지 못하는 사실주의와 모더니즘 소설은 주인공들 간에 그리고 그들과 외적 요인들 사이에 극심한 대립과 갈등을 증폭시켜 삶을 메마르게 하며, 어떤 경우에는 냉소, 부정, 파괴, 그리고 비극의 소용돌이 속으로 밀어 넣기도 한다. 종전 소설의 이런 부정적인 기능은 그 핵심주제가 대립과 갈등을 첨예화하여, 어느 한쪽을 승리나 패배로 귀결해야 하기 때문에 스스로 작용할 수밖에 없다. 그런데 이런 대립과 갈등은 삶의 왜곡된 목적에 의해 더욱더 격화된다. 그러나 포우스트모던 소설 철학은 삶과 소설의 목적을 자아실현에 둠으로써 종전 소설에서 맹위를 떨쳤던 삶의 이런 부정적이고 비극적인 요인들을 다음처럼 제거하려 한다: "예술은 이제는 대립과 갈등을 표현하지 않고 자아탐구와 실현을 반영한다. 모든 인간은 망상과 혼란에 사로잡히지 않는 채로 자신을 알 것이며, 그 자기 앎을 바탕으로 건전하고 유익한 생활을 영위할 것이다. [. . .] 오랫동안 인간정신을 왜곡시켰을 뿐 아니라 인간신체의 성장을 방해했던 요인들은 곧 제거될 것이다. 모든 인간은 들판의 나무처럼 성장할 것이다. 앞으로 삶의 낭비와 황폐는 없을 것이다. 삶의 고통, 더구나 삶의 위축은 없을 것이다."[6]

이 소설 철학의 궁극적 목적은 소설을 "우리의 가능성과 자유의 개념을 확장하려는 시도"[7]로 정의하려는 데에 있다. 소설을 이렇게 정의하면 그 주인공은 승리나 패배로 귀결되는 대립과 갈등을 조장하려 하지 않고, 언제나 자신의 가능성과 잠재력을 계발하거나 발휘하려고 최선을 다하기 때문에, 자신과 그의 세계를 어느 때, 어느 장소, 어떤 이념과 제도에 고착시키거나 유폐시켜버리려 하지 않고, 변화무쌍과 유동성, 그리고 상상력의 소용돌이 속으로 이끌어간다. 주인공들이 항시 이런 소용돌이 속에서 실존하면서 자아탐구와 실현에 최선을 다할 수 있도록 하는 소설이 바로 포우스트모던 소설이다. 따라서 포우스트모던 소설 창작에서 "존재는 이미 일어났던 사건이 아니고 인간의 가능성의 영역이다. 다시 말하면 인간이 될 수 있는 모든 것 또는 인간이 할 수 있는 모든 것이다. 소설가들은 인간의 이런저런 가능성을 발견함으로써 존재의 좌표를 설계한다. 그러나 다시 한 번 말하지만, 존재함은 '사회 속에 있음'을 의미한다. 따라서 [소설의] 주인공과 그의 세계는 하나의 가능성으로 이해되지 않으면 안 된다."[8]

이렇게 소설 주인공과 그의 세계를 하나의 가능성으로 이해하려는 의지와 실천이 포우스트모던 소설의 창작 철학과 기법이다. 따라서 포우스트모던 소설은 사실주의와 모더니즘 소설의 철학과 기법 — 신념과 진리의 주장과 표현 그리고 삶과 현실의 반영과 기술 —을 부정하면서 소설의 새

6. John Updike, *The Poorhouse Fair* (New York: Knopf, 1977), 107.

7 John Updike, *Odd Jobs: Essays and Criticism* (New York: Knopf, 1991), 87.

8. Milan Kundera, *The Art of the Novel,* tr. Linda Asher. (New York: Harper & Row, 1988), 42-43.

로운 가능성을 모색한다. 그 모색의 시발은 종전 소설이 절대적 진리라고 확신했던 철학과 기법에 끊임없이 이의를 제기하고 도전하며 반항하는 정신에 있다. 이런 정신 때문에 포우스트모던 소설은 종전 소설의 핵심요소들이었던 필연, 진리, 성격, 시간, 그리고 객관성을 부정한다. 이 부정이 포우스트모던 소설을 "소설의 가능성을 탐구하려는 소설, 또 소설을 지배하는 전통에 도전하는 소설, 또 끊임없이 인간의 상상력에 대한 우리의 신념을 새롭게 하는 소설"로 정의하도록 한다. 게다가 이 부정이 포우스트모던 소설가의 위상을 이전 소설가의 위상과는 비교될 수 없을 정도로 격하시킨다: "절대적 진리를 예언하고 가르치며 규명하는 예언자, 철학자, 또는 사회학자로 인정받지도 못하며, 더욱이 신, 전지자, 전능자로 (감탄할 정도로 그리고 낭만적으로) 존경받지도 못한다. 그는 자신과 독자가 공유하는 언어로 의미를 창조하는, 다시 말하면 삶을 소설화하는 공동노력에서 독자와 대등한 관계를 유지할 수 있을 뿐이다."[9] 이러한 부정에 대한 더 구체적이고 자세한 설명은 다음과 같다.

> 소설은 세상을 바라보는 방법을 모색, 제시한다. 그러므로 나는 오늘날 포우스트모던 소설이라고 일컬어지는 [소설에서] 세상이 어떻게 비쳐지는가를 검토함으로써 논의를 시작해보려 한다. 사실주의소설은 연대기적 시간을 플롵이 있는 이야기의 매체로, 불변의 독자적 영혼을 성격묘사의 주제로, 그리고 무엇보다도 사물들의 궁극적이고 구체적인 실재를 기술의 대상과 이론적 근거로 전제했다. 그러나 포우스트모던 소설 세계에서는 이런 절대적 전제들 전부가 완전히 불확실해졌다.
>
> 오늘날의 작가 — 자신이 그 일부를 이루는 세상과 밀접하게 접촉하고 있는 작가 —는 무(無)로 시작해야 함을 강요당한다: 진리도, 시간도, 성격도 존재하지 않는다. 하나님은 전지전능한 작가였지만, 이미 죽었다. 지금은 누구도 플롵을 알지 못하며 그리고 우리의 진리가 창조자의 재가를 얻지 못하기 때문에, 합

9. Raymond Federman, "Surfiction — Four Propositions in Form of an Introduction," in *Surfiction: Fiction Now and Tomorrow*, ed. Raymond Federman (Chicago: Swallow Press, 1975), 7. 14.

의된 의견의 신빙성에 대한 보장도 없다. 시간은 일련의 불연속적 순간들의 길이인 현재로 축소된다. 시간은 더 이상 목적적이지 않으므로, 이제 필연은 없고 우연만 있다. 진리는 다만 우리의 체험이고, 객관성은 환영에 불과하다. 성격도 난처한 자의식의 단계를 체험한 뒤에는 우리 체험의 최소한도의 궤적으로 둔갑했다. 시간, 진리, 객관성, 그리고 성격이 없어졌음을 고려하면, 문학이 존재하지 않는다는 주장은 놀랄 일이 아니다. 문학이 어떻게 존재할 수 있을까? 그저 읽기와 쓰기가 있을 뿐인데, 읽기와 쓰기는 우리가 먹고 성행위를 하는 것처럼 시간을 보내기 위해 하는 행위들, 다시 말하면 지옥에서라도 중시된다면 권태도 버리지 않는 습성이다.[10]

Fiction constitutes a way of looking at the world. Therefore I will begin by considering how the world looks in what I think we may now begin to call the contemporary post-realistic novel. Realistic fiction presupposed chronological time as the medium of a plotted narrative, an irreducible individual psyche as the subject of its characterization, and, above all, the ultimate, concrete reality of things as the object and rationale of its description. In the world of post-realism, however, all of these absolutes have become absolutely problematic.

The contemporary writer — the writer who is acutely in touch with the life of which he is part — is forced to start from scratch: Reality doesn't exist, time doesn't exist, personality doesn't exist. God was the omniscient author, but he died; now no one knows the plot, and since our reality lacks the sanction of a creator, there's no guarantee as to the authenticity of the received version. Time is reduced to presence, the content of a series of discontinuous moments. Time is no longer purposive, and so there is no destiny, only chance. Reality is, simply, our experience, and objectivity is, of course, an illusion. Personality, after passing through a phase of awkward self-consciousness, has become, quite minimally, a mere locus for our experience. In view of these annihilations, it should be no surprise that literature, also, does not exist — how could it? There is only reading and writing, which are things we do, like eating and making love, to pass the time, ways of maintaining a considered boredom in face of the abyss.

---

10. Ronald Sukenick, *The Death of the Novel and Other Stories* (New York: Dial Press, 1969), 41.

이렇게 사실주의와 모더니즘 소설의 철학과 기법을 부정할 뿐 아니라 스스로 작가의 위상과 권위를 격하시키는 포우스트모던 소설의 궁극적 목적은 소설과 삶의 가능성을 최대한으로 탐구하고 실현하려는 데에 있다. 포우스트모던 소설은 소설의 가능성을 주제, 등장인물, 그리고 사건들의 "있었음"과 "있음"에서가 아니라 "없음"을 전제로 한 "있을 수 있음"에서 탐구하려 한다. 왜냐하면 포우스트모던 소설이 기존의 소설 철학과 기법으로부터 해방되려고 하면 할수록 그 탐구를 확장하거나 극대화할 수 있기 때문이다. 또 포우스트모던 소설은 주체적, 도전적, 개척적, 상상적, 그리고 사회적 자아를 창조함으로써 삶의 가능성을 확장할 수 있다. 이런 자아는 우리가 스스로를 자기중심적인 기존의 이념, 종교, 그리고 제도의 굴레로부터 해방시켜, 오로지 독자적으로 그리고 상호인정과 존중을 바탕으로 하여 자기를 알고 본래의 자기가 되려고 최선을 다할 때 창조된다. 포우스트모던 소설이 실현하려고 하는 소설과 삶의 가능성은 우리가 기존의 모든 것으로부터 해방되고자 하면서 "없음"에서 "있을 수 있음"을 상상하고 창조하려고 전심전력을 다할 때 현실화될 수 있다. 그러므로 우리가 모든 "있었음"과 "있음"의 굴레로부터 해방되려는 강한 의지와 실천이 삶의 가능성의 탐구와 실현의 필요조건이다. 그런데 이런 필요조건을 충족시킬 수 있는 가장 이상적인 방법은 포우스트모던 소설의 창작과 정독에 있을 뿐이라고 레이먼드 페더만은 이렇게 주장한다: "나의 소설 창작은 무엇보다도 나를 위한, 그러나 원하건대 독자, 내 작품들의 잠재적 독자를 위한 하나의 해방 행위이다. 나에게 창작과 독서는 해방 수단이다. 당신은 창작과 독서를 하고 있으면 온갖 오해와 편견으로부터 스스로 해방된다."[11]

포우스트모던 소설은 작가와 독자를 모든 독선, 편견, 아집, 위선, 그리고 사리사욕으로부터 해방시켜, 그들의 의식과 영혼을 정화시킬 수 있다. 이렇게 할 수 있는 위력은 포우스트모던 소설의 특이한 언어 철학과

---

11. Larry McCaffery, "An Interview with Raymond Federman," in *Anything Can Happen: Interviews with Contemporary American Novelists,* ed. Tom LeClair and Larry McCaffery (Urbana: University of Illinois Press, 1983), 137.

구사에서 솟아나온다. 소설의 언어는 우리에게 두 가지 상반되는 역할, 즉 부정적이거나 긍정적인 역할을 한다. 다시 말하면, 그 언어가 우리를 고정관념에 감금할 수도 있고, 그런 고착과 유폐로부터 해방시킬 수도 있다. 먼저 한 단어의 실례를 들어보면 "현모양처"는 여자의 의식과 행동에서 그녀를 일정한 모형 안에 구금시키는 역할을 한다. 반면에 "여성해방"은 여자를 모든 굴레로부터 벗어나도록 자극하는 의식과 행동을 유발한다. 사실주의와 모더니즘 소설이 스스로 주장한 진리를 바탕으로 창조한 기존의 철학, 종교, 도덕, 정치, 경제, 문화, 그리고 제도의 세계는 고정불변이다. 이런 고정불변의 세계가 언제나 우리를 압도하고 지배하려 한다. 우리가 일단 이 세계에 유폐되어버리면 우리의 삶은 그 세계의 주구와 포로로 전락한다. 그렇게 되면 우리는 언어에 구금당하여 피동적이고 제한적인 삶을 살 수밖에 없다.

반면에 우리의 일차원적 의식을 해방시킬 수 있는 소설 언어는 절대로 어떤 목적을 지향하거나 달성하려 하지 않는다. 이 소설언어는 오로지 "없음"에서 "있을 수 있음"을 모색하는 언어구사일 뿐이다. 다시 말하면 이 소설 언어는 언어구사가 창조하고 있는 언어 세계이다. 이런 언어 세계는 진리의 주장과 표현도 아니고, 더욱이 삶과 현실의 모방과 반영도 아니다. 이 언어 세계는 작가가 현실에서 도저히 충족시킬 수 없는 욕구, 소망, 그리고 염원을 상상적으로 실현한 세계이다. 또 이 언어 세계는 작가가 극한상황 속에서도 성공적으로 자아를 탐구하고 실현하고 있는 세계이다. 작가가 이렇게 실현한 세계가 우리를 압도하고 지배하고 있는 고정관념의 의식과 현실로부터 해방시켜 자유자재의 경지로 유인하여 빠져들게 한다. 우리가 스스로 이런 경지 속으로 침잠할 수 있음과 침잠함이 해방이다. 우리가 이렇게 해방될 때, 주체적이고 창조적인 삶을 살 수 있다. 우리의 이런 침잠은 특이한 언어구사와 그 구사가 창조하는 언어 세계 때문에 가능하다. 그러므로 포우스트모던 소설가는 "언어가 소설이다"[12]고 확신함으로

12. Larry McCaffery, "An Interview with Raymond Federman," *Contemporary Literature* 24.3 (1983): 300.

써 언어를 이렇게 절대시한다.

> 언어는 . . . 사물들의 체험담으로서 그것들의 [직접적인] 체험보다도 호소력이 더욱 강하다. 기호들은 그 어떤 것보다도 더욱 효력이 큰 체험들이다. 그래서 참으로 중요한 사물들을 다룰 때, 당신은 단어들에 의존한다. 단어들은 스스로 지시하는 사물들을 훨씬 능가하는 박진감을 나타낸다. [. . .] 우리가 삶을 생각할 때, 삶은 기호들에 둘러싸여 있다. 이것이 우리가 끊임없이 체험하고 있는 현실이다. [. . .] 과거에는 우리가 [직접 보고 있는] 나팔수선화가 나팔수선화라는 단어보다도 훨씬 더 흥미를 일으킨다고 생각했을지 모르나, 정말 나는 이런 사고를 부인해버리고 싶다. 나팔수선화라는 단어가 그 꽃들보다도 훨씬 더 흥미 있다. 그 단어에 더욱더 많은 것이 주어진다.[13]
>
> Language is . . . more powerful as an experience of things than the experience of things. Signs are more potent experiences than anything else, so when one is dealing with the things that really count, then you deal with words. They have a reality far exceeding the things they name. [. . .] When we think about our own life, it's surrounded by symbols. That's what we experience day and night. [. . .] In the old days we might have supposed that the daffodil was much, much more interesting than the word daffodil, but I simply would deny that. The word daffodil is much more interesting than daffodils. There's much more to it.

긍정적인 역할을 하는 언어와 그 구사가 작가 자신과 우리를 고정관념과 그 유폐로부터 해방시킬 수 있음을, 나아가 그와 우리로 하여금 자아를 탐구하고 실현할 수 있도록 함을 전제로 하여 성공적으로 창작된 포우스트모던 소설이 레이먼드 페더만의 *둘 아니면 무용지물*이다. 페더만은 자신의 비극적인 삶을 소설화한 이 작품을 창작한 철학을 이렇게 천명한다: "나의 소설 창작은 [실제로 있었던] 어떤 인물과 사물의 모방과 복사가 아니라 일찍이 존재하지 않았던 인물과 사물을 창조하려는 의지이다."[14] 그

---

13. "A Symposium on Fiction: Donald Barthelme, William Gass, Grace Paley, Waker Percy," *Shenandoah* 27. 2 (Winter 1976): 22.

14. LeClair and McCaffery, 131.

는 이 소설에서 자신에게 실제로 일어났던 사건들을 복사하지 않고, 자기가 참으로 자유스럽게 살고 싶었던 삶을 기술한다. 그러기 위해 그는 이런 철학 — "언어는 미리 의미를 내포하지 않는다"[15] —을 전제로 한다. 그는 이 작품 창작에서 어떤 계획적, 의도적, 합의적인 비인간적 만행의 고발과 방지책, 어떤 이념, 종교, 그리고 이상과 실현을 표현하거나 전파하려 하지 않고, 가능한 한 전혀 예상 밖의 변화무궁하고 다양한 의미들을 창출하기 위해 언어를 구사하고 있을 뿐이다. 다시 말하면 그는 언어가 이미 내포하고 있다고 전제하는 의미를 발견하거나 표출하려 하지 않고, 자신과 독자가 그 언어에 지금까지 없었다고 생각하는 의미들을 되도록 많이 발견하고 창출하여 수용할 수 있도록 한다. 그는 언어의 변화무쌍하고 다양한 의미들의 발견과 창출만이 자신과 독자의 삶을 속박하는 고정불변의 진리, 종교, 도덕, 관습, 그리고 제도를 타파하면서, 자아를 탐구하고 실현할 수 있도록 해준다고 확신한다.

게다가 페더만은 자신과 독자를 그들이 언제나 살고 싶어하는 자유스럽고 창의적인 삶을 억압하는 고정관념의 굴레로부터 해방시킬 수 있는 또 하나의 방법을 *둘 아니면 무용지물*의 창작에서 시도하는 인쇄상의 기발한 실험수법을 고안하고 활용하여 모색해보려 한다. 그의 주장에 따르면 우리가 너무나 당연시하여 아무런 의심 없이 언제나 하고 있는 독서는 1쪽에서 시작하여 계속해서 왼쪽에서 오른쪽으로 그리고 위쪽에서 아래쪽으로 읽는데, 이런 독서는 습관적인 행위이다. 이런 습관적인 행위는 권태롭고 한정적이므로 우리의 의식과 행동을 제약하고 속박하기 마련이다. 그러므로 이런 인습적이고 기계적인 지루한 독서방법은 어떻게든지 지양되어야 한다. 그 지양방법과 수단은 그가 소설 창작에서 고안하여 실험하는 생소하고 이색적인 표현방식, 다시 말하면 현재 독서방법과는 반대로 경우에 따라서는 아래쪽에서 위쪽으로 또는 오른쪽에서 왼쪽으로 읽어가는 방식으로 성취될 수 있다. 페더만은 이런 새로운 창작방법과 이에 부응하는

---

15. Federman, 8.

인쇄방식에 대해 이렇게 주장한다: "인쇄와 편집의 모든 규칙과 원칙들은 독자에게 창작/독서 과정에 자발적으로 참여하는 의식과 책임감을 고취시키기 위해, 더욱이 독자에게 그 이야기의 의미의 설명과 발견 순서에서 (적극적인 선택) 선택권을 양도하기 위해, 이야기의 창작 (혹은 말하기)에서 변화가 일어났으므로 [이에 걸맞게] 반드시 개정되지 않으면 안 된다. 따라서 구문의 개념도 바뀌지 않으면 안 되므로 단어, 문장, 문단, 장, 그리고 구두점[의 용법]도 작품을 읽는 새로운 방법들 [동시 복합적 방법들]이 고안될 수 있도록 재고하여 변경되어야 한다."[16]

페더만은 자신과 독자의 의식과 행위를 삶에 부정적인 역할을 하는 모든 고정관념의 굴레로부터 해방시키기 위해, 소설 창작에서 기존 철학과 기법을 부정하면서 "없음"에서 "있을 수 있음"을 창조하려 하여 큰 성과를 거두었다. 그렇다면 그가 이렇게 큰 성과를 거둘 수 있는 원동력은 어디에 있을까? 그는 이런 성과를 거두기 위해, 스스로에게 언제나 삶에서 절대적으로 이행해야 할 가장 중요하고 무거운 의무와 책임에 대한 자문을 하고 있어야 한다고 이렇게 주장한다: "모든 인간이 스스로 [자나깨나] 자문하지 않으면 안 되는 [유일한] 문제는 . . . 나는 삶에서 지금 도대체 무엇을 하고 있느냐? [이다]. 이런 자문이 삶과 소설 창작의 핵심사상이다. 나 (페더만)의 소설 창작도 언제나 이 자문을 바탕으로 한다." 그가 이런 자문을 바탕으로 삶을 이야기하더라도, 그 이야기가 지대한 관심과 흥미를 유발하려면 소설화되어야 한다고 하면서 이렇게 설파한다: "[우리의] 관심과 흥미의 대상은 이야기 그 자체가 아니라 어떻게 그 이야기를 내가 당신에게 소설화하느냐이다. 바로 이 소설화 때문에 당신은 내 이야기를 듣고 싶어하거나 내 작품들을 읽고 싶어한다."[17] 요컨대 페더만이 자신과 독자를 고정관념의 굴레로부터 해방시킬 수 있는 원동력은 그가 언제나 전념하고 있는 자아탐구와 실현에, 그리고 이 탐구와 실현을 성공적으로 소설화하려는 각고의 노력에 있다고 하겠다.

---

16. 앞책, 142.

17. LeClair and McCaffery, 134.

지금부터는 페더만이 자아탐구와 실현을 삶과 소설 철학으로 하여, 그의 부모, 누나, 그리고 누이동생이 아우슈비츠(Auschwitz)로 끌려갔던 1942년 (당시 그의 나이 열네 살이었다) 7월부터 미국 육군으로 징집당한 1951년 3월까지의 삶을 어떻게 소설화했는가를 고찰해본다. 먼저 7년 8개월 동안에 페더만에게 일어났던 큰 사건들을 요약해본다. 프랑스 군인들과 나치 비밀경찰들이 그의 가족을 체포하러 왔을 때, 어머니가 그를 층계의 벽장 안으로 밀어 넣어 구사일생한 그는 프랑스 남부의 농촌으로 피신하였다. 그곳에서 그는 고된 육체노동인 농사를 지으며 살았다. 프랑스가 나치점령으로부터 해방되자 그는 가족이 집에서 자기를 기다리고 있을 거라는 기대와 희망을 갖고 1945년 5월 파리로 돌아왔지만, 가족이 아우슈비츠에서 처형당했다는 비보만을 들었다. 열일곱 살인 그는 복학해서 공부를 계속하고 싶은 마음이 간절했지만 그의 욕구를 충족시켜줄 수 있는 친척들이 없어, 야간 노동자로 공장에서 일하면서 자립생활을 했다. 그가 이렇게 아무 보람 없이 그저 하루하루를 살아가고 있을 때, 미국에서 이디쉬어(Yiddish) 신문의 정치부 기자로 활동하고 있는 고모부가 이민 초청을 해주어, 2년 동안 기다린 끝에 비자를 얻어 1947년 8월 19일 미국행 수송선에 승선했다. 미국에 도착해서 고모부의 근무지인 디트로이트(Detroit)로 함께 가서 자동차 공장에서 야간 노동자로 일하면서 파리에서의 생활과 별로 다를 바 없는 메마르고 보람 없는 미국 생활을 시작했다. 그러나 영어를 전혀 몰랐던 그는 몇 개월 동안의 각고의 노력 끝에 영어 소설을 읽을 수 있게 되고, 1949년 열아홉 살의 나이에 미국고등학교에 들어가 2년 뒤에 졸업장을 받았다. 1950년에 거처를 뉴욕으로 옮겼으나 직장을 쉽게 구할 수 없어 누들(noodle)로 연명하면서도 뉴욕시립대학(City College of New York)의 야간강좌를 청강했다. 드디어 직장을 구하고 자기만의 공간을 확보하여 많은 친구들과 여자 친구를 사귀고 안정된 삶을 즐기다가, 미국 시민권 신청으로 군에 복무할 자격과 의무가 부여되어 1951년 3월 군에 징집당했다.

이러한 악몽, 저주, 절망의 삶의 체험이 페더만의 소설 창작에서 밑거

름으로 작용하였으며, 이를 토대로 그는 한 인간에게 그처럼 엄청난 충격과 시련을 강요하는 비인간적인 만행과 그 치유책의 강구를 그의 소설의 핵심주제로 삼게 되었다. 이 강구는 유대인들을 집단학살했던 이념과 그와 유사한 부정적, 파괴적, 비인간적인 고정관념에 대한 와해 방법의 모색이다. 그 모색은 그가 자아탐구와 실현을 바탕으로 하지 않는 맹목적인 삶의 위험성을 다음과 같이 경고하는 데에 있다: "우리는 진리라고 확신하는 것에 끊임없이 이의를 제기하고, 도전하며, 반항하지 않는다면 언제나 허위의식, 왜곡된 사실들, 그리고 미화(美化)된 환상들에 휩싸인 채 삶을 살 것이다."[18] 아울러 페더만은 이런 모색을 구현하는 소설을 창작하려면, 언어를 고정관념으로부터 해방시켜야 한다고 다음처럼 주장한다: "소설 창작은 언어의 발광과 정신착란을 야기하여, 언어를 그 사회적, 심리적, 지적 속박으로부터 해방시킴이다. 이렇게 함으로써 당신은 세상과 자신의 진면목을 더욱더 분명하게 보고 깨닫는다. 당신은 자신을 창작하라. 자신에 대한 창작을 하지 말고, 자신을 창작하라."[19]

페더만은 "자아는 작품의 산물일 뿐이며, 작품의 소재가 아니라"[20]고 확신한다. 이러한 확신을 구체적으로 현실화시키기 위해서 그는 악몽, 저주, 절망의 삶을 살았던 자신에 대한 소설이 아니라, 그런 삶을 극복하는 개척적인 자아를 창조하는 소설을 창작한다. 그는 자신을 창작하는 소설을 쓰기 위해, 자기 삶의 소설화의 초점을 7년 8개월 중에서도 비극적인 과거와 단절하고 자신을 성숙시킬 수 있었던 사건들이 일어났던 1947년 8월부터 1년 동안에 맞추고 있다. 그 사건들이란 그가 1947년 8월 미국으로 오는 수송선에서 가졌던 미국 여자와의 관계, 뉴욕에 도착하여 고모부와 함께 브롱크스(Bronx)로 가려고 탄 지하철 열차 안에서 너무나 많은 흑인들이 우글거리는 광경을 보고 파리에서 보았던 미국 영화들과는 너무나 다

18. 앞책, 142.

19. McCaffery, "An Interview with Raymond Federman," 303.

20. Jerzy Kutnik, *The Novel as Performance: The Fiction of Ronald Sukenick and Raymond Federman* (Carbondale: Southern Illinois University Press, 1986), 166-67.

른 현실에 놀라 잘못된 나라에 오지 않았나 하는 착각과 엉덩이가 아주 커서 매우 인상적인 미모의 젊은 흑인여자, 브롱크스에서 만난 고모부 친구의 (유대인)가정, 디트로이트에서 시작한 야간 노동자와 고등학교 학생 생활, 고등학교에서 배운 미국에 관한 교과목들과 처음으로 듣고 심취한 재즈음악, 색서포운 부는 법을 익혀 재즈 연주단의 일원으로의 도약, 그리고 깊이 사귄 흑인 친구와 그 가족과의 관계 등등이다. 페더만은 이 1년 동안의 이전과 이후에 있었던 사건들을 오로지 회상 수법으로 처리한다.

페더만은 자신을 창작한 *둘 아니면 무용지물*의 시작에서 어느 전통소설가도 이야기 전개에서 시도하지 않았던 세 사람의 계획과 임무 그리고 상호관계를 먼저 기술한다. 이 소설의 주인공인 열아홉 살의 소심한 유대인 청년, 보리스(Boris)는 제2차세계대전 중에 가족은 아우쉬비츠로 끌려가 처형당했지만, 자기는 살아남아 종전 후에 고모부 덕택으로 프랑스에서 "많은 기회의 나라"[21] 미국으로 이민 와서 악몽, 저주, 절망의 삶에서 해방되어 새로운 삶을 살기 시작하려 한다. 이 주인공의 삶을 이야기하려는 사람은 아주 무책임한 미혼의 편집병자로서 그 이야기를 쓰기 위해 1년 365일 동안 두문불출하기로 결심한다. 그는 오로지 자신의 상상력에 의존하여 주인공의 삶을 창조한다. 이렇게 창작된 이야기를 기록하려는 사람은 대단히 완고하고 결의가 굳은 중년남자이다. 기록자는 그 이야기를 꼼꼼하고 성실하게 기록한다. 기록자는 어떤 자격과 형태로든 서술자의 창작행위와 내용에 간여하거나 간섭하지 않고, 오로지 그 결과만을 기술한다.

그런데 주인공은 서술자와 기록자가 하고 있는 행위와 그 결과에 큰 불만을 갖는다. 그는 모든 인간은 자신의 운명을 개척할 자유를 향유하고 있다는 확신에도 불구하고, 자기만은 그런 자유를 박탈당하고 자기 의지와 의사는 전적으로 무시당한 채 오로지 서술자의 상상력과 구성 능력에 따라 창조되고 있기 때문이다. 그는 자신의 삶이 서술자에 의해 구현될 때까지 기다리고 있다가, 나중에야 어떻게 구체화 되었는가를 알 수 있을 뿐이

21. Raymond Federman, *Double or Nothing* (Normal: Fiction Collection Two, 1988), 0. 앞으로 이 작품에서의 인용문은 괄호 안에 쪽수만 표시함.

다. 따라서 그의 유일한 관심과 기대는 자기가 예술적으로 창조되어지는 데에, 그리고 매우 중요하고 의의 있는 역할을 수행하고 있는 인간으로 묘사되어지는 데에 있다. 이처럼 그는 서술자와 기록자의 활동과 그 결과에 의해서만 구체화되고 있는 존재에 불과하다. 그러므로 그는 서술자의 자신에 대한 이야기가 불만스러우면, 서술자와 논쟁하여 그 이야기를 서술하는 방법을 바꾸라고 그를 설득시키려고 해야 한다. 이처럼 주인공은 자신의 주장을 펼 수 있는 처지도 아니지만, 또 자신감도 없으므로, 미미하게 자기를 주장하고 있다.

페더만은 주인공, 서술자, 그리고 기록자의 활동의 한계를 극복하고 그들 사이의 불편한 관계를 해소하기 위해, 그들의 활동과 관계를 관리, 조직, 감독할 제4의 인물인 작가를 불러들인다. 이 작가는 그들의 활동의 한계를 극복할 수 있을 뿐 아니라 주인공과 서술자 사이의 논쟁을 해결하여 곤란을 제거할 수 있는 아버지와 감독자와 같은 역할을 한다. 또 작가는 이런 문제를 미연에 예방하기도 한다: "각자의 역할이 다른 세 명의 불운한 사람들에게 어떤 행동을 통제하고 지시하고 명령할 수 있으면서 어디에나 존재하는 전능하고 전지한 어떤 사람이 뒤에 숨어 있지 않으면, 앞으로 시작될 이야기에 관련된 세 사람 사이에 통일이 어떻게 이루어지는가 하는 질문이 제기될 수 있다"(000000000.0). 더욱이 작가는 세 사람 중 어느 누구도 완성할 수 없었을 이야기를 정말로 허구적인 이야기로 만드는 데에 성공한다. 이렇게 페더만은 우리에게 매우 이상하고 생소하게 보이는 창작 수법으로 자신의 삶을 소설화하기 위해 주인공, 서술자, 기록자, 그리고 작가의 각각 다른 역할을 활용한다. 페더만이 이렇게 네 사람을 활용하고 있지만 자신의 삶을 소설화해감에 따라, 네 사람은 각각 "처음에 가졌던 자기 정의와 [역할을] 상실하기 시작함으로써, 서술 구조에서 [그들의] 각각 다른 역할은 하나로 단일화되어 의사(疑似) 자서전적 인물로 통합된다."[22] 요컨대 페더만은 자신을 소설화하는 작품을 창작하면서 자서전이 아닌 소설을 쓰기 위해서는 소재가 되고 있는 자신과 거리를 두어야

[22]. Brian McHale, *Postmodernist Fiction* (New York: Methuen, 1987), 115.

하고, 자서전과 소설의 차이를 부각시켜야 하는 필요성 때문에 이야기 진행을 위하여 여러 인물들을 동원하여 각자 다른 역할을 하도록 한다.

이제는 소설 주인공, 보리스가 어떻게 과거의 비극적인 삶과 악몽으로부터 해방되어 자유스럽고 창조적인 자아를 탐구하고 실현할 수 있는가를 고찰해본다. 이런 자아탐구와 실현이 이 소설의 핵심주제인데, 그 탐구와 실현의 이상적인 방법은 이 문장 — "만약 당신이 구멍 속으로 굴러 떨어지면, 스스로 붙잡아야 하므로 꽉 붙잡고 기어 오른다"(24) —에 잘 표현되어 있다. 페더만은 당신이 떨어졌을 때 기어오름의 절대적 중요성을 각별히 강조하기 위해, 인쇄상의 특이한 기교와 파격적인 단어 배열로 구성된 문장을 이렇게 만든다.

다
른
만약 당신이 오
구멍 어
속으로 기
떨어지면 당신은
당신은 스스로 붙잡아야 하므로
꽉 붙잡고

UP
if you f b
a m
l i
l DOWN l
into the hole you c
you
h a n g o n
YOU'VE GOT TO (24)

왜냐하면 그는 이 문장을 가지고 누구나 생존에서 구멍이 상징하는 불의의 돌발사와 위험에 언제나 노출되어 있으므로, 그런 경우에 용의주도하게 대비하면서 어떤 시련과 역경도 극복하려는 강한 의지와 실천의 필요성과 중요성을 역설하려 하기 때문이다. 또 누구나 성공적으로 기어오르려면 가능한 한 떨어졌던 과거와 단절하고, 그 아픔, 비탄, 절망, 저주 그리고 악몽을 극복하고, 더욱 열심히 배우겠다는 강한 의지와 열의를 바탕으로 자신을 변화시키고 성숙시키려고 최선을 다해야 한다고 설파하기 때문이다. 그의 이런 역설과 설파가 탁월하게 구현되어 있는 *둘 아니면 무용지물*은 주인공 보리스가 떨어짐으로 말미암아 뼈저리게 체험했던 극도의 절망과 시련을 성공적으로 극복하고 자신을 훌륭하게 성숙시킨 성장소설이다.

보리스는 지금까지 살았던 19년 동안의 삶이 전혀 무의미하고 보람이 없다고 생각하기 때문에, 앞으로 말하려는 "이야기는 과거와의 단절이다"(70)고 천명한다. 그가 단절하려는 과거의 비극은 스스로 범했던 엄청난 과오나 실수로부터가 아니라 단지 그가 유대인 출신이라는 사실과 나치정권의 비인간적이고 편집병적인 유대인 배척주의로부터 출발한다. 나치군이 파리를 점령하고 있을 때인 1942년 7월에 그의 가족은 인간으로서의 자기 인격과 권리의 주장이나 단 한 번의 항의나 반항도 해보지 못하고 아우쉬비츠로 끌려갔고, 어머니가 그를 살리려고 벽장 안으로 밀어 넣었기 때문에 그만 구사일생하여 프랑스 남부로 피신하여 살아남을 수 있었다. 그가 우여곡절 끝에 타게 된 남부로 가는 화물열차에서 며칠을 굶어 몹시 배고팠으므로, 거기에 실려 있는 날고구마를 과식해서 구토하고 배탈이 나서 혼이 났다. 더욱이 그가 달리는 열차에서 뛰어내렸는데, 하필이면 떨어진 곳이 들판의 도랑이었지만, 다행히 한 농부가 그를 구해주었다. 또 사선을 넘은 그는 생명의 은인인 노동력이 없는 노인 농부를 거들어주면서 3년 동안을 지냈다. 그의 이런 절망, 저주, 그리고 악몽으로 가득 찬 체험과 삶의 요약은 이렇다.

그렇다 그러나 날고구마들

기차에 실렸던 날고구마들을 기억하느냐? 어떤 이야기:

강제수용소들로 가는 중에

강제수용소들 X X X X

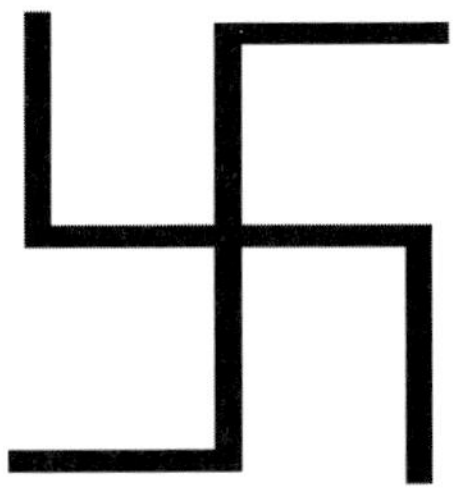

이곳에 올 수 없다. . . [미국으로 오는] 배를 타기 전의 보잘 것 없는 삶. .

굉장히 좋은 이야기: 에서 고구마들을 훔칠 수 있었다 다음에.

기차
쥐들
노인
농장
강제수용소
고구마들. . . 야아!

그리고 나는 내 그림자를 따라갔다

Yes but the *potatoes* the raw
potatoes on the train remember? what a story:
on the way to the *camps*
the *camps* X * X * X * X

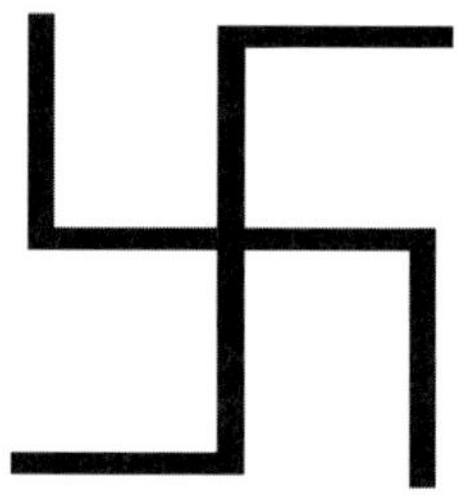

Can't come into this one . . . Nothing before the boat . . .
Damn good story! Could sneak the potatoes in . . . next time.

The train
The rats
The old man
The farm
The camps
The potatoes . . . Wow!

A n d
I f o l l o w e d
m y
s h a d o w

(11.1)

게다가 그는 계속하여 이런 악몽 — "유대인들, 전쟁, 점령, 강제이송, 그리고 강제수용소"(124) —에 시달릴 수밖에 없었다. 왜냐하면 그는 나치 점령으로부터 해방된 기쁨을 만끽할 수가 없고, 또 가족을 잃은 비애 속에서 미래가 없는 삶을 살아야 하는 이런 처지에 놓여 있었기 때문이다: "그는 부모 그리고 누나와 누이가 강제수용소로 끌려간 뒤로 꾹 참고 견뎠다. 전쟁이 끝났지만 직장은 물론 돈도 없었다. 단 한명의 친구도 더욱이 가족도 없었다. 모두가 고인이 되었다. 이런 여건 가운데서 사는 것이 정말 고달프다. 삶에 대해, 아니 적어도 삶의 사실들에 대해 이야기해줄 아버지도 안 계신다. 정신적인 아버지도 찾을 수 없다. 정말로 서글픈 현실이다"(220). 더욱이 그는 불가항력으로 중단되었던 학업을 계속하고 싶은 마음이 간절하나, 냉혹한 현실은 그의 이런 절실한 소망과 욕구를 고려해주지도 않을 뿐 아니라 인정해 주지도 않는다.

이렇게 그는 극도의 실의, 좌절, 그리고 절망감으로 말미암아 이따금 자살하거나 자살하고 싶은 충동에 사로잡힌다. 그러나 다행히도 고모부인 데이비드(David)의 유대인 특유의 친족애와 이타주의에서 우러나온 각별한 배려와 대단한 용단으로, 그는 1947년에 미국 이민이 가능하게 되자, 이렇게 과거의 악몽을 잊으려고 하면서 미국으로 떠난다: "결국 이 몇 년은 그가 앞으로 우리와 더 이상 논의하지 않을 기차, 강제수용소, 그리고 농장 [때문에 극심한 고통을 당했지만] 잊어버렸어야 할 중요한 시기, 그렇다 중요한 시기였다. 그렇지 과거는 아무것도 아니다. 과거와의 단호한 단절. 상징적으로 과거와의 단절이다. [프랑스] 해안이 시야에서 사라지자, 그는 눈길을 해안으로부터 대양 쪽으로 돌린다. 미국 쪽으로"(97). 그러면서 그는 고모부가 교외에 아름다운 큰 저택을 소유하고 있어, 2층에 자기 방을 마련해주고, 자기를 학교에 보내줄 것이라는 희망과 기대에 부푼다.

그는 영어를 전혀 못하는데, 다행히 대학에서 불문학을 1년 동안 공부하고 여름방학을 프랑스에서 혼자 언어 연수와 여행으로 즐겁게 보내고 귀국하는 미국 여대생, 메어리((Mary, 뒤에서는 페기(Peggy)로 이름이 바뀐다))와 불어로 대화를 나누면서, 일단 그녀의 시각을 통해 미국을 배운다. 매우 부유한 가정 출신인 그녀는 낙관적 시각에서, 그가 미국에서 기대하고 성취할 수 있는 삶을 구체적으로 그에게 제시한다. 그녀는 그에게 무엇보다도 먼저 영어를 배워야 한다고 역설하면서 미국을 이렇게 정의한다: "미국은 위대한 국가이므로 누구에게나 많은 기회를 주고 미래를 보장한다. 따라서 누구나 열심히 배우고 노력하면 유명해지고 부자가 될 수 있다. 그녀는 계속 말하기를 데이비드가 당신을 잘 보살펴주면서, 미국은 교육을 가장 중요시하는 나라인 것을 잘 알고 있으므로, 그는 당신을 학교에 보내줄 것이다. 그러므로 당신의 미국에서의 삶은 지금까지의 저주와 악몽의 삶과는 전적으로 달라질 것이므로, 매우 보람 있고 행복할 것이다"(21). 그는 자신에게 이렇게 큰 위안과 격려를 아끼지 않는 그녀와 관계를 갖는데, 그가 용기를 갖고 자발적으로 했던 성행위는 하나의 창조행위였다.[23] 그가 19년 만에 처음으로 이렇게 자발적으로 한 창조행위가 그를 일시적으로 과거의 악몽과 굴레로부터 해방시켜 새로운 인간으로 재생시킨다. 그는 이런 재생에 고취되어 자기를 이제 보리스가 아니라 솔러먼(Solomon), 이쉬미얼(Ishmael), 스탠리(Stanley), 챨리(Charlie), 윌리엄(William), 리쳐드(Richard), 레이먼드(Raymond), 마셀(Marcel), 쥴즈(Jules), 또는 루이스(Louis)로 불러달라고 당당하게 요구한다. 게다가 그는 자신의 성도 바꿨으면 한다. 요컨대 그는 메어리와 대화를 나누고 관계를 가짐으로써 고무되어 새로운 인간으로 재생할 수 있게 되어, 과거의 저주와 악몽에서 유래되어 고착되었던 절망적, 부정적, 일차원적 의식에서 해방될 수 있는 계기를 갖는다.

그의 이런 의식 변화의 결정적인 계기는 그가 갑자기 의외의 상황과 직면함으로써 받는 충격과 경악으로 말미암아 더욱더 현실적으로 구체화된다. 그는 뉴욕 부두에서 고모부를 만났지만, 불어만을 말할 수 있는 자기와 불어와 영어는 전혀 못하면서도 5개 국어를 구사하는 데이비드는 서로 언어로 의사소통을 할 수 없음을 직감한다. 그는 순식간에 눈앞에 닥친

---

23. LeClair and McCaffery, 132.

전혀 예기하지 못했던 현실에 큰 충격을 받는다. 그들은 서로 말을 주고받을 수 없으면서도, 브롱크스에 거주하는 고모부 친구, 제이컵선(Jacobson)을 만나기 위해, 거기로 가는 지하철 열차를 타려고 함께 역 안으로 들어간다. 그는 지하철 열차가 흑인들로 가득 차 있음을 보고 크게 경악하지 않을 수 없다. 그는 지금 자기가 미국에 있는지 아니면 애프리커에, 심지어 애프리커의 정글 속에 있는지 도대체 종잡을 수 없다. 이렇게 예기치 못한 상황 가운데서도 매우 소심한 그가 이상야릇한 미소를 짓고 있는 키가 큰 미모의 젊은 흑인여자를 보고, 자신의 신체가 동요하기 시작하더니 동요가 점차 그 부위로 옮겨가자 그것을 숨기려고 두 손을 무릎 위로 가져간다. 더욱이 그는 앉은 자세를 바꿔 다리를 약간 벌리고 앉아 있는 그녀의 은밀한 곳을 자세히 살피고 있다. 다시 말하면 삼각형의 꼭지점을 응시하고 있다. 그가 그러고 있는데 그녀는 움직이려고 다리를 옆으로 조금 더 벌린다. 따라서 그가 그곳을 더 잘 살필 수 있으니까, 자기를 도저히 자제할 수 없으므로 자기 것은 자연히 격발해버린다. 그녀는 그에게 빼앗기고 잃어버렸던 "젊음, 아름다움, 인종이나 피부색, 국적, 그리고 성행위"(223)를 상기시키게 되어, 그는 몇 주 동안 그녀를 생각하면서 삶의 "긍정적이고 창조적인 행위"[24]인 자위행위를 떳떳하게 즐긴다.

그의 이런 충격과 경악 그리고 신체적 요동은 그가 자신을 과거의 악몽으로부터 해방시켜, 자유스럽고 창조적인 자아의 탐구자 및 실현자로 변신시키는 데에 결정적인 역할을 한다. 그는 자신의 이런 의식변화로 일단 자유스럽고 창조적인 자아를 탐구하고 실현할 수 있다는 자신감으로부터 솟아난 약간은 들뜬 기분으로 제이컵선 가족을 만난다. 그러나 그가 그들을 만나는 순간, 자신의 이런 자아가 전적으로 무시당하고 부정당하고 있음을 뼈저리게 체험한다. 그들은 프랑스계 유대인들은 스스로 유대인임을 포기하고 미국으로 이민 오지를 않는다고 억지를 부리면서, 유대인으로서의 그의 존재를 인정하려 하지 않는다. 그들은 그의 유대인으로서의 존재

---

24. 앞책, 133.

를 부정하면서도 손님인 그에게 저녁식사로 우유, 누들, 빵, 그리고 고구마를 대접한다. 그들은 그에게 우유가 건강에 아주 좋다고 하면서 그가 가장 싫어하는 우유를 마시라고 강요한다. 게다가 고구마는 그에게 과거의 악몽을 되살아나게 하여 그를 역겹게 한다. 그는 이런 역겨운 분위기를 도저히 참을 수 없어 화장실로 도피해서 자위행위를 한다. 그는 한때는 자위행위를 하고 큰 죄책감을 느낀 적도 있었다. 그러나 지금 그는 그 행위가 스스로에게 죄의식을 느끼도록 하느냐 않느냐는 전혀 문제가 되지 않는다. 그는 당장 그의 존재에서 가장 절실한 필요는 "긍정적이고 창조적인 행위"인 자위행위뿐이기 때문이다. 이제 그는 어떤 상황과 역경 가운데서도 속수무책으로 당하기만 하는 무능력자가 아니고, 그것을 극복하려 하고, 더욱이 그럴 수도 있다.

보리스가 수송선과 지하철 열차에서 생전 처음으로 체험했던 사건들이 그를 과거의 악몽 그리고 불가항력적인 무력감과 무기력으로부터 해방시켜줄 뿐 아니라 그에게 자유, 활력, 그리고 강한 극복 의지를 유발한다. 그는 스스로 이렇게 변화되어 뉴욕에 1주일 동안 체재하면서 자유의 여신상과 현대미술관을 비롯하여 여러 관광명소들을 구경하고, 정착지인 디트로이트로 간다. 그가 거기서 갓 시작한 생활은 "고통, 공포, 주저, 고독감, 불안감, 향수, 그리고 소외감"(200)으로 말미암아 아직 젊은 그에게 너무 벅차다. 이런 절망적인 실존상황 가운데서도 그는 자신과 스스로 해야 할 일에 대해 이렇게 잘 알고 있다: "열아홉 살의 젊은이. 혈혈단신이다. 프랑스 사람. 유대인. 그의 현재 신분은 홀로인 젊은 유대계 프랑스 사람 이민자이다. 그의 다섯 기본 요소들: 고독, 젊음, 인종, 국적, 그리고 신분, 당신은 도대체 어떻게 그처럼 복잡한 배경을 가진 자신의 정체성을 인지하는가? 당신은 어떻게 다른 사람들과 유대관계를 맺는가? 당신은 어떻게 다른 사람들과 의견일치를 이루는가? 이런 질문들은 어려운 문제들이다!" (222). 페더만에게는 이런 문제들의 해답을 찾지 않고 계속하여 어려운 질문들을 제기하는 것이 소설 창작이다. 또 "떨어진 구멍으로부터 기어오르는 유일한 방법은 더욱더 많은 문제들을 제기하고, 그런 문제들의 목록을 작성하는 데에 있다”(216).

보리스는 생계를 위해 별수 없이 자동차공장 노동자로 취직하여 1주 48시간을 일하는데, 그 일은 장갑을 끼고 하지만 손에서 피가 나는 힘들고 위험한 작업이다. 그가 이렇게 고달픈 노동자 생활을 시작한 2, 3주 후에 거리를 걸어가다가 우연히 본 큰 건물이 노던 고등학교(Northern High School)임을 알고, 곧바로 교장을 찾아가서 프랑스에서 이민 온 공장 근로자로서 열아홉 살이지만 전쟁과 전후 사정 때문에 중단할 수밖에 없었던 공부를 다시 하고 싶다는 의사를 피력한다. 교장은 그의 형편을 감안한 별도의 시간표를 만들어주면서 등교하여 영어, 미국사, 미국정부론, 체육, 그리고 음악을 수강하라면서 그의 입학을 허가한다. 그가 자기 의사와 의지와는 전혀 무관하고 아주 우연하게 흑인 학생들만의 고등학교에서 시작한 학생생활은 앞으로의 삶에 가장 결정적인 역할을 한다. 그는 처음 듣고 심취한 재즈음악과 자기 색서포운을 가지고 그 부는 법을 가르쳐주는 어니스트(Ernest)를 만나 가장 절친한 친구로 사귈 수 있고, 이 친구의 도움을 받았기에 재즈악단의 단원이 되어 연주하는 경지에 이를 수 있으며, 그의 부모와 누이동생과도 아주 친밀하고 돈독한 관계를 가질 수 있다. 더욱이 보리스가 미국에 와서 맞이한 첫 번째 생일을 축하해주기 위해 파티를 열어준 사람은 고모부와 그의 친구들이 아니고, 어니스트와 그의 가족 그리고 많은 흑인 친구들이다. 그는 파티에서 그 친구 어머니와 흥겹게 춤을 춘다. 그는 생일파티를 이렇게 긍정적으로 인식한다: “이 파티는 어느 정도까지 사람들이 인정이 있는가와 마치 소설에서나 일어날 수 있는 전혀 예상 밖의 사건이 어떻게 미국에서 일어날 수 있는가를 입증한다”(159). 요컨대 보리스는 그야말로 행운아이고 공부하고 배우기 위해 몸부림치는 열성분자이다.

이렇게 보리스는 여러 사람들의 깊은 배려와 호의 그리고 열성적인 도움에다 자신의 현명한 판단과 처신, 적극적인 향학열, 그리고 가능한 한 빨리 과거의 굴레로부터 해방되어 자유스럽고 창조적인 자아를 탐구하고 실현하려는 각고의 노력으로 이렇게 재생한다: “그는 5년 후에 거울 앞에서서 자기를 바라보고 있을 때, 도저히 믿을 수가 없었다. 자기가 다시 태어난 것 같았다. 재생"(192). 그의 재생은 실존에서 가장 중요하고 결정적인 역할을 하는 의식에 일대 혁명이 일어났음을 의미한다. 이제 그는 강박관념과 아집의 굴레에서 벗어나 유연하고 융통성 있는 사고를 할 수 있다. 그의 이런 변신의 이야기는 "삶의 이야기이다. 그의 삶 나의 삶 우리의 삶 보통 삶"(197)의 이야기이다. 페더만이 악몽, 저주, 절망의 과거 굴레로부터 해방되려고 최선을 다하여, 자신의 과거를 부정해버리려는 "없음"에서 새로운 자아를 창조할 수 있는 "있을 수 있음"을 전제로 하여 자신을 창작한 이야기가 바로 *둘 아니면 무용지물*이다.

페더만은 상상력을 바탕으로 자신을 창작한 소설, *둘 아니면 무용지물*을 통해 이런 실존철학을 설파한다. 우리의 최상의 실존은 우리가 언제나 상상력과 언어가 창출하는 자유스럽고 열린 무한한 의미를 바탕으로 가능성과 잠재력을 계발하고 발휘하려는 강한 의지와 실천이다. 우리가 본의 아니게 악몽, 저주, 절망으로 가득 찬 비극적인 삶을 살았고, 혹은 살고 있다 할지라도, 그런 삶을 극복하면서 자아를 탐구하고 실현하기 위해서는 언제나 "나는 누구인가"와 "나는 무엇을 하고 있는가"를 자문하지 않으면 안 된다. 우리가 이런 자문을 계속 더 잘하려면, 자신을 고정관념의 굴레로부터 해방시키려고 최선을 다해야 한다. 우리의 이런 최선의 노력은 자신을 직시하면서 계발할 수 있는 다양한 목소리들, 다시 말하면 자신을 가능한 한 많은 상이한 시각과 관점에서 볼 수 있도록 해주는 데에 결정적인 역할을 하는 언어의 선택과 구사에 의존할 때, 더욱더 큰 성과를 거둘 수 있다. 우리를 모든 굴레로부터 해방시켜줄 수 있는 상상력 그리고 언어 선택과 구사가 자아탐구와 실현을 극대화할 수 있다고 페더만은 절대적으로 확신한다.

지금부터 "없음"에서 "있을 수 있음"을 창조해내는 상상력이 추사 김정희의 예술론의 밑바탕이고, 전통수법을 타파하고 파격적으로 창작한 *세한도*가 그의 비참한 역경을 극복하는 실존철학이었음을 밝혀본다. 김정희는 아버지가 동지부사가 되어 연경(지금의 베이징)으로 갈 때 수행하여, 스물다섯 살 때 당대 제일의 유학자이며 금석학자인 옹방강(翁方綱, 1733-1818)으로부터 예술론을 사사한다. 스승은 그에게 난을 그릴 때는 있는 그대로 그리지 말고, 비록 꽃이 피어 있지 않을지라도 마음속에서 보고 있는 꽃을 그리고, 그 꽃에서 심의(心意)의 향기가 스미도록 그려야 한다고 설파한다. 스승은 그에게 그림의 기법이나 기술보다는 혼의 절대적 중요성을 강조하면서, 그 혼은 향기와 신기(神氣)를 뿜어내야 한다고 역설한다. 다시 말하면 모든 그림과 글에는 문자향(文字香)과 서권기(書卷氣)가 있어야 한다고 이렇게 갈파한다: "내가 지금 불경의 한 자 한 자를 베끼고 있다면 나는 다만 글씨를 베끼는 필경사에 지나지 않는다. 나는 글씨를 베끼는 것이 아니라 그 뜻을 새기고 있다. 마찬가지로 그대가 난을 베끼고 있다면 그대는 다만 그림을 옮기는 화공에 지나지 않는다. 마땅히 난을 그렸으면 꽃이 피어나야 하고 꽃이 피면 향기가 있어야 한다. 향기가 없는 난이야 죽은 난이지 그것을 어찌 살아 있는 난이라고 말할 수 있을 것인가."[25]

그렇다면 모든 예술가의 창작품과 학자의 저작에서 코에 스미는 짙고 강한 향기와 신기의 원천은 어디에 있을까? 그 원천은 포우스트모던 소설 철학, 즉 자신을 제일주의로 하는 주체적 자아, 어떤 극한상황도 극복하려는 도전적, 개척적, 상상적 자아, 상대방을 인정하고 존중하고 배려하려는 사회적 자아, 그리고 성적 황홀경을 만끽하려는 자아의 창조 정신, 그리고 이런 정신을 마음껏 확장해보려는 파격적인 기법에 있다. 그런 자아창조는 우리가 모든 굴레로부터 해방되려고 최선을 다할 때 실현될 수 있다. 그 해방은 우리가 진실한 자아 탐구와 실현을 삶의 목적으로 하여, 거기에 전념할 때 가능하다. 따라서 우리의 자아탐구와 실현의 강한 의지와 실천이 문자향을 구현하고 발산하는 원동력이다.

김정희는 극한상황 가운데서 강한 의지와 실천으로 자아를 탐구하고 실현하려는 최선을 다하여, 문자향을 탁월하게 구현시킨 예술가이다. 옹방

25. 崔仁浩, *商道 2* (서울: 여백 미디어, 2001), 160.

강의 "경술문장 해동제일(經術文章 海東第一)이라는 찬탄을 받았던 김정희는 당시 우리나라 지배계층 인사와 지식인들의 존경과 흠모의 대상이 되지 못한다. 그는 학문과 예술의 독보적 존재로 인정받기는커녕, 오로지 권력과 출세 지향적인 사대부들의 권력 쟁탈전의 희생양이 되어 원악지, 절해고도인 제주도로 유배당한다. 이제 김정희는 학문과 예술 활동의 웅지를 펼 수 없게 되었으며, 더욱이 거주 이전도 마음대로 할 수 없는 신세로 전락한다. 그는 지금까지 누렸던 양반 가문의 특권과 혜택 그리고 사치스러운 생활을 박탈당하고, 풍다와 박토의 땅 제주도에서 관가의 괄시와 속박 그리고 모진 바람과 궁핍의 시련을 겪는다. 또 가족 그리고 지기들과 대화도 나눌 수 없는 외로움을 감내해야 한다. 그가 이렇게 실의, 좌절, 절망만이 엄습하는 극한상황에서 실존하고 있을 때, 사랑하는 부인과 사별하는 비극마저 감수해야 한다. 부인의 장례를 치러줄 수 없는 비운도 받아들여야 한다. 그러나 그는 이런 악조건 가운데서도 자멸하지 않고 극복하여, 우리나라 서예의 독보적 필법인 추사체를 완성한다. 추사체의 작품은 문자향을 매우 향기롭고 진하게 발산하는 역작이라는 높은 평가를 받고 있다.

김정희가 이런 극한상황 가운데서 5년째 유배생활을 하고 있을 때, 원악지로 유배당하는 중죄인이 되기 전이나 후나 한결같이 자신을 대하는 제자, 이상적(李尙迪, 1804-1865)의 인간미에 감격하여 그려 보낸 작품이 그의 최고 걸작이라고 평가받는 *세한도*이다. 대부분의 지배계층 인사와 지식인들이 권력과 이익 추구에만 급급하여 인륜을 저버리고 있음에도 불구하고, 그는 사제의 정으로 연경에서 중국고서들을 구해다가 외롭고 쓸쓸한 삶을 살고 있는 스승에게 보내드린다. 김정희는 학문했다는 사대부들이 권력과 출세의 노예가 되어 인륜, 문자향 그리고 서권기를 너무나 경시하거나 무시하는 세태를 개탄한다. 그는 이런 세태 속에서도 인륜을 가장 중요시하는 제자를 자랑스럽게 생각하면서, 스스로 살고 싶고 살아야 하는 삶을 그림 속에 암시한다. 그는 스스로 실현해서 세상에 전파하고 싶은 삶의 목적을 그림 속에 시사한다. 그러기 위해 그는 그림의 전통수법을 타파하는 파격적 기법으로 역원근법을 활용한다. 김정희는 역원근법을 활용하여

*세한도*를 그림으로써, 문자향을 구현하려 하지 않았을까? 그러므로 필자는 *세한도*의 논평의 화룡점정은 문자향을 밝힘에 있다고 생각한다. 필자의 견해를 밝히기 전에 다른 사람의 *세한도*의 논평을 들어본다.

> 〈세한도〉에는 절해고도 황량한 유배지의 고독과, 이를 이겨내면서 자신이 할 수 있고 해야 하는 것에 매진하는 추사의 의지와, 변치 않는 옛 제자의 고마운 정이 있었다. 그리하여 여기서 추사는 이제 기대할 수 없는 앞날의 희망까지도 생각하고 있는 것은 아닐까? 〈세한도〉란 결국 석 자 종이 위에 몇 번의 마른 붓질이 쓸고 지나간 흔적에 지나지 않는다. 그러나 거기에는 세상의 매운 인정과 그로 인한 씁쓸함, 고독, 선배의 굳센 의지, 옛 사람의 고마운 정, 그리고 끝으로 허망한 바람에 이르기까지 필설로 다하기 어려운 많은 것들이 담겨져 있다. 〈세한도〉를 문인화의 정수라고 하는 이유가 여기에 있다.[26]

추운 시절을 그린 *세한도*는 화면 오른쪽 위쪽에 화제(畵題) 그리고 받을 사람과 그린 사람의 이름을 바짝 붙여 썼기 때문에 여백은 더욱 휑하게 보이는데, 이런 여백의 화면이 이루 말할 수 없는 삭막감과 황량감을 자아내고 있으며, 중앙에 허름한 집 한 채, 집 바로 오른쪽에 두 그루의 소나무와 왼쪽으로 조금 떨어져서 두 그루의 잣나무를 그리고 왼쪽에는 작품을 그리게 된 연유를 말하는 화발(畵跋)을 썼다. *세한도*의 요체는 사생하지 않고 상상력을 바탕으로 화가의 실존철학을 상징하는 집과 네 그루의 사철나무에 있다. 집에는 마땅히 있어야 할 출입문과 창문은 없고, 정면에 있는 원이 안으로 뚫려있다. 불교에 심취했던 김정희는 이 원을 통해 시종이 없음, 순환성, 상호연결성, 그리고 연기성에다 자아완성 의지를 시사한다. 집의 벽이 뒤로 가면서 높고 커지는 것은 자아를 더욱더 완성해야 함과 완성하여가고 있음을 상징한다. 네 그루의 사철나무는 자아완성을 위해 한결같이 정진해야 함을 표상한다. *세한도*는 김정희가 출세와 권력추구에만 급급한 사대부들이 삶의 윤리와 예지를 부정함으로써 조성되는 삭막

26. 오주석, *옛 그림 읽기의 즐거움* (서울: 솔풀판사, 1999), 138-39.

하고 황량한 비극적인 실존여건 가운데서도, 그들의 세속적이고 이기적인 관심과 욕구에는 아랑곳하지 않고 오로지 학문과 예술창작에 매진하려는 주체적, 창의적 자아, 그리고 유배생활을 하는 극한상황 가운데서도 자기를 보존하고 완성하려는 도전적, 개척적 자아, 또한 인륜을 경시하는 세태의 와중에서도 인간관계를 가장 중요시하고 유지하려는 사회적 자아, 끝으로, 비참한 현실을 수용하고 극복하면서 이상세계를 실현하려는 상상적 자아의 창조에 전념하려는 강한 의지와 실천을 상징한다. 김정희의 이런 자아창조의 의지와 실천이 그의 예술혼이다. 이 예술혼이 *세한도*의 문자향이다. 따라서 *세한도*는 포우스트모던 소설의 창작철학과 기법을 이미 탁월하게 구현했다는 새로운 평가를 받아야 한다.

마지막으로 포우스트모던 소설의 창작 철학과 기법이 “모든 학문, 자기표현의 행동과 사고방식, 그리고 사회구조에 혁명적인 변화를 촉발하는 기폭제”인 디지털 문화의 정수와 부합되고 있음을 고찰해본다. 다시 말하면 포우스트모던 소설이 절대시하는 요소들 즉 우리를 자유스럽게 해주는 언어의 선택과 구사, 상상력, 그리고 주체적, 도전적, 개척적, 사회적 자아의 창조가 “새로운 세계를 창조하고 있는 Net(인터넽)세대의 청소년들”[27]의 삶의 목표이고 현실임을 밝혀본다. 포우스트모던 소설이 자율적 자아 탐구와 실현을 극대화하기 위해 사실주의와 모더니즘 소설의 작가와 화자의 위상과 권위를 무시한 것처럼, 디지털 문화도 불과 몇 사람이 보도 내용을 결정하는 신문, 레이디오우, 그리고 텔리비젼 매체의 권위를 과소평가 한다. 왜냐하면 Net세대의 청소년들의 자율적 자아가 우리 삶과 의식 창조에 결정적인 역할을 하면서 우리를 좌지우지하려 했으며 지금도 하고 있는 이런 매체를 과소평가하고 부정하기를 강력하게 요구하기 때문이다. 이런 매체 가운데서 그들은 그저 읽고 듣고 보는 피동적인 존재에 불과하다. 그러나 그들도 매사에 직접 참여해서 자신들의 의견을 개진하는 능동적인 역할을 하면서 자기 정체성을 탐구하고 싶어한다.

---

[27]. Don Tapscott, *Growing Up Digital: The Rise of the Net Generation* (New York: McGraw-Hill, 1988), 13, 304.

그들의 이런 간절하고 창의적인 욕구를 가장 이상적으로 충족시켜주는 수단이 강요와 필요에 의해서가 아니라 재미 때문에 자발적으로 하는 인터넽 활용이다. 인터넽에서 그들은 피동적인 존재가 아니라 재미, 상상력, 그리고 주체성을 바탕으로 매사에 참여하여 자기들이 독자적으로 조사하고 사고하고 분석하고 평가해본 많은 다양한 의견들을 개진하려 한다. 그들은 매사에 몇 사람의 일방적, 획일적, 권위적 주장을 선호하고 선택하지 않고, 상이하고 반대되는 견해들도 경청하고 수용하려 한다. 왜냐하면 그들은 매사에 대한 자신들의 독자적인 비판, 토론, 논쟁, 판단을 바탕으로 자아를 성숙시키고 발전시키려 하기 때문이다. 그들은 몇 사람이 전부를 통제하고 지배하는 신문, 레이디오우, 그리고 텔리비젼 매체의 일방성과 편파성에 주목하여, 독자와 시청자들과의 불평등관계를 타파하고 있는 인터넽에서의 모든 사람들의 평등관계를 절대시한다. 그들은 상호간에 동등한 자격과 권위를 인정하면서 정보와 지식을 교환하고 축적한다. 그들은 이렇게 축적한 정보와 지식에다 자유, 상상력, 그리고 도전과 개척 정신을 가미하여 독자적으로 비판적인 사고와 판단 능력을 함양할 수 있다. 그들의 이런 능력 함양이 권위적인 사고나 그 세계를 가차 없이 전복할 수 있다. 요컨대 Net세대의 청소년들은 기존 보도와 전파 매체가 옹호한 중앙통제와 획일화 그리고 여기에서 파생한 삶의 왜곡된 목적에 도전하면서, 새로운 존재 목적으로 독립성, 주체성, 진실성, 평등관계, 그리고 협동정신을 가장 중요시한다.

Net세대의 청소년들은 피동적이 아닌 자율적 존재가 되기 위해 기존 보도와 전파 매체에 도전한 것처럼, 일방적으로 지식 전수 역할만을 하는 교사 중심의 교수법에 반항한다. 왜냐하면 이 교수법은 그들의 자율적 자아 탐구와 실현 욕구를 억압하기 때문이다, 이 교수법은 주입식이어서 학습자의 자발적, 창의적 욕구를 제한함으로 권태감과 고통을 유발하며, 더욱이 직선적, 연속적이어서 학습자가 반드시 처음부터 끝가지 읽고 듣고 보아야 하기 때문에 그로부터 "발견의 즐거움과 이점을 빼앗아버린다."[28] 따라서 Net세대의 청소년들의 자아 성숙 욕구를 만족시킬 수 있는 교수법은 교사 중심이 아니라 학습자 중심으로 해야 한다. 학습자 중심의 교수법은 학습자가 스스로 새로운 지식과 정보를 발견하고 체계화하여 활용할 수 있도록 도와주는 것이다. 이 교수법은 교육학자들에 의해 구성주의자 접근법으로 정의되는데, "구성주의(constructionism)는 학습자들이 그저 [강의를] 듣기만 하는 것보다는 오히려 직접 [참여하고] 행동함으로써 가장 잘 배[울 수] 있다고 주장한다."[29] 또 이 교수법은 학습과 그 능력 배양은 타인 의존보다는 독자적인 사고와 판단 그리고 행동을 통해 더욱더 효과적으로 성취될 수 있다고 역설한다. 이 교수법에서 교사의 역할은 사실의 설명과 주장에 있지 않고, 학습동기를 유발하면서 학습의욕을 고취시키는 데에 있다. 그러므로 자아 성숙과 발전을 삶의 목적으로 추구해야 하는 Net세대의 청소년들은 이 교수법을 열광적으로 선호한다.

Net세대의 청소년들이 기존 보도와 전파매체 그리고 교수법에 도전하고 반항하면서, 독자적인 학습, 사고, 비판, 그리고 판단 능력을 함양시키기 위해 인터넽에 의존하고 몰입한다. 그들은 인터넽을 교육과 생활의 가장 소중하고 효과적인 도구로 간주하여, 최대한으로 활용하려고 한다. 이렇게 인터넽에 의존하여 생활하는 그들은 실존에서 특이한 성격의 소유자들이다. 그들이 형성하려는 성격이 포우스트모던 소설 철학의 실현 대상과 매우 유사하다. 그들은 강한 독립심과 자율을 원한다. 그들은 모든 조직, 제약, 굴레로부터 해방되어 창조적 자율을 신장하려 한다. 그러기 위해 그들은 지적, 정서적으로 솔직하며, 매사에 배타적이 아니라 아량과 포용력이 크면서도, 자기 주관을 조금도 거리낌 없이 강하고 활달하게 표현한다. 또 그들은 탐구정신과 자아성숙을 전제로 하여 모든 사물과 제도를 개선해 보려는 개혁정신이 강하며, 반대의견도 경청하고 수용하려 한다. 그들의 행위의 바탕은 자기신뢰, 자발성, 민감성, 그리고 타인의 존중과 배려에 있다.[30]

---

28. Seymour Papert, *The Connected Family: Bridging the Digital Generation Gap* (Marietta: Longstreet Press, 1996), 68.

29. Tapscott, 144.

이렇게 Net세대의 청소년들이 인터넽에 크게 의존하여 포우스트모던 소설의 창작 철학이 가장 중요시하는 주체적, 사회적 자아를 창조하고 있는데, 이것이 최선책이라고 무조건 인정하고 수용해도 괜찮을까? 아니면 또 다른 큰 문제점을 내포하고 있다고 우려해야 할까? 인간 실존에서 어떤 이상과 그 실현 수단이 아무리 최상책이라고 하더라도, 그 자체보다는 오히려 어떻게 활용되고 있는가에 따라 그 진가가 발휘되기도 하고, 아니면 가장 유해한 역효과가 맹위를 떨치기도 한다. Net세대의 청소년들은 사실주의와 모더니즘 소설 세대의 사람들이 고정관념에 의해 통제되고 지배되었던 것처럼, 그들의 절대자인 인터넽의 이루 말할 수 없는 엄청난 양의 유익한 또한 유해한 정보의 홍수에 압도당하지 않는다는 확신과 증거를 제시할 수 있을까? 그들이 압도당할 위험성도 매우 크다. 이런 위험성에서 벗어날 수 있는 유일한 길은 오직 스스로 신중하게 판단하여 이 많은 정보 중에서 취사선택할 수 있는 주체적 자아 탐구와 실현에 있을 뿐이다. 또 그들이 인터넽에 너무 몰입하여 다른 사람을 의식하지 못할 정도로 외설물이나 폭력물에 흠뻑 심취함으로써 고독하고 소외된 반사회적, 반역사적 존재로 전락할 위험성도 대단히 크다. 이 위험성에 대비하는 최선의 방법은 인간은 혼자 살 수 없는 사회적 동물임을 항시 자각하면서 다른 사람과 공고한 유대관계를 맺을 수 있는 사회적 자아 탐구와 실현에 전념하는 데에 있을 뿐이다. 요컨대 포우스트모던 소설의 창작 철학이 Net세대의 청소년들이 인터넽 중독이라는 질병을 치유할 수 있는 최선책이다. 그 창작 철학은 이런 위력을 지니고 있기에 그 가치가 아무리 강조되어도 지나치지 않는다.

결론을 내리면 우리는 지금 하나가 아니라 여러 개가 동시에 그리고 동일한 장소에서 한꺼번에 역할을 하는 디지털 시대에 살고 있다. 예를 들면 우리는 과거에 하나의 텔리비젼에서 하나의 장면만을 보았지만, 오늘날에는 하나의 디지털 텔리비젼에서 서너 개의 장면을 동시에 볼 수 있다.

---

30. 앞책, 68-78, 86-88.

요컨대 우리는 어떤 하나가 절대적으로 중요한 역할을 하는 시대가 아니라 다수가 제 각각의 역할을 하고 있는 새로운 시대와 사회에 살고 있다. 이런 새로운 시대와 사회에서 어떤 하나의 고정관념이 주도적 역할을 함을 전제로 하여 창작된 사실주의와 모더니즘 소설의 몰입이 그렇게 필요하고 절실할까? 다수가 저마다의 역할을 수행하고 있음을 대변하는 포우스트모던 소설의 논의와 강의가 더욱 활성화되어야 하지 않을까? 또 다수 중에서 우리에게 상대적으로 더욱 중요하고 필요하다고 판단한 하나나 둘을 스스로 선택할 수 있는 주체적 자아와, 다수가 우리를 사분오열시키는 여건 가운데서 다른 사람과 결속시켜주는 사회적 자아의 창조를 가장 중요시하는 포우스트모던 소설의 창작 철학의 토론과 논쟁이 더욱더 가열화되어야 하지 않을까? 우리나라 대학의 영문학과의 소설담당 교수들은 이런 문제들을 심사숙고하여, 강의와 연구의 지향목표와 그 설정에 중대한 결단을 내려서 시대정신과 요구에 적극적으로 부응하기를 바라며, 또한 반드시 그렇게 되어야만 한다는 것이 필자의 결론이다.

찾아보기

ㄱ

김정희 / 289, 314, 315, 316, 318
세한도 / 43, 289, 290, 314, 316-18

ㅇ

옹방강 / 315
이상섭 / 66, 67, 71, 73, 74
"영문학 교육의 문제점" / 66
"한국 영문학 50년의 반성과 전망" / 66, 71
이상옥 / 66, 68, 73, 74
"영문학, 한국에서 어떻게 할 것인가?" / 66, 68
이상적 / 316
이영옥 / 66, 70, 73, 74
"영미문학 – 무엇을 어떻게 가르칠 것인가?" / 66, 70
이창국 / 75, 76
이창배 / 66, 70
"포[우]스트모던 문화비평 하에서의 문학의 위기" / 66, 70

A

Abe, Kobo / 268, 274
Abish, Walter / 268
Alcott, Amos Bronson / 90
Aristotle / 270
Artmann, H. C. / 268

B

Bakhtin, Mikhail / 283
Baldick, Chris / 147
Barth, John / 22, 267, 275, 284
The Floating Opera / 22
Lost in the Funhouse / 274
"The Literature of Exhaustion" / 284
The Sot Weed Factor / 275
Barthelme, Donald / 267, 274
City Life / 274
Beard, Charles / 152
Beckett, Samuel / 268, 284
Malone Dies / 284
Molloy / 284
The Unnamable / 284
Beetlecreek (Demby) / 209, 213, 219-20
Bellow, Saul / 37, 100, 101, 102, 108, 134, 135, 136, 137, 157, 184, 185, 190, 255
Dangling Man / 185
Henderson the Rain King / 102-4, 136, 186-87

Herzog / 104-5, 187-89
Humboldt's Gift / 105-8, 189-90
Mr. Sammler's Planet / 189
Seize the Day / 135-36
The Adventure of Augie March / 37, 101-2, 185-86, 209, 213, 234, 235-36, 278
Bergson, Henri / 192
Black Boy (Wright) / 209, 213, 236-37
Böll, Heinrich / 268
Boorstin, Daniel J. / 152
Borges, Jorge Luis / 268, 274, 284
Ficciones / 274
Bosanquet, Bernard / 184
Boston Adventure (Stafford) / 209, 213, 224-25
Brautigan, Richard / 267
Brownson, Orestes A. / 90
Bryant, Jerry H. / 123, 151
Burgess, Anthony / 268
Burroughs, William S. / 273
Buscaglia, Leo / 159
Butor, Michel / 268, 273

C

Call It Sleep (Roth) / 209, 213, 232-33
Calvino, Italo / 268
Cassirer, Ernst / 127, 159
Coover, Robert / 267
Pricksongs and Descants / 274
Cortazar, Julio / 268, 274

D

Delillo, Don / 23
White Noise / 23
Derrida, Jacques / 147
Doctorow, E. L. / 36, 50, 51, 133, 143, 144, 145, 157, 194, 195, 267
Loon Lake / 195
Ragtime / 194-95
The Book of Daniel / 36
Don Quixote / 284
Dos Passos, John / 124, 144

E

Einstein, Albert / 47, 50, 272
Eliot, George / 110, 111, 112
Ellison, Ralph / 38, 132, 157, 168
Invisible Man / 38, 132, 168-71, 209, 213, 237-44
Emerson, Ralph Waldo / 90
Endless Love (Spencer) / 209, 213, 231

F

Farewell to Manzara (Houston) / 209, 213, 236
Faulkner, William / 131
Federman, Raymond / 118, 119, 268, 275, 290, 296, 298, 299, 300, 301, 302, 303, 304, 305, 312, 314
Double or Nothing / 290, 298, 299, 303-14
Surfiction / 275
Fichte, Hubert / 268
Flaubert, Gustave / 273
Fortunate Pilgrim, The (Puzo) / 209, 213, 225
Forster, E. M. / 165
Foucault, Michel / 147
Fowles, John / 268
Freud, Sigmund / 272
Fromm, Erich / 171

Frost, Robert / 247
Fuller, Margaret / 88

G

Gandhi, Mohandas / 47
Gardner, John / 140, 141, 142, 157, 191
The Resurrection / 141-42, 191, 192
Gass, William / 54, 55, 56, 57, 267, 275
Fiction and the Figures of Life / 275
Gide, André / 284
The Counterfeiters / 284
Gilman, Richard / 275
The Confusion of Realms / 275
Go Tell It on the Mountain(Baldwin) / 209, 213, 233
Godwin, Gail / 110, 119
The Odd Woman / 110-11, 120
Gordon, Mary / 40, 59, 116
Men and Angels / 40-41, 59-61, 116
Grass, Günter / 268, 274

H

Handke, Peter / 268, 274
Hartz, Louis / 152
Hassan, Ihab / 123, 124, 148, 155, 275
Contemporary American Literature: 1945-1972 / 124, 155
Paracriticism / 275
Hawkes, John / 23, 268
Second Skin / 23
Heisenberg, Werner / 268
Heller, Joseph / 157, 161, 164, 267, 275
Catch-22 / 161, 162-63, 275
Something Happened / 161, 162, 163-64, 209, 213, 225-30
Hemingway, Ernest / 124, 131
Hitler, Adolf / 30, 196, 247
Hobbes, Thomas / 181, 182
Leviathan / 181
Hofstadter, Richard / 152
Hyman, Stanley Edgar / 247

I

Infante, Cabrera / 268, 274

K

Kafka, Franz / 274
Kant, Immanuel / 270
Kennedy, John F. / 256, 257
Kerouac, Jack / 125, 137
King, Martin Luther / 256, 257
Klinkowitz, Jerome / 275
Literary Disruptions / 275
The Life of Fiction / 275
Kundera, Milan / 52, 54, 65, 97, 98, 129

L

Lawrence, D. H. / 47, 90, 136, 201
Lessing, Doris / 268
Locke, John / 99, 134, 181, 182
Louis, George Henry / 110, 112

M

Mailer, Norman / 22, 31, 98, 111, 113, 114, 126, 133, 255
The Executioner's Song / 111-12
The Naked and the Dead / 22
Malamud, Bernard / 6, 30, 64, 157, 158, 195, 196, 197, 200, 201, 246-59

A New Life / 199-200, 246, 247, 253, 257
Dubin's Lives / 200-1, 246, 247, 255, 256, 257
The Assistant / 198-99, 246, 247, 249, 253, 254
Marquez, Gabriel Garcia / 260, 268, 274
Marx, Karl / 99, 134
Marx, Leo / 152
Maslow, Abraham H. / 121
May, Rollo / 110, 137, 139
McCarthy, J. R. / 256
McCullers, Carson / 157, 172
"The Ballad of the Sad Café" / 172-74
The Member of the Wedding / 209, 213, 218-19
Mill, John Stuart / 182
Miller, Henry / 273
Miller, Perry / 152
Morrison, Toni / 34
The Bluest Eye / 209, 213, 218
Murdoch, Iris / 268

N

Nabokov, Vladimir / 267, 273, 274
Lolita / 274
Pale Fire / 275
Nietzsche, Friedrich / 270
Nixon, Richard / 155, 256, 257

O

Olderman, Raymond / 275
Beyond the Wasteland / 275

P

Painted Bird, The (Kosinski) / 209, 213, 214-18
Parrington, Vernon Louis / 152
Pettit, Philip / 143
Plato / 50, 143
Potter, David M. / 152
Portrait of the Artist as a Young Man, The / 261
Price, Reynolds / 39, 157, 177
A Generous Man / 39-40, 177-79, 209, 213, 233-34
Pride and Prejudice / 278
Puig, Manuel / 268, 274
Pynchon, Thomas / 24, 267, 275
V. / 24, 275

Q

Queneau, Raymond / 268

R

Reed, Ishmael / 268
Reed, Sampson / 88
Robbe-Grillet, Alain / 268, 273
For a New Novel / 273
Roosevelt, Franklin D. / 47, 50, 155
Rossiter, Clinton / 152
Roth, Philip / 34, 53, 130, 131, 262
When She Was Good / 209, 213, 220-24
"Writing American Fiction" / 262
Rousseau, Jean Jacques / 183, 184

S

Salinger, J. D. / 157, 165, 167, 254

"A Perfect Day for Bananafish" / 165-66
Catcher in the Rye / 165, 166, 209, 213, 234-35
"For Esme — With Love and Squalor" / 165, 166
"Franny" / 165, 166-67
Sarraute, Nathalie / 268, 273
Sarte, Jean-Paul / 152, 161
Scarlet Letter, The / 58, 261
Scharang, Michael / 268
Shakespeare, William / 67, 257
Simon, Claude / 260, 268
Smith, Henry Nash / 152
Sollers, Phillippe / 268
Spark, Muriel / 268
Steiner, Rudolph / 106, 107, 190
Stern, Daniel / 196, 247, 252
Sukenick, Ronald / 267, 270
"The Death of the Novel" / 270
Sypher, Wylie / 51

T

Tanner, Tony / 275
City of Words / 275
Thoreau, Henrry David / 200
Trilling, Lionel / 152
Tristram Shandy / 284
Turner, Frederick Jackson / 152

U

Updike, John / 33, 35, 52, 58, 65, 97, 98, 114, 128, 129, 130, 255
A Month of Sundays / 58-59, 114-16
Urmson, J. O. / 141

V

Vonnegut, Kurt / 267

W

Washington, Booker T. / 169, 239
Weinberg, Helen / 53
Weiss, Peter / 268
Wiener, Oswald / 268
Wise, Gene / 153
Wordsworth, William / 6, 204
"My Heart Leaps Up" / 204

Z

Zeno / 181

저자__**고지문**

전남대학교 영문학과 학사(1955–1962)
서울대학교 영문학과 석사(1962–1964)
University of Hawaii 미국학과 석사(1971–1972)
제주대학교 영문학과 전임강사(1964–1969)
전남대학교 영문학과 교수(1969–2002)
University of Wisconsin, Milwaukee
ACLS–Fulbright 교환교수(1981–1982)
University of South Carolina 방문교수(1990–1992)
University of Texas at Austin 방문교수(1996–1997)

현재: 전남대학교 영문학과 명예교수

〈저서〉
Major Themes in the Contemporary American Novel
(서울: 진명문화사, 1984; 신아사, 1999)
최근미국여성소설론과 작품세계: 굴레에서 자유로
(서울: 신아사, 1999)
최근미국소설론과 작품세계: 삶 예술 자아실현
(서울: 동인, 1994; 신아사, 2000)
최근미국소설의 핵심주제: 사랑 자유 정의
(서울: 신아사, 2001)
포우스트모던 미국 소설론과 작품세계: 언어 상상력 자아창조
(서울: 신아사, 2005)

〈증보판〉
최근미국소설 연구방법

인쇄 | 2011년 10월 25일
발행 | 2011년 10월 31일

저 자 | 고지문
발행인 | 김윤수
발행처 | 전남대학교출판부

등록 | 1981. 5. 21. 제53호
주소 | 500–757 광주광역시 북구 용봉로 77
전화 | (062) 530–0571~3
팩스 | (062) 530–0579
홈페이지 | http://altair.chonnam.ac.kr/~cnup

값 15,000원

ISBN 978-89-7598-949-0 (93840)

이 도서의 국립중앙도서관 출판시도서목록(CIP)은 e–CIP홈페이지(http://www.nl.go.kr/ecip)와
국가자료공동목록시스템(http://www.nl.go.kr/kolisnet)에서 이용하실 수 있습니다.
(CIP제어번호 : CIP2011004585)